HAFEN

JUSTIZVIERTEL

QUAN-CHI-STADT

ALTSTADT

Dieser Band kann unabhängig von anderen Bänden der *Somorra*-Reihe gespielt werden. An ein paar Stellen gibt es gewisse Querbezüge zu anderen Bänden. Wir haben darauf verzichtet, diese explizit auszuweisen. Die Handlungen aller Bände laufen im Wesentlichen zeitlich parallel ab.

Die Autoren danken Ines Scholl, Sharine Sußner, Jörg Benne, Reinhard Kotz, Alexander Kühnert, Markus Schönlau, Christian Sendner, Chris Wilhelm und allen Freunden beim Mantikore-Verlag.

Wir haben uns in diesem Band wieder einmal intensiv bei Dante Alighieri bedient; darüber hinaus haben wir alle möglichen Quellen aus Philosophie und Religion verwendet, ohne dabei besonderes Augenmerk auf fachliche Genauigkeit zu legen. Dies mögen uns alle Experten in diesen Gebieten nachsehen. Ebenso wollen wir natürlich auch niemandem zu nahe treten, dem Glaube etwas bedeutet. Wir haben versucht, dieses Thema dort, wo es vorkommen musste, so behutsam wie möglich zu behandeln. Sollten wir doch jemandem zu Nahe getreten sein, bitten wir um Entschuldigung.

Die Sprache des Wasservolkes ist manisch, eine regionale Variante des Rotwelschen in der Gießener Gegend. Auch hier gilt: Wir wollten durch die Verwendung in diesem Buch keine Respektlosigkeit zum Ausdruck bringen – im Gegenteil.

Die Autoren: Christian und Florian Sußner haben in Summe vier Töchter und einen Sohn, sind 82 Jahre alt und haben zwei Schwestern – wenn man die zwei Halbschwestern addiert. Wie das möglich ist? Die richtige Antwort besteht aus drei Ziffern. Ihr wisst, was zu tun ist!

Den Abenteuerbogen und Cosmars Notizbuch zum Download gibt es auf **www.zweidrillinge.de**.

INHALT

SOMORRA
– Stadt der Träume –

Für Freddy

2. Auflage

Veröffentlicht durch den
MANTIKORE-VERLAG NICOLAI BONCZYK
Frankfurt am Main 2021
www.mantikore-verlag.de

Lektorat: Alexander Kühnert, Prof. Dr. Oliver M. Traxel
Satz: Karl-Heinz Zapf
Illustrationen: Hauke Kock, Helge C. Balzer
Covergestaltung: Rossitza Atanassova, Matthias Lück

VP: 345-187-02-04-1221

Printed in the EU

ISBN: 978-3-96188-140-6

Christian und Florian Sußner

SOMORRA

STADT DER TRÄUME

Illustrationen von Hauke Kock und Helge C. Balzer
Coverillustration: Rossitza Atanassova

MANTIKORE
VERLAG

Weißt du, wie viel Kindlein stranden
in der weiten Traumeswelt.
Weißt du, wie viel schlimme Schrammen
jede Seele dort erhält.
Gott der Herr ist längst verschwunden
und kein Kind wird mehr gefunden
An der ganzen großen Zahl
An der ganzen großen Zahl.

(Kindergedicht aus Somorra)

SOMORRA [so'mɔrɑ]
[1] Familienname. Bekannte Mitglieder der Familie S.: *Juri*, 72 v. S. – 2 v. S.: Industrieller; *Karla*, 69 v. S. – 2 v. S.: Gattin von Juri, Hausfrau; *Esau*, 45 v. S. – ?: Sohn von Juri und Karla, Rechtsgelehrter, Unternehmer; *Jakob*, 45 v. S. – ? : Sohn von Juri und Karla, Ingenieur, Religionskritiker, Autor.
[2] Stadt. ~ besteht aus vier Vierteln: Hafen, Justizviertel, Quan-Chi-Stadt und Altstadt.

Wenn du mehr über die Stadt, in der du lebst, und ihre einzelnen Viertel erfahren willst, lies jetzt oder später im Anhang den Teil »Stadtbeschreibungen« (Seite 423).

SCHNELLSTART

Du stehst am Anfang eines Abenteuers.
In diesem Spielbuch gibt es nur wenige Regeln:

1. Alles, was du wissen musst, steht im Text. Folge den Anweisungen. Lies nur die Abschnitte, zu denen du verwiesen wirst.

2. Du wirst immer wieder Zahlen erhalten, die zu bestimmten **Codewörtern** gehören. Diese Zahlen sind in der Regel Abschnittsnummern, bei denen es zu einem späteren Zeitpunkt weitergeht. Auf Seite 447 findest du den Abenteuerbogen mit einer Liste aller Codewörter, in die du die mitgeteilten Zahlen eintragen kannst. Wie du siehst, sind ein paar Codewörter schon mit Zahlen versehen. Lies jedoch erst bei dem entsprechenden Abschnitt weiter, wenn du tatsächlich dazu aufgefordert wirst.

Dies kann z. B. so aussehen:
»Notiere dir neben dem Codewort MESSER die Zahl 145.«
Du notierst dir also neben MESSER die Zahl 145, liest aber im Abenteuer an der Stelle weiter, an der du gerade bist. Du darfst nicht sofort zu 145 springen.

Irgendwann später liest du folgenden Text:
»Weiter bei MESSER«.
Du siehst bei den Codewörtern nach, welche Zahl neben MESSER notiert ist – hier natürlich die 145. Im Beispielfall liest du jetzt (und erst jetzt!) bei Abschnitt 145 weiter.
Es kann natürlich vorkommen, dass du bestimmte Codewörter nie brauchst, oder nie dorthin verwiesen wirst, oder sich ein Codewort mehrfach ändert.

3. Schau dir die restlichen Elemente des Abenteuerbogens an. Es findet sich Platz für gefundene Gegenstände und für sonstige Informationen. Ein paar weitere Elemente (z. B. Erfolge, Erkennungsmerkmale von Wesen) werden erst später relevant.

4. Somorra ist tödlich. Möglicherweise wirst du an eine Stelle kommen, an der dein Abenteuer vorzeitig endet, in der Regel, weil du stirbst. Du erkennst, dass es soweit ist, wenn der Abschnitt mit folgenden Worten endet:

»Ungerecht? Das ist Somorra.«

Es gibt daher zwei unterschiedliche Spielmodi:
Spielmodus 1: »Teufelskerl«: Dein Abenteuer ist definitiv vorbei, wenn du die Worte liest: »Ungerecht? Das ist Somorra.« Du musst von vorne anfangen.

Spielmodus 2: »Grünschnabel«: Wenn du eigentlich sterben würdest, darfst du schummeln. Du darfst dann zu ei-

nem Abschnitt zurückspringen, bei dem du bereits gewesen bist. Das Spiel ist dort also »gespeichert«. Sobald du bei einem Abschnitt die Worte »*Ungerecht? ...*« liest, spring zu Abschnitt **600**. Dies ist der letzte Abschnitt im Abenteuer. Dort findest du eine Tabelle. Neben der Nummer des Abschnittes, bei dem du gescheitert bist, steht eine weitere Zahl, manchmal auch mehrere Zahlen, wenn es bestimmte Alternativen gibt. Diese Zahl (oder ein Codewort) ist der Abschnitt, bei dem es weitergeht.

Mach auf der »Schummelleiste« jedes Mal ein Kreuz, wenn du schummeln musst.

Achtung: Gegenstände, die du gefunden hast, darfst du behalten – aber natürlich nicht noch ein zweites Mal »abholen«.

Das war es auch schon – alles, was sonst noch wichtig ist, wird dir im Text erklärt. Ein paar weitere Regeln folgen später. Und nun auf ins Abenteuer!

Weiter bei 1 auf der nächsten Seite.

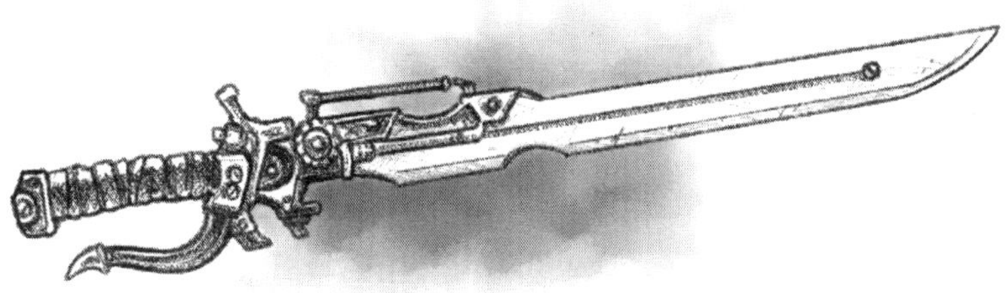

Mörderische Träume
mit:
Sascha Lefevre
Ruben Pick
Ewald
&
einem Priester

1. Teil: Mörderische Träume

1 Ein Geräusch, sich wiederholend, dringt in dein Bewusstsein vor und weckt dich. Tropfen. Fast so schnell wie dein Herzschlag, nur einen Deut langsamer. Tropf. Pause. Tropf. Irgendwo hinter dir.

Du schlägst die Augen auf. Als Erstes siehst du eine helle Zimmerdecke mit schwarzen Stockflecken. Als ob getrocknetes Wasser aus dem oberen Stockwerk in das Mauerwerk gesickert wäre. Du hebst den Kopf ein wenig und erkennst, dass an den Wänden ebenfalls Schimmel klebt. Von einem Schrank abgesehen, der an der linken Wand steht, sind die Wände kahl. Es gibt keine Bilder, keinen Spiegel. Keine Hausfrau hat den Raum geschmückt, kein Kind seine Zeichnungen an die Tür geklebt. Es gibt kein Fenster, nur eine nackte braune Holztür, die geschlossen ist. Tropf. Pause. Tropf.

Du legst den Kopf in den Nacken, um nach hinten blicken zu können. Aus dem Augenwinkel erkennst du ein kleines Waschbecken. Der Wasserhahn tropft, ein Tropfen jede Sekunde.

Du liegst auf einem Bett mit Metallrahmen, und deine Hände und Beine sind mit Lederriemen fixiert. Du hast keine Ahnung, wo du bist. Außer deinen Fingern und Zehen kannst du nur deinen Kopf bewegen. Das Bett steht in der Mitte eines Raums. Neben dem Bett hängt ein durchsichtiger Beutel, der eine gelbliche Flüssigkeit enthält. Von dem Beutel führt ein dünner Schlauch zu einer Kanüle, die in deinem Handrücken steckt. Was da wohl in deinen Körper sickert, vielleicht ebenfalls im Rhythmus deines Herzschlags? Gift oder Lebenselixier? Du hast keine Ahnung. Du weißt nur so viel: Du willst nicht, dass eine gelbliche Flüssigkeit in deinen Körper

gelangt, von der du nicht weißt, was sie bewirkt, in einer Einrichtung, die nichts gegen den Schimmel an den Wänden unternimmt. Du versuchst, den Schlauch abzuschütteln; ohne Erfolg. Du kannst deinen Arm kaum bewegen.
Da öffnet sich die Tür schwungvoll und ein Mann in weißem Kittel betritt den Raum. »Morgen, mein Lieber!«, ruft er fröhlich. »Endlich wach! Hattest'n Unfall, oder so ähnlich. Die Polizei hat dich hergebracht, mussten dir'n paar Beruhigungsmittel geben. Die lassen jetzt langsam nach. Schlaf'n ma noch ne Runde, wie der Doc immer sagt, was!« Sein Lachen hallt laut zwischen den nackten Wänden wider. Er dreht sich um, um den Raum zu verlassen.
Du kannst dich an nicht viel erinnern. Dein Kopf ist so leer wie die Bierdosen in deiner Wohnung. Du weißt noch, dass du in die U-Bahn gestiegen bist, um einen Bekannten zu treffen, Maurizio. Er hatte dir ausrichten lassen, dass er dir etwas geben wollte: das Vermächtnis deines besten, deines einzigen Freundes, Ringo. Was es genau war, wusstest du noch nicht, da hüllte sich Maurizio in Schweigen. Und wahrscheinlich würdest du dort Antworten finden, die du doch schon längst kennst: Am Tod deines Freundes trägst allein du die Schuld.
Das Problem ist nur, dass du bei Maurizio nie angekommen bist. Du musst in der U-Bahn eingeschlafen sein.
»Binden Sie mich los!«, rufst du dem Mann im weißen Kittel nach. »Ich habe nichts verbrochen!«
Er dreht sich kurz um und lächelt. »'S richtig. Bis'n freier Mann.« Er zuckt leicht mit den Schultern. »Hast da so Sachen gemacht, anner Wange, am Arm. Müssen dich schützen.«
Als er endgültig gegangen ist, fragst du dich, was er meint. Du schielst auf deinen Arm. Er ist verbunden. Du kannst dich an nichts erinnern, und Schmerzen empfindest du auch nicht. Glaubt er, du hättest dich selbst verletzt? Das hast du bestimmt nicht.
Tropf. Pause. Tropf. Der Wasserhahn. Und die gelbliche Flüssigkeit, die in deinen Körper sickert.

Du kannst dich noch immer nicht rühren, und der Mann kommt auch nicht wieder. Du rüttelst noch mal mit den Armen, doch die Riemen sitzen zu fest. Keine Chance. Nach ein paar Minuten wirst du schläfrig und schließt kurz die Augen.
Weiter bei **142**.

2 Man erkennt Albtraumwesen daran, dass sie weiße Augäpfel haben.

3 Ihr umrundet einmal das Haus der Hafenverwaltung. Das Fenster, das vorhin noch geöffnet war, ist jetzt geschlossen. Ihr beratschlagt, welche Optionen ihr habt, da berührt dich jemand an der Schulter.
»Aha! Haben wir dich, Bürschchen!«
Du drehst dich um – ihr steht zwei uniformierten Polizisten gegenüber. Sie legen dir und Sascha Handschellen an und bringen euch zu Ruben Pick.
»Ja, das ist er. Seine Geschichte von Cosmar war sehr überzeugend, aber er ist wohl doch nur ein billiger Ganove und Dieb.« Er hebt die Hand und tippt sich zwei Mal mit der Fingerspitze an den Nasenflügel. »Mein Riecher funktioniert noch. Gut, dass ich euch gleich gerufen habe, Jungs!«
Du versuchst zu erklären, dass ihr nur den Schlüssel braucht, aber Ruben Pick macht eine ungeduldige Bewegung mit der Hand. Die Polizisten verstehen und bringen euch zum Schnellgericht von Somorra, wo ihr nach einminütiger Verhandlung wegen Einbruchs und Landstreicherei zu vier Monaten Gefängnis verurteilt werdet.
Es dauert jedoch nicht einmal einen Tag, bis der Schrammenschreck euch endlich erwischt.
Ungerecht? Das ist Somorra.

4 Willst du versuchen, den Fährmann zu überwältigen, um selbst mit seinem Boot über den Fluss zu fahren? (weiter bei **128**)
Oder willst du stattdessen versuchen, einen anderen Weg über den Fluss zu finden? (weiter bei **506**)

5 Nach einer Weile fliegt die Tür auf und ein fetter Mann stürmt heraus. Als er dich erblickt, schreit er: »Du! Hiergeblieben!« Dann rennt er dich einfach über den Haufen. Du stürzt zu Boden. Der Fette – Ruben Pick – bleibt so lange auf dir sitzen, bis zwei Polizisten eintreffen und dich in ein Polizeiauto verfrachten. Kurz danach wirst du zum Schnellgericht von Somorra gebracht, wo du in Windeseile zum Tode verurteilt wirst, der Vorwurf: Verbrechen gegen die Institutionen von Somorra. Wie sich zeigt, fand der Beamte Block es nicht lustig, was mit seinen Haaren und seinem Gesicht geschah, als er Becky küssen wollte, mag es auch gegen ihren Willen gewesen sein. Becky ist durch ein Fenster entkommen, aber mit dir kennt man keine Gnade.
Nur eine halbe Stunde nach dem Urteilsspruch des Gerichts wirst du auf einen elektrischen Stuhl geschnallt und hingerichtet.
Ungerecht? Das ist Somorra.

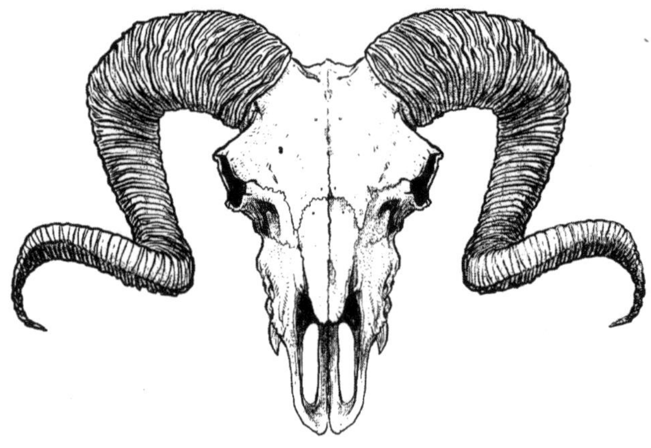

6 »Bei der nackten Meerjungfrau! Nicht schon wieder!«, ruft jemand aus dem Inneren. Die Tür fliegt auf und ein kleiner rothaariger Mann rennt an dir vorbei, ohne dich zu beachten. Die Tür lässt er offen.
Du gehst so unauffällig wie möglich ins Innere und bist einen Augenblick später in einer kleinen Amtsstube. Aus deckenhohen Regalen quellen Unmengen von Akten. Hinter einem wuchtigen Tisch ist eine Tür. Daneben hängt ein Holzkasten, auf dem ein Kleeblatt aufgemalt ist.
Auf dem Tisch steht ein Schild: »Beamter Block« – wahrscheinlich der kleine Mann, der gerade versucht, ein brennendes Lagerhaus zu finden.
Als Versteck für einen Schlüssel erscheinen dir nur zwei Orte geeignet: der Hängeschrank mit dem grünen Kleeblatt und die Schublade des Schreibtischs. Womit willst du dein Glück versuchen?
Schrank mit dem Kleeblatt? (weiter bei **490**)
Schreibtischschublade? (weiter bei **226**)

7 Du versuchst, zu erwachen. Dieses Mal gelingt dir das ohne Probleme.
Du liegst noch immer in dem Leopardenzimmer. Bei dir ist auch noch immer ein Mann, der sich liebevoll an dich schmiegt und seine Hände soeben deinen Bauch hinabwandern lässt.
Leider hat er nicht das Geringste mit dem Mann deiner Träume gemein: Er ist so dick, dass er größere Brüste hat als manche Frau, und er ist nur mit einem winzigen schwarzen Stringtanga bekleidet, der größtenteils in verschiedenen Fettwulsten verschwindet.
»Können wir jetzt endlich?«, raunt er dir zu und lässt seine Hand noch weiter nach unten gleiten. Du springst auf und verlässt fluchtartig den Raum.
Weiter bei **222**.

8 Du wirst in ein Schlafzimmer geführt, dessen Wände mit so etwas Ähnlichem wie Leopardenfell tapeziert sind. In einem großen Himmelbett wartet ein Mann auf dich, wie du ihn dir immer erträumt hast. »Komm nur«, raunt er und verscheucht mit der Hand eine schwarze Katze, die neben ihm auf dem Bett gelegen hat. »Ich warte schon so lange auf dich. Hier, setz dich zu mir.«
Du setzt dich auf die Bettkante und er nimmt hinter dir Platz und schlingt seine Füße um deine Taille. Dann beginnt er, sanft deinen Nacken zu streicheln, und dann mementomori beißt er dir die Kehle durch. Der Schrammenschreck hat sein nächstes Opfer gefunden!
Ungerecht? Das ist Somorra.

9 Der Dschinn schwebt eine Weile mitten in deiner Wohnung, ohne etwas zu sagen. Das blaue Licht wirft skurrile Schatten an die Wände, doch auch du stehst nur da und tust nichts, und so schaut ihr euch an und nichts geschieht.
»Der friedliebende Mensch ist in Somorra oft verloren«, sagt er da. Seine Stimme ist so tief wie der Ozean. »Ich hätte nicht gedacht, hier auf einen zu treffen. Das will ich belohnen. Du wirst vielleicht schon von Dschinns gehört haben, die Wünsche erfüllen. Du hast jetzt oder später einen Wunsch frei.«
»Großartig«, antwortest du. »Ich wünsche mir, dass der Schrammenschreck mich in Ruhe lässt.«
Der Dschinn lacht. »So geht das nicht. Es muss etwas Materielles sein. Geld, eine Pistole, ein neuer Fernseher.«
Notiere dir neben dem Codewort DSCHINN die Zahl 371.
Er gibt dir einen Ring. Notiere ihn auf deinem Abenteuerbogen. Wann immer du dich entscheidest, dass du deinen Wunsch einlösen möchtest, dreh den Ring. Merke dir dann die Stelle, an der du gerade bist, und lies sofort weiter bei DSCHINN, um dem Dschinn deinen Wunsch mitzuteilen. Achtung: Er wird dir nur einen Wunsch erfüllen!
Weiter bei **16**.

10 »Was? Sie meinen sicher A 38? Den finden Sie …«
»Nein«, unterbrichst du ihn, »ich meine B 65.«
Ruben Pick blickt verwirrt und kratzt sich am Kinn. »B fünfundsechzig«, flüstert er langsam. »Block, wissen Sie das?« Der schüttelt mit dem Kopf und wird knallrot. »Noch nie gehört«, flüstert er heiser.
»Hm … da müssen wir mal forschen … Block, Sie fahren zu Schalter 1, ich schau ins Archiv!«
»Schalter 1? Wo ist der?«
»Was weiß ich.«
Dann fällt sein Blick auf dich. »Äääh, guten Tag. Das Amt ist geschlossen. Innere Revision. Kommen Sie … nächste Woche … oder gar nicht …« Er kratzt sich am Hintern und flüstert wieder »B fünfundsechzig … sowas also auch …«
Du musst einsehen, dass du hier nichts mehr unternehmen kannst und verlässt das Amt. Du hast so viel Verwirrung gestiftet, dass du den ganzen Tag nichts mehr erreichen wirst.
Weiter bei **84**.

11 »Wie eine Fliege auf den Resten des Gelages! Du darfst passieren«, sagt der Engel und lässt dich eintreten.
Ändere das Codewort ERKENNTNIS zu 393.
Weiter bei **175**.

12 »Eine Katze? Warum eine Katze? Schau ich aus wie ein Kletteräffchen? Und ich mag Katzen nicht mal.« Die Klappe schließt sich wieder.
Willst du es nun doch mit dem offenen Fenster probieren? (weiter bei **327**)
Oder willst du noch einmal klopfen und behaupten, eines der Lagerhäuser würde brennen? (weiter bei **581**)

13 Du stehst einfach da, passiv, ohne Waffe. Wie du erwartet hast, wirst du von den Totengeistern nicht behelligt. Zu deiner Überraschung verharrt jedoch plötzlich einer vor dir, der einen Jagdbogen über dem Rücken trägt.
»Habt Dank, dass Ihr unsere Ruhe nicht gestört habt. Wir tun niemandem etwas zuleide. Nehmt als Dank einen Beutel mit Peseten. Wir haben keine Verwendung mehr dafür.«
Vor dir fällt ein Beutel aus öligem Leder zu Boden. Darin findest du zwei Silbermünzen. Notiere dir den Fund auf dem Abenteuerbogen.
Der Totengeist schwebt davon. Weiter hinten im Raum öffnet sich plötzlich eine Luke im Boden dieser merkwürdigen Kammer. Der Totengeist verschwindet darin, ohne dich eines weiteren Blickes zu würdigen.
Willst du ihm folgen? (weiter bei **258**)
Oder willst du bleiben, wo du bist? (weiter bei **404**)

14 Yasmina beginnt und wickelt dir den Faden um dein Hand gelenk. Sie macht einen Knoten, schneller, als du es jemals gesehen hast. Sie lacht dich strahlend an. »Ach, ich habe noch was vergessen. Es gewinnt übrigens auch, wer einen Knoten um das Handgelenk des anderen machen kann. Du bist jetzt mein. Der Faden der Unschuld heißt so, weil du deine Unschuld verloren hast und deine Seele jetzt mir gehört.« Sie legt dir eine Hand an die Hüfte. Ihre Berührung brennt wie Dämonenfeuer.

Du versuchst, von ihr wegzuspringen und deine Waffen zu ziehen, doch nichts davon gelingt dir. Yasmina, ein Ifrit, hat dich gefangen genommen. Durch den Faden der Unschuld – der tatsächlich so heißt – bist du jetzt ihr Sklave, ihre Geisel. Du verfügst über keinen eigenen Willen mehr. Sie kann mit dir machen, was sie will, und sie wird mit dir machen, was sie will, immer und immer wieder. Bis du schließlich am ganzen Körper so verbrannt bist, dass du stirbst. Ungerecht? Das ist Somorra.

15 Der Engel blickt dich an und lächelt. »Das Laster der Reichen und Zufriedenen. Wie interessant. Du darfst passieren.«
Ändere das Codewort ERKENNTNIS zu 67.
Weiter bei **175**.

16 Von einem Augenblick auf den nächsten verschwindet deine Wohnung und du stehst wieder auf der Blumenwiese, jetzt an deren Ende. Und erneut erreichst du das Ufer eines Flusses, auch wenn dies kein Fluss ist, der aus Wasser oder auch nur etwas Ähnlichem wie Wasser bestehen würde. Der Fluss ist komplett aus Flammen und flüssiger Lava. Der Funkenflug ist so stark, dass es wirkt, als regne es Feuer. Hitze steigt auf und macht das Atmen unangenehmer, je näher du dem Ufer kommst. Du fragst dich, wie du diesen Strom aus Feuer und Rauch jemals heil überwinden sollst. In der Nähe entdeckst du eine Bronzetafel mit folgender Aufschrift:
»Phlegethon, Fluss aus Flammen. Überfahrt mit Gustis Flugschiffen. Sie finden uns 200 Schritte flussaufwärts.«
Was willst du tun?
Willst du flussaufwärts gehen, um dich nach Gustis Flugschiffen zu erkundigen? (weiter bei **240**)
Oder gehst du flussabwärts, in der Hoffnung, dass es dort eine Möglichkeit gibt, den Fluss zu überqueren? (weiter bei **156**)

17 Die Totengeister nehmen keine Notiz von deiner Aktion. Es interessiert sie nicht, ob du mit einer Waffe herumfuchtelst, dich in Sokrates' Meditation versetzt oder mit Weihwasser nach ihnen wirfst. Einer von ihnen mit einem Jagdbogen über dem Rücken schaut nur kurz auf, schwebt dann aber davon. Weiter hinten im Raum öffnet sich plötzlich eine Luke im Boden dieser merkwürdigen Kammer. Der Totengeist verschwindet darin, ohne dich eines weiteren Blickes zu würdigen.
Willst du ihm folgen? (weiter bei **258**)
Oder willst du bleiben, wo du bist? (weiter bei **404**)

18 Du schiebst die Tür mit dem Fuß auf. Noch bevor du den Raum betreten kannst, hörst du es: ein Wimmern, ein Schluchzen, das dich an etwas erinnert … an eine dunkle Zeit deines Lebens, als du noch ein Kind warst, in diesem Waisenhaus. Schutzlos warst du damals, den Launen von Frau Schmellinger ausgeliefert und der Bosheit der anderen Angestellten des Waisenhauses, für die dir keine andere Bezeichnung als *Wärter* einfällt. An guten Tagen gab es Kopfnüsse, Schläge mit dem Lineal auf die Finger oder eine Ohrfeige. An den schlechten Tagen zogen sich Ringo, dein einziger Freund, und du in eine stille Kammer zurück, um gemeinsam zu weinen. Und das Schluchzen, das du da aus dem Zimmer in der obersten Etage des Waisenhauses hören kannst, ja, das hört sich an wie das Schluchzen von Ringo vor vielen Jahren, als ihr euch gemeinsam versteckt habt. Lange, bevor Ringo sich das Leben nahm.
In dem Zimmer sind die Vorhänge zugezogen, so wie ihr es damals auch immer gemacht habt. Niemand sollte euch beim Weinen sehen, nicht mal der Himmel, die Wolken, die Sonne, der Regen. Du schleichst in den Raum, ständig auf der Hut. Als du über die Schwelle getreten bist, siehst du: Es ist tatsächlich der achtjährige Ringo, der da auf dem Boden kauert und schluchzt. Als du auf ihn zutrittst, hebt er den Blick und schaut dich mit vom Weinen

geröteten Augen an. Seine Nickelbrille ist verrutscht, die braunen Haare ein wirres Durcheinander. »Wo warst du denn die ganze Zeit? Ich habe hier auf dich gewartet … bitte, befrei mich aus diesem Albtraum.«
»Was ist denn los?«
Ringo deutet nach oben. »Er ist da oben. Der Teufel. Er ist gekommen, um die Schmelli zu holen. Mikinnsky hat er schon erwischt.«
»Hast du ihn gesehen, den Teufel?«
»Ja, kurz, als Mikinnsky in die Luke hoch ist.«
»Wie sieht er aus?«
Ringo zuckt mit den Schultern. »Flügel, Hufe, glaube ich, mehr konnte ich nicht sehen.«
»Ich muss da hoch.«
Ringo schaut dich mit schreckgeweiteten Augen an. »Ich weiß. Der Schrammenschreck wartet auf dich. Mich hat er schon. Rette mich! Es tut mir so leid … Ich hätte niemals … Du brauchst ein …«
Von einem Augenblick auf den anderen verschwindet Ringo vor deinen Augen. Er verblasst nicht etwa oder geht in Rauch auf. Nein: Er ist einfach weg, als wäre er nie da gewesen, als wäre sein Bild einfach ausgeknipst worden. Stattdessen liegt da etwas, wo er kauerte: eine Kerze und ein Streichholz. Notiere dir den Fund, wenn du ihn mitnehmen willst.
Wenn du bereit bist, auf den Dachboden zu steigen, lies weiter bei **117**.

19

Totengeister (harmlos)
— Notizbuch wieder erlaubt —

Wenn du keine Waffe in der Hand hältst und auch sonst nichts gemacht hast (kein Weihwasser, keine Meditation), dann lies weiter bei **13**.
Anderenfalls geht es weiter bei **17**.

20 *— Notizbuch wieder erlaubt —*
Du stichst mit deiner Waffe in eines der Augen des Monsters. Damolak der Ungeheure verendet binnen weniger Sekunden. Danach durchsuchst du die Höhle. Offensichtlich warst du nicht der erste Reisende, der ihm in die Falle gegangen ist. Unzählige Knochen und Schädel liegen auf dem Boden. An einem Skelett, das noch ein Schwert in der Hand hält, findest du etwas, das du vielleicht noch gebrauchen kannst: eine Silbermünze. Auf der Vorderseite ist ein sitzender Mann abgebildet, »Weihbischof Peter«, wie eine Inschrift verrät. Auf der Rückseite sind drei Monster zu sehen: Belphegor, Beelzebub und Asmodeus. Du hast eine der Münzen von Weihbischof Peter gefunden. Da sie aus Silber ist, kannst du sie natürlich auch verwenden, um Weihwasser herzustellen. Notiere dir jedoch separat, dass du genau diese Münze gefunden hast, mit den darauf abgebildeten Monstern, und auch, wenn du sie verbrauchen solltest.
Wenn du noch keinen Beweis hast, dass du einen Dämon getötet hast, dann schneidest du ein paar Haare von Damolaks Fell ab und steckst sie ein. Ändere das Codewort DÄMON zu 20, wenn diese Zahl dort nicht schon steht. Ein weiterer Vermerk der Haare auf dem Abenteuerbogen ist nicht erforderlich.
Wenn du willst und jetzt dazu in der Lage bist, kannst du nun zu Charon zurückkehren und den Preis bezahlen (einen Charonstaler; alternativ akzeptiert er auch zwei Gegenstände aus Silber). (weiter bei **290**)
Stattdessen kannst du auch zu ihm zurückkehren, um ihn zu überwältigen und sein Boot zu rauben. (weiter bei **128**)
Oder versuchst du, durch den Fluss zu schwimmen? (weiter bei **288**)

21 Du wartest. Nach einer Weile verstummt das Schnuppern. Dann ein Geräusch wie Krallen auf Stein, stakkatoartig, als würde etwas auf dich zurennen. Plötzlich wirst du von einem gewaltigen Körper von den Füßen gerissen. Er begräbt dich unter sich und dann isst sich das Wesen an dir satt.
Ungerecht? Das ist Somorra.

22 »Kein Problem!«
Die Frauen lesen dir in der nächsten Stunde jeden Wunsch von den Augen ab, und für einen Moment kannst du all deine Sorgen vergessen. Nach getaner Arbeit bringen sie dich wieder zum Ausgang.
Weiter bei **168**.

23 Mammon deutet mit seinem schwarzen Fingernagel auf dich. »Wie bedauerlich. Du weißt den Wert des gesparten Talers nicht so recht zu schätzen, und mit sowas verschwende ich meine Zeit.«
Er erhebt sich aus seinem Stuhl und auch du erhebst dich.
»Vielleicht muss ich mich zu gegebener Zeit noch einmal mit dir abgeben. Nicht zu einer weiteren Prüfung. Es würde mir helfen, dir gewogen zu sein, wenn du uns eine der Silbermünzen von Weihbischof Peter bringst, und zwar genau diejenige, die Satan, Leviathan und mich zeigt. Du findest sie in der Schatzkammer.«
Plötzlich schreit er: »Der Nächste!«
Als sein Blick wieder auf dich fällt, schnaubt er. »Du bist ja immer noch da! Weg mit dir! Geh endlich!«
Du hast die Prüfung bestanden.
Ändere das Codewort ERKENNTNIS zu 594.
Weiter bei **389**.

24 Als sich ein Tentakel um deinen Hals wickelt und zudrückt, merkst du, dass dieses sonderbare Wesen, das auf dem Grund des Acheron haust, alles andere als friedlich ist. Leider ist es für eine Gegenwehr jetzt zu spät.
Kurze Zeit später bist du tot.
Ungerecht? Das ist Somorra.

25 Deine Heilige Waffe wirkt wie ein Schild gegen den Feueratem des Alten Phönix. Das Feuer erreicht dich nicht. Als der Riesenvogel versucht, dich mit seinem Schnabel zu verletzen, gelingt es dir, ihn mit der Waffe zu berühren. Im selben Augenblick flammt dämonenrotes Feuer auf, das den Vogel vollständig verbrennt. Übrig bleibt nur ein Haufen Asche. Es war tatsächlich so einfach, wie der Priester behauptet hat. Vielleicht besteht doch noch Hoffnung, noch ein bisschen länger zu überleben.
Du wickelst etwas von der Asche in ein Stück Stoff und steckst es in deinen Rucksack. Ändere das Codewort DÄMON zu 20. Die Asche selbst brauchst du nicht zu notieren. Vermerke auf dem Abenteuerblatt unter Erfolge außerdem, dass du einen Dämon getötet hast.
Wenn du willst, kannst du das Phönix-Ei einstecken (notiere in diesem Fall den Fund auf deinem Abenteuerbogen und ändere das Codewort KÄFIG zu 331).
Danach setzt du deine Klettertour fort und bist schon bald oben angelangt. Nicht weit entfernt schlängelt sich ein Weg den Berg hinauf.
Weiter bei **380**.

26 »Was, warum das denn? Oh, nun, das ist wirklich schade. Wohl doch kein so richtiger Profispieler.« Block kratzt sich am Kopf und schaut dann in einen kleinen Taschenkalender. »Wir sollten jetzt mal schauen, dass wir weiterkommen. Ich muss noch mit der Gräfin unter vier Augen sprechen, wenn es recht ist.« Er

schiebt dich zur Tür hinaus und knallt sie hinter dir zu. Dort wartest du und hoffst, dass schon alles gut gehen werde.
Leider geht nichts gut.
Weiter bei **5**.

27 Du triffst den Werwolf mit deiner Waffe und tötest ihn. Weiter bei **500**.

28 »Also, Menschlein«, sagt der Mann mit den Reißzähnen. »Was führt eine Kreatur wie dich hierher?«
»Ein Albtraum.« Du weißt nicht, ob du ihm vertrauen kannst, daher antwortest du ausweichend.
»Ein Albtraum also. Was auch sonst. Du bist nicht der erste Mensch, der sich in die Albtraumwelt wagt. Auf der Suche nach dem Schrammenschreck, damit er dich in Ruhe lässt, ist es nicht so? Du wirst Hilfe brauchen, wenn du überleben willst.«
»Welche Hilfe kann ich von dir erwarten?«
»Oh!« Der Mann holt einen langen, gekrümmten Dolch hervor. »Du hast dir vielleicht schon gedacht, dass du den Schrammenschreck nicht mit einer Steinschleuder besiegen kannst. Das hier ist der Dolch der Unschuld. Er wurde geschmiedet im Blut von Tausend Jungfrauen. Die einzige Waffe, die ihm Leid zufügen kann. Ich könnte ihn dir geben, gegen eine kleine Gegenleistung natürlich.«
Er streckt den Arm aus, um ihn dir um die Schultern zu legen. »Komm, setz dich, und dann besprechen wir alles!«
Lässt du ihn gewähren, setzt dich neben ihn auf den Boden und hörst dir an, was er von dir will? (weiter bei **92**)
Oder vertraust du ihm nicht und sagst ihm, dass er dir vom Leib bleiben soll? (weiter bei **292**)

29 Du durchstöberst das Gerümpel in dem Kellerraum, ohne etwas zu finden. Dann fällt dir auf, dass der Tisch, auf dem die Waffen abgelegt waren, Schubladen hat. Du ziehst sie auf

und findest Aufzeichnungen. Sofort erkennst du Symbole, die du schon aus Cosmars Notizbuch kennst: der Totenkopf, der für Untote steht; der gehörnte Tierschädel für Dämonen; das unheimliche Gesicht mit den weißen Augäpfeln – Albtraumwesen. Nur das Wolfssymbol, das für Werwesen steht, findest du nirgends.
Ob sich aus diesen Aufzeichnungen ableiten lässt, wie die Wesen anhand einheitlicher Merkmale zu identifizieren sind? Versuche es herauszufinden.
Die Aufzeichnungen findest du hinten auf Seite 441. Wenn du sie jetzt noch nicht entschlüsseln kannst, kannst du das natürlich auch später noch versuchen. Kehre danach hierher zurück.
Weiter bei **439**.

30 Plötzlich geht ein Rumpeln durch das Gebäude und Staub rieselt herab. Steinbrocken fallen zu Boden. Die Behausung des Schrammenschrecks stürzt in sich zusammen. Doch bevor du dir noch überlegen kannst, wie du von dort entkommen kannst oder ob es überhaupt einen Weg zurück aus dieser Welt der Träume gibt, stehst du plötzlich in einem kleinen Raum, der völlig kahl ist und mit der Behausung des Schrammenschrecks nichts gemein hat. Du kannst nur vermuten, dass du wieder in Somorra bist.
Du folgst einer Treppe nach oben. Nach gerade einmal einem Dutzend Stufen erreichst du eine Tür, die nur angelehnt ist. Du gehst hindurch und stehst inmitten einer Kirche. Jedenfalls muss das früher mal eine Kirche gewesen sein. Dir wird auf den ersten Blick klar, dass hier schon seit langer Zeit niemand mehr Gottesdienste feiert. Teile des Kirchturms stehen noch, doch scheint es nur eine Frage der Zeit zu sein, bis er einstürzt. Zwei Seitenwände sind bereits zur Hälfte eingefallen. Die Reste des Dachs liegen auf den verbleibenden Mauern. Ein paar verkohlte Holzbalken ragen aus dem Skelett des Turms. Es wirkt, als wäre eine große Bombe über dem Kirchturm abgeworfen worden. Das Kirchenschiff sieht kaum besser aus. Der hintere, vom Turm abgewandte Teil ist eingestürzt. Die Mauern –

wo sie noch stehen – weisen große Risse auf. Riesige Öffnungen zeigen, wo in einer lange vergessenen Zeit einmal die Fenster oder Tore waren, weswegen sich auch die Suche nach einem Ausgang erübrigt – du kannst die Kirche an vielen Stellen verlassen. Im Inneren stehen ein paar Holzbänke. Sogar ein Steinaltar ist noch vorhanden. Er war wahrscheinlich jedem Plünderer zu schwer.

Als du in den Bereich weitergehst, der unterhalb des Turms liegt, fallen dir die Malereien an der Wand auf. Da sind Szenen einer Baustelle abgebildet, Menschen, die Häuser in eine sonst fast unberührte Landschaft bauen. Zwei Männer werden besonders hervorgehoben. Sie scheinen Zwillinge zu sein. Auf einem anderen Bild ist wieder eine Baustelle zu sehen, doch aus einer ganz anderen Zeit: Da wird eine moderne Anlage aus Beton und Stahl errichtet, ein riesiges Kraftwerk. Es sieht dem gigantischen Gebäude ähnlich, in dem du den Schrammenschreck gefunden hast, nur neuer, moderner. Auf diesem Bild steht eine junge Frau mit Helm und Klemmbrett im Mittelpunkt, als wäre sie die Leiterin des Bauvorhabens. Über dem Bild steht in großen Lettern nur ein Wort: *Metatron.*

Auf einem dritten Bild siehst du den Grundriss einer Stadt, die Somorra ähnelt, aber kleiner, oder vielleicht in einem früheren Stadium der Stadtgeschichte. Im Norden steht ein großer Turm.

Du kommst in einen anderen Teil der Kirchenruine. In einer Ecke entdeckst du gerahmte Bilder: ehemalige Priester Somorras, als es in dieser Stadt noch Glauben und Religion gab.

Perperus, 85 - 98 n.S.

Lukan, 108 - 114 n.S.

Der letzte Priester hieß *Konrad, 120 - 138 n.S.*

Und du kennst ihn.

Dir läuft es eiskalt den Rücken runter. Seit du in dieses Abenteuer aufgebrochen bist – oder besser gesagt: gestoßen wurdest –, seitdem hast du viel Unglaubliches gesehen und erlebt. Du hast den Schrammenschreck in einer Welt der Albträume aufgespürt, vorbei an den Monstern der Hölle, und hast ihn besiegt. Doch als du

erkennst, dass der Mann auf dem Bild, der letzte Priester Somorras, derselbe Mann ist, dem du vor nicht allzu langer Zeit in deiner Wohnung und zuletzt im Keller unter Cosmars Kammer begegnet bist, gruselt es dich. Er war es, der dir half zu überleben. Aber wie kann er noch am Leben sein? Dir fällt wieder ein, wie sehr du dich gewundert hast, ihn das letzte Mal zu treffen, und wie plötzlich er dann wieder verschwand. Du fragst dich, ob du es mit einem Geist zu tun hattest.
Dir fällt ein, was der geheimnisvolle Priester zu dir gesagt hat, kurz bevor er verschwand: Töte einen Dämon. Leider ist dir keiner begegnet, außer vielleicht dem Schrammenschreck, falls er einer war, aber der ist verbrannt. Vielleicht wäre das der Schlüssel gewesen, um mehr über Konrad herauszufinden? Du wirst es nie erfahren.
Du beschließt, jetzt erst einmal in deine Wohnung zurückzukehren und dich auszuschlafen – ohne Angst, im Traum von Horrorwesen ermordet zu werden. Als du die Verbände von deinen Armen wickelst, erlebst du eine Überraschung: Alle Wunden sind verschwunden. Vielleicht hatte das Wasser in Perlenas Brunnen auf dem Läuterungsberg Heilwirkung, du weißt es nicht.
Dein restliches Leben liegt vor dir. Wie es weitergeht, wirst du noch früh genug entscheiden. Für den Augenblick zählt nur, dass du am Leben bist.
Dieses Abenteuer hast du überstanden. Wenn du willst, spiele es noch einmal – und versuche, auch Ringo und Sascha zu retten oder einen Dämon zu töten.
Wenn du in ein paar Tagen wieder bei Kräften bist, kannst du immer noch erledigen, was du ursprünglich tun wolltest, als der Schrammenschreck dich das erste Mal überfiel: Ringos Vermächtnis bei Maurizio abholen. Wenn du das tun willst, lies jetzt oder später weiter bei **577**. Es hat keine Auswirkung auf den Ausgang dieses Abenteuers.
Notiere dir, dass deine Grundpunktzahl 30 beträgt. Wenn du willst, lies jetzt die Auswertung auf Seite 445.

31 Die Zeilen müssen von unten nach oben gelesen werden, die Zahl zum Schluss noch mal gedreht werden. Es geht also weiter bei **321**.

32 »Ach jetzt warte mal. Wir kennen uns doch! Du bist doch dieser ... Und das hab ich nun von meinem großen, dicken Herz!«
Weiter bei **172**.

33 Du klopfst wieder an die Tür von Ruben Picks Amtssitz. Du wirst das Gefühl nicht los, aus dem Inneren beobachtet zu werden, dann öffnet sich kurz die Klappe. »Was wollen Sie denn schon wieder?«
»Ich muss dringend mit Ruben Pick sprechen!«
»Nicht jetzt!« Die Klappe schließt sich wieder.
Du musst dir etwas Anderes überlegen. Weiter bei **84**.

34 Du schleichst zur Wegbiegung und verbirgst dich hinter einem Felsen. Dann schiebst du dich Millimeter für Millimeter nach vorne, bis du sehen kannst, was da vor dir passiert: Ein geflügeltes, vierbeiniges Wesen mit riesigen Tatzen, Löwenkörper und dem Kopf eines Adlers erwehrt sich der Angriffe eines zweibeinigen Wesens, ein Mann mit langen Reißzähnen und rotglühenden Augen. Beide Kontrahenten werfen lange Schatten auf den Boden.
— Notizbuch ab hier ausgeschlossen —
Nach einem Moment hält der Mann im Kampf inne und hebt den Kopf. Dann lächelt er und blickt in deine Richtung. »Ein Mensch!«
Das vierbeinige Wesen nutzt den Moment zur Flucht. Es breitet seine Flügel aus und erhebt sich in die Lüfte. Kurze Zeit später ist es verschwunden.
Weiter bei **28**.

35 Mit geschlossenen Augen sprichst du den Text. Schon bei den ersten Worten merkst du die Veränderung: Dir ist, als würde eine Schutzschicht um dein Bewusstsein entstehen, wie eine Wand aus Wasser. Trotz der geschlossenen Augen nimmst du deine Umwelt wahr, obwohl du doch nichts sehen kannst. Es ist eher so, als würdest du fühlen, was um dich herum geschieht. Perlena, die dich ernst ansieht, der Brunnen neben euch. Als du fertig bist, lächelt Perlena; du weißt es, bevor du die Augen wieder öffnest. »Gut. Dann haben wir das erledigt. Wann immer du einem Wesen aus den Albträumen begegnest, kannst du dich jetzt retten, indem du meditierst. Du wirst feststellen, dass dir die Anwendung der Technik leichtfallen wird. Sie war immer schon in dir. Ich musste sie nur wecken. Du kannst sie jederzeit einsetzen. Vergiss nur nicht, dass du in dem Moment der Meditation gegen jeden anderen Angriff schutzlos bist. Nur der mentale Angriff der Albtraumwesen verpufft wirkungslos.«

Du nickst.

»Hier bist du jetzt fertig. Du weißt jetzt alles, was ich dich lehren kann. Abariel wird dich nach draußen bringen.« Perlena bemerkt deinen fragenden Blick. »Der Engel.«

»Wie finde ich den Schrammenschreck?«

Perlena nickt, als hätte sie gewusst, dass du diese Frage stellen würdest. »Überquere die fünf Flüsse, das dürftest du bereits wissen. Du wirst merken, dass du nicht einfach nur durch eine Landschaft oder so etwas wandern wirst. Dies ist das Land der Träume. Du wirst durch die Träume der Einwohner Somorras laufen. Das Land wird sich dabei ständig wandeln.« Du erinnerst dich an den Kühlschrank, durch den du dieses Land betreten hast, und das Feld, das sich immer wieder verändert hat. »Am jenseitigen Ufer des fünften Flusses wird er auf dich warten. Finde heraus, was er ist. Dann kannst du ihn – vielleicht – besiegen. Und jetzt geh.«

Der Engel Abariel legt eine Hand auf deine Schulter und führt dich nach draußen. Dort ist kein Nadelwald mehr, sondern eine ver-

trocknete, sandige Landschaft. Ihr steht am Ufer eines ausgetrockneten Flusses.
»Lethe, Fluss des Vergessens. Er entspringt an der Spitze des Läuterungsberges«, sagt der Engel. Seine tiefe Stimme lässt dein Trommelfell klingeln. »Er ist ausgetrocknet, seit es den Schrammenschreck gibt. Überschreite ihn und finde den nächsten Fluss. Perlena hat dich bereits gewarnt. Wundere dich nicht darüber, was du in der Albtraumwelt zwischen den Flüssen sehen wirst. Versuche nur, am Leben zu bleiben und nicht den Verstand zu verlieren.«
Wenn du bereit für den nächsten Abschnitt deines Abenteuers bist, dann lies weiter bei **146**.

36 Du tauchst in die Öffnung. Der Raum darunter ist noch größer, als du von außen vermutet hast. Ist das die Schatzkammer? In einer Ecke des Raumes wachsen Pflanzen, die dir bekannt vorkommen. Es sind …
In diesem Augenblick wirst du von hinten gerammt und weggedrückt. Du drehst dich um, doch da ist nichts, nur aufgewirbeltes Wasser. Da bemerkst du eine Bewegung seitlich von dir, wo der Raum am dunkelsten ist. Ein riesiger Fisch, nein, etwas Schlangenartiges schnellt aus der Finsternis auf dich zu und greift dich an!
— Notizbuch ab hier ausgeschlossen —

Wasserlebewesen
Augen: gelb
Füße: keine
Mund: Revolvergebiss
Schatten: ja
Sonstiges: keine Flossen, keine Tentakel

Entscheide dich, ob du kämpfen willst bzw. wie du dich verteidigen willst (Sokrates' Meditation ODER Weihwasser UND/ODER eine Waffe).
Dann lies weiter bei **243**.

37 »Tut mir leid, das ist ... Oh, was, warten Sie mal. Das ist ja richtig! Das habe ich ja noch nicht erlebt. Ja, puh, jetzt brauchen wir wohl irgendein Geschenk für Sie, was? Warten Sie ganz kurz, bitte, okay?«

Er verschwindet für einen Moment hinter dem Vorhang. Du hörst Geräusche, als würde er etwas schieben oder ziehen, gefolgt von Fluchen. Dann: »Ja, so mach ich es!« Eine Tür schlägt zu. Eine Minute später ist er wieder da und gibt dir eine fast volle Flasche mit brauner Flüssigkeit. »Hier. Bester Somorra-Schnaps, vom Langen Johann höchstselbst. Und, äh, die Vorstellung war umsonst.«

Er begleitet dich in den Vorraum, wo der glatzköpfige Türsteher steht. Der ist zwar überrascht, dass er dich ohne Bezahlung gehen lassen soll, akzeptiert es aber. Du kannst das Reich der Ran unbehelligt verlassen.

Sofort gehst du zu dem gegenüberliegenden Verwaltungssitz von Ruben Pick. Wenn neben dem Codewort KAPITÄN eine Zahl vermerkt ist, dann **lies sofort dort weiter**. Anderenfalls lies hier weiter.

Gegenüber der schwarzen Fassade des »Reich der Ran« steht ein kleines, freistehendes Fachwerkhaus. Über der Eichentür hängt ein rostiges Schild, das ein Frauengesicht mit herausgestreckter Zunge zeigt.

Die Tür ist verschlossen, auf dein Klopfen hin öffnet sich eine kleine Klappe in Augenhöhe, dahinter siehst du eine aufgequollene, rote Nase.

»Ja?«

»Ich habe eine wichtige Ankündigung zu machen!«

»Aha. Haben Sie einen Termin?«

»Ich habe anzukündigen, dass die Gräfin Lichterheide in Kürze in Somorra eintreffen wird und Geschäfte mit Ruben Pick erledigen möchte. Als Beweis ihrer ehrenhaften Absichten hat sie ein Geschenk für Herrn Pick mitgeschickt«

»Gräfin? Oh, warten Sie ...«

Die Klappe schließt sich. Kurz darauf wird die Eichentür geöffnet.

Ein kleiner, dürrer Kerl mit roten Haaren steht vor dir und blickt nach oben. »Kommen Sie herein, bitte.«
Du betrittst eine kleine Amtsstube. Rechter Hand steht ein wuchtiger Schreibtisch, dahinter quellen Akten aus deckenhohen Regalen. Der Beamte lässt dich auf einem der beiden Gästestühle Platz nehmen und setzt sich an den Schreibtisch. Dahinter hängt ein Holzkasten, auf dem ein Kleeblatt aufgemalt ist. Auf dem Tisch steht ein Schild: »Beamter Block«.
Du händigst ihm die Flasche aus. Block mustert sie kurz und murmelt dann: »Qualitätskontrolle, wir haben hier strenge Vorschriften.« Dann entkorkt er die Flasche und nimmt mehrere Schlucke. Du hoffst inständig, dass es sich tatsächlich um Schnaps und nicht Putzmittel handelt.
Block verdreht die Augen und du befürchtest schon das Schlimmste, da sagt er: »Aaahh, gutes Zeug. Die Gräfin hat Geschmack!« Er nimmt noch einen großen Schluck.
»Sie haben Glück«, verkündet er dann stolz. »Ruben Pick kann die Gräfin gleich heute treffen. Wir müssten nur … äh … zahlreiche andere Termine verschieben, aber das machen wir gerne. Kommen Sie bitte in einer Viertelstunde wieder. Ich muss noch klar Schiff machen.«
Er steht auf und schiebt dich zur Tür hinaus.
Notiere dir neben dem Codewort BECKY die Zahl 74 und ändere das Codewort PICK zu 340.
Weiter bei **351**.

38 Die Zahnarztpraxis beginnt zu verschwinden und du kannst gerade noch das enttäuschte Gesicht der Zahnärztin erkennen. Sie hätte dich gerne weiter behandelt.
Sofort fühlst du mit der Zunge nach: Du hast noch alle deine Zähne.
Weiter bei **198**.

39 Die Zahnärztin jubelt – der erste Zahn ist raus! Du siehst Blut aus deinem Mund spritzen. Die Schmerzen sind unerträglich. Sofort macht sie sich an den nächsten. Sie zieht dir nach und nach jeden einzelnen Zahn, während du verzweifelt versuchst zu entkommen. Vielleicht war in dem Gedicht eine geheime Botschaft versteckt? (Wenn du es noch mal nachlesen willst: Du findest es bei Abschnitt 528.)

Schließlich hat sie sich so weit vorgearbeitet, dass du nur noch einen einzigen Zahn im Mund hast. Du bist vor Schmerzen nur noch halb bei Besinnung.

»Nicht nur Zahnfäule«, murmelt da die Ärztin. »Müssen den ganzen Kiefer behandeln.«

Sie nimmt ein Skalpell und schneidet tief unterhalb des Kinns in deinen Hals. Blut sprudelt aus der Wunde. Schon bald bist du verblutet.

Ungerecht? Das ist Somorra.

40 Plötzlich geht ein Rumpeln durch das Gebäude und Staub rieselt herab. Steinbrocken fallen zu Boden. Die Behausung des Schrammenschrecks stürzt in sich zusammen. Doch bevor du dir noch überlegen kannst, wie du von dort entkommen kannst oder ob es überhaupt einen Weg zurück aus dieser Welt der Träume gibt, stehst du plötzlich in einem kleinen Raum, der völlig kahl ist und mit der Behausung des Schrammenschrecks nichts gemein hat. Du kannst nur vermuten, dass du wieder in Somorra bist.

Du folgst einer Treppe nach oben. Nach gerade einmal einem Dutzend Stufen erreichst du eine Tür, die nur angelehnt ist. Du gehst hindurch und stehst inmitten einer Kirche. Jedenfalls muss das früher mal eine Kirche gewesen sein. Dir wird auf den ersten Blick klar, dass hier schon seit langer Zeit niemand mehr Gottesdienste feiert. Teile des Kirchturms stehen noch, doch scheint es nur eine Frage der Zeit zu sein, bis er einstürzt. Zwei Seitenwände sind bereits zur Hälfte eingefallen. Die Reste des Dachs liegen auf den verbleibenden

Mauern. Ein paar verkohlte Holzbalken ragen aus dem Skelett des Turms. Es wirkt, als wäre eine große Bombe über dem Kirchturm abgeworfen worden. Das Kirchenschiff sieht kaum besser aus. Der hintere, vom Turm abgewandte Teil ist eingestürzt. Die Mauern – wo sie noch stehen – weisen große Risse auf. Riesige Öffnungen zeigen, wo in einer lange vergessenen Zeit einmal die Fenster oder Tore waren, weswegen sich auch die Suche nach einem Ausgang erübrigt – du kannst die Kirche an vielen Stellen verlassen. Im Inneren stehen ein paar Holzbänke. Sogar ein Steinaltar ist noch vorhanden. Er war wahrscheinlich jedem Plünderer zu schwer.

Als du in den Bereich weitergehst, der unterhalb des Turms liegt, fallen dir die Malereien an der Wand auf. Da sind Szenen einer Baustelle abgebildet, Menschen, die Häuser in eine sonst fast unberührte Landschaft bauen. Zwei Männer werden besonders hervorgehoben. Sie scheinen Zwillinge zu sein. Auf einem anderen Bild ist wieder eine Baustelle zu sehen, doch aus einer ganz anderen Zeit: Da wird eine moderne Anlage aus Beton und Stahl errichtet, ein riesiges Kraftwerk. Es sieht dem gigantischen Gebäude ähnlich, in dem du den Schrammenschreck gefunden hast, nur neuer, moderner. Auf diesem Bild steht eine junge Frau mit Helm und Klemmbrett im Mittelpunkt, als wäre sie die Leiterin des Bauvorhabens. Über dem Bild steht in großen Lettern nur ein Wort: *Metatron*.

Auf einem dritten Bild siehst du den Grundriss einer Stadt, die Somorra ähnelt, aber kleiner, oder vielleicht in einem früheren Stadium der Stadtgeschichte. Im Norden steht ein großer Turm.

Du kommst in einen anderen Teil der Kirchenruine. In einer Ecke entdeckst du gerahmte Bilder: ehemalige Priester Somorras, als es in dieser Stadt noch Glauben und Religion gab.

Perperus, 85 - 98 n.S.

Lukan, 108 - 114 n.S.

Der letzte Priester hieß *Konrad, 120 - 138 n.S.*

Und du kennst ihn.

Dir läuft es eiskalt den Rücken runter. Seit du in dieses Abenteuer aufgebrochen bist – oder besser gesagt: gestoßen wurdest –, seitdem hast du viel Unglaubliches gesehen und erlebt. Du hast den Schrammenschreck in einer Welt der Albträume aufgespürt, vorbei an den Monstern der Hölle, und hast ihn besiegt. Doch als du erkennst, dass der Mann auf dem Bild, der letzte Priester Somorras, derselbe Mann ist, dem du vor nicht allzu langer Zeit in deiner Wohnung und zuletzt im Keller unter Cosmars Kammer begegnet bist, gruselt es dich. Er war es, der dir half zu überleben. Aber wie kann er noch am Leben sein? Dir fällt wieder ein, wie sehr du dich gewundert hast, ihn das letzte Mal zu treffen, und wie plötzlich er dann wieder verschwand. Du fragst dich, ob du es mit einem Geist zu tun hattest.

Dir fällt ein, was der geheimnisvolle Priester zu dir gesagt hat, kurz bevor er verschwand: Töte einen Dämon. Du erinnerst dich an deine erste Begegnung mit einem Dämon und holst heraus, was du als Beweis eingesteckt hast. Sobald du es auf den Bilderrahmen mit dem Bild des Priesters legst, schwingt es nach vorne und gibt eine versteckte Nische frei. Darin liegt ein Brief, auf den dein Name geschrieben steht. Du reißt ihn sofort auf und liest ihn:

> *»Lieber Junge, du hast also überlebt, Gott sei Dank. Such den Uhrmacher auf. Er hat einen kleinen Laden, hier, in der Altstadt. Er wird dir alles Weitere berichten. Wenn du bis hierher gekommen bist, wirst du dir schon gedacht haben, dass ich seit langem tot bin. Wir werden uns nicht mehr wiedersehen. Leb' wohl.«*

Du steckst die Nachricht ein. Dieser Uhrmacher kann dir also erzählen, was hinter dieser ganzen Geschichte steckt. Du hoffst, dort endlich Antworten erhalten zu können. Und die Kirche steht also in der Altstadt, einem der vier Viertel von Somorra.

Du verlässt die Kirche und fragst dich durch zum Laden des Uhrmachers. Es dämmert bereits, als du ihn in einer ruhigen Seitenstraße findest, ein schmales Geschäft, nicht mehr als zwei Meter

breit und unauffällig. Als du den Laden betrittst, ertönt eine hellklingende Glocke.
Notiere dir neben dem Codewort UHRMACHER die Zahl 498.
Weiter bei **484**.

41 Du lässt den Mann stehen und setzt deinen Weg fort. Lies weiter bei **161**.

42 Als du dich hinkniest und die Augen schließt, fühlst du dich nicht sicher: Schließlich ist der Nachtmahr gleich heran, um dich in Stücke zu reisen – doch in dem Moment, in dem du die Worte flüsterst, die du von Perlena gelernt hast, verstummt das Kreischen des Teufels und du hörst etwas anderes: fließendes Wasser. Du öffnest die Augen. Das Waisenhaus ist verschwunden. Du bist dem Nachtmahr entkommen und kannst deine Reise fortsetzen. Falls du eine Kerze benutzt hast: Sie ist völlig abgebrannt und nicht mehr zu gebrauchen.
Vermerke auf dem Abenteuerbogen unter »Erfolge«, dass du dein erstes Albtraumwesen besiegt hast. Denke auch in Zukunft daran, besiegte Wesen unter Erfolge zu vermerken. Du wirst ab sofort nicht mehr daran erinnert.
Du stehst an einem Fluss, dem zweiten Fluss, den du überschreiten musst. Er ist kaum mehr als ein Bach, der sich wie eine silberne Schlange durch die Landschaft windet. An der jenseitigen Uferseite wachsen Gras, Büsche und Bäume. Die ausgetrocknete Landschaft liegt hinter dir. Am Ufer des Flusses steht ein Holzschild, auf das mit dicker Farbe geschrieben steht: *Fluss Eridanus.*
Dir fällt auf, dass an dem Holzschild etwas hängt: ein Stofffetzen, der grüne und rote Streifen hat – so wie der Pullover von Sascha Lefevre. Zufall oder nicht, du weißt es nicht. Und dann bemerkst du, dass das Holzschild nicht etwa im Boden steckt, nein: Es ist auf einen Untergrund genagelt, der aus mehreren Holzbrettern besteht und einen Griff hat.

SSSSHHaaah!

Eine Falltür, nicht unähnlich der, die dich zu Cosmars Waffenkammer geführt hat.
Willst du versuchen, die Falltür zu öffnen, indem du dich vor die Scharniere stellst und den Griff in deine Richtung ziehst? (weiter bei **415**)
Oder stellst du dich auf die andere Seite und versuchst, die Falltür zu öffnen, indem du das Holzschild von dir wegdrückst? (weiter bei **589**)
Oder willst du lieber gleich weitergehen? (weiter bei **491**)

43 Nachdem du nicht ohne Waffen weitergehen willst, versuchst du etwas Ungewöhnliches: Du schaust den Knochenmann direkt an, schließt kurz die Augen und tust dann so, als würdest du erwachen. Als du langsam die Augen öffnest, erkennst du, noch bevor sie ganz geöffnet sind, dass da doch etwas ist, etwas, dass du bisher übersehen hast: ein kleiner Beutel aus grobem Stoff, der zwischen den Rippen Cosmars hängt, praktisch unsichtbar. Ein weiterer Trick der Schaustellerfamilie? Du fischst den Beutel aus dem Knochentorso und öffnest ihn. Darin findest du einen Zettel mit einer handschriftlichen Notiz:

Was willst du jetzt tun?
Den Raum gründlich durchsuchen? (weiter bei **510**)
Ohne Waffen weitergehen? (weiter bei **318**)

44 Du untersuchst jeden einzelnen Knochen, kannst aber nichts entdecken. Da sind nur morsche Knochen, nichts als Knochen.
Was willst du jetzt tun?
Den Raum gründlich durchsuchen? (weiter bei **510**)
Das Buch noch einmal gründlich untersuchen? (weiter bei **375**)
Ohne Waffen weitergehen? (weiter bei **318**)

45 Als Erstes musst du die Waffenkammer finden, und auch noch die weiteren Aufzeichnungen von Cosmar. Beides ist irgendwo hier versteckt. Wie geht es weiter?
Den Raum gründlich durchsuchen? (weiter bei **510**)
Das Skelett noch einmal gründlich untersuchen? (weiter bei **44**)
Das Buch noch einmal gründlich untersuchen? (weiter bei **375**)
Ohne Waffen weitergehen? (weiter bei **318**)

46 »Wie du willst. Dann musst du jetzt gehen. Du bist kein Gefangener. Viel Glück ohne Sokrates' Meditation.«
Plötzlich steht der Engel wieder vor dir. Er geleitet dich nach draußen, zurück in den Nadelwald, wo er dich wieder verlässt. Du setzt deinen Weg fort. Irgendwann triffst du auf ein Albtraumwesen. Du bist ihm schutzlos ausgeliefert. Es treibt dich binnen weniger Augenblicke in den Wahnsinn.
Ungerecht? Das ist Somorra.

47 Du fürchtest, dass das Wasser dem Inhalt schaden könnte. Notiere den Fund auf deinem Abenteuerbogen. Willst du den Inhalt nachher ansehen, wenn du nicht mehr im Wasser bist, so merk dir die Stelle, an der du dann gerade bist, und lies bei Codewort SCHATULLE nach.
Weiter bei **241**.

48 Deine Waffe richtet keinerlei Schaden an. Der Vampir kommt über dich und trinkt sich an deinem Blut satt. Dein Abenteuer endet hier.
Ungerecht? Das ist Somorra.

49 Ewald händigt euch einen Kanister mit Benzin aus und gibt euch das Streichholzheft, von dem er vorhin das Streichholz genommen hatte, um seine Zigarette anzuzünden. »Es ist das hinterste der Lagerhäuser. Ihr erkennt es daran, dass es völlig schmucklos ist, keine Schilder, keine Hinweise. Macht mir ein kleines Feuerwerk, ja?«
Kurz darauf steht ihr wieder vor seinem Wohnwagen. Du trägst den Kanister in der Hand, Sascha hat die Streichhölzer eingesteckt. Ihr schaut euch unschlüssig an. »Brandstiftung?«, sagt Sascha. »Ein anderer Auftrag wäre mir lieber gewesen.« Du nickst.
Willst du das Lagerhaus lieber nicht anzünden, dann kannst du auch das Wasservolk wieder verlassen und nach einer anderen Option suchen. Lies in diesem Fall weiter bei **381**.
Oder ihr schreitet zur Tat. Dann geht es weiter bei **447**.

50 Plötzlich geht ein Rumpeln durch das Gebäude und Staub rieselt herab. Steinbrocken fallen zu Boden. Die Behausung des Schrammenschrecks stürzt in sich zusammen. Doch bevor ihr euch noch überlegen könnt, wie ihr von dort entkommen könnt oder ob es überhaupt einen Weg zurück aus dieser Welt der Träume gibt, steht ihr plötzlich in einem kleinen Raum, der völlig kahl ist und mit der Behausung des Schrammenschrecks nichts gemein hat.
»Wo sind wir?«, flüstert Sascha.
»Vielleicht wieder in Somorra? Unser Aufenthalt in der Albtraumwelt dürfte überstanden sein. Lass es uns herausfinden« Du deutest auf Treppenstufen, die du gerade entdeckt hast.
Ihr folgt der Treppe nach oben. Nach gerade einmal einem Dutzend Stufen erreicht ihr eine Tür, die nur angelehnt ist. Ihr geht

hindurch und steht inmitten einer Kirche. Jedenfalls muss das früher mal eine Kirche gewesen sein. Dir wird auf den ersten Blick klar, dass hier schon seit langer Zeit niemand mehr Gottesdienste feiert. Teile des Kirchturms stehen noch, doch scheint es nur eine Frage der Zeit zu sein, bis er einstürzt. Zwei Seitenwände sind bereits zur Hälfte eingefallen. Die Reste des Dachs liegen auf den verbleibenden Mauern. Ein paar verkohlte Holzbalken ragen aus dem Skelett des Turms. Es wirkt, als wäre eine große Bombe über dem Kirchturm abgeworfen worden. Das Kirchenschiff sieht kaum besser aus. Der hintere, vom Turm abgewandte Teil ist eine Ruine. Die Mauern – wo sie noch stehen – weisen große Risse auf. Riesige Öffnungen zeigen, wo in einer lange vergessenen Zeit einmal die Fenster oder Tore waren, weswegen sich auch die Suche nach einem Ausgang erübrigt – ihr könnt die Kirche an vielen Stellen verlassen. Im Inneren stehen ein paar Holzbänke. Sogar ein Steinaltar ist noch vorhanden. Er war wahrscheinlich jedem Plünderer zu schwer.

Als ihr in den Bereich weitergeht, der unterhalb des Turms liegt, fallen euch die Malereien an der Wand auf. Da sind Szenen einer Baustelle abgebildet, Menschen, die Häuser in eine sonst fast unberührte Landschaft bauen. Zwei Männer werden besonders hervorgehoben. Sie scheinen Zwillinge zu sein. Auf einem anderen Bild ist wieder eine Baustelle zu sehen, doch aus einer ganz anderen Zeit: Da wird eine moderne Anlage aus Beton und Stahl errichtet, ein riesiges Kraftwerk. Es sieht dem gigantischen Gebäude ähnlich, in dem du den Schrammenschreck gefunden hast, nur neuer, moderner. Auf diesem Bild steht eine junge Frau mit Helm und Klemmbrett im Mittelpunkt, als wäre sie die Leiterin des Bauvorhabens. Über dem Bild steht in großen Lettern nur ein Wort: *Metatron*. Ihr geht weiter.

Auf einem dritten Bild seht ihr den Grundriss einer Stadt, die Somorra ähnelt, aber kleiner, oder vielleicht in einem früheren Stadium der Stadtgeschichte. Im Norden steht ein großer Turm.

Ihr kommt in einen anderen Teil der Kirchenruine. In einer Ecke entdeckt ihr gerahmte Bilder.
»Die alten Säcke der Stadt«, sagt Sascha. »Aus vergangenen Zeiten. *Perperus*, 85 - 98 nach Somorra. *Lukan*, 108 - 114 nach Somorra. Und hier«, sie deutet auf das letzte Bild der Reihe, »das muss der letzte Priester Somorras gewesen sein. *Konrad*, 120 - 138 nach Somorra. Und jetzt leck mich am Arsch, den kennen wir doch!«
Du betrachtest das Bild. Und auch dir läuft es eiskalt den Rücken runter, als du den Mann auf dem Bild erkennst. Seit du in dieses Abenteuer aufgebrochen bist – oder besser gesagt: gestoßen wurdest –, seitdem hast du viel Unglaubliches gesehen und erlebt. Du hast den Schrammenschreck in einer Welt der Albträume aufgespürt, vorbei an den Monstern der Hölle, und hast ihn besiegt. Doch als du erkennst, dass der Mann auf dem Bild, der letzte Priester Somorras, derselbe Mann ist, dem du vor nicht allzu langer Zeit in deiner Wohnung und zuletzt im Keller unter Cosmars Kammer begegnet bist, gruselt es dich. Er war es, der dir half zu überleben. Aber wie kann er noch am Leben sein? Dir fällt wieder ein, wie sehr du dich gewundert hast, ihn das letzte Mal zu treffen, und wie plötzlich er dann wieder verschwand. Du fragst dich, ob du es mit einem Geist zu tun hattest.
»Heilige Schwabbelbacke«, sagt da auch Sascha. »Dieser Konrad scheint über den ein oder anderen Trick zu verfügen.«
Du nickst. Dann fällt dir ein, was der geheimnisvolle Priester zu dir gesagt hat, kurz bevor er verschwand: Töte einen Dämon. Leider bist du keinem begegnet, außer vielleicht dem Schrammenschreck, falls er einer war, aber der ist verbrannt. Vielleicht wäre das der Schlüssel gewesen, um mehr über Konrad herauszufinden? Du wirst es nie erfahren.
»Weg hier, oder, mein Freund?«, sagt Sascha. »Auf ein Bier?«
»Lass uns was holen und zu mir gehen, was meinst du? Ich würde heute lieber nicht allein schlafen.«
»Angst vor Monstern unter dem Bett?« Sascha lacht. »Ich auch. Gerne. Vielleicht gibt's noch irgendwo Pizza. Auf geht's.«

Und so macht ihr es. Sascha übernachtet bei dir – sie im Bett, du auf dem Boden. Bevor du dich hinlegst, wickelst du noch die schmutzverkrusteten Verbände von deinen Armen.
»Hey, Wunderheilung, oder wie?«, sagt Sascha. Du schaust auf deine Arme: Sie sind völlig unversehrt. Vielleicht ist das Wasser in Perlenas Brunnen auf dem Läuterungsberg dafür verantwortlich? Hatte es Heilkraft? Du weißt es nicht.
Als du einschläfst, träumst du von Ringo und fragst dich die ganze Zeit, ob du ihn hättest retten können. Ja, vielleicht. Aber dafür ist es jetzt zu spät. Immerhin hast du eine neue Freundin, Sascha.
Was die Zukunft bringt? Ihr werdet sehen. Aber jetzt braucht ihr erst mal Ruhe.
Dieses Abenteuer habt ihr überstanden. Wenn du willst, spiele es noch einmal – vielleicht, um dieses Mal auch Ringo zu retten oder um zu erfahren, was geschieht, wenn du einen Dämon erschlägst. Notiere dir, dass deine Grundpunktzahl 60 beträgt. Wenn du willst, lies jetzt die Auswertung auf Seite 445.
Wenn du in ein paar Tagen wieder bei Kräften bist, kannst du immer noch erledigen, was du ursprünglich tun wolltest, als der Schrammenschreck dich das erste Mal überfiel: Ringos Vermächtnis bei Maurizio abholen. Wenn du das tun willst, lies jetzt oder später weiter bei **577**. Es hat keine Auswirkung auf den Ausgang dieses Abenteuers.

51 Du trittst durch die Tür. Dies war die Barriere, die den Schrammenschreck daran hindert, diese Welt körperlich zu verlassen, auch wenn sein Auftreten in den Träumen äußerst real ist. Du befindest dich, soweit du es erkennen kannst, in einer riesigen Halle. Von der Decke hängen ein paar nackte Glühbirnen, die nur unzureichend für Helligkeit sorgen. Im hinteren Teil stehen mehrere Reihen Hochregale. Auf der linken Seite führt eine Treppe nach oben zu einem kleinen Kasten aus Metall und Glas, wohl eine Art Büro oder Verwaltungsraum. Hinten rechts, vor den Hochregalen, sind große Käfige aus Metall, die du nur sche-

menhaft erkennen kannst. Du meinst, dort eine Bewegung wahrzunehmen.
Du schleichst in Richtung der Käfige. Als du näher kommst, siehst du, dass davor ein Tisch und ein Regal stehen. Schließlich kannst du erkennen, wer in den Käfigen sitzt. Plötzlich: grelles Licht. Von allen Seiten gehen große Scheinwerfer an, die jeden Winkel ausleuchten, jeden Schatten aus dem Gebäude vertreiben.
Und plötzlich kannst du alles sehen, was vorher im Dunkeln verborgen lag.
Weiter bei ALPHA.

52

Wunschdschinn (harmlos)
— Notizbuch wieder erlaubt —

Wenn du keine Waffe verwendest und auch sonst keine Aktion durchführst, lies weiter bei **9**.
Anderenfalls geht es weiter bei **16**.

53

Charon nimmt den Flegel und untersucht ihn. »Gideons Vermächtnis. Ich halte diese Waffe zum ersten Mal in Händen. Man sagt, er verberge ein Geheimnis.«
Charon schwingt den Flegel. Die kurze Eisenstange, die am Ende einer kurzen Kette befestigt ist, macht ein zischendes Geräusch, als sie durch die Luft saust. Charon zieht und drückt, bis er schließlich an einer Stelle mit aller Kraft dreht. Er keucht und brummt etwas, das du nicht verstehst. Und tatsächlich hat er ein Gewinde gefunden, das angerostet war, genau dort, wo die Kette an der kurzen Eisenstange befestigt ist. Es gelingt ihm, es aufzudrehen.
»Sieh hier.« Charon hält dir die Eisenstange entgegen. Sie enthält im Inneren einen kleinen Hohlraum, in dem ein Edelstein liegt. Er schimmert bunt in allen Farben des Regenbogens.
»Der Legende nach beglückt Gideons Edelstein den Finder mit einer Überraschung, wenn er dafür seinerseits ein Opfer hinterlässt.«
»Was für ein Opfer denn?«

»Also, am besten einen Edelstein. Etwas aus Silber dürfte auch genügen, das ist hier unten sehr selten und wertvoll. Wirf es in den Fluss, wenn du Gideons Überraschung kennenlernen willst.«
»Kann ich mir das nicht für später aufheben?«
»Nein. Nach der Legende gibt es die Belohnung für den Finder im Augenblick des Fundes. Und welcher Gegenstand es ist, das weißt du erst, wenn du dein Opfer erbracht hast.«
Willst du einen Gegenstand aus Silber opfern? Dann wirf ihn in den Fluss und lies bei **567** weiter.
Anderenfalls gibt Charon dir den Flegel zurück, setzt sein Boot wieder in Bewegung und steuert es über den Styx. Du setzt deinen Weg fort. Weiter bei **106**.

54

Ändere das Codewort ZWISCHENWELT zu 468.
Gegenüber der schwarzen Fassade des »Reich der Ran« findet ihr ein kleines, freistehendes Fachwerkhaus. Über der Eichentür hängt ein rostiges Schild, das ein Frauengesicht mit herausgestreckter Zunge zeigt. Hier ist der Verwaltungssitz von Ruben Pick.
»Warte kurz!«, flüstert da Sascha und drückt dich in eine dunkle Ecke. Bevor du sie aufhalten kannst, klopft sie laut an der Tür. Es öffnet sich eine Klappe, du kannst aber nicht erkennen, was dahinter geschieht.
Als die Klappe offen ist, fuchtelt Sascha in der Luft herum und kreischt. »Schnell, schnell, einer muss ihm helfen, er ist doch noch so klein!«
Von innen antwortet eine Stimme: »Langsam, Fräulein, haben Sie ihr Kind verloren?«
»Nein, nein, mein Alberto, er ist in den Baum geklettert und jetzt kommt er nicht mehr runter!«
»Eine … Katze?«
»Nein, ein Kater! Bitte, schnell!«
Im Inneren entsteht eine Pause. Dann hörst du ein gequältes Seufzen. »Also gut, schauen wir mal. Sekunde.«

Kurz danach öffnet sich die Tür und ein kleiner rothaariger Mann tritt heraus. Sascha führt ihn in eine Seitengasse und du kannst dein Glück kaum fassen: Er lässt die Tür angelehnt.
Du gehst so unauffällig wie möglich hin und bist einen Augenblick später im Inneren einer kleinen Amtsstube. Aus deckenhohen Regalen quellen Unmengen von Akten. Hinter einem wuchtigen Tisch ist eine Tür. Daneben hängt ein Holzkasten, auf dem ein Kleeblatt aufgemalt ist.
Auf dem Tisch steht ein Schild: »Beamter Block« – wahrscheinlich der kleine Mann, der gerade versucht, einen nichtexistierenden Kater einzufangen.
Als Versteck für einen Schlüssel erscheinen dir nur zwei Orte geeignet: der Hängeschrank mit dem grünen Kleeblatt und die Schublade des Schreibtischs. Womit willst du dein Glück versuchen?
Schrank mit dem Kleeblatt? (weiter bei **490**)
Schreibtischschublade? (weiter bei **226**)

55 Du öffnest die Tür zu dem kleinen Vorraum des Reichs der Ran. An der kleinen Theke steht derselbe bullige Mann mit der Glatze. Als er dich sieht, streicht er sich über den Kopf und grinst dich breit an. »Schaut ihn euch an«, ruft er in den leeren Raum hinein, »schaut ihn an! Da kommt unser Zechpreller! Willst du deine Rechnung bezahlen?«
Du schüttelst den Kopf. Schließlich hast du noch immer kein Geld. »Ich komme wieder«, versprichst du, »und dann bezahle ich meine Schulden, wirklich! Ich lasse dir als Pfand hier … warte …« Du kramst in deinen Taschen, doch ist dort nichts, was du ihm anbieten könntest. »… mein Versprechen?«
Er lacht nur kurz auf, dann packt er deine Arme und du merkst gleich, dass er viel stärker ist als du. Er bringt dich in das Innere des Reichs der Ran, wo du deine Schulden und noch viel mehr abarbeiten wirst. Und das bedeutet nicht, dass du als Barkeeper eingesetzt wirst.

Und irgendwann wirst du einschlafen. Dann holt dich der Schrammenschreck.
Allerdings hast du dann schon so schlimme Dinge erlebt, dass du so weit bist, den Tod mit offenen Armen willkommen zu heißen.
Ungerecht? Das ist Somorra.

56 »Heiliger Bimbam, warum das denn? Oh, nun, das ist wirklich schade. Wohl doch kein so richtiger Profispieler.« Block kratzt sich am Kopf und schaut dann in einen kleinen Taschenkalender. »Wir sollten jetzt mal schauen, dass wir weiterkommen. Ich muss noch mit der Gräfin unter vier Augen sprechen, wenn es recht ist.« Er schiebt dich zur Tür hinaus und knallt sie hinter dir zu. Dort wartest du und hoffst, dass schon alles gut gehen werde.
Leider geht nichts gut.
Weiter bei **5**.

57 »Cosmar lebt in der Kanalisation unter dem Hafen. Hat es wohl bei seinen Leuten nicht mehr ausgehalten. Ich habe den Schlüssel, um nach unten zu gelangen. Und ich werde ihn dir geben, wenn du mir mit einem kleinen Problem hilfst.«
»Um was geht es?«
Er kichert. »Es gibt hier Schausteller. Übles Gesindel, Ratten, kaum so etwas wie Menschen. Sie haben eines meiner Lagerhäuser angezündet. Dafür müssen sie büßen. Geh in das Reich der Ran, gleich gegenüber. Frag nach etwas ganz Besonderem. Man wird dich zu Nila bringen, kleine blonde Schlampe. Sie ist eine von ihnen. Entführe sie, bring sie zu mir. Dann gebe ich dir den Schlüssel.«
Ändere das Codewort TRAUMPALAST zu 268.
Er drückt dir noch eine Ledermappe in die Hand, in die eine Spritze eingewickelt ist »Für den Transport der kleinen blonden Schnecke.«
Danach verlässt du Ruben Pick wieder. Du kannst erst wiederkehren, wenn du seinen Auftrag erfüllt hast.
Weiter bei TAKELAGE.

58 Ewald reibt sich übermütig die Hände. »Prima!« Er jauchzt vor Freude.

»Also, pass auf. Ruben Pick hat einen Beamten, der in seinem Vorzimmer sitzt: Block, verknöcherter, schrumpeliger Hungerhaken, aber immer noch ein geiler alter Sack. Wenn ihr einfach hingeht und er Becky zuerst sieht, will er auch ran, und dann fliegen wir auf. Du musst dir was überlegen, wie Becky zu Pick kommt, ohne dass Block die Gelegenheit hat, sie vorher zu … naja, zu befragen, wenn du verstehst.«

»Vielleicht sollte ich sie vorher anmelden und behaupten, sie sei eine wichtige Persönlichkeit«, schlägst du vor. »Eine Stadträtin oder so etwas.«

»Eine Adelige!« Ewald grinst breit. »Du sagst, die Gräfin von Lichterheide plant Geschäftsbeziehungen zu Somorra und bittet um einen Termin mit Ruben Pick!«

»Sie sieht nicht aus wie eine Gräfin«, sagst du.

»Das lass mal meine Sorge sein. Gib mir zwanzig Minuten, dann kannst du sie abholen.« Damit erhebt sich Ewald und verschwindet in einem Wohnwagen.

Wie willst du die Zeit nutzen, bis Ewald und Becky mit den Vorbereitungen fertig sind?

Willst du zu Ruben Pick gehen, um die Ankunft der Gräfin schon mal anzumelden? (weiter bei **475**)

Willst du zuvor versuchen, ein Geschenk der Gräfin für Ruben Pick zu organisieren, um es dann schon einmal dort abzugeben? (weiter bei **289**)

Oder machst du lieber nichts davon und setzt auf das Überraschungsmoment? (weiter bei **204**)

59 Du erzählst Ewald in knappen Worten, was dir widerfahren ist, seit du im Sanatorium erwacht bist. Als du vom Schrammenschreck berichtest und davon, wie er dich in deinen Träumen verfolgt, flüstert er mit Angst in den Augen »Bohoc« und greift nach deiner Hand. »Größte Gefahr! Du weißt nicht, mit wem du es zu tun hast. Auch meine Leute wurden einst von ihm heimgesucht. Nur Cosmar fand einen Weg, Bohoc zu bekämpfen … nur er kann dir helfen …«

Du fragst ihn, wo du Cosmar finden kannst.

»Nicht einfach, nicht einfach. Er lebt versteckt. Hat uns vor Bohoc gerettet und verließ uns dann … niemand weiß, warum … man sagt, er lebt heute unter der Stadt. Finde ihn, sonst macht er *galigoij* aus dir. Blutwurst.«

»Wie kann ich ihn finden?«, fragst du.

Ewald lässt deine Hand los und findet zu seiner normalen Gelassenheit zurück. Er lächelt sogar. »Ein Kaufmann tut nichts umsonst, mein Freund. Wenn ich dir verrate, wo er ist, dann kann ich mit dieser Information nichts mehr verdienen. Du wirst etwas für mich tun müssen.«

Du hast kein Geld und auch sonst nichts, das du ihm anbieten könntest.

»Was soll ich denn tun?«

Ewald lächelt noch breiter. »Weißt du, wir hatten zuletzt ein bisschen Ärger mit dem guten Ruben Pick. Meint, wir hätten absichtlich eines seiner Lagerhäuser angesteckt, dabei hat der Lange Johann nur einmal zu oft beim Schnapsbrennen geraucht. Wir haben mindestens einen so hohen Verlust wie Pick, das kannst du mir glauben. Können wir ihm natürlich nicht sagen, aber er meint jetzt, er müsste uns nachweisen, dass wir Brandstifter sind. Ich finde, er braucht eine Lektion. Wir würden ihm gerne etwas Bleibendes hinterlassen.«

Ewald erhebt sich und ruft: »Bringt mir Becky!«

Kurze Zeit später steht eine hübsche junge Frau in der bunten Kleidung des Wasservolks und mit langen braunen Locken vor dir und lächelt dich an.

»Das ist Becky«, sagt Ewald. »Einige meiner Leute nennen sie auch die *dinneliche Becky*. Verrückte Becky. Sie ist das, was die Leute

von Somorra als *Denkwürdige* bezeichnen, und sie hat besondere Talente.«
»Die *guten* Leute von Somorra« ruft Becky. »Wie gerne würden sie mich *verkurren*. Oder *jackern* sehen.«
Er lacht auf. »*Moss*, das wollen sie, weil du zum Wasservolk gehörst!« Er wendet sich wieder dir zu. »Ein Kuss von Becky und du wirst für mindestens vierzehn Tage außer Gefecht gesetzt.«
»Was passiert denn?«
Ewald kichert. »Nichts Schlimmes. Außer dass dein Gesicht so zuschwillt, dass du kaum Luft bekommst oder essen kannst. Nach einem Tag fallen die meisten deiner Haare aus. Die Schwellung geht nach einer halben Stunde von selbst weg und auch die Haare wachsen nach. Sie hat etwas an ihren Lippen, das dazu führt, dass so etwas wie eine allergische Reaktion ausgelöst wird, und zwar bei jedem Menschen, den sie bislang geküsst hat. Unangenehmer Scheiß, das kannst du mir glauben.«
»Dich hat sie also auch schon geküsst?«
»Ich war der Erste, den sie geküsst hat. *Ulai*! Aber der gute Ruben Pick sollte die Erfahrung auch mal machen dürfen, was meinst du?«
»Glatze für Picki!«, ruft Becky.
Du bist dir unsicher. Willst du wirklich einen Menschen mit etwas infizieren, unter dem er leidet, auch wenn es nach einer Zeit wieder verheilt?
Ewald merkt dir deine Unsicherheit an.
»Kann dir natürlich auch einen Auftrag für echte Männer geben, wenn dir das lieber ist.«
Willigst du ein, den Auftrag mit Becky zu übernehmen? (weiter bei **58**)
Oder möchtest du hören, was der Auftrag für echte Männer sein soll? (weiter bei **121**)
Willst du lieber keinen dieser Aufträge übernehmen, kannst du auch auf die Kali zurückkehren. (weiter bei **229**)

60 Plötzlich geht ein Rumpeln durch das Gebäude und Staub rieselt herab. Steinbrocken fallen zu Boden. Die Behausung des Schrammenschrecks stürzt in sich zusammen. Doch bevor ihr euch noch überlegen könnt, wie ihr von dort entkommen könnt oder ob es überhaupt einen Weg zurück aus dieser Welt der Träume gibt, steht ihr plötzlich in einem kleinen Raum, der völlig kahl ist und mit der Behausung des Schrammenschrecks nichts gemein hat.

»Wo sind wir?«, flüstert Sascha.

»Vielleicht wieder in Somorra? Unser Aufenthalt in der Albtraumwelt dürfte überstanden sein. Lass es uns herausfinden.« Du deutest auf Treppenstufen, die du gerade entdeckt hast.

Ihr folgt der Treppe nach oben. Nach gerade einmal einem Dutzend Stufen erreicht ihr eine Tür, die nur angelehnt ist. Ihr geht hindurch und steht inmitten einer Kirche. Jedenfalls muss das früher mal eine Kirche gewesen sein. Dir wird auf den ersten Blick klar, dass hier schon seit langer Zeit niemand mehr Gottesdienste feiert. Teile des Kirchturms stehen noch, doch scheint es nur eine Frage der Zeit zu sein, bis er einstürzt. Zwei Seitenwände sind bereits zur Hälfte eingefallen. Die Reste des Dachs liegen auf den verbleibenden Mauern. Ein paar verkohlte Holzbalken ragen aus dem Skelett des Turms. Es wirkt, als wäre eine große Bombe über dem Kirchturm abgeworfen worden. Das Kirchenschiff sieht kaum besser aus. Der hintere, vom Turm abgewandte Teil ist eine Ruine. Die Mauern – wo sie noch stehen – weisen große Risse auf. Riesige Öffnungen zeigen, wo in einer lange vergessenen Zeit einmal die Fenster oder Tore waren, weswegen sich auch die Suche nach einem Ausgang erübrigt – ihr könnt die Kirche an vielen Stellen verlassen. Im Inneren stehen ein paar Holzbänke. Sogar ein Steinaltar ist noch vorhanden. Er war wahrscheinlich jedem Plünderer zu schwer.

Als ihr in den Bereich weitergeht, der unterhalb des Turms liegt, fallen euch die Malereien an der Wand auf. Da sind Szenen einer Baustelle abgebildet, Menschen, die Häuser in eine sonst fast unberührte Landschaft bauen. Zwei Männer werden besonders hervorgehoben. Sie scheinen Zwillinge zu sein. Auf einem anderen Bild ist wieder eine Baustelle zu sehen, doch aus einer ganz anderen Zeit: Da wird eine moderne Anlage aus Beton und Stahl errichtet, ein riesiges Kraftwerk. Es sieht dem gigantischen Gebäude ähnlich, in dem du den Schrammenschreck gefunden hast, nur neuer, moderner. Auf diesem Bild steht eine junge Frau mit Helm und Klemmbrett im Mittelpunkt, als wäre sie die Leiterin des Bauvorhabens. Über dem Bild steht in großen Lettern nur ein Wort: *Metatron*. Ihr geht weiter.

Auf einem dritten Bild seht ihr den Grundriss einer Stadt, die Somorra ähnelt, aber kleiner, oder vielleicht in einem früheren Stadium der Stadtgeschichte. Im Norden steht ein großer Turm.

Ihr kommt in einen anderen Teil der Kirchenruine. In einer Ecke entdeckt ihr gerahmte Bilder.

»Die alten Säcke der Stadt«, sagt Sascha. »Aus vergangenen Zeiten. *Perperus*, 85 - 98 nach Somorra. *Lukan*, 108 - 114 nach Somorra. Und hier«, sie deutet auf das letzte Bild der Reihe, »das muss der letzte Priester Somorras gewesen sein. *Konrad*, 120 - 138 nach Somorra. Und jetzt leck mich am Arsch, den kennen wir doch!«

Du betrachtest das Bild. Und auch dir läuft es eiskalt den Rücken runter, als du den Mann auf dem Bild erkennst. Seit du in dieses Abenteuer aufgebrochen bist – oder besser gesagt: gestoßen wurdest –, seitdem hast du viel Unglaubliches gesehen und erlebt. Du hast den Schrammenschreck in einer Welt der Albträume aufgespürt, vorbei an den Monstern der Hölle, und hast ihn besiegt. Doch als du erkennst, dass der Mann auf dem Bild, der letzte Priester Somorras, derselbe Mann ist, dem du vor nicht allzu langer Zeit in deiner Wohnung und zuletzt im Keller unter Cosmars Kammer begegnet bist, gruselt es dich. Er war es, der dir half zu überleben. Aber wie kann er noch am Leben sein? Dir fällt wieder ein, wie sehr du dich gewundert hast, ihn das letzte Mal zu treffen, und wie plötzlich er dann wieder verschwand. Du fragst dich, ob du es mit einem Geist zu tun hattest.

»Heilige Schwabbelbacke«, sagt da auch Sascha. »Dieser Konrad scheint über den ein oder anderen Trick zu verfügen.«
Du nickst. Dann fällt dir ein, was der geheimnisvolle Priester zu dir gesagt hat, kurz bevor er verschwand: Töte einen Dämon. Du erinnerst dich an deine erste Begegnung mit einem Dämon und holst heraus, was du als Beweis eingesteckt hast. Sobald du es auf den Bilderrahmen mit dem Bild des Priesters legst, schwingt es nach vorne und gibt eine versteckte Nische frei. Darin liegt ein Brief, auf dem dein Name geschrieben steht. Du reißt ihn sofort auf und liest ihn:

»Lieber Junge, du hast also überlebt, Gott sei Dank. Such den Uhrmacher auf. Er hat einen kleinen Laden, hier, in der Altstadt. Er wird dir alles Weitere berichten. Wenn du bis hierher gekommen bist, wirst du dir schon gedacht haben, dass ich seit langem tot bin. Wir werden uns nicht mehr wiedersehen. Leb' wohl.«

Du steckst die Nachricht ein. Dieser Uhrmacher kann dir also erzählen, was hinter dieser ganzen Geschichte steckt. Du hoffst, dort endlich Antworten erhalten zu können. Und die Kirche steht also in der Altstadt, einem der vier Viertel von Somorra.
Erst in diesem Moment wird dir bewusst, wie schlecht Sascha aussieht. Du hebst deine Hand mit der Brandwunde. Der Finger schmerzt, aber nach allem, was du ausgehalten hast, stört dich das kaum.
»Wir sollten wohl beide mal ins Krankenhaus schauen«, sagst du und lächelst sie an.
Mit der U-Bahn fahrt ihr zur Grenze zwischen Altstadt und Hafen, wo sich das Krankenhaus von Somorra befindet. Sascha kennt dort eine Ärztin, die euch kostenlos behandeln wird.
Nachdem ihr fast zwei Stunden gewartet habt, werdet ihr endlich von Saschas Freundin empfangen, die sich euch ansieht.
»Kein Grund zur Sorge«, versichert sie und verbindet deinen Finger. »Eine Narbe wird bleiben, aber es wird wieder. Komm nächste Woche mal zur Kontrolle.«

Danach nimmt sie dir die Verbände von den Armen ab, die Perlena dir angelegt hat. »Also, die waren ja nicht wirklich erforderlich.« Du schaust auf deine Arme: Sie sind völlig unversehrt. Vielleicht ist das Wasser in Perlenas Brunnen auf dem Läuterungsberg dafür verantwortlich? Hatte es Heilkraft? Du weißt es nicht.
Nachdem sie Saschas Wunden verarztet hat, schickt sie euch nach Hause. Ihr seid euch einig, dass ihr jetzt nicht allein sein wollt, deshalb geht ihr in deine Wohnung. Auf dem Weg dorthin holt ihr euch noch eine Pizza und ein paar Flaschen Bier, um auf euer Überleben anzustoßen. Schon nach einer halben Stunde merkt ihr, wie euch die Augen zufallen. Sascha schaut dich an und grinst müde. »Wollen wir es wagen?«
Du lächelst zurück. »Na los. Du kannst in meinem Bett schlafen. Ich nehm den Boden.«
»Süße Träume ohne Schrammenschreck«, flüstert sie und legt sich hin.
Du machst es dir auf dem Boden bequem und kurz darauf seid ihr eingeschlafen, sicher, ohne Gefahr, im Traum ermordet zu werden. Deine Träume sind dennoch wirr, doch das Wissen, den Schrammenschreck besiegt zu haben, gibt dir ein Gefühl von Sicherheit, und so gelingt es dir, fast bis zum Morgengrauen zu schlafen. Als du wach bist, duschst du und ziehst dir etwas Frisches an. Sascha lässt du schlafen, denn du hast noch etwas vor. Du nimmst die U-Bahn zurück in die Altstadt und fragst dich durch zum Laden des Uhrmachers.
Es ist noch vor acht, als du ihn in einer ruhigen Seitenstraße findest, ein schmales Geschäft, nicht mehr als zwei Meter breit und unauffällig. Just in diesem Augenblick schließt ein älterer Mann die Tür auf und betritt den Laden. Als du ihm folgst, ertönt eine hellklingende Glocke.
Notiere dir neben dem Codewort UHRMACHER die Zahl 509.
Weiter bei **484**.

61 Der Kampf beginnt.

Zweibeiniges Landlebewesen
Augen: rot
Füße: unbekannt
Mund: Reißzähne
Schatten: ja
Sonstiges: nein

Entscheide dich, wie du dich verteidigen willst (Weihwasser UND/ODER eine Waffe). Vermerke etwaige Verbräuche auf dem Abenteuerbogen. Eine Flucht ist nicht möglich.
Weiter bei **417**.

62 Auf der Kali triffst du wieder mit Sascha zusammen und berichtest ihr von deiner Begegnung mit Ruben Pick.
»Verdammte Scheiße! Was sollen wir denn jetzt machen? Du hast doch nicht vor, den Auftrag auszuführen, oder?«
»Was sollen wir sonst machen? Noch mal können wir ja wohl schlecht einbrechen …«
»Warum denn nicht? Besser, als junge Mädchen aus Bordellen zu entführen, oder?«
Was willst du tun?
Willst du trotz Saschas Proteste das Reich der Ran besuchen? (weiter bei **129**)
Oder willigst du ein, ein weiteres Mal zu versuchen, bei der Hafenverwaltung einzubrechen? (weiter bei **3**)

63 Ihr tänzelt noch einen Moment, dann tust du, als würdest du über deine Beine stolpern. Du erkennst das Aufblitzen eines Lächelns im Gesicht deines Gegners. Er denkt, er hat dich. Als er weit ausholt, um dir die Faust von oben über den Schädel zu ziehen, lässt du deinen Oberkörper zur Seite abknicken, wodurch sein Schlag ins Leere geht. Er schreit überrascht auf. Du nutzt den Moment, um ihm kräftig unter dem ausgestreckten Arm in die Rippen

zu schlagen. Er sackt auf die Knie und ringt nach Luft. Du bleibst weiter aufmerksam und rechnest damit, dass dich einer seiner Kumpane angreift, doch nichts geschieht.
Als dein Gegner wieder atmen kann, erhebt er sich. Er lacht laut und applaudiert dir. »Ich bin Ewald«, sagt er dann. »Is' mir selten passiert, dass mich einer derart erwischt hat!« Er klopft dir auf die Schulter. »Lass uns trinken, und dann erzähl mir, wo du so kämpfen gelernt hast.«
Nach einem kräftigen Schluck von einem trüben Schnaps geben Ewald und seine Jungs ein paar der alten Schaustellergeschichten zum Besten. Dir wird klar, dass du dir den Respekt dieser Leute verdient hast, schon allein dadurch, dass du dich dem Kampf gestellt hast. Ihren Anführer umzuhauen hat zusätzlich geholfen.
Du weißt noch nicht, ob sie dir helfen werden, aber sie werden dich zumindest anhören.
Nach einiger Zeit fragt dich Ewald endlich, was dich zu ihnen geführt hat. Weiter bei **59**.

64 Mit der Kerze in der Hand trittst du durch den Torbogen. Streiche die Kerze von deinem Abenteuerbogen.
Bevor du reagieren kannst, merkst du, dass du nicht allein bist. Hier kauert eine ganze Gruppe von Wesen, die im flackernden Licht der Kerze verzerrte Schatten an die hintere Wand werfen, obwohl du durch sie hindurchsehen kannst. Sie sind bewaffnet bis an die Zähne: Schwerter, Bögen, große Äxte, schwere Holzschilde. Du bist so unbedacht in den Raum gestolpert, dass du schnell entscheiden musst, wie du dich verhältst.
Weiter bei **150**.

65 »Um was für eine Sache geht es denn?«, erkundigt sich Ruben Pick.
»Ich bin wegen einer offiziellen Sache hier und möchte dazu einen Antrag stellen« (weiter bei **278**)
»Ich würde gerne Passierschein A38 einreichen.« (weiter bei **373**)
»Ich möchte gerne Passierschein B65 einreichen.« (weiter bei **10**)

66 Du bist wieder wach und reibst deine Schulter, wo du die Klauen des Schrammenschrecks gespürt hast. Keine Verletzung. Dunkelheit, dick wie Teer, umgibt dich wieder. Du kannst nur vermuten, dass du wieder in dem großen Gebäude am Ende der Welt stehst, jenseits der fünf Flüsse, die du überwinden musstest, um hierherzugelangen, im Zentrum der Schrammenwelt, am Ziel deiner Reise. Die Tür, durch die du gekommen bist, ist nicht mehr da oder zumindest so dicht verschlossen, dass kein Licht eindringen kann.
Hast du eine Kerze oder ein Benzinfeuerzeug und willst eines davon entzünden? (weiter bei **427**)
Anderenfalls geht es weiter bei **132**.

67 »Tritt durch die Tür und begegne deinem Prüfer.«
Du machst, was sie sagt. Du findest dich in einem Ballsaal wieder, der von einem schweren Kronleuchter erhellt wird. Der Bo-

den ist mit dickem, goldfarbenem Teppich ausgelegt. In der Mitte des Saals steht eine lange Tafel, die mit allerlei Leckereien gedeckt ist – Spanferkel, Kaviar, Champagner, mehrstöckige Torten. An dem Tisch sitzt ein dicker Dämon mit Rinderkopf und schlemmt – Asmodeus, der für die Sünde der Wollust steht. Daneben sitzt eine monströse Fliege, noch größer als der fette Dämon, Beelzebub, und frisst sich durch einen Laib Käse. Auf den Stühlen, die am Rand des Saals stehen, sitzen Dutzende nackte Männer und Frauen, jung, gutaussehend, mit Horror im Blick, als warteten sie auf ein grausames Schicksal.
Beelzebub bemerkt dich als Erster. Er reckt seinen Insektenkopf in deine Richtung. Du glaubst, dass er lächelt, sicher bist du dir aber nicht. Vielleicht sind auch seine Kauwerkzeuge noch damit beschäftigt, den Rest Käse zu zerkleinern. »Der nächste Bewerber ist da, Asmodeus, mein Guter. Du bist dran.«
Der fette Dämon schaut kurz auf und grunzt. Dann erhebt er sich und kommt zu dir. »Hübsches Ding. Willst du bei mir bleiben?«
Weiter bei ETA.

68 »Wie du es für das Beste erachtest.« Mit diesen Worten setzt Charon sein Boot wieder in Bewegung und steuert es über den Styx.
Du setzt deinen Weg fort.
Weiter bei **106**.

69 »Hör mal«, fängst du an. »Wir müssen doch nicht streiten. Ich komme wieder, und dann bezahle ich meine Schulden, wirklich! Ich lasse dir als Pfand hier ... warte ...« Du kramst in deinen Taschen, doch ist dort nichts, was du ihm anbieten könntest. »... mein Versprechen?«
Er lacht nur kurz auf, dann packt er deine Arme, und du merkst gleich, dass er viel stärker ist als du. Er bringt dich in das Innere des Reichs der Ran, wo du deine Schulden und noch viel mehr abar-

beiten wirst. Und der Türsteher hält Wort: Du wirst nicht als Barkeeper eingesetzt.
Und irgendwann wirst du einschlafen. Dann holt dich der Schrammenschreck.
Allerdings hast du dann schon so schlimme Dinge erlebt, dass du so weit bist, den Tod mit offenen Armen willkommen zu heißen.
Ungerecht? Das ist Somorra.

70 Plötzlich geht ein Rumpeln durch das Gebäude und Staub rieselt herab. Steinbrocken fallen zu Boden. Die Behausung des Schrammenschrecks stürzt in sich zusammen. Doch bevor ihr euch noch überlegen könnt, wie ihr von dort entkommen könnt oder ob es überhaupt einen Weg zurück aus dieser Welt der Träume gibt, steht ihr plötzlich in einem kleinen Raum, der völlig kahl ist und mit der Behausung des Schrammenschrecks nichts gemein hat.
»Ich glaube, wir sind zurück in der Realität«, antwortet Ringo. »Die Welt des Schrammenschrecks ist mit ihm untergegangen, oder zumindest können wir dort nicht mehr verweilen. Ich weiß nicht, wo wir sind, aber ich bin mir sicher: irgendwo in Somorra.«
»Lass es uns herausfinden!« Du deutest auf Treppenstufen, die du gerade entdeckt hast.
Ihr folgt der Treppe nach oben. Nach gerade einmal einem Dutzend Stufen erreicht ihr eine Tür, die nur angelehnt ist. Ihr geht hindurch und steht inmitten einer Kirche. Jedenfalls muss das früher mal eine Kirche gewesen sein. Dir wird auf den ersten Blick klar, dass hier schon seit langer Zeit niemand mehr Gottesdienste feiert. Teile des Kirchturms stehen noch, doch scheint es nur eine Frage der Zeit zu sein, bis er einstürzt. Zwei Seitenwände sind bereits zur Hälfte eingefallen. Die Reste des Dachs liegen auf den verbleibenden Mauern. Ein paar verkohlte Holzbalken ragen aus dem Skelett des Turms. Es wirkt, als wäre eine große Bombe über dem Kirchturm abgeworfen worden. Das Kirchenschiff sieht kaum besser aus. Der hintere, vom

Turm abgewandte Teil ist eingestürzt. Die Mauern - wo sie noch stehen - weisen große Risse auf. Riesige Öffnungen zeigen, wo in einer lange vergessenen Zeit einmal die Fenster oder Tore waren, weswegen sich auch die Suche nach einem Ausgang erübrigt - ihr könnt die Kirche an vielen Stellen verlassen. Im Inneren stehen ein paar Holzbänke. Sogar ein Steinaltar ist noch vorhanden. Er war wahrscheinlich jedem Plünderer zu schwer.

Als ihr in den Bereich weitergeht, der unterhalb des Turms liegt, fallen euch die Malereien an der Wand auf. Da sind Szenen einer Baustelle abgebildet, Menschen, die Häuser in eine sonst fast unberührte Landschaft bauen. Zwei Männer werden besonders hervorgehoben. Sie scheinen Zwillinge zu sein. Auf einem anderen Bild ist wieder eine Baustelle zu sehen, doch aus einer ganz anderen Zeit: Da wird eine moderne Anlage aus Beton und Stahl errichtet, ein riesiges Kraftwerk. Es sieht dem gigantischen Gebäude ähnlich, in dem du den Schrammenschreck gefunden hast, nur neuer, moderner. Auf diesem Bild steht eine junge Frau mit Helm und Klemmbrett im Mittelpunkt, als wäre sie die Leiterin des Bauvorhabens. Über dem Bild steht in großen Lettern nur ein Wort: *Metatron*. Ihr geht weiter.

Auf einem dritten Bild seht ihr den Grundriss einer Stadt, die Somorra ähnelt, aber kleiner, oder vielleicht in einem früheren Stadium der Stadtgeschichte. Im Norden steht ein großer Turm.

Ihr kommt in einen anderen Teil der Kirchenruine. In einer Ecke entdeckt ihr gerahmte Bilder.

»Die Priester der Stadt«, flüstert Ringo. »Schau, da stehen die Jahreszahlen. *Perperus*, 85 - 98 nach Somorra. *Lukan*, 108 - 114 nach Somorra. Und hier«, er deutet auf das letzte Bild der Reihe, »das muss der letzte Priester Somorras gewesen sein. *Konrad*, 120 - 138 nach Somorra.«

Du betrachtest das Bild. Dir läuft es eiskalt den Rücken runter, als du den Mann auf dem Bild erkennst. Seit du in dieses Abenteuer aufgebrochen bist - oder besser gesagt: gestoßen wurdest –, seitdem hast du viel Unglaubliches gesehen und erlebt. Du hast den Schrammenschreck in einer Welt der Albträume aufgespürt, vorbei an den Monstern der Hölle, und hast ihn besiegt. Doch als du erkennst, dass der Mann auf dem Bild, der letzte Priester Somorras, derselbe Mann ist, dem du vor nicht allzu langer Zeit in deiner Wohnung und zuletzt im Keller unter Cosmars Kammer begegnet bist, gruselt es dich. Er war es, der dir half zu überleben. Aber wie kann er noch am Leben sein? Du musst daran denken, wie sehr du dich gewundert hast, ihn das letzte Mal zu treffen und wie plötzlich er dann wieder verschwand. Du fragst dich, ob du es mit einem Geist zu tun hattest.

Dir fällt ein, was der geheimnisvolle Priester zu dir gesagt hat, kurz bevor er verschwand: Töte einen Dämon. Leider bist du keinem begegnet, außer vielleicht dem Schrammenschreck, falls er einer war, aber der ist verbrannt. Vielleicht wäre das der Schlüssel gewesen, um mehr über Konrad herauszufinden? Du wirst es nie erfahren.

Plötzlich stöhnt Ringo auf und sinkt in die Knie. Sofort bist du neben ihm. »Was ist los?«

»Mein Kopf. Ich weiß nicht, was …«

»Wir müssen dich ins Krankenhaus bringen.« Erst in diesem Moment wird dir bewusst, dass auch du Schmerzen hast. Du hebst deine Hand mit der Brandwunde. Der Finger schmerzt, aber nach allem, was du ausgehalten hast, stört dich das kaum.

»Wir sollten wohl beide mal ins Krankenhaus schauen«, erwiderst du und lächelst ihn an.

Mit der U-Bahn fahrt ihr zur Grenze zwischen Altstadt und Hafen, wo sich das Krankenhaus von Somorra befindet. Ringos Kopfschmerzen haben ein bisschen nachgelassen. Nachdem ihr fast zwei Stunden gewartet habt, werdet ihr endlich von einer jungen Ärztin empfangen, die sich euch nacheinander ansieht.

»Kein Grund zur Sorge«, versichert sie und wendet sich an Ringo. »Dehydrierung. Ein übliches Symptom nach einer durchfeierten Nacht. Trink was, iss was, schlaf dich aus, der Rest kommt von selbst.«

Sie verbindet deinen Finger. »Eine Narbe wird bleiben, aber es wird wieder. Komm nächste Woche mal zur Kontrolle.«
Danach nimmt sie dir die Verbände von den Armen ab, die Perlena dir angelegt hat. »Also, die waren ja nicht wirklich erforderlich.« Du schaust auf deine Arme: Sie sind völlig unversehrt. Vielleicht ist das Wasser in Perlenas Brunnen auf dem Läuterungsberg dafür verantwortlich? Hatte es Heilkraft? Du weißt es nicht.
»Die Rechnung für die Behandlung kommt auf dem Postweg!« Die Ärztin nickt dir zu und schickt euch dann nach Hause. Ihr seid euch einig, dass ihr jetzt nicht allein sein wollt, deshalb geht ihr in deine Wohnung. Auf dem Weg dorthin holt ihr euch noch eine Pizza und ein paar Dosen Bier, wie früher, um auf euer Überleben anzustoßen. Schon nach einer halben Stunde merkt ihr, wie euch die Augen zufallen. Ringo und du macht es euch in deinem Bett bequem und kurz darauf seid ihr eingeschlafen, sicher, ohne Gefahr, im Traum ermordet zu werden. Deine Träume sind dennoch wirr, doch das Wissen, den Schrammenschreck besiegt zu haben, gibt dir ein Gefühl von Sicherheit, und so gelingt es dir, fast bis zum Morgengrauen zu schlafen. Als du wach bist, duschst du und ziehst dir etwas Frisches an. Ringo lässt du schlafen. Du beschließt, erst einmal Frühstück für deinen Freund zu kaufen. Ihr seid jung und wieder vereint. Auch wenn dies Somorra ist: Ihr werdet schon einen Weg finden, um etwas aus eurem Leben zu machen. Aber jetzt brauchst du erst mal einen starken Kaffee. Dieses Abenteuer hast du überstanden. Wenn du willst, spiele es noch einmal – vielleicht, um dieses Mal auch Sascha zu retten oder zu erfahren, was geschieht, wenn du einen Dämon erschlägst.
Notiere dir, dass deine Grundpunktzahl 50 beträgt. Wenn du willst, lies jetzt die Auswertung auf Seite 445.

71

Sascha wirft von einem Versteck aus einen Stein gegen die Tür. Kurz darauf flackert ein Licht hinter einer Scheibe auf und ein dicker, langhaariger Mann steckt den Kopf aus der Tür und

schaut sich um. Als er niemanden sieht, verschwindet er wieder im Inneren und zieht die Tür hinter sich zu. Kurz darauf erlischt auch das Licht wieder.
Was wollt ihr machen?
Das Lagerhaus von außen anzünden? (weiter bei **118**)
Versuchen, es von innen anzuzünden? (weiter bei **429**)
Oder wollt ihr erst versuchen, den Mann nach draußen zu locken? (weiter bei **512**)

72

Sascha boxt dir gegen die Schulter. »Mann! Ich dachte, wir halten zusammen!«
Willst du doch nicht in das Reich der Ran gehen? Dann geh zu **84** und triff eine andere Entscheidung.
Anderenfalls teilst du ihr mit, dass du dort trotz ihres Protestes hingehen willst.
»Dann geh halt in das Reich der Ran! Ich hoffe, du findest dort, was du suchst! Frohes Wachbleiben!« Mit diesen Worten dreht sie sich um und marschiert in die andere Richtung davon.
Du lässt dich von dem lächelnden Mädchen an der Hand greifen und weiterziehen.
Ändere das Codewort GAMMA zu 368 und VERWALTUNG zu 409.
Weiter bei **247**.

73 »Ah, gut, faul wie ein Hund. Merkt man gleich. Guter Junge.« Das Wesen grinst breit. »Belphegor ist für dich da. Komm nur her.«
Er schiebt dich in eine der Toilettenkabinen und sperrt dich ein. Du hörst, wie er sich lachend entfernt. Du rüttelst an der Tür, doch sie ist fest verschlossen. Bevor du sie aufbrechen kannst, geht plötzlich die Spülung. Der Wirbel, in dem das Wasser in der Schüssel verschwindet, wird immer größer, viel größer, als er sein dürfte, bis er fast die ganze Kabine ausfüllt. Die Kloschüssel ist längst verschwunden. Dann erfasst er dich und spült dich in die Untiefen unterhalb der Oberfläche.
Doch dort ist keine Kanalisation. Dort ist die Hölle unterhalb der Albtraumwelt, wo Belphegor mit anderen Teufeln auf dich wartet. Sie werden dich nicht wieder gehen lassen.
Ungerecht? Das ist Somorra.

74 Becky kichert, als du ihr sagst, dass du ihrer Bitte nicht nachkommen möchtest. Kurz darauf seid ihr am Amtssitz von Ruben Pick angekommen.
Beamter Block macht eine tiefe Verbeugung vor Becky, als er die Tür geöffnet hat. »Eine große Ehre, Gräfin!«, flüstert er heiser. »Bitte, treten Sie doch ein. Ich habe ein paar bescheidene Häppchen vorbereitet. Vielleicht ein Glas Champagner?«
Auf seinem Schreibtisch stehen mehrere Champagnerflöten neben einer großen Flasche. Daneben sind belegte Brötchen mit Lachs und Kaviar angerichtet.
Becky lächelt und greift nach einem Glas. »Gerne, mein Bester, gerne«, haucht sie und errötet ein bisschen. Wüsstest du es nicht besser, du würdest ihr abkaufen, dass sie eine echte Gräfin ist.
In diesem Moment fliegt eine weitere Tür hinter Blocks Schreibtisch auf und ein fetter Mann kommt herein. »Edle Gräfin! Wie bezaubernd, endlich Eure Bekanntschaft zu machen, ich habe doch schon so viel gehört!«

Nachdem ihr mit dem Champagner angestoßen habt und jeder ein Häppchen essen durfte, verkündet Ruben Pick: »Es wird Zeit. Gräfin, wollen wir?« Er bietet ihr seinen Arm an. Becky hakt sich unter und gemeinsam gehen sie in das andere Zimmer, aus dem Ruben Pick vorher gekommen ist, wahrscheinlich sein Büro.
Als ihr allein seid, rümpft Block die Nase. »Danke für Eure Unterstützung. Ihr dürft jetzt draußen warten.«
Das lässt du dir nicht zweimal sagen.
Weiter bei **264**.

75 Du versuchst, zu erwachen. Klammere dich an die Realität. Wie heißt der Berg, auf dem du dich gerade befindest?
Reinigungsberg? (weiter bei **431**)
Läuterungsberg? (weiter bei **422**)

76 Der Mann zuckt nur mit den Schultern und lächelt schweigend. Dann dreht er sich weg und läuft zu der Leiter, die nach unten führt. Einen Moment später ist er verschwunden. Eine Frau mit glattem, dunklem Haar erscheint in der Öffnung und steigt auf das Dach. Sie ist deutlich kleiner als du und sehr schlank, aber trotzdem packt sie dich, wirft dich über die Schulter und trägt dich fort, ohne dass du in der Lage wärst, dich zu wehren; nicht, dass sie besonders stark ist – du kannst dich schlicht nicht bewegen. Plötzlich seid ihr von Feuer umgeben, mannshohen Flammen, die um euch herum lodern. Sicher wie ein Schlafwandler findet die Frau einen Weg durch das Feuer. Ihr seid nicht länger auf dem Dach eines Tempels, und endlich lasst ihr das Feuer hinter euch. Sie legt dich an einer Art Pforte ab. Danach verlässt die unbekannte Frau dich wieder. Doch auch hier bist du nicht allein. Im Schatten der Pforte regt sich plötzlich ein Schemen, nur ein paar Meter von dir entfernt. Eine schwarze Ratte flitzt über die Stufen der Pforte. Der Schemen bewegt sich, es ist ein Mann. Er erhebt sich und tritt aus dem Schatten, doch kein Schatten folgt ihm. Es ist, als würde das

Licht ihn scheuen oder als hätte sich sein Schatten von ihm losgesagt. Du mementomori erkennst zu spät, dass es der Schrammenschreck ist, bereit, jeden Augenblick über dich herzufallen.
Was er dann auch tut. Dein Abenteuer findet ein blutiges Ende.
Ungerecht? Das ist Somorra.

77 Deine plumpen Versuche, dich zu verteidigen, beeindrucken den Alten Phönix nicht besonders. Er verbrennt dich mit seinem Feueratem zu einem Häuflein Asche, das schon bald vom Wind über die Ebenen der Schrammenwelt verteilt wird.
Ungerecht? Das ist Somorra.

78 »Tritt hindurch!«, sagt sie. »Der Morgenstern wartet bereits auf dich.«
Du folgst ihrer Anweisung. Die Tür schließt sich hinter dir und du stehst in absoluter Dunkelheit – nein, nicht ganz: Irgendwo, weit weg, hoch über dir, ist ein leuchtender Punkt. Ist das der Morgenstern? Du weißt es nicht. Das Leuchten kommt näher, bald kannst du erste Schemen erkennen, da kommt etwas angeschwebt und setzt zur Landung an. Irgendwann ist es so hell, dass du erkennen kannst, dass es ein geflügeltes Wesen ist, aber kein Engel, nein. Die Flügel sind pechschwarz und sein Gesicht strahlt keine Güte aus, keine Heiligkeit. Was du siehst, ist nichts als nackter Hochmut. Dann ist das Wesen gelandet und du stehst ihm gegenüber, Luzifer, dem Morgenstern. Auch seine Augen sind vollkommen schwarz, die gesamten Augäpfel, so wie seine Flügel.
Hast du die Prüfung des Hochmuts bestanden? Hast du einem Menschen in der Not geholfen oder hast du ihn sich selbst überlassen?
Weiter bei SIGMA.

79 »Danke Bruder.« Er nimmt die verstümmelte Hand und schnuppert daran. »Es gibt nichts Besseres als gut abgehangene Untote. Trockene Reifung, mindestens sechs Monate. Auch ein

Stück?« Er bricht die zuckende Hand in zwei Hälften, die Sehnen muss er reißen, und hält dir eine Hälfte hin. Du schüttelst nur mit dem Kopf und er beißt von einer Hälfte ab.
»Du weißt ja nicht, was dir entgeht, aber dann bleibt mehr für mich. Wer hat dir denn verraten, dass ich harmlos bin?«
»Das war ein Wanderer im Wald beim Läuterungsberg.« (weiter bei **305**)
»Niemand.« (weiter bei **137**)

80

Plötzlich geht ein Rumpeln durch das Gebäude und Staub rieselt herab. Steinbrocken fallen zu Boden. Die Behausung des Schrammenschrecks stürzt in sich zusammen. Doch bevor ihr euch noch überlegen könnt, wie ihr von dort entkommen könnt oder ob es überhaupt einen Weg zurück aus dieser Welt der Träume gibt, steht ihr plötzlich in einem kleinen Raum, der völlig kahl ist und mit der Behausung des Schrammenschrecks nichts gemein hat.
»Ich glaube, wir sind zurück in der Realität«, antwortet Ringo. »Die Welt des Schrammenschrecks ist mit ihm untergegangen, oder zumindest können wir dort nicht mehr verweilen. Ich weiß nicht, wo wir sind, aber ich bin mir sicher: irgendwo in Somorra.«
»Lass es uns herausfinden!« Du deutest auf Treppenstufen, die du gerade entdeckt hast.
Ihr folgt der Treppe nach oben. Nach gerade einmal einem Dutzend Stufen erreicht ihr eine Tür, die nur angelehnt ist. Ihr geht hindurch und steht inmitten einer Kirche. Jedenfalls muss das früher mal eine Kirche gewesen sein. Dir wird auf den ersten Blick klar, dass hier schon seit langer Zeit niemand mehr Gottesdienste feiert. Teile des Kirchturms stehen noch, doch scheint es nur eine Frage der Zeit zu sein, bis er einstürzt. Zwei Seitenwände sind bereits zur Hälfte eingefallen. Die Reste des Dachs liegen auf den verbleibenden Mauern. Ein paar verkohlte Holzbalken ragen aus dem Skelett des Turms. Es wirkt, als wäre eine große Bombe über dem Kirchturm abgeworfen

worden. Das Kirchenschiff sieht kaum besser aus. Der hintere, vom Turm abgewandte Teil ist eingestürzt. Die Mauern - wo sie noch stehen - weisen große Risse auf. Riesige Öffnungen zeigen, wo in einer lange vergessenen Zeit einmal die Fenster oder Tore waren, weswegen sich auch die Suche nach einem Ausgang erübrigt - ihr könnt die Kirche an vielen Stellen verlassen. Im Inneren stehen ein paar Holzbänke. Sogar ein Steinaltar ist noch vorhanden. Er war wahrscheinlich jedem Plünderer zu schwer.

Als ihr in den Bereich weitergeht, der unterhalb des Turms liegt, fallen euch die Malereien an der Wand auf. Da sind Szenen einer Baustelle abgebildet, Menschen, die Häuser in eine sonst fast unberührte Landschaft bauen. Zwei Männer werden besonders hervorgehoben. Sie scheinen Zwillinge zu sein. Auf einem anderen Bild ist wieder eine Baustelle zu sehen, doch aus einer ganz anderen Zeit: Da wird eine moderne Anlage aus Beton und Stahl errichtet, ein riesiges Kraftwerk. Es sieht dem gigantischen Gebäude ähnlich, in dem du den Schrammenschreck gefunden hast, nur neuer, moderner. Auf diesem Bild steht eine junge Frau mit Helm und Klemmbrett im Mittelpunkt, als wäre sie die Leiterin des Bauvorhabens. Über dem Bild steht in großen Lettern nur ein Wort: *Metatron*. Ihr geht weiter.

Auf einem dritten Bild seht ihr den Grundriss einer Stadt, die Somorra ähnelt, aber kleiner, oder vielleicht in einem früheren Stadium der Stadtgeschichte. Im Norden steht ein großer Turm.

Ihr kommt in einen anderen Teil der Kirchenruine. In einer Ecke entdeckt ihr gerahmte Bilder.

»Die Priester der Stadt«, flüstert Ringo. »Schau, da stehen die Jahreszahlen. *Perperus*, 85 - 98 nach Somorra. *Lukan*, 108 - 114 nach Somorra. Und hier«, er deutet auf das letzte Bild der Reihe, »das muss der letzte Priester Somorras gewesen sein. *Konrad*, 120 - 138 nach Somorra.«

Du betrachtest das Bild. Dir läuft es eiskalt den Rücken runter, als du den Mann auf dem Bild erkennst. Seit du in dieses Abenteuer aufgebrochen bist – oder besser gesagt: gestoßen wurdest –, seitdem hast du viel Unglaubliches gesehen und erlebt. Du hast den Schrammenschreck in einer Welt der Albträume aufgespürt, vorbei an den Monstern der Hölle, und hast ihn besiegt. Doch als du erkennst, dass der Mann auf dem Bild, der letzte Priester Somorras, derselbe Mann ist, dem du vor nicht allzu langer Zeit in deiner Wohnung und zuletzt im Keller unter Cosmars Kammer begegnet bist, gruselt es dich. Er war es, der dir half zu überleben. Aber wie kann er noch am Leben sein? Dir fällt wieder ein, wie sehr du dich gewundert hast, ihn das letzte Mal zu treffen, und wie plötzlich er dann wieder verschwand. Du fragst dich, ob du es mit einem Geist zu tun hattest.

Dir fällt ein, was der geheimnisvolle Priester zu dir gesagt hat, kurz bevor er verschwand: Töte einen Dämon. Du erinnerst dich an deine erste Begegnung mit einem Dämon und holst heraus, was du als Beweis eingesteckt hast. Sobald du es auf den Bilderrahmen mit dem Bild des Priesters legst, schwingt es nach vorne und gibt eine versteckte Nische frei. Darin liegt ein Brief, auf dem dein Name geschrieben steht. Du reißt ihn sofort auf und liest ihn:

> *»Lieber Junge, du hast also überlebt, Gott sei Dank. Such den Uhrmacher auf. Er hat einen kleinen Laden, hier, in der Altstadt. Er wird dir alles Weitere berichten. Wenn du bis hierher gekommen bist, wirst du dir schon gedacht haben, dass ich seit langem tot bin. Wir werden uns nicht mehr wiedersehen. Leb' wohl.«*

Du steckst die Nachricht ein. Dieser Uhrmacher kann dir also erzählen, was hinter dieser ganzen Geschichte steckt. Du hoffst, dort endlich Antworten erhalten zu können. Und die Kirche steht also in der Altstadt, einem der vier Viertel von Somorra.

Plötzlich stöhnt Ringo auf und sinkt in die Knie. Sofort bist du neben ihm. »Was ist los?«

»Mein Kopf. Ich weiß nicht, was ...«

»Wir müssen dich ins Krankenhaus bringen.« Erst in diesem Moment wird dir bewusst, dass auch du Schmerzen hast. Du hebst deine Hand mit der Brandwunde. Der Finger schmerzt, aber nach allem, was du ausgehalten hast, stört dich das kaum.

»Wir sollten wohl beide mal ins Krankenhaus schauen«, erwiderst du und lächelst ihn an.
Mit der U-Bahn fahrt ihr zur Grenze zwischen Altstadt und Hafen, wo sich das Krankenhaus von Somorra befindet. Ringos Kopfschmerzen haben ein bisschen nachgelassen. Nachdem ihr fast zwei Stunden gewartet habt, werdet ihr endlich von einer jungen Ärztin empfangen, die sich euch der Reihe nach ansieht.
»Kein Grund zur Sorge«, versichert sie und wendet sich an Ringo. »Dehydrierung. Ein übliches Symptom nach einer durchfeierten Nacht. Trink was, iss was, schlaf dich aus, der Rest kommt von selbst.«
Sie verbindet deinen Finger. »Eine Narbe wird bleiben, aber es wird wieder. Komm nächste Woche mal zur Kontrolle.«
Danach nimmt sie dir die Verbände von den Armen ab, die Perlena dir angelegt hat. »Also, die waren ja nicht wirklich erforderlich.«
Du schaust auf deine Arme: Sie sind völlig unversehrt. Vielleicht ist das Wasser in Perlenas Brunnen auf dem Läuterungsberg dafür verantwortlich? Hatte es Heilkraft? Du weißt es nicht.
»Die Rechnung für die Behandlung kommt auf dem Postweg!« Die Ärztin nickt dir zu und schickt euch dann nach Hause. Ihr seid euch einig, dass ihr jetzt nicht allein sein wollt, deshalb geht ihr in deine Wohnung. Auf dem Weg dorthin holt ihr euch noch eine Pizza und ein paar Dosen Bier, wie früher, um auf euer Überleben anzustoßen. Schon nach einer halben Stunde merkt ihr, wie euch die Augen zufallen.
Ringo und du macht es euch in deinem Bett bequem und kurz darauf seid ihr eingeschlafen, sicher, ohne Gefahr, im Traum ermordet zu werden. Deine Träume sind dennoch wirr, doch das Wissen, den Schrammenschreck besiegt zu haben, gibt dir ein Gefühl von Sicherheit, und so gelingt es dir, fast bis zum Morgengrauen zu schlafen. Als du wach bist, duschst du und ziehst dir etwas Frisches an. Ringo lässt du schlafen, denn du hast noch etwas vor. Du nimmst die U-Bahn zurück in die Altstadt und fragst dich durch zum Laden des Uhrmachers. Es ist noch vor acht, als du ihn in einer ruhigen Sei-

tenstraße findest, ein schmales Geschäft, nicht mehr als zwei Meter breit und unauffällig. Just in diesem Augenblick schließt ein älterer Mann die Tür auf und betritt den Laden. Als du ihm folgst, ertönt eine hellklingende Glocke.
Notiere dir neben dem Codewort UHRMACHER die Zahl 531.
Weiter bei **484**.

81 Du gibst ihm den Gegenstand und er steckt ihn schnell ein. »Danke. Damit kann ich mir was aufbauen.« Er löst sich in Luft auf. Die Tür schwingt nach hinten auf. Weiter bei **51**.

82 Du zerbrichst dir den Kopf, wie du in das Innere des Lagerhauses gelangen könntest. Du umrundest einmal das Gebäude und stellst fest, dass es abgesehen von der Tür, an der du geklopft hast und die außen einen unbeweglichen Knauf hat, noch ein Garagentor an der langen Seite des Hauses gibt.
Außerdem findest du nur ein Fenster neben der Tür. Es ist fest verschlossen. Deine einzige Hoffnung ist das Garagentor.
Es ist ein altes Rolltor, das ziemlich schwer aussieht. Du versuchst, es anzuheben, bekommst es aber nicht höher als ein paar Zentimeter. Zu wenig, damit du darunter hindurchschlüpfen kannst.
Du findest in der Nähe einen kräftigen Holzbalken, der stabil genug wirkt.
Du hebst mit aller Kraft das Tor an und versuchst, den Balken darunterzustemmen. Das Tor gibt ein bisschen nach – aber es reicht nicht. Drückst du gegen den Balken, fehlt jemand, der das Tor noch zusätzlich hochschiebt, und schiebst du das Tor hoch, fehlt jemand, der den Balken drückt. Du musst einsehen, dass du hier nicht allein hereinkommst.
Willst du jetzt doch überprüfen, ob das Haus leer ist? (weiter bei **225**)
Oder willst du stattdessen doch lieber das Lagerhaus von außen anzünden? (weiter bei **352**)

83 »Lass mich gehen. Ich will hier raus.«
Er schaut dich fragend an. »Wie bitte? Damit du dir wieder in'n Arm stichst?«
»Bitte. Ich mach es nicht mehr. Ich will heim. Ich bestehe darauf.«
Er zuckt mit den Schultern – und bindet dich los. »Sag ich ja, kein Gefangener«, murmelt er. Er nimmt dir noch die Riemen ab. »Ach warte, du musst so'n Formular unterschreiben. Dass du dir nich' innen Arm stichst oder so ähnlich. Hole kurz 'n Doc.« Damit dreht er sich um und verschwindet durch die Tür.
Willst du warten, bis der Doc kommt? (weiter bei **182**)
Oder verschwindest du lieber gleich? (weiter bei **488**)

84 Wie soll es weitergehen?
Zum Wasservolk (weiter bei WASSER) oder die Kali hinab zur Hafenleitung und zu Ruben Pick (weiter bei PICK)?
Oder willst du das Reich der Ran besuchen? Dann winke einem der blonden Mädchen zu, die hier immer unterwegs sind, und lass dich dorthin führen (weiter bei KALI).
Kannst du bei keiner der genannten Optionen mehr etwas ausrichten oder kommst nicht mehr weiter (aber nur dann!), lies weiter bei **536**.

85 Der Türsteher verbeugt sich und macht mit seiner Hand eine einladende Geste in Richtung der Bar. Du gehst an ihm vorbei und öffnest die Tür.

Der Barraum ist ein langgezogener Schlauch, der von der Tür aus gerade nach hinten führt. Links befindet sich die Bar, rechts davon der nur zwei Meter breite Bereich für Gäste. Die Luft ist schwer und abgestanden, obwohl nur eine Handvoll Menschen am Tresen stehen und in ihr Glas blicken. Hinter dem Tresen befindet sich eine junge Dame mit blassem Gesicht und zu viel schwarzer Schminke, bei der du nicht erkennen kannst, ob sie eher deine Mutter oder deine Schwester sein könnte. Gelangweilt wischt sie mit einem öligen Lappen über den Tresen.

Du trittst an den Tresen und räusperst dich. Die Bardame reagiert nicht. Du räusperst dich nochmal, diesmal lauter. Da herrscht sie dich an: »Um Himmels willen, siehst du denn nicht, dass ich alle Hände voll zu tun habe!« Kurz hält sie inne. »Ja, was willst du denn jetzt eigentlich?«

Wie reagierst du?

Einen Schnaps bestellen? (weiter bei **433**)

Wasser bestellen? (weiter bei **193**)

Sie fragen, was sie über den Hafen und Ruben Pick weiß? (weiter bei **206**)

86 »Ach, Quatsch! Was ist denn mit den Dämonenkriegern? Bleib gesund, und schlaf nicht ein!«
Der Besatzung des Schiffs ist es gelungen, das Ruder wieder zu befreien, und mit einem Ruck geht der Flug weiter, diagonal über den Fluss in Richtung des Ufers. Du winkst noch, da ist Sascha schon nicht mehr zu sehen.
Weiter bei **330**.

87 Du stürmst los und platzt mitten in einen Kampf zweier ungleicher Gegner:
— Notizbuch ab hier ausgeschlossen —
Ein geflügeltes, vierbeiniges Wesen mit riesigen Tatzen, Löwenkörper und dem Kopf eines Adlers erwehrt sich der Angriffe eines zweibeinigen Wesens, ein Mann mit langen Reißzähnen und rotglühenden Augen. Beide Kontrahenten werfen lange Schatten auf den Boden. Sie machen beide einen Schritt zurück, als du mitten in den Kampf platzt, und mustern dich überrascht. Dann nutzt das vierbeinige Wesen die Gelegenheit, breitet seine Schwingen aus und ergreift die Flucht.
»Ein Mensch«, sagt der Mann, als das andere Wesen sich schon ein ganzes Stück entfernt hat. »Wie schön. Ihr kommt viel zu selten körperlich hierher.«
Weiter bei **28**.

88 Vor dir liegt ein Apfel. Extrem saftig und schmackhaft, aber leider in deinem restlichen Abenteuer nicht besonders hilfreich.
Weiter bei **106**.

89 Sascha schiebt sich hinter dir in die Wohnung. »Kennst du den? Woher weiß er das?« Du schüttelst nur den Kopf.
Sie macht einen Schritt in seine Richtung. »Jetzt pass mal auf, Pfaffe, ich hab da mal eine Frage: Hast du uns belauscht oder woher

hast du das? Und was machst du in der Wohnung meines Freundes? Gibt es keine Beerdigung, wo du Glückseligkeit oder was auch immer predigen musst?«
»Das sind gleich drei Fragen, meine Liebe. Ich bin hier, um zu helfen, das ist alles. Wenn ihr mich anhört, könnt ihr überleben, wenn ihr Glück habt. Wenn nicht, seid ihr in den nächsten vierundzwanzig Stunden tot.«
»Wir können gut selbst auf uns aufpassen!« Sie verschränkt die Arme vor der Brust.
»Vielleicht sollten wir ihn anhören«, flüsterst du ihr zu. »Dann können wir immer noch entscheiden, ob wir ihn zum Teufel jagen.«
»Oder wir schmeißen ihn aus dem Fenster. Was sein Gott wohl dazu sagen wird?«, flüstert sie zurück und zwinkert dir zu.
»Wie wollen Sie uns denn helfen?«, fragst du den Mann.
Er nickt zufrieden. »Passt auf, denn davon kann euer Leben abhängen. Ich behaupte nicht, dass es leicht wird. Aber ich kann euch die Chance geben, länger zu leben, als bis euch die Augen zufallen. Denn er lauert in euren Träumen, und wenn er euch erwischt, dann … dann kann euch nicht einmal Gott helfen. Wir haben nicht viel Zeit und ich will sie nicht mit dem verschwenden, was ihr vielleicht schon selbst herausgefunden habt. Erzählt mir, was ihr bisher erlebt habt.«
»Ich dachte, er ist allwissend!«, flüstert dir Sascha wieder zu. Nachdem er von deinem Traum wusste, bist auch du unbewusst davon ausgegangen, dass er auch sonst alles weiß.
Du erzählst ihm, wie du auf dem Weg warst, um Ringos Vermächtnis abzuholen, und stattdessen in einem Sanatorium aufgewacht bist, bis zu dem Moment, als du mit Sascha fliehen konntest und ihr schließlich in deine Wohnung gegangen seid.
»Dein Freund, Ringo, woran ist er gestorben?«
»Er … die Drogen. Er hat sich eine Überdosis gespritzt. Ich wollte noch … aber …« Du brichst ab, als der Schmerz dich überkommt.

»Er starb an Somorin? Hat er von Träumen berichtet, von Albtraumwesen, von einer Gefahr, die ihm drohte?«

Du kannst deine Überraschung und dein Misstrauen nicht verbergen. Warum interessiert sich dieser alte Mann für den Tod deines besten Freundes? Welche Rolle soll das jetzt noch spielen?

»Nein, wir haben nicht …«

»Du gibst dir die Schuld an seinem Tod, ist es nicht so?«

Du lässt den Kopf hängen und nickst dann. »Ich weiß nicht einmal, warum er plötzlich damit anfing. Und dann hatten wir einen Streit, wegen der Drogen. Ich wollte ihn überreden, dass er damit aufhört. Ich habe schon meine Mutter an Somorin verloren. Er wurde wahnsinnig wütend und rannte aus meiner Wohnung. Und am nächsten Morgen war er tot. Er hätte sich mit absoluter Sicherheit keine Überdosis gesetzt, wenn ich bei ihm gewesen wäre.«

»Und Somorra kassiert deine Seele gleich mit ein«, flüstert Sascha einen Satz, den du schon oft gehört hast, im Waisenhaus, auf den Straßen, von Ringo.

»Ja, vielleicht. Aber Ringo, hat er nichts gesagt über … Drogenträume, Visionen, irgendsowas?«, fragt der Priester.

Du zuckst mit den Schultern. »Nein, warum denn? Aber vielleicht wenn ich sein Vermächtnis noch abhole, vielleicht ist da etwas …«

»Ich befürchte, dafür reicht die Zeit nicht. Es zählt jede Minute. Ihr müsst so schnell wie möglich aufbrechen. Aber erzählt mir mehr vom Schrammenschreck.« Der Priester beugt sich vor. »Wie sah er aus? Wie hat er sich bewegt?«

Du zuckst nur mit den Schultern. »Alles ging so schnell, und ich hatte alle Hände voll zu tun, am Leben zu bleiben.«

»Große, spitze Zähne«, flüstert Sascha.

Und lauter: »Auf die Farbe seines Einstecktuchs konnte ich nicht achten.«

»Okay. Schade. Man muss wissen, mit welchem Gegner man es zu tun hat, um ihn besiegen zu können.«

»Ist er der Teufel?«, fragt Sascha.

»Irgend so etwas wird er schon sein. Das weiß niemand. Oder wo er herkommt und wie er in die Träume seiner Opfer kommt. Aber es gibt Gerüchte, Geschichten aus der Unterwelt von Somorra …«
»Um was geht es da?«, erkundigst du dich.
»Manche Geschichten sagen, er war der Sohn eines Geschäftsmannes aus Somorra, reich und verwöhnt, der sich irgendwann gegen den Vater und die ganze verkommene Gesellschaft auflehnte. Alles hinschmiss, die Schule verließ, bevor er volljährig war, sich einer Gruppe fahrender Schausteller anschloss und sein Geld als Zirkuszauberer verdiente, als Gaukler auf Jahrmärkten und Straßenfesten. Nach einem seiner Auftritte schändete und ermordete er die Tochter des Clanchefs, ein Mädchen namens Denisa.«
»Ich habe gehört, dass er sie geliebt hat, und sie ermordete, damit kein anderer sie bekommt!«, ruft Sascha.
»Ja, das ist eine andere Version. Die Schausteller rächten sich an ihm auf ihre Weise. Für ihn entsannen sie sich einer Strafe, die seit ihren Ahnen nicht mehr angewandt worden war: Sie steckten ihn in einen Bottich voller Unrat, voller Gewürm und Getier, Schaben und Maden. Sein Gesicht schmierten sie mit Honig und Sahne ein, und während die Maden und Würmer langsam seinen Körper fraßen, lockte der süße Geruch des Honigs Fliegen an, die ihre Eier in seine Augen und Ohren legten. Sieben Tage und Nächte dauerte diese Strafe, und als er mehr tot als lebendig war, verbannten sie ihn. Aber er kam nicht irgendwo hin, sondern an einen Ort jenseits aller Vorstellungskraft, einen Ort in der Zwischenwelt, tief unter der Oberfläche Somorras, vorbei an Wesen, die den tiefsten Höllen entsprungen sein mussten. Einen Ort, wo alte Mächte wirkten, an die heute keiner mehr glaubt. Sie ließen ihn dort liegen, um zu sterben.
Doch er starb nicht. Da war eine dunkle Macht in ihm, die das verhinderte. Was weder er noch die Schausteller wussten: Er war ein Denkwürdiger, wie es sie in Somorra schon immer gibt, Menschen mit Veränderungen und Mutationen. Seine Gabe und sein Fluch wa-

ren es, auch die schlimmsten Verletzungen zu überleben, doch zu einem schrecklichen Preis. Er verwandelte sich in eine Kreatur aus Schrecken und Verachtung. Die Wesen der Albträume nahmen ihn auf, akzeptierten ihn als einen der ihren, ja mehr noch: Sie fühlten, dass er über eine Macht verfügte, die es vorher in Somorra nicht gegeben hat, und machten ihn zu ihrem König.
Und dennoch wäre er fast in Vergessenheit geraten. Bis er plötzlich in den Träumen der Schausteller auftauchte, in seinem Zirkusanzug, aber eine schreckliche, entartete Version seines alten Selbst, stets begleitet von schwarzem Getier. Und nicht nur das: Er ermordete sie, einen nach dem anderen, bis nur noch der Vater des Mädchens übrig war, ein Mann namens Cosmar.«
»Cosmar?«, ruft Sascha mit schriller Stimme. Sie sieht geschockt aus. Sie ist noch bleicher als sonst, ihre Augen aufgerissen, zwei dunkle Seen. »Was hat Cosmar damit …«
Der Priester schaut sie an und sie erwidert seinen Blick. Für einen Moment fühlst du dich ausgeschlossen, dann ist es vorbei und Sascha senkt die Augenlider.
Der Priester nickt. »Ja, Cosmar.«
»Kennst du den?«, fragst du.
»Äh, ne natürlich nicht. Aber den Namen habe ich auch schon mal gehört.«
»Du schaust geschockt aus.«
Sascha macht eine wegwerfende Handbewegung. »Ach, ne. Ich bin nur langsam echt müde. Wie ging es weiter, Priester?«
»Cosmar gelang es, den Albträumen zu entkommen, und er lebt noch heute, irgendwo bei den Schaustellern.«
Du atmest durch. Noch vor einer Woche hättest du ihn dafür ausgelacht und zum Teufel gejagt. Doch jetzt … nach allem, was du gesehen hast …
»Warum erzählen Sie uns das?«
»Ich will euch helfen. Findet den Schrammenschreck und tötet ihn! Er hat Somorra zu lange in Angst und Schrecken versetzt. Macht die-

se Stadt zu einem besseren Ort, sie hat es weiß Gott nötig. Denn der Schrammenschreck existiert nicht nur in den Träumen seiner Opfer. Er ist real, und in der Realität ist er sterblich wie jedes Lebewesen. Es wird allerdings nicht leicht, ihn zu finden und zu töten.«

»Ich dachte, er ist sterblich?«, fragt Sascha und verschränkt die Arme. Sie scheint sich wieder gefangen zu haben.

»Ja, und nein. In ihm steckt eine teuflische Macht, und nur Gott allein weiß, wie mächtig sie ist. Und seine Monster beschützen ihn.« Der Priester nimmt die Hand von deiner Schulter und erhebt sich.

»Findet Cosmar. Er muss wissen, wie die Monster zu besiegen sind und wo es den Weg in die Zwischenwelt gibt. Das ist eure einzige Chance zu überleben.«

»Was ist, wenn ich … wenn ich nicht will?«, fragst du.

»Das wäre sehr töricht. Glaube mir. Und stark muss er sein, euer Glaube.«

»Glaube? An … Gott? Sind nicht alle Religionen aus Somorra verschwunden?«, fragst du.

»Gott hat Somorra verlassen, schon vor Jahren. Warum sollte er wiederkommen?« fügt Sascha hinzu.

»Gott ist überall dort, wo es Menschen gibt, die an ihn glauben. Er kann euer Licht in der Nacht sein. Nur er kann die Dunkelheit besiegen. Und um an Gott zu glauben, braucht es keine Religion. Es ist egal, wie ihr euren Glauben nennt, und welche Propheten ihr anhört. Gott ist Gott.«

»Ich bin mir nicht sicher, ob ich an Gott glaube«, sagst du.

»Bevor es so weit ist, wirst du dich entscheiden müssen.«

»Warum hat Gott uns eigentlich keinen Ritter oder gleich einen Drachen geschickt?«, fragt Sascha. »*Das* wäre hilfreich, nicht so ein alter Mann.« Dir fällt auf, dass Sascha lächelt, als sie das sagt. Sie will den Priester necken, aber sie scheint anzufangen, ihn zu mögen.

»Der Glaube ist mächtiger als jeder Drache. Er wird euer Schwert sein.«

Sascha verdreht die Augen und stöhnt theatralisch.

Dir fällt etwas anderes ein: »Was ist, wenn wir einschlafen?«
Der Priester schweigt eine Zeit. Er wirkt plötzlich sehr müde. »Das solltet ihr verhindern. Wer schläft, träumt, und wenn ihr träumt, wird er euch holen kommen.«
»Kann ich nicht was nehmen, um nicht zu träumen? Das habe ich mal in einem Film gesehen«, sagst du.
Der Priester schüttelt den Kopf. »Das haben schon Leute vor dir probiert. Die Träume des Schrammenschrecks sind anders, finden auf einer anderen Ebene statt. Ihnen entkommt man nicht, indem man ein paar Pillen schluckt.«
»Ohne Schlaf sterben wir auch irgendwann.«, sagt Sascha.
»Und du hast das irgendwo gelesen, richtig?« Er lacht, wird aber gleich wieder ernst. »Ja, jeder Mensch muss schlafen. Und ihr werdet merken, dass der Schlaf näher ist, als ihr vielleicht denkt. Auch das ist Teil der Magie des Schrammenschrecks. Ihr werdet immer wieder einschlafen, ohne es zu merken, und wahrscheinlich sogar das Gleiche träumen.«
»Und dann? Sie sagten doch gerade, dann holt er uns!« Du kannst die Angst in deiner eigenen Stimme hören.
»Das ist richtig. Aber er muss euch erst zu fassen bekommen, und bis dahin habt ihr Zeit, wieder aufzuwachen. Der Schlaf wird nie sehr tief sein, und um aufzuwachen, genügt es, euch des Schlafes bewusst zu werden. Dann könnt ihr den Träumen jederzeit entkommen.«
Dir brummt der Kopf, und du bist zu keiner Antwort fähig. In was für einen Schlamassel bist du da hineingeraten!
Ändere das Codewort SCHLAMASSEL zu 504.
Lies jetzt **Anleitung Teil 1** (Seite 429), wenn du diese noch nicht kennst. Anderenfalls kannst du auch gleich bei **504** weiterlesen.

90 Plötzlich geht ein Rumpeln durch das Gebäude und Staub rieselt herab. Steinbrocken fallen zu Boden. Die Behausung des Schrammenschrecks stürzt in sich zusammen. Doch bevor ihr euch noch überlegen könnt, wie ihr von dort entkommen könnt oder ob es überhaupt einen Weg zurück aus dieser Welt der Träume gibt, steht ihr plötzlich in einem kleinen Raum, der völlig kahl ist und mit der Behausung des Schrammenschrecks nichts gemein hat.

»Wo sind wir?«, flüstert Sascha.

»Ich glaube, wir sind zurück in der Realität«, antwortet Ringo. »Die Welt des Schrammenschrecks ist mit ihm untergegangen, oder zumindest können wir dort nicht mehr verweilen. Ich weiß nicht, wo wir sind, aber ich bin mir sicher: irgendwo in Somorra.«

»Lasst es uns herausfinden!« Du deutest auf Treppenstufen, die du gerade entdeckt hast.

Ihr folgt der Treppe nach oben. Nach gerade einmal einem Dutzend Stufen erreicht ihr eine Tür, die nur angelehnt ist. Ihr geht hindurch und steht inmitten einer Kirche. Jedenfalls muss das früher mal eine Kirche gewesen sein. Dir wird auf den ersten Blick klar, dass hier schon seit langer Zeit niemand mehr Gottesdienste feiert. Teile des Kirchturms stehen noch, doch scheint es nur eine Frage der Zeit zu sein, bis er einstürzt. Zwei Seitenwände sind bereits zur Hälfte eingefallen. Die Reste des Dachs liegen auf den verbleibenden Mauern. Ein paar verkohlte Holzbalken ragen aus dem Skelett des Turms. Es wirkt, als wäre eine große Bombe über dem Kirchturm abgeworfen worden. Das Kirchenschiff sieht kaum besser aus. Der hintere, vom Turm abgewandte Teil ist eine Ruine. Die Mauern – wo sie noch stehen – weisen große Risse auf. Riesige Öffnungen zeigen, wo in einer lange vergessenen Zeit einmal die Fenster oder Tore waren, weswegen sich auch die Suche nach einem Ausgang erübrigt – ihr könnt die Kirche an vielen Stellen verlassen. Im Inneren stehen ein paar Holzbänke. Sogar ein Steinaltar ist noch vorhanden. Er war wahrscheinlich jedem Plünderer zu schwer.

Als ihr in den Bereich weitergeht, der unterhalb des Turms liegt, fallen euch die Malereien an der Wand auf. Da sind Szenen einer Baustelle abgebildet, Menschen, die Häuser in eine sonst fast unberührte Landschaft bauen. Zwei Männer werden besonders hervorgehoben. Sie scheinen Zwillinge zu sein. Auf einem anderen Bild ist wieder eine Baustelle zu sehen, doch aus einer ganz anderen Zeit: Da wird eine moderne Anlage aus Beton und Stahl errichtet, ein riesiges Kraftwerk. Es sieht dem gigantischen Gebäude ähnlich, in dem du den Schrammenschreck gefunden hast, nur neuer, moderner. Auf diesem Bild steht eine junge Frau mit Helm und Klemmbrett im Mittelpunkt, als wäre sie die Leiterin des Bauvorhabens. Über dem Bild steht in großen Lettern nur ein Wort: *Metatron*. Ihr geht weiter.

Auf einem dritten Bild seht ihr den Grundriss einer Stadt, die Somorra ähnelt, aber kleiner, oder vielleicht in einem früheren Stadium der Stadtgeschichte. Im Norden steht ein großer Turm.

Ihr kommt in einen anderen Teil der Kirchenruine. In einer Ecke entdeckt ihr gerahmte Bilder.

»Die Priester der Stadt«, flüstert Ringo. »Schaut, da stehen die Jahreszahlen. *Perperus*, 85 - 98 nach Somorra. *Lukan*, 108 - 114 nach Somorra. Und hier«, er deutet auf das letzte Bild der Reihe, »das muss der letzte Priester Somorras gewesen sein. *Konrad*, 120 - 138 nach Somorra.«

Du betrachtest das Bild. Im selben Moment schreit Sascha auf. Und auch dir läuft es eiskalt den Rücken runter, als du den Mann auf dem Bild erkennst. Seit du in dieses Abenteuer aufgebrochen bist – oder besser gesagt: gestoßen wurdest –, seitdem hast du viel Unglaubliches gesehen und erlebt. Du hast den Schrammenschreck in einer Welt der Albträume aufgespürt, vorbei an den Monstern der Hölle, und hast ihn besiegt. Doch als du erkennst, dass der Mann auf dem Bild, der letzte Priester Somorras, derselbe Mann ist, dem du vor nicht allzu langer Zeit in deiner Wohnung und zuletzt im Keller unter Cosmars Kammer begegnet bist, gruselt es dich. Er war es, der dir half zu überleben. Aber wie kann er noch am Leben sein? Dir fällt wieder ein, wie sehr du dich gewundert hast, ihn das letzte Mal zu treffen, und wie plötzlich er dann wieder verschwand. Du fragst dich, ob du es mit einem Geist zu tun hattest.

»Heilige Schwabbelbacke«, sagt da auch Sascha. »Dieser Konrad scheint über den ein oder anderen Trick zu verfügen.«
Du nickst. Dann fällt dir ein, was der geheimnisvolle Priester zu dir gesagt hat, kurz bevor er verschwand: Töte einen Dämon. Leider bist du keinem begegnet, außer vielleicht dem Schrammenschreck, falls er einer war, aber der ist verbrannt. Vielleicht wäre das der Schlüssel gewesen, um mehr über Konrad herauszufinden? Du wirst es nie erfahren.
Plötzlich stöhnt Ringo auf und sinkt in die Knie. Sofort bist du neben ihm. »Was ist los?«
»Mein Kopf. Ich weiß nicht, was …«
»Wir müssen ihn ins Krankenhaus bringen«, ruft Sascha, und erst in diesem Moment wird dir bewusst, wie schlecht auch sie aussieht.
Du hebst deine Hand mit der Brandwunde. Der Finger schmerzt, aber nach allem, was du ausgehalten hast, stört dich das kaum.
»Wir sollten wohl alle drei mal ins Krankenhaus schauen«, erwiderst du und lächelst sie an.
Mit der U-Bahn fahrt ihr zur Grenze zwischen Altstadt und Hafen, wo sich das Krankenhaus von Somorra befindet. Sascha kennt dort eine Ärztin, die euch kostenlos behandeln wird.
Nachdem ihr fast zwei Stunden gewartet habt, werdet ihr endlich von Saschas Freundin empfangen, die sich euch ansieht.
»Kein Grund zur Sorge«, versichert sie und wendet sich an Ringo. »Dehydrierung. Ein übliches Symptom nach einer durchfeierten Nacht. Trink was, iss was, schlaf dich aus, der Rest kommt von selbst.«
Sie verbindet deinen Finger. »Eine Narbe wird bleiben, aber es wird wieder. Komm nächste Woche mal zur Kontrolle.«
Danach nimmt sie dir die Verbände von den Armen ab, die Perlena dir angelegt hat. »Also, die waren ja nicht wirklich erforderlich.«
Du schaust auf deine Arme: Sie sind völlig unversehrt. Vielleicht ist das Wasser in Perlenas Brunnen auf dem Läuterungsberg dafür verantwortlich? Hatte es Heilkraft? Du weißt es nicht.

Nachdem sie Saschas Wunden verarztet und Ringo eine Kopfschmerztablette gegeben hat, schickt sie euch nach Hause. Ihr seid euch einig, dass niemand von euch jetzt allein sein will, deshalb geht ihr in deine Wohnung. Auf dem Weg dorthin holt ihr euch noch eine Pizza und ein paar Flaschen Bier, um auf euer Überleben anzustoßen. Schon nach einer halben Stunde merkt ihr, wie euch die Augen zufallen. Sascha schaut dich an und grinst müde. »Wollen wir es wagen?« Du lächelst zurück. »Na los. Du kannst in meinem Bett schlafen. Ringo und ich schlafen auf dem Boden.«
»Süße Träume ohne Schrammenschreck«, flüstert sie und legt sich hin.
Ringo und du macht es euch auf dem Boden bequem und kurz darauf seid ihr eingeschlafen, sicher, ohne Gefahr, im Traum ermordet zu werden. Deine Träume sind dennoch wirr, doch das Wissen, den Schrammenschreck besiegt zu haben, gibt dir ein Gefühl von Sicherheit, und so gelingt es dir, fast bis zum Morgengrauen zu schlafen. Als du wach bist, duschst du und ziehst dir etwas Frisches an. Ringo und Sascha lässt du schlafen und holst frische Brötchen und eine Zeitung.
Wie es weitergeht, wirst du noch früh genug entscheiden. Du hast immer noch deinen Job im Waisenhaus, aber vielleicht fängst du auch etwas Neues an. Du hast Freunde, du bist jung und gesund. Daraus wird sich schon noch etwas machen lassen, auch in Somorra. In der Zeitung liest du, dass der alte Polizeichef ermordet wurde und eine Frau seinen Platz eingenommen hat, die für Gerechtigkeit steht, wie früher mal ihr Vater. Vielleicht ist das ja der Anfang einer neuen Zeit in Somorra. Und du könntest Teil davon sein.
Dieses Abenteuer hast du überstanden. Wenn du willst, spiele es noch einmal – vielleicht, um zu erfahren, was geschieht, wenn du einen Dämon erschlägst.
Notiere dir, dass deine Grundpunktzahl 80 beträgt. Wenn du willst, lies jetzt die Auswertung auf Seite 445.

91 Als du wieder beim Wasservolk stehst, sitzen Ewald und Becky gerade am Feuer und essen gebratenes Schweinefleisch. Becky kichert, aber Ewald springt auf. »Was willst du denn hier, du *Tschunderpicker*? Denkst du, ich vertrau dir noch mal?«
Becky flüstert etwas, das du nicht verstehst. »Ja!«, schreit Ewald. Dann nimmt er einen faustgroßen Stein und schmeißt ihn in deine Richtung. Er verfehlt dich um mehrere Meter, aber die Drohung ist offensichtlich. Du bist nicht mehr ihr Freund. Sie werden dich hier nicht mehr dulden.
Du kannst nicht mehr zum Wasservolk zurückkehren. Ändere das Codewort WASSER zu 364.
Zurück zu **84**.

92 Du sitzt noch nicht richtig, da kichert das Wesen plötzlich wie von Sinnen. »Dolch der Unschuld, gut, oder? Hab ich mir gerade ausgedacht.«
Er lächelt dich noch verschlagen an und rammt dir dann den Dolch – der ein ganz normaler Dolch ist – in die Seite. Danach trinkt sich Barkas, der Vampir, an deinem Blut satt.
Ungerecht? Das ist Somorra.

93 »Aye, du Landratte, das ist korrekt!« Block versucht, dir von unten auf die Schulter zu klopfen, was ihm gründlich misslingt. »Zeit, dass ihr endlich den Kapitän dieses Schiffes kennenlernt!«
Er öffnet eine Tür hinter seinem Schreibtisch und streckt den Kopf hinein. »Die Gräfin ist da … ja … ist sauber, ich habe sie gründlich … ja genau.«
Er wendet sich wieder euch zu. »Ruben Pick wird jetzt die Gräfin empfangen.« Während Becky das Büro von Ruben Pick betritt, sagt Block zu dir: »Allein, bitteschön. Sie dürfen jetzt draußen warten.«
Das lässt du dir nicht zweimal sagen.
Weiter bei **264**.

94 Vor dir liegt eine Silbermünze. Notiere den Fund auf deinem Abenteuerbogen.
Charon gibt dir den Flegel zurück, setzt sein Boot wieder in Bewegung und steuert es über den Styx. Du setzt deinen Weg fort.
Weiter bei **106**.

95 Du legst dich wieder hin. Was soll das hier? Welch merkwürdiger Traum spielt sich hier in deiner Wohnung ab? Was musst du tun, um auf die Blumenwiese oder zum nächsten der fünf Flüsse zurückzukehren? Da springt das Radio wieder an (»… vermutlich Zusammenhang mit ihrer Drogensucht nach der Entlassung aus dem aktiven Polizeidienst …«). Wieder stehst du auf und ziehst den Vorhang zurück –
Du bist nicht mehr allein. Ein blau leuchtendes Wesen schwebt in der Mitte des Raumes, die Arme verschränkt.
— Notizbuch ab hier ausgeschlossen —

Beinloses Wesen (schwebend)
Augen: schwarz
Füße: blauer Wirbel
Mund: menschlich
Schatten: ja
Sonstiges: körperlich, brennt nicht

Entscheide dich, ob du kämpfen willst bzw. wie du dich verteidigen willst (Sokrates' Meditation ODER Weihwasser UND/ODER eine Waffe).
Dann lies weiter bei **52**.

96 Tosend kommt der Sandmann über dich, »eiei, mei, mei«, doch als du die Augen schließt und die Worte sprichst, wird es plötzlich leise um dich herum. Der Sandmann kann dir nichts mehr anhaben und verschwindet.
Weiter bei **198.**

97 Der Grund des Flusses ist sandig und mit nur wenigen Pflanzen bewachsen. In der Nähe steht eines der verfallenen Häuser. Es ist die größte der Ruinen, und so beschließt du, dort zu suchen. Das Dach des Hauses ist nicht mehr da. Nur ein paar Mauern deuten an, wo die Räume lagen. In der Ecke des größten Raums findest du eine Kiste, deren Deckel zugeklappt, aber nicht verschlossen ist. Du öffnest sie. Im Inneren der Kiste findest du ein silbernes Amulett, das einen Kraken zeigt. Nimm es mit, wenn du willst, und notiere es auf deinem Abenteuerbogen.
Willst du noch weitersuchen? (weiter bei **315**)
Oder schwimmst du jetzt zum Ausgang der Höhle? (weiter bei **556**)

98 Du schleichst von dem Wesen weg. Irgendwann erreichst du eine kühle, trockene Steinwand, und nach einigem Tasten entdeckst du eine Halterung, in der eine Fackel hängt. Nach einigem weiteren Suchen entdeckst du, dass in der Nähe der Fackel in einer kleinen Luke ein Benzinfeuerzeug liegt. Du entzündest es und steckst die Fackel in Brand.
(Hinweis: Wenn du willst, kannst du das Benzinfeuerzeug einstecken. Die Füllung reicht noch für eine Anwendung)
Wie du vermutest hast, stehst du in einem kahlen Steinraum. Auf der anderen Seite liegt schlafend eine Ratte, so groß wie ein Bär. Die Helligkeit der Fackel schien das Tier zunächst nicht zu stören, doch jetzt flackern seine Augenlider. Als es erwacht und dich erblickt, faucht es, springt auf und rennt in deine Richtung. Du solltest dich kampfbereit machen.
— Notizbuch ab hier ausgeschlossen —

Vierbeiniges Landlebewesen
Augen: schwarz
Füße: Pfoten
Mund: Nagezähne
Schatten: ja
Sonstiges: ein Kopf

Entscheide dich, ob du kämpfen willst bzw. wie du dich verteidigen willst (Sokrates' Meditation ODER Weihwasser UND/ODER eine Waffe).
Dann lies weiter bei **410**.

99 Du bleibst liegen und lauschst angestrengt. Da ist wieder das Kratzen, das du gerade schon gehört hast, dann ein Geräusch, als würde etwas geschleift oder als würde *sich* etwas schleifen. Versucht ein Monster, unter dem Bett hervorzukommen? »Hähä, jajaja.«
Plötzlich schiebt sich eine krallenbesetzte Klaue unter dem Bett hervor und krallt sich in die Matratze. Jeden Moment wird sich das Wesen von unter dem Bett hervorziehen. Du solltest dich bereit machen.
— *Notizbuch ab hier ausgeschlossen* —

Zweibeiniges Landlebewesen
Augen: weiß
Füße: unbekannt
Mund: Reißzähne
Schatten: unbekannt
Sonstiges: keine Hörner

Entscheide dich, ob du kämpfen willst bzw. wie du dich verteidigen willst (Sokrates' Meditation ODER Weihwasser UND/ODER eine Waffe).
Dann lies weiter bei **420**.

100 Plötzlich geht ein Rumpeln durch das Gebäude und Staub rieselt herab. Steinbrocken fallen zu Boden. Die Behausung des Schrammenschrecks stürzt in sich zusammen. Doch bevor ihr euch noch überlegen könnt, wie ihr von dort entkommen könnt oder ob es überhaupt einen Weg zurück aus dieser Welt der Träume gibt, steht ihr plötzlich in einem kleinen Raum, der völlig kahl ist und mit der Behausung des Schrammenschrecks nichts gemein hat.

»Wo sind wir?«, flüstert Sascha.
»Ich glaube, wir sind zurück in der Realität«, antwortet Ringo. »Die Welt des Schrammenschrecks ist mit ihm untergegangen, oder zumindest können wir dort nicht mehr verweilen. Ich weiß nicht, wo wir sind, aber ich bin mir sicher: irgendwo in Somorra.«
»Lasst es uns herausfinden!« Du deutest auf Treppenstufen, die du gerade entdeckt hast.
Ihr folgt der Treppe nach oben. Nach gerade einmal einem Dutzend Stufen erreicht ihr eine Tür, die nur angelehnt ist. Ihr geht hindurch und steht inmitten einer Kirche. Jedenfalls muss das früher mal eine Kirche gewesen sein. Dir wird auf den ersten Blick klar, dass hier schon seit langer Zeit niemand mehr Gottesdienste feiert. Teile des Kirchturms stehen noch, doch scheint es nur eine Frage der Zeit zu sein, bis er einstürzt. Zwei Seitenwände sind bereits zur Hälfte eingefallen. Die Reste des Dachs liegen auf den verbleibenden Mauern. Ein paar verkohlte Holzbalken ragen aus dem Skelett des Turms. Es wirkt, als wäre eine große Bombe über dem Kirchturm abgeworfen worden. Das Kirchenschiff sieht kaum besser aus. Der hintere, vom Turm abgewandte Teil ist eine Ruine. Die Mauern – wo sie noch stehen – weisen große Risse auf. Riesige Öffnungen zeigen, wo in einer lange vergessenen Zeit einmal die Fenster oder Tore waren, weswegen sich auch die Suche nach einem Ausgang erübrigt – ihr könnt die Kirche an vielen Stellen verlassen. Im Inneren stehen ein paar Holzbänke. Sogar ein Steinaltar ist noch vorhanden. Er war wahrscheinlich jedem Plünderer zu schwer.
Als ihr in den Bereich weitergeht, der unterhalb des Turms liegt, fallen euch die Malereien an der Wand auf. Da sind Szenen einer Baustelle abgebildet, Menschen, die Häuser in eine sonst fast unberührte Landschaft bauen. Zwei Männer werden besonders hervorgehoben. Sie scheinen Zwillinge zu sein. Auf einem anderen Bild ist wieder eine Baustelle zu sehen, doch aus einer ganz anderen Zeit: Da wird eine moderne Anlage aus Beton und Stahl errichtet, ein riesiges Kraftwerk. Es sieht dem gigantischen Gebäude ähnlich, in

dem du den Schrammenschreck gefunden hast, nur neuer, moderner. Auf diesem Bild steht eine junge Frau mit Helm und Klemmbrett im Mittelpunkt, als wäre sie die Leiterin des Bauvorhabens. Über dem Bild steht in großen Lettern nur ein Wort: *Metatron*. Ihr geht weiter.

Auf einem dritten Bild seht ihr den Grundriss einer Stadt, die Somorra ähnelt, aber kleiner, oder vielleicht in einem früheren Stadium der Stadtgeschichte. Im Norden steht ein großer Turm.

Ihr kommt in einen anderen Teil der Kirchenruine. In einer Ecke entdeckt ihr gerahmte Bilder.

»Die Priester der Stadt«, flüstert Ringo. »Schaut, da stehen die Jahreszahlen. *Perperus*, 85 - 98 nach Somorra. *Lukan*, 108 - 114 nach Somorra. Und hier«, er deutet auf das letzte Bild der Reihe, »das muss der letzte Priester Somorras gewesen sein. *Konrad*, 120 - 138 nach Somorra.«

Du betrachtest das Bild. Im selben Moment schreit Sascha auf. Und auch dir läuft es eiskalt den Rücken runter, als du den Mann auf dem Bild erkennst. Seit du in dieses Abenteuer aufgebrochen bist – oder besser gesagt: gestoßen wurdest –, seitdem hast du viel Unglaubliches gesehen und erlebt. Du hast den Schrammenschreck in einer Welt der Albträume aufgespürt, vorbei an den Monstern der Hölle, und hast ihn besiegt. Doch als du erkennst, dass der Mann auf dem Bild, der letzte Priester Somorras, derselbe Mann ist, dem du vor nicht allzu langer Zeit in deiner Wohnung und zuletzt im Keller unter Cosmars Kammer begegnet bist, gruselt es dich. Er war es, der dir half zu überleben. Aber wie kann er noch am Leben sein? Dir fällt wieder ein, wie sehr du dich gewundert hast, ihn das letzte Mal zu treffen, und wie plötzlich er dann wieder verschwand. Du fragst dich, ob du es mit einem Geist zu tun hattest.

»Heilige Schwabbelbacke«, sagt da auch Sascha. »Dieser Konrad scheint über den ein oder anderen Trick zu verfügen.«

Du nickst. Dann fällt dir ein, was der geheimnisvolle Priester zu dir gesagt hat, kurz bevor er verschwand: Töte einen Dämon. Du erinnerst dich an deine erste Begegnung mit einem Dämon und holst heraus, was du als Beweis eingesteckt hast. Sobald du es auf den Bilderrahmen mit dem Bild des Priesters legst, schwingt es nach vorne und gibt eine versteckte Nische frei. Darin liegt ein Brief, auf dem dein Name geschrieben steht. Du reißt ihn sofort auf und liest ihn:

»Lieber Junge, du hast also überlebt, Gott sei Dank. Such den Uhrmacher auf. Er hat einen kleinen Laden, hier, in der Altstadt. Er wird dir alles Weitere berichten. Wenn du bis hierher gekommen bist, wirst du dir schon gedacht haben, dass ich seit langem tot bin. Wir werden uns nicht mehr wiedersehen. Leb' wohl.«

Du steckst die Nachricht ein. Dieser Uhrmacher kann dir also erzählen, was hinter dieser ganzen Geschichte steckt. Du hoffst, dort endlich Antworten erhalten zu können. Und die Kirche steht also in der Altstadt, einem der vier Viertel von Somorra.

Plötzlich stöhnt Ringo auf und sinkt in die Knie. Sofort bist du neben ihm. »Was ist los?«

»Mein Kopf. Ich weiß nicht, was …«

»Wir müssen ihn ins Krankenhaus bringen«, ruft Sascha, und erst in diesem Moment wird dir bewusst, wie schlecht auch sie aussieht. Du hebst deine Hand mit der Brandwunde. Der Finger schmerzt, aber nach allem, was du ausgehalten hast, stört dich das kaum.

»Wir sollten wohl alle drei mal ins Krankenhaus schauen«, erwiderst du und lächelst sie an.

Mit der U-Bahn fahrt ihr zur Grenze zwischen Altstadt und Hafen, wo sich das Krankenhaus von Somorra befindet. Sascha kennt dort eine Ärztin, die euch kostenlos behandeln wird. Ringos Kopfschmerzen klingen etwas ab, nachdem er eine Flasche Wasser getrunken hat.

Nachdem ihr fast zwei Stunden gewartet habt, werdet ihr endlich von Saschas Freundin empfangen, die sich euch der Reihe nach ansieht.

»Kein Grund zur Sorge«, versichert sie und wendet sich an Ringo. »Dehydrierung. Ein übliches Symptom nach einer durchfeierten Nacht. Trink was, iss was, schlaf dich aus, der Rest kommt von selbst.«
Sie verbindet deinen Finger. »Eine Narbe wird bleiben, aber es wird wieder. Komm nächste Woche mal zur Kontrolle.«
Danach nimmt sie dir die Verbände von den Armen ab, die Perlena dir angelegt hat. »Also, die waren ja nicht wirklich erforderlich.«
Du schaust auf deine Arme: Sie sind völlig unversehrt. Vielleicht ist das Wasser in Perlenas Brunnen auf dem Läuterungsberg dafür verantwortlich? Hatte es Heilkraft? Du weißt es nicht.
Nachdem sie Saschas Wunden verarztet und Ringo eine Kopfschmerztablette gegeben hat, schickt euch die Ärztin nach Hause. Ihr seid euch einig, dass niemand von euch jetzt allein sein will, deshalb geht ihr in deine Wohnung. Auf dem Weg dorthin holt ihr euch noch eine Pizza und ein paar Flaschen Bier, um auf euer Überleben anzustoßen. Schon nach einer halben Stunde merkt ihr, wie euch die Augen zufallen. Sascha schaut dich an und grinst müde. »Wollen wir es wagen?« Du lächelst zurück. »Na los. Du kannst in meinem Bett schlafen. Ringo und ich schlafen auf dem Boden.«
»Süße Träume ohne Schrammenschreck«, flüstert sie und legt sich hin.
Ringo und du macht es euch auf dem Boden bequem.
»Was hatte es eigentlich mit deinem Vermächtnis auf sich?«, fragst du Ringo.
»Ach das. Vergiss es. Vor meinem ersten Schuss habe ich es aufgenommen. Ich wollte, dass du eine Erinnerung hast, wenn … also, die Sache schlecht ausgeht.«
»Kann ich es noch haben?«
»Glaube nicht. Gute Nacht.«
Kurz darauf seid ihr eingeschlafen, sicher, ohne Gefahr, im Traum ermordet zu werden. Deine Träume sind dennoch wirr, doch das Wissen, den Schrammenschreck besiegt zu haben, gibt dir ein Ge-

fühl von Sicherheit, und so gelingt es dir, fast bis zum Morgengrauen zu schlafen. Als du wach bist, duschst du und ziehst dir etwas Frisches an. Ringo und Sascha lässt du schlafen, denn du hast noch etwas vor. Du nimmst die U-Bahn zurück in die Altstadt und fragst dich durch zum Laden des Uhrmachers. Es ist noch vor acht, als du ihn in einer ruhigen Seitenstraße findest, ein schmales Geschäft, nicht mehr als zwei Meter breit und unauffällig. Just in diesem Augenblick schließt ein älterer Mann die Tür auf und betritt den Laden. Als du ihm folgst, ertönt eine hellklingende Glocke.
Notiere dir neben dem Codewort UHRMACHER die Zahl 551.
Weiter bei **484**.

TANZ DER TEUFEL

MIT: COSMAR PERLENA CHARON

UND DEN SIEBEN DÄMONEN DER TODSÜNDEN

2. Teil: Tanz der Teufel

101 Die Dunkelheit wird umfassender und dichter, je weiter ihr hinabsteigt. Die Wände auf beiden Seiten sind aus feuchtem, kaltem Stein.

»Was, wenn die Stufen nirgendwohin führen?«, flüstert Sascha. »Was, wenn sie niemals enden?« Sie bleibt stehen und seufzt. »Vielleicht sind wir schon wieder in einem Albtraum?«

Du schiebst sie sanft weiter. Es geht geradeaus nach unten, ohne dass ihr irgendeinen Anhaltspunkt hättet, wohin diese Treppe führen wird oder wie weit es noch ist. Einmal hört ihr ein leises Summen wie von Bienen oder Wespen. Nach ein paar Metern verschwindet es wieder. Endlich, nach unzähligen Stufen, erreicht ihr das Ende. Dort, am Fuß der Treppe, sind Worte in den Boden geritzt. Da steht: »2. Kreis der Hölle«. Ihr steht am Rande eines unterirdischen, nebligen Sumpfes. Der Weg führt geradeaus mitten durch schlammige Tümpel und Schleimpfützen, aus denen grünliche Gase aufsteigen. Dicke Nebelschwaden wabern träge über den Weg. Ihr schaut euch kurz an und folgt dann dem Weg durch die Sumpflandschaft. Schon nach ein paar Schritten bleibt Sascha wieder stehen.

»Was soll das hier sein – ein Sumpfschlamm-Dungeon-Ding unterhalb von Somorra oder was? Warten hier Skelette und Zombiekrieger auf uns und wir können Goldschätze und antike Waffen finden?«

Du weißt, dass Sascha einen Witz machen wollte. Doch fällt es dir in dieser Umgebung schwer, dich an ihrem Humor zu erfreuen. Dein Lachen bleibt schon tief unten in deiner Kehle stecken. Als ihr weitergeht, merkst du plötzlich, dass vor euch ein Mann im Nebel läuft.

Er ist klein und seine Art, sich zu bewegen, hat etwas Unsicheres, Linkisches. Ihr folgt ihm ein paar Schritte. Du willst Sascha gerade vorschlagen, ihn anzusprechen, da bleibt er stehen, hängt seine graue Weste an einen Baum und springt plötzlich vom Weg in einen der Tümpel. Der Nebel hat ihn sofort verschluckt. Ihr geht weiter, bis ihr die Stelle erreicht, von wo er gesprungen ist. Dort sind in Sprungweite vom Weg entfernt mehrere kleine Felsen in den Tümpeln. Was hat der fremde Mann dort vor? Werdet ihr gerade Zeuge eines Albtraums? Ihr schaut euch noch mal an. Und wenn das ein Traum ist – wessen Traum ist es?
»Hinterher«, sagt Sascha. »Wer weiß, wo der Sumpf uns hinführt, und vielleicht kennt der sich hier aus.«
Ohne deine Antwort abzuwarten, springt sie auf den nächsten Felsen und ist mit einem weiteren Sprung im Nebel verschwunden. Du beeilst dich, ihr hinterherzukommen. Nach einigen Sprüngen durch den Nebel erreichst du das gegenüberliegende Ufer, wo Sascha auf dich wartet. Der fremde Mann ist nicht zu sehen. Das Ufer wird von einer Felswand überragt, in die zwei Türen eingelassen sind. Eine ist fest verschlossen, die andere offen, und so tretet ihr durch die offene Tür. Dahinter kommt ein Raum zum Vorschein, in dem nur ein Tisch und ein paar Stühle stehen. Auf einem der Stühle sitzt, mit dem Rücken zu dir, ein menschliches Skelett ohne Kopf. Hinter der Tür entdeckst du eine Holzkonstruktion, die wohl dereinst als Waffenregal gedient hat. Ob hier irgendwo Cosmar lebt? Die Präsenz des kopflosen Skeletts beunruhigt dich. Du atmest durch und reibst dich am Kopf. Was jetzt? Den Weg zurück, durch den Sumpf, der wer weiß wohin führt? Du schaust dich genauer um, doch gibt es hier nicht mehr als das zu entdecken, was du schon auf den ersten Blick gesehen hast.
Vielleicht gab es einen Luftzug, vielleicht ist eine andere Kraft im Spiel, doch plötzlich fällt die Tür hinter euch zu. Du zuckst zusammen, so laut hallt der Schlag des hölzernen Randes der Tür im Rahmen. Und als du dich zu der Tür umdrehst, siehst du es: Schnitzereien.

Als Erstes fällt dir ein Bild des Schrammenschrecks auf, mit seinem hohen Zylinder und den langen Klauen. Daneben ist ein Mann von hinten zu sehen, der sich gegen ihn verteidigt, und darunter steht geschrieben: »Cosmar, Bekämpfer von Bohoc.« Ihr seid also richtig. Dies ist die Kammer von Cosmar, des Mannes, den du gesucht hast und der dir sagen kann, wie du den Schrammenschreck besiegen kannst. Doch wo ist er? Dein Blick fällt auf das Skelett ohne Kopf. Ist das etwa …?
Sascha schreit auf. In ihren Augen kannst du das blanke Entsetzen lesen. Sie hat offensichtlich dieselben Schlüsse gezogen wie du. »Cosmar«, sagst du daher nur und deutest auf den kopflosen Mann. Um Gewissheit zu erlangen, zwingst du dich, das Skelett genauer zu untersuchen – und tatsächlich: Auf dem Tisch, von einer dicken Staubschicht bedeckt, liegt ein altes Buch. Der Knochenmann hält es mit beiden Händen fest umklammert. Als du versuchst, es zu nehmen, brechen die Knochenfinger und geben das Buch frei. Es hat einen Ledereinband. Du beginnst zu lesen. Gleich auf der ersten Seite findest du folgenden Hinweis:
Cosmars Notizbuch
Schon beim ersten Durchblättern merkst du, dass Seiten fehlen. Es ist nur ein Fragment. Wer wohl die fehlenden Seiten herausgerissen hat?
Du findest Cosmars Notizbuch hinten (Seite 449). Du wirst es ab jetzt für den Rest deines Abenteuers bei dir haben und kannst es jederzeit konsultieren. Weiter bei **298**.

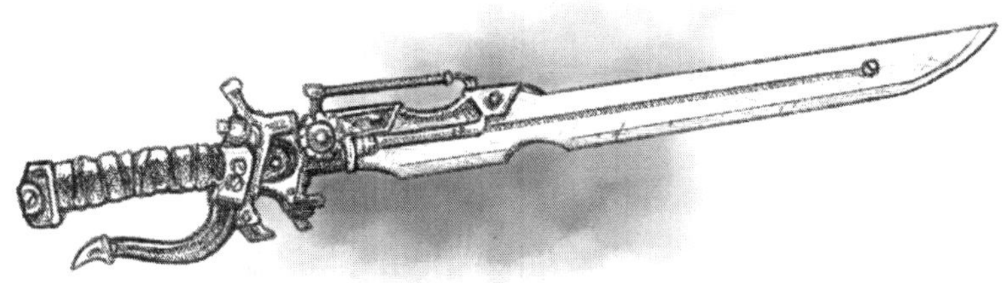

102 Du versuchst, zu erwachen. Klammere dich an die Realität. Wo befindest du dich gerade?

In einer Kellerkneipe im Hafenviertel? (weiter bei **442**)
In einer Bar im Reich der Ran? (weiter bei **451**)

103 Mit dem Glas in der Hand fragst du die Bardame, was sie dir über den Hafen und Ruben Pick erzählen kann.
Sie lehnt sich nach vorne und stützt sich auf einem Ellbogen auf. »Ach, der Alte Hafen. Hier legen Schiffe aus allen sieben Ecken der Welt an. Hast du sie gerochen, die Gewürze aus Sagiriton und den heißen Honig aus Hettaria, und hast du die bunten Stoffe aus den Ländern weit im Osten flattern sehen? Für ein nettes Mädchen wie mich war hier schon früher viel zu holen, und die Jungs wussten gute Unterhaltung immer zu schätzen.«
Sie kichert, schenkt sich selbst einen Schnaps ein und leert das Glas mit einem Zug.
»Hast du schon den Langen Johann mit seiner Glatze, Schwarzbart oder den alten Mansur getroffen? Das sind Kerle, da kann selbst der gute Ruben sich nicht alles erlauben, ist es nicht so? Hier im Alten Hafen werden wie immer schon die Waren umgeschlagen, die sonst keiner haben will. Ruben Pick verlangt einiges, oh ja. Aber dafür lässt er auch alles und jeden in die Stadt hinein, und Fragen stellt er keine, wenn nur das Geld stimmt. Eigentlich spricht er sogar mit niemandem mehr, er lässt alles von seinem Beamten regeln, Block heißt der.«
Sie beugt sich weit über den Tresen und schaut dich an. Erst jetzt fällt dir auf, dass ihre Augen wie schmutzige Schwefelseen mit roten Schlieren darin aussehen. Je näher dir ihr Gesicht kommt, desto hässlicher wird sie. Warum sind dir nicht schon vorher die ganzen Falten aufgefallen, und die Warzen?
»Es ist fast unmöglich, zu Pick zu kommen, die Leute sagen, er trifft nur den, der in offiziellen Angelegenheiten zu ihm kommt. Ist eh ständig mit irgendwelchem Schwachsinn beschäftigt, seine Tochter

zum Beispiel. Die Frau hat noch kaum einer je gesehen. Die einen meinen, sie ist wunderschön, die anderen sagen, sie ist nicht ganz dicht. Aber wahrscheinlich ist Ruben Pick nur ein besonders eifersüchtiger Vater. Mein Chef jedenfalls, der Advokat Coppelius, der sagt, dass er eines Tages schon herausfinden wird, was es mit der Tochter auf sich hat. Ich glaube, er hat ein Auge auf sie geworfen – was aber natürlich bedeuten würde, dass er sie schon mal gesehen hat, aber vielleicht hat er das ja auch, mit diesem Fernglas, das er in seinem Büro liegen hat. Aber ..., oh, ja, schon gut!« Sie bricht plötzlich ab, als einer der Gäste lautstark nach mehr Schnaps verlangt. Mit der Hand zerquetscht sie eine schwarze Schabe, die vor ihr über die Theke huscht. Während sie sich hinter dem Tresen bückt, siehst du sie zum ersten Mal von hinten. Ihre Figur scheint plötzlich nicht mehr weiblich, sondern eher wie ein …

Sie taucht mit einer Flasche voll klarer Flüssigkeit wieder auf und bringt sie dem Mann, der in der hinteren Ecke sitzt. Dann kehrt sie lächelnd zu dir zurück, die spitzen Zähne gebleckt. Sie kommt um den Tresen herum, geht zügig auf dich zu, und mementomori springt dich an. Zu spät merkst du, dass du träumst, einen Traum, geboren aus Schnaps, aber gesteuert vom Schrammenschreck. In diesem Augenblick wirst du sein nächstes Opfer.

Ungerecht? Das ist Somorra.

104 Die Pforte, an der du aufgewacht bist, ist nicht mehr als ein steinerner Bogen auf einer großen Wiese. Du kannst nicht erkennen, dass dahinter etwas anderes wäre als ebenfalls Wiese. Trotzdem bist du dir sicher, dass hier der nächste Schritt deiner Reise folgen wird. Zu der Pforte führen drei Stufen hinauf. Auf der obersten Stufe sitzt mit blankem Schwert und versteinerter Miene ein Pförtner. Erst auf den zweiten Blick siehst du die nach hinten angelegten Flügel: Er ist ein Engel. Die Stufen bestehen aus strahlend weißem Marmor.

»Fürchte dich nicht! Bevor ich dich einlassen darf«, sagt da der Engel mit einer Stimme so tief und dröhnend, dass sie in deiner Seele zu vibrieren scheint, »erkenne dich selbst. Sag schnell, welche der sieben Todsünden ist deine schlechteste Angewohnheit?«

Was willst du antworten?

Hochmut? (weiter bei **127**)

Neid? (weiter bei **199**)

Zorn? (weiter bei **316**)

Trägheit? (weiter bei **423**)

Geiz? (weiter bei **210**)

Völlerei? (weiter bei **11**)

Wollust? (weiter bei **15**)

Oder willst du behaupten, dass du ein Leben frei von Sünden führst? (weiter bei **563**)

105 »Dann gib mir zwei Gegenstände aus Silber.«
Wenn du dir das leisten kannst und diesen Preis zahlen willst, dann lies weiter bei **290**.
Willst du erst nachsehen, ob es in der Holzkiste etwas zu finden gibt, bevor sie endgültig weggespült wird? (weiter bei **586**)
Anderenfalls lies weiter bei **4**.

106 Unversehens ändert sich wieder deine Umwelt. Statt durch die staubige Einöde, in der dich Charon abgesetzt hat, läufst du plötzlich über einen schmalen Gittersteg in einer großen Halle, von dem Dutzende Eisentüren abgehen. Durch den Gitterrost kannst du erkennen, dass es unter dir noch mindestens zwei weitere solche Ebenen gibt. Als du nach oben schaust, siehst du über dir ein halbes Dutzend weiterer Ebenen mit Gitterstegen. Du läufst allerdings nicht ganz freiwillig dort entlang. An jedem Arm halten dich Wachmänner so fest, dass du das pulsierende Blut in deinem Arm fühlen kannst. Der Lärmpegel ist immens. Aus allen Richtungen hörst du brüllende Männer und Geräusche, als würden Eisenstangen auf den Gitterrost oder gegen die Eisentüren geschlagen. Du bist im Gefängnis von Somorra, einem der berüchtigtsten Orte der Stadt. Viele, die einmal hier sitzen müssen, werden nie wieder gesehen. Die Gewalt in dieser Institution ist legendär, die durchschnittliche Überlebenszeit neuer Gefangener nicht mehr als ein paar Wochen.
Die Wachleute drehen dich grob in Richtung einer der Eisentüren. »Ihro Gnaden, für Ihren Besuch haben wir uns eine besondere Überraschung ausgedacht«, sagt einer der Wachmänner, ein großer breitschultriger Mann mit Schnurrbart und Sonnenbrille. »Ich hoffe, Sie können die Annehmlichkeiten unseres bescheidenen Hauses genießen. Wenn Sie irgendeinen Wunsch haben«, er lacht, und die anderen lachen mit, »dann dürfen Sie ihn sich in den Arsch schieben, wenn da noch Platz ist.«
Sie stoßen dich in die Zelle. Leider ist es eine Doppelzelle. Ein finster dreinblickender Mann erwartet dich. Als sich die Tür hinter dir

KLICK

geschlossen hat und die Wärter weg sind, grinst er. »Willkommen, Bruder.«
Die Zelle hat ein kleines vergittertes Fenster und du kannst sehen, dass der Mond hoch am Himmel steht. Plötzlich verändert sich die Gestalt deines Zellennachbarn. Seine Haare werden länger, ja, am ganzen Körper wachsen ihm Haare.
»Es geht schon wieder los, Bruder. Erschrick nicht. Ich habe es gleich geschafft.«
Die unheimliche Verwandlung des Mannes wird gleich abgeschlossen sein. Du wirst dich entscheiden müssen, wie du ihm entgegentreten willst.
— Notizbuch ab hier ausgeschlossen —

Vierbeiniges Landlebewesen
Augen: gelb
Füße: Klauen
Mund: Reißzähne
Schatten: ja
Sonstiges: ein Kopf

Entscheide dich, ob du kämpfen willst bzw. wie du dich verteidigen willst (Sokrates' Meditation ODER Weihwasser UND/ODER eine Waffe).
Dann lies weiter bei **186**.

107

Der Vampir blickt dich überrascht an, als du Wasser auf ihn schleuderst, doch als es ihn trifft, brüllt er vor Schmerz auf und fällt auf die Knie.
»Woher weißt du …«
Du nimmst deine Waffe und tötest ihn. Er zerfällt zu Staub.
Kreuze auf dem Abenteuerblatt unter »Erfolge« an, dass du deinen ersten Untoten besiegt hast.
Du hast deinen ersten Kampf überlebt – gegen ein Wesen, das du im Fragment des Bestimmungsbuchs nicht findest. Ist es bei den herausgerissenen Seiten enthalten? Und wie viele werden noch kom-

men? Wie viele Horrorwesen stehen noch zwischen dir und dem Schrammenschreck? Du wirst es herausfinden müssen. Jetzt gilt es erst einmal, den Läuterungsberg zu erklimmen und jemanden zu finden, der dich Sokrates' Meditation lehren kann, bevor du zum ersten Mal auf ein Albtraumwesen triffst.
Plötzlich fällt dir eine Ledermappe auf, die in der Nähe auf dem Boden liegt. Hat Barkas sie verloren? Du weißt es nicht. Wenn du nachsehen willst, was sie enthält, lies weiter bei **455**.
Anderenfalls geht es weiter bei **538**.

108 Du folgst dem Flammenstrom weiter flussaufwärts. Nach einer Weile erreichst du eine Steinbrücke, die tatsächlich über den Fluss führt. Sie sieht stabil aus und der Weg über den Fluss ist an dieser Stelle nicht besonders weit.
Du beschließt, es zu wagen. Als du etwa die Hälfte der Brücke erreicht hast, bemerkst du plötzlich ein merkwürdiges Flugobjekt über dem Fluss: eine Art Luftschiff kommt schnell näher. Der Pilot hat offensichtlich Probleme, das Schiff in der Luft zu halten, da es sich mehrmals auf die Seite neigt und abzustürzen droht. Direkt oberhalb der Brücke kommt es einen Moment zum Stillstand.
»He, du da!«, ruft da plötzlich eine Stimme, die du schon einmal gehört hast. Du entdeckst an der Reling des Schiffs, vielleicht vier Meter über dir, ein Gesicht: Es ist Sascha Lefevre, die du aus dem Sanatorium kennst. Du freust dich, dass auch sie noch am Leben ist.
»Komm schon, du musst mir helfen!«
»Willst du runterkommen?«, rufst du. Hinter Sascha ist hektische Betriebsamkeit ausgebrochen. Soweit du das aus deinem Blickwinkel erkennen kannst, versucht die Besatzung, ein verkantetes Ruder zu lösen.
»Spinnst du? Dass ich in die Feuersuppe fall? Nie im Leben. Aber du musst mir was verraten. Ich hab keine Ahnung, wie man Untote erkennt. Du vielleicht?«
Was willst du antworten?

»Sie haben Reißzähne!« (weiter bei **307**)
»Achte auf die roten Augen!« (weiter bei **227**)
»An den Hörnern!« (weiter bei **86**)
»Ich verrate es dir nicht!« (weiter bei **357**)
»Ich weiß es nicht!« (weiter bei **367**)

109 »Das ist, wie zu erwarten, falsch. Ich hoffe, Sie hatten Spaß. Sie müssen am Eingang noch bezahlen, achtzig Somorra-Mark, bitteschön.«
Weiter bei **222**.

110 »Bei Neptuns Nippeln, warum das denn? Oh, nun, das ist wirklich schade. Wohl doch kein so richtiger Profispieler.« Block kratzt sich am Kopf und schaut dann in einen kleinen Taschenkalender. »Wir sollten jetzt mal schauen, dass wir weiterkommen. Ich muss noch mit der Gräfin unter vier Augen sprechen, wenn es recht ist.« Er schiebt dich zur Tür hinaus und knallt sie hinter dir zu. Dort wartest du und hoffst, dass schon alles gut gehen werde. Leider geht nichts gut.
Weiter bei **5**.

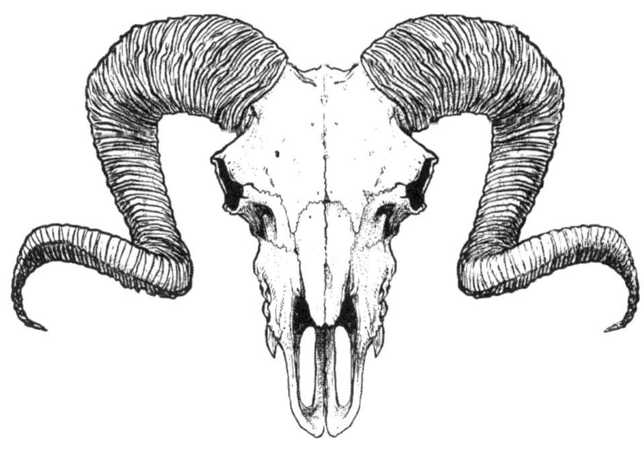

111 Becky kichert, als du ihr sagst, dass du ihrer Bitte nicht nachkommen möchtest. Kurz darauf seid ihr am Amtssitz von Ruben Pick angekommen.

Beamter Block macht eine tiefe Verbeugung vor Becky, als er die Tür geöffnet hat.

»Eine große Ehre, Gräfin!«, flüstert er heiser. »Bitte, treten Sie doch ein. Ich habe ein paar bescheidene Häppchen vorbereitet. Vielleicht ein Glas Champagner?«

Auf seinem Schreibtisch stehen mehrere Champagnerflöten neben einer großen Flasche. Daneben sind belegte Brötchen mit Lachs und Kaviar angerichtet.

Becky lächelt und greift nach einem Glas. »Gerne, mein Bester, gerne«, haucht sie und errötet ein bisschen. Wüsstest du es nicht besser, du würdest ihr abkaufen, dass sie eine echte Gräfin ist.

Als auch du dir ein Glas nehmen willst, legt dir der Beamte eine Hand auf die Schulter. »Wenn Sie bitte draußen warten wollen. Ich muss mit der Gräfin Geschäftliches besprechen, das nur für ihre Ohren bestimmt ist, bitteschön.«

Wie reagierst du?

»Der Gräfin ist es sehr wichtig, dass ich nicht von ihrer Seite weiche!« (weiter bei **342**)

»Ich bin der Buchhalter und verwalte die Barschaft der Gräfin, daher bin ich stets in ihre Geschäfte eingeweiht. Wenn ich bei der Vorbesprechung nicht dabei bin, kann ich kein Geld für Projekte mit Ruben Pick freigeben!« (weiter bei **324**)

»Im Sinne des höfischen Protokolls ist es unerlässlich, dass ich bleibe!« (weiter bei **124**)

112 Der Juwelier zeigt der dicken Frau gerade Uhren aus einem Schrank hinter dem Tresen, die noch teurer sind als die Uhr, die du dir ausgeguckt hast. Er ist völlig auf die Frau konzentriert. Du nutzt die Gelegenheit und beugst dich über den Tresen und bekommst die Uhr zu greifen. Du jubilierst schon, so einfach

ging es, da merkst du, dass die Uhr befestigt ist. Im selben Moment fällt hinter dem Tresen eine Klappe zu und deine Hand steckt fest. Der Juwelier wirbelt herum und hält plötzlich einen großen Baseballschläger in der Hand, mit dem er dich bedroht.
Kurze Zeit später wirst du von der Polizei abgeholt und in das Schnellgericht von Somorra gebracht – ob du die Verhandlung noch erlebst oder ob der Schrammenschreck dich vorher holt, ist nicht mehr wichtig. Auch der Umstand, dass der junge Begleiter der dicken Frau die Gelegenheit nutzt, gleich mehrere Uhren zu rauben, ist kein Trost für dich. Dein Leben ist verwirkt.
Ungerecht? Das ist Somorra.

113 »Ach, da ist er ja, *puri tschorer*!«, ruft Ewald, als er dich sieht. Er sitzt rauchend vor einem Feuer, über dem sich ein ganzes Schwein dreht.
»Das Feuerwerk ist ein bisschen klein ausgefallen, was meinst du?« Er deutet mit zwei Fingern, zwischen denen seine Kippe steckt, auf dich. »Will es trotzdem zählen lassen. Setz dich, dann sag ich dir, was du wissen willst.«
Nachdem du Platz genommen hast, fährt er fort.
»Betritt die Kanalisation dort, wo die Statue von Ruben Pick steht, du weißt schon, auf der Kali. Dort wurde Cosmar das letzte Mal gesehen.«
Ewald schenkt sich ein Glas Schnaps ein und leert es in einem Zug. »Der Zugang zur Kanalisation ist versperrt. Nur Ruben Pick hat einen Schlüssel. Er wird ihn dir nicht freiwillig geben.«
»Du meinst, ich soll ihn klauen.« Du hattest den Satz als Frage begonnen und unterwegs gemerkt, dass du die Antwort kennst.
»Genau, klauen. Und nimm dich vor Ruben Pick in Acht, intrigantes Aas, der alte Mann. Wenn er erfährt, dass du ein Freund des Wasservolkes bist, wird er dich nicht zum Rum einladen.«
»Wie erkenne ich den Schlüssel?«, fragst du dann, nachdem Ewald nichts mehr sagt.

Ewald grinst. »Ich fresse meinen Lieblingshut, wenn der nicht bei seinem Assistenten, Block, ist. Der sitzt in seinem Vorzimmer. Aber wo der den hat? Keine Ahnung. Du wirst wohl das Glück der Iren brauchen.« Er grinst.
Dann kehrst du auf die Kali zurück, um dort weiterzusuchen. Versuche, den Schlüssel zu stehlen, um dann Cosmar unterhalb der Statue finden zu können.
Ändere das Codewort WASSER zu 279.
Weiter bei **560**.

114 Der Kühlschrank brummt weiter vor sich hin, in der Ferne hörst du die Geräusche des Hafens. Das Bier schmeckt scheußlich und du schüttest es nach der Hälfte weg. Vielleicht liegt die Zeit mit dem Dosenbier tatsächlich hinter dir, hat es so nicht der Priester formuliert?
Sonst passiert nichts mehr.
Weiter bei **16.**

115 Der Schrammenschreck scheint seines Spiels überdrüssig zu werden. Als wieder einmal ein Schlag von Saschas Waffe wirkungslos verpufft, hebt er die Hand und krümmt die Finger, als würden sie sich um einen unsichtbaren Gegenstand in der Größe eines Apfels schließen. Sascha sinkt auf die Knie und stöhnt auf. Er geht auf sie zu, nimmt ihr ihre Waffe ab und erschlägt sie damit. Und plötzlich ist der Schrammenschreck verschwunden. Er hat sich einfach in Luft aufgelöst.
Weiter bei **489**.

116 Die Bardame grinst, verschwindet unter dem Tresen, kramt ein wenig und zieht dann eine schmale Flasche mit klarer Flüssigkeit hervor. Sie ergreift ein sauberes Schnapsglas von der Wand hinter sich, füllt dieses mit der Flüssigkeit und schiebt dir das Glas hin. Weiter bei **575**.

117 Mit einem langen Stab holst du die Lukentür herunter und klappst die Holzleiter aus, die in der Luke befestigt ist. Schritt für Schritt steigst du hinauf, steckst den Kopf durch die Luke und blickst dich um. Es herrscht Zwielicht, aber du kannst zumindest deine unmittelbare Umgebung erkennen. Du kannst jedoch nicht sehen, wo der Teufel ist. Du steigst ganz nach oben und blickst dich um.
Da hörst du in einem anderen Teil des Dachbodens – er ist riesig – ein Scharren. Um dich herum steht Gerümpel der vergangenen Jahrzehnte des Waisenhauses: alte Stühle, gerahmte Gemälde, Seekoffer. An einem großen Haken hängt eine kopflose Leiche: Mikinnsky.
Willst du eine Kerze anzünden (sofern du eine bei dir hast)? (weiter bei **520**)
Oder zündest du sie nicht an und schaust gleich in die Richtung des Scharrens? (weiter bei **347**)

118 Das Lagerhaus liegt so abgelegen, dass ihr keine zufälligen Passanten sehen könnt und auch keine erwartet. Ihr beginnt, Benzin gegen die Außenwände zu schütten, und tatsächlich bemerkt niemand, was ihr da tut. Als der Kanister leer ist, schmeißt Sascha ein Streichholz, und binnen kurzem brennt die Wand an den Stellen, wo Benzin ist.
Nach einer Minute kommt ein übergewichtiger Mann mit langen Haaren aus dem Lagerhaus gesprungen und betrachtet das Feuer, unternimmt zu eurer Überraschung aber nichts, um den Brand zu löschen. Nach und nach ersterben die Flammen von selbst. Zurück bleiben nur schwarze Flecken an den Wänden.
Der Mann kehrt in das Haus zurück. Nach einer weiteren Minute hört ihr näher kommende Motorengeräusche – Motorräder. Ihr geht hinter dem benachbarten Lagerhaus in Deckung.
Ein Dutzend Motorräder mit jeweils zwei Mann Besatzung hält vor dem Lagerhaus von Ruben Pick. Die Männer tragen Gewehre in der

Hand. Ein paar postieren sich vor dem Haus und auf dem Dach, der Rest verschwindet im Inneren.
Sie bewachen das Lagerhaus, damit es zu keiner weiteren Brandstiftung kommt. Und ihr erkennt, dass ein Mann wie Ruben Pick Maßnahmen ergreifen muss, um sein Vermögen zu schützen. Das sind neben bewaffneten Männern in Rufbereitschaft eben auch feuerfeste Wände an seinem Lagerhaus.
Ihr könnt hier nichts mehr ausrichten. Ewalds Auftrag könnt ihr nicht mehr erfüllen. Ihr könnt nicht mehr zum Wasservolk zurückkehren. Ändere das Codewort WASSER zu 364.
Ihr kehrt zurück zum Hafen.
Weiter bei **84**.

119 »Sie ist eine von uns, ein Werwesen. Frag mich nicht, wie das geht oder wie sie in ihrer Normalform aussieht, vielleicht ist sie einfach eine Wasserschlange, die sich in eine Werwasserschlange verwandelt. Sie ist allerdings nicht so freundlich wie ich. Aber mit ein bisschen Silbermunition wirst du ihr schon beikommen. Achte auf den Wasserwiderstand. Du musst aus unmittelbarer Nähe schießen.«
Er vertilgt schmatzend den Rest der ersten Hälfte der Zombiehand. »Viel Glück, Bruder. Und wenn du wieder mal mit solchen Leckereien unterwegs bist, schau im Gefängnis von Somorra vorbei.« Er zwinkert mit einem seiner gelben Augen.
Du hebst die Hand zum Gruß, doch schon verblasst die Gefängniszelle vor dir.
Weiter bei **500**.

120 Asmodeus stampft mit einem Huf auf. »Und dafür unterbricht man seine Mahlzeit. Schau, dass du Land gewinnst, bevor du unser nächster Imbiss wirst, und eigentlich bist du eh viel zu mager, scheußlicher Mensch du, hässliche Fratze, blöder Langweiler.« Beelzebub winkt nur genervt mit einer Hand.

»Und wenn wir uns wiedersehen sollten, also vielleicht, irgendwann, dann bring uns eine Silbermünze des Weihbischofs Peter. Und bring gefälligst die richtige, das ist die, auf der Beelzebub, Belphegor und ich abgebildet sind, klar! Das letzte Mal lag sie irgendwo bei den Spinnen.«
Du hast die Prüfung bestanden und kannst in die Bibliothek zurückkehren.
Ändere das Codewort ERKENNTNIS zu 595.
Weiter bei **389**.

121 »Also gut, was anderes. Wünsch dir was mit Ewald. Du könntest uns noch mit etwas anderem helfen. Wir brennen ein bisschen Schnaps, drüben in einigen der Lagerhäuser, das ist alles streng geheim natürlich.« Er zwinkert dir zu. »Kürzlich ist eines der Lagerhäuser abgebrannt. Das waren wir. Also, wir wollten es natürlich nicht. War nicht unsere beste Idee, beim Brennen zu rauchen. Der Lange Johann hat sich ordentlich die Haare versengt.« Er lacht und fängt an, sich eine Zigarette zu drehen. »Jetzt ist Ruben Pick hinter uns her, der alte Zipfelklatscher. Wir müssen ihn mit irgendwas ablenken. Und da kommst du ins Spiel!«
»Was soll ich denn machen?«, fragst du.
»So ist es recht. In einem der hintersten Lagerhäuser lagert Ware, die er beschlagnahmt hat und nach und nach verkauft. Der Richter und der Schwarze Jakob bekommen ihren Teil davon ab. Wenn sie längere Zeit auf diese Einnahme verzichten müssten …« Ewald hebt zweimal die Augenbrauen und pfeift, bevor er sich die fertige Zigarette in den Mund steckt und mit einem Streichholz anzündet. Er lässt die Flamme an dem Streichholz noch brennen und hält es dir vor das Gesicht. »Feuer. Elegant und zerstörerisch. Wie schade wäre es doch, wenn sich der ganze Reichtum von Ruben Pick in Rauch auflösen würde.« Die Flamme flackert und frisst das Streichholz, bis sie fast Ewalds Finger erreicht hat. Ewald zeigt kein Anzeichen von Schmerz, sondern wartet, bis die Flamme das ganze Streich-

holz verbrannt hat und schließlich erstirbt. Er wirft den verkohlten Rest weg und malt mit den rußigen Fingern ein Haus an die Wand des Wohnwagens. »Zünde es an. Dann verrate ich dir, wo du Cosmar finden kannst.«

Willigst du ein? (weiter bei **480**)

Sagst du, dass du jetzt doch lieber die Sache mit Becky machen willst? (weiter bei **58**)

Willst du lieber keinen dieser Aufträge übernehmen, kannst du auch auf die Kali zurückkehren. (weiter bei **229**)

122

Du öffnest die Schatulle.

Wenn du in absoluter Dunkelheit bist, kannst du nichts lesen. Du wirst bis später warten müssen.

Anderenfalls findest du einen Zettel mit einer in Tinte geschriebenen Botschaft:

> *»Das Seil ist deine Lebensversicherung. Folge ihm. Es bewahrt dich vor dem Tod und führt dich zur Barriere.«*

Außerdem liegt eine Silbermünze darin. Auf der Vorderseite ist ein sitzender Mann abgebildet, »Weihbischof Peter«, wie eine Inschrift verrät. Auf der Rückseite sind drei Monster abgebildet: Satan, Leviathan und Mammon. Du hast eine der Münzen von Weihbischof Peter gefunden. Da sie aus Silber ist, kannst du sie natürlich auch verwenden, um Weihwasser herzustellen. Notiere dir jedoch separat, dass du genau diese Münze gefunden hast, mit den darauf abgebildeten Monstern, und auch, wenn du sie verbrauchen solltest.

Kehre zur letzten Stelle zurück.

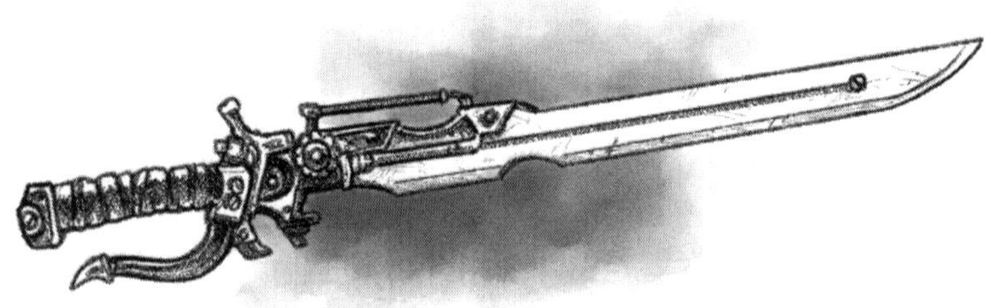

123 Charon nimmt den Knüppel und wiegt ihn in den Händen. »Ein gutes Stück. Hart, unzerstörbar. Ich meine nur, er war leichter, als ich ihn zuletzt in Händen hielt.«
Er dreht an dem Knüppel. Plötzlich ein Geräusch wie von der alten Kaffeemühle im Waisenhaus, und Charon hält zwei Teile in der Hand.
»Schau. Ein Hohlraum. Er enthält eine Portion Weihwasser.«
Charon zeigt dir den Mechanismus, steckt die zwei Teile wieder zusammen und händigt dir deine Waffe aus. Notiere dir, dass du eine Portion Weihwasser gefunden hast.
Der geheimnisvolle Mann setzt sein Boot wieder in Bewegung und steuert es über den Styx. Du setzt deinen Weg fort.
Weiter bei **106**.

124 »Das höfische … was?« Block lacht auf. »Welcher Hof denn überhaupt? Darauf werde ich schon achten, keine Sorge.«
Er schiebt dich zur Tür hinaus und knallt sie hinter dir zu. Du wartest und hoffst, alles werde gutgehen.
Leider geht nicht alles gut.
Weiter bei **5**.

125 Du packst die Brünette am Arm und zerrst sie in Richtung der Tür. Sie wehrt sich und kreischt, aber du bist stärker. Die Tür führt dich tatsächlich auf eine Gasse. Als du draußen bist, rammst du ihr die Spritze in das Bein, und kurz darauf erstirbt ihre Gegenwehr. Du wirfst noch einen Blick ins Innere, doch dort ist noch alles ruhig. Der Türsteher scheint nichts gehört zu haben und die anderen Frauen sind nicht mehr zu sehen.
Du wirfst dir die Frau über die Schulter und gehst auf dem schnellsten Weg zu Ruben Pick. Auf dein Klopfen wird nicht geöffnet. Nach einer Weile öffnet sich ein Fenster einen Spalt. »Hau ab!« Ein heiseres Flüstern. Du kannst nicht sagen, ob es Ruben Picks Stimme ist. »Arr, beim Klabautermann! Das ist sie nicht! Verschwinde, du Landratte!«

Das Fenster schließt sich wieder und dein Gefühl sagt dir, dass es sich sobald nicht mehr öffnen wird. Du lässt die leblose Frau an einer Häuserecke liegen und lehnst sie gegen eine Häuserwand, damit es aussieht, als würde sie in der Sonne schlafen.
Du kannst nicht mehr zu Ruben Pick zurückkehren und auch nicht mehr in das Reich der Ran – immerhin hast du Personal entführt.
Ändere das Codewort PICK zu 33, KALI zu 136 und FREUDENHAUS zu 55.
Weiter bei **84**.

126 Hinter der Auslage steht ein alter, runder Mann mit Schnurrbart und schaut dich an. »Was kann ich für Sie tun?«
»Die Gräfin Lichterheide kommt in die Stadt. Ihr Schmuck wurde geraubt. Sie lässt fragen, ob sie etwas ausleihen darf?«
»Eine Gräfin«, flüstert hinter dir die Matrone dem jungen Mann zu.
»Eine solche Gräfin gibt es nicht«, antwortet der Juwelier. Bitte verlassen Sie meinen Laden.«
Er schaut dich böse an.
»Oh, schade«, flüstert hinter dir die Frau.
Der Juwelier hat dich durchschaut und lässt dich nicht mehr aus den Augen, solange du in seinem Laden bist. An einen Diebstahl ist jetzt nicht mehr zu denken. Dir bleibt nichts anderes übrig, als wieder zu gehen.
Willst du jetzt zu Ruben Pick gehen, um die Ankunft der Gräfin schon mal anzumelden? (weiter bei **475**)
Oder kehrst du lieber gleich zu Ewald und Becky zurück? (weiter bei **204**)

127 »Die schlimmste aller Sünden, interessant. Du darfst passieren.«
Ändere das Codewort ERKENNTNIS zu 78.
Weiter bei **175**.

128 In dem Moment, in dem du deine Waffe ziehst, löst sich der Fährmann samt Boot in Luft auf. Als du ihn gerade noch sehen kannst, hebt er die Hand und flüstert etwas. Dann bleibst du allein am Ufer zurück und er kommt nicht wieder. Nachdem du eine Zeit gewartet hast, beschließt du zu schwimmen. Als du einen Fuß in das Wasser setzen willst, ist es, als würdest du gegen eine unsichtbare Wand rennen. Du kommst nicht weiter. Du versuchst, den Weg zurückzugehen, den du gekommen bist, doch als du den Phlegethon erreichst, geschieht dasselbe: Bevor du auch nur in die Nähe des Ufers gelangst, blockiert eine unsichtbare Barriere den weiteren Weg. Schnell findest du heraus, dass du auch in keine andere Richtung entkommen kannst. Dann fällt dir auf, dass deine Hand, dein Arm, ja dein ganzer Körper seltsam durchsichtig geworden sind. Charon hat dich in einen Geist verwandelt, der verflucht ist, die nächsten hundert Jahre am Ufer des Styx zu wandeln. Die gute Nachricht: Der Schrammenschreck interessiert sich nicht mehr für dich. Die schlechte: Es gibt kein Entkommen, zumindest nicht für hundert Jahre.
Ungerecht? Das ist Somorra.

129 Du teilst Sascha mit, dass du dort trotz ihres Protestes hingehen willst.
»Dann geh halt in das Reich der Ran! Ich hoffe, du findest dort, was du suchst! Frohes Wachbleiben!« Mit diesen Worten dreht sie sich um und marschiert in die andere Richtung davon.
Danach lässt du dich von einem der hübschen, lächelnden Mädchen, die immer auf der Kali unterwegs sind und Kunden anlocken sollen – dieses hat rote Haare –, an der Hand greifen und zur Eingangstür des Reichs der Ran ziehen, direkt gegenüber der Hafenverwaltung.
Ändere das Codewort ZWISCHENWELT zu 135.
Weiter bei RAN.

130 Du beobachtest schweigend, wie der Pfleger an dem Beutel dreht. Kurz darauf werden dir die Augen schwer und du schläfst ein. Weiter bei **339**.

131 Vor dir liegt eine Silberpatrone. Natürlich kannst du daraus auch Weihwasser herstellen. Notiere den Fund auf deinem Abenteuerbogen.
Charon gibt dir den Flegel zurück, setzt sein Boot wieder in Bewegung und steuert es über den Styx. Du setzt deinen Weg fort.
Weiter bei **106**.

132 Du tastest deine unmittelbare Umgebung ab. Der Boden ist aus kühlem, trockenem Stein. Hinter dir ist eine metallische Platte, wahrscheinlich die Tür, durch die du gekommen bist. Wenn du deine Arme zur Seite streckst, berührst du nichts. Nach vorne: auch nichts. Du machst einen vorsichtigen Schritt und wärst fast gestolpert: In Höhe deines Schienbeins ist ein Pflock in den Boden gerammt, an den ein Seil geknotet ist. Es führt geradeaus.
Willst du dem Seil folgen? (weiter bei **244**)
Oder willst du dich seitlich vorwärtstasten? (weiter bei **234**)

133 Du triffst die Riesenratte mit deiner Waffe. Sie verendet vor deinen Füßen.
Weiter bei **198**.

134 Du versuchst, zu erwachen. Klammere dich an die Realität. Vor welcher Statue stehst du gerade?
Vor der Statue von Ruben Pick (weiter bei **459**)
Vor der Statue des Meeresgottes (weiter bei **465**)

135 Du bist im Besitz des Schlüssels, der dir Zugang zu Cosmar verschaffen soll, dem geheimnisvollen Mann, der angeblich einen Weg gefunden hat, den Schrammenschreck zu besiegen. Und der Eingang muss irgendwo bei der Statue von Ruben Pick sein.
Mit dem Schlüssel in der Hand schwebst du zu der Statue. Die lebensgroße Nachbildung des Verwalters steht auf einem Steinsockel. Du ignorierst das schwarze Eichhörnchen, das auf seiner Schulter sitzt und dich anglotzt. Auf den ersten Blick wird nicht offenbar, wo ein Schloss sein könnte, in das der Schlüssel passen würde.
Plötzlich legt sich eine Hand auf deine Schulter und eine heisere Stimme flüstert in dein Ohr: »Deinen Freund Ringo hab ich mir schon geholt, und jetzt bist du dran!« Du blickst auf die Hand und zuckst zusammen: Sie hat lange, spitze Klauen mementomori und gehört dem Schrammenschreck. Er fällt über dich her und beendet damit diesen Albtraum.
Und dein Leben.
Ungerecht? Das ist Somorra.

136 Du öffnest die Tür zu dem kleinen Vorraum des Reichs der Ran. An der kleinen Theke steht derselbe bullige Mann mit der Glatze. Als er dich sieht, streicht er sich über den Kopf und grinst dich breit an.
»Schaut ihn euch an«, ruft er in den leeren Raum hinein, »schaut ihn an! Da kommt unser Zechpreller! Willst du deine Rechnung endlich bezahlen?«
Du schüttelst den Kopf. Schließlich hast du noch immer kein Geld. »Ich komme wieder«, versprichst du, »und dann bezahle ich meine Schulden, wirklich! Ich lasse dir als Pfand hier … warte …« Du

kramst in deinen Taschen, doch ist dort nichts, was du ihm anbieten könntest. »... mein Versprechen?«
Er lacht nur kurz auf, dann packt er deine Arme und du merkst gleich, dass er viel stärker ist als du. Er bringt dich in das Innere des Reichs der Ran, wo du deine Schulden und noch viel mehr abarbeiten wirst. Und das bedeutet nicht, dass du als Barkeeper eingesetzt wirst.
Und irgendwann wirst du einschlafen. Dann holt dich der Schrammenschreck.
Allerdings hast du dann schon so schlimme Dinge erlebt, dass du so weit bist, den Tod mit offenen Armen willkommen zu heißen.
Ungerecht? Das ist Somorra.

137 »Ach so, niemand also. Du bist ein echter Pazifist, Bruder, wenn du einem Werwolf im Gefängnis von Somorra traust. Du kennst jetzt mein Geheimnis. Wenn du willst, verrate ich dir dafür ein Geheimnis einer anderen Kreatur. Hm, lass mich mal überlegen. Ich könnte dir was über den Wiedergänger sagen. Oder über die Wasserschlange. Was willst du wissen?«
»Über den Wiedergänger.« (weiter bei **376**)
»Über die Wasserschlange.« (weiter bei **119**)

138 Du versuchst, zu erwachen, und dieses Mal gelingt es dir ohne Probleme.
Du sitzt tatsächlich auf einem Stuhl vor einer Bühne, die gerade ein Zauberkünstler betreten hat – allerdings hat er keine Ähnlichkeit mit dem Schrammenschreck: Er ist klein, untersetzt, schwitzt stark und riecht ein bisschen unangenehm – nach einer Mischung aus Knoblauch und alten Eiern. Die einzige Ähnlichkeit mit dem Schrammenschreck ist, dass er ebenfalls Spielkarten in der Hand hält. Er will allerdings nicht, dass du eine Karte ziehst. Stattdessen zeigt er dir drei Spielkarten, drei Könige: Herz, Kreuz und Pik. Er nimmt einen der Könige und legt ihn verdeckt auf den Stapel, den

zweiten König legt er verdeckt unter den Stapel und die dritte Karte darfst du verdeckt mitten in den Stapel schieben.
Dann lässt er dich den Stapel einmal abheben und legt den unteren Teil des Stapels oben auf den Teil, den du gerade abgehoben hast.
»Wir wollen hoffen, dass sich die drei Könige wiederfinden«, sagt er und fächert die Karten auf. Und tatsächlich: In der Mitte des Spiels finden sich drei Könige.
Weiter bei **497**.

139 »Oh wie schön«, ruft der Türsteher und klatscht in die Hände. »Bitte, treten Sie ein. Ihr Künstler wird jeden Augenblick da sein.« Hinter der Tür ist ein nur schwach beleuchteter Raum. Vor einer Bühne mit zugezogenem Vorhang aus blauem Samt steht ein Stuhl. Du setzt dich und wartest auf das Programm. Nach einer Weile raschelt etwas, der Vorhang bewegt sich, und schließlich tritt ein Mann nach vorne. Er trägt einen hohen Zylinder und einen weiten Umhang und hält Spielkarten in der einen Hand, in der anderen ein schwarzes Frettchen. Er springt von der Bühne herunter und lässt dich eine Karte ziehen – es ist der Joker. Dann lässt er dich deine Karte wieder in den Stapel schieben und die Karten mischen.
»Wir wollen hoffen, dass du die richtige Karte gefunden hast«, sagt er, und plötzlich hast du das Gefühl, den Zauberer irgendwoher zu kennen. mementomori. Und als er die Zähne bleckt und über dich herfällt, dämmert dir endlich, wen du da vor dir hast: den Schrammenschreck, Albtraum deines Schlafs, und jetzt auch noch: Räuber deines Lebens.
Dein Abenteuer endet hier, im Inneren des Reichs der Ran.
Ungerecht? Das ist Somorra.

140 Du versuchst, zu erwachen. Wieder gelingt dir das ohne Probleme, dennoch spürst du die Klauen des Schrammenschrecks …
Weiter bei TROPFEN.

141 Du versuchst, zu erwachen. Es gelingt dir ohne Probleme. Du schlägst die Augen auf und liegst noch immer in dem Aufzug, tausende schwarze Insekten um dich herum. Wie nur bist du hierhergekommen? Gerade warst du doch noch …
Hinter dir ein Geräusch. Es ist das gleiche kratzende und schleifende Geräusch, dass du schon zuvor in deinem Traum gehört hast. Du rappelst dich auf und drehst dich in Richtung der Aufzugtüren. Sie stehen offen, dahinter ein dunkler Flur.
Da entdeckst du zwei kleine rote Lichter, die langsam auf dich zuschweben. Allmählich kommen sie näher, plötzlich flackert das Licht im Flur wieder auf, doch die Gestalt vor dir wirft keinen Schatten auf dich und erst mementomori als sie dich fast erreicht hat, erkennst du, dass es der Schrammenschreck ist. Zu spät wird dir klar, dass dir widerfährt, was alle Kinder von Somorra aus ihren Albträumen kennen: Man denkt, man erwacht, doch in Wahrheit geht der Traum weiter. Ein kleiner, gemeiner Trick des Schrammenschrecks.
Er bekommt dich zu fassen und beißt dir die Kehle durch.
Ungerecht? Das ist Somorra.

142 Du läufst durch einen langen Flur, der mit einem weichen grünen Teppich ausgelegt ist. Du bist barfuß, und wieder weißt du nicht, wo du bist. Was ist aus dem Zimmer mit der Liege und den Riemen geworden, dem tropfenden Wasserhahn? Wer hat dich losgebunden?
Du gehst weiter durch den Flur und hast doch keine Ahnung, was dein Ziel ist. Da hörst du hinter dir etwas: ein Kratzen und ein Schleifen. Du drehst dich um. Das andere Ende des Gangs, wo du hergekommen bist, liegt im Dunkeln. Sind dort die Lampen ausgefallen? Du wagst nicht zurückzugehen. Ist dort überhaupt etwas? Spielen dir deine Sinne einen Streich? Da ist es wieder. Als würden Krallen über Metall schaben. Und es kommt näher. Du weichst zurück. Was immer da auf dich zukommt, du willst nicht darauf warten. Links und rechts des Gangs sind Türen, doch du versuchst

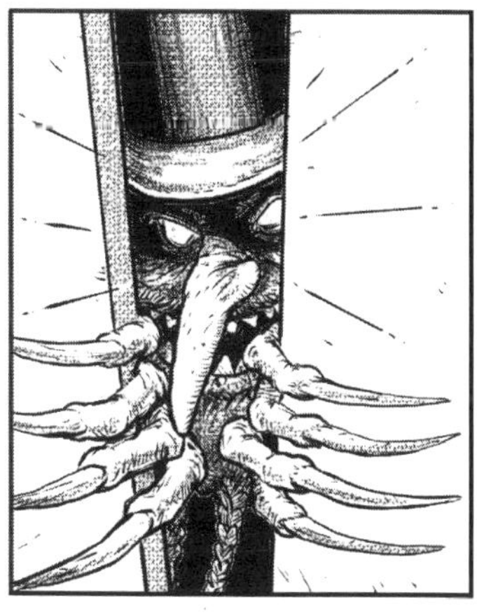

nicht, sie zu öffnen. Um in einem muffigen Zimmer in der Falle zu stecken? Sicher nicht.

Also rennst du weiter den Gang hinab. Das Kratzen und die Dunkelheit folgen dir. Nach dreißig Metern knickt der Gang nach links ab, und nach einem Dutzend weiterer Schritte endet er in einem Fahrstuhl. Er steht offen und ist leer, von Hunderten surrenden, schwarzen Fliegen und Mücken abgesehen. Du springst hinein und drückst irgendwelche Tasten. Die Türen schließen sich quälend langsam, während die Dunkelheit auf den Aufzug zugleitet. Gleich hat sie dich erreicht. Gerade noch rechtzeitig schließt sich die Tür. Du atmest auf.

Doch da quetscht sich eine weiße, klauenbesetzte Hand in den Spalt, der doch eigentlich schon geschlossen war, und schiebt ihn wieder auf. Du willst zurückweichen, aber schon presst du deinen Rücken gegen die hintere Wand der Aufzugskabine. Eine zweite Klauenhand erscheint zwischen den jetzt leicht geöffneten Türen und schiebt sie weiter auf. Da siehst du das Gesicht deines Verfolgers: Augen rot wie Blut. Ein Schnurrbart, schwarz wie Ebenholz. Spitze Reißzähne, weiß wie Schnee. Und in den Augen ein widerwärtiges Versprechen. Er sieht aus wie ein düsterer Clown, oder ein verrückter Zauberer aus einem Zirkus, oder irgendetwas, das du nicht mit Worten beschreiben kannst. Er lächelt das Lächeln des Raubtiers, das sich seines Opfers sicher ist. Er weiß, er hat dich. Du kannst nicht entkommen.

Er schiebt die Tür ganz auf. Dann kommt er über dich.

Gott der Herr ist längst verschwunden …

Der Schrammenschreck! Er ist der Schrammenschreck, dunkelster Albtraum aller Bürger von Somorra!

Und kein Kind wird mehr …

Und plötzlich weißt du zwei Dinge: Dies ist ein Traum. Und: Der Schrammenschreck kann dich trotzdem töten, wenn er dich zu fassen bekommt.

Du spürst seine Klauen …

Weiter bei KLAUEN.

143 Was willst du schreien?
»Hilfe! Überfall!« (weiter bei **501**)
»Feuer! Eines der Lagerhäuser brennt!« (weiter bei **361**)

144 Deine Waffe zeigt keinerlei Wirkung. Der Ifrit kommt über dich und verbrennt dich mit seinem Dämonenfeuer, doch sterben darfst du noch lange nicht. Du wirst zum Sklaven, den Wünschen und Launen deines neuen Meisters für alle Zeiten wunschlos ausgeliefert. Für dich gibt es keine Hoffnung mehr.
Ungerecht? Das ist Somorra.

145 Der Türsteher verbeugt sich und macht mit seiner Hand eine einladende Geste in Richtung der Bar. Du gehst an ihm vorbei und öffnest die Tür.
Der Barraum ist ein langgezogener Schlauch, der von der Tür aus gerade nach hinten führt. Links befindet sich die Bar, rechts davon der nur zwei Meter breite Bereich für Gäste. Die Luft ist schwer und abgestanden, obwohl nur eine Handvoll Menschen am Tresen stehen und in ihr Glas blicken. Hinter dem Tresen befindet sich eine junge Dame mit blassem Gesicht und zu viel schwarzer Schminke, bei der du nicht erkennen kannst, ob sie eher deine Mutter oder deine Schwester sein könnte. Gelangweilt wischt sie mit einem öligen Lappen über den Tresen. Dich beachtet sie nicht weiter.
In deiner Nähe siehst du eine fast volle Flasche mit einer braunen Flüssigkeit.
Willst du die Gelegenheit nutzen und stiehlst die Flasche? (weiter bei **518**)
Oder wartest du noch kurz ab, ob sich vielleicht eine noch bessere Gelegenheit ergibt? (weiter bei **201**)
Oder kehrst du lieber zurück in den Vorraum und nimmst doch noch die andere Tür? (weiter bei **540**)

146 Die nächste Etappe deiner Reise führt dich durch die Albtraumlande, die Schrammenwelt. Was auch immer dir hier widerfahren wird, welchen Schrecken auch immer du gegenübertreten musst: Es gelten hier dieselben Regeln wie bisher. Der Schrammenschreck wird weiterhin versuchen, dich in deinen Träumen in die Klauen zu bekommen. Du kannst ihm stets entwischen, indem du rechtzeitig aufwachst. Der Albtraumwelt selbst jedoch kannst du nicht entkommen, indem du einfach aufwachst. Du hast sie körperlich betreten. Es gibt nur zwei Möglichkeiten, wie du ihr wieder entkommen kannst: entweder tot oder nachdem du den Schrammenschreck besiegt hast. Zögere nicht, die bisherigen Regeln noch einmal zu konsultieren, wenn dir etwas unklar sein sollte.
Du benötigst nur ein paar Schritte, dann bist du auf der anderen Uferseite des ausgetrockneten Flusses. Du stehst plötzlich nicht mehr in der verdorrten Landschaft, sondern in einem breiten Treppenhaus, das du nur zu gut kennst – es ist das Treppenhaus des Waisenhauses, in dem du aufgewachsen bist. Du hast hier deine Kindheit, deine Jugend verbracht, und es waren nicht immer gute Zeiten. Der Wechsel von der ausgedörrten Landschaft in das Waisenhaus ging so schnell, so absolut vor sich, dass dir kurz schwindelig wird. Du hältst dich am Treppengeländer fest. Der Anblick deines alten Zuhauses lässt dir einen Schauer über den Rücken laufen. Hier hast du viel Zeit mit deinem Freund Ringo verbracht, bevor er sich das Leben nahm. Was du hier wohl sollst? *Die Träume der Einwohner Somorras*, so hatte es Perlena genannt. Wessen Traum das wohl ist?
Die Leiterin des Waisenhauses, Frau Schmellinger, kommt die Treppe herunter. Sie schaut dich mit großen Augen an, spricht dich mit deinem Vornamen an. »Mach schon, weg hier! Es kommt, es kommt!« Panik in ihren Augen, Vehemenz in ihrer Stimme: »Los, los, sperrt euch ein, bringt euch in Sicherheit!«
Als du dich nicht bewegst, lässt sie dich stehen und rennt die Treppe nach unten. Da kommt dir Melanie entgegen, eine deiner Klassenkameradinnen, die später, mit fünfzehn oder sechzehn, abgehauen

ist, weil sich die neugierigen Finger des Musiklehrers zu oft unter ihren Rock verirrten. »Gott sei Dank, einer ist noch da!«, ruft sie dir entgegen. »Wir müssen was tun!«

Du findest endlich deine Sprache wieder. »Was ist denn überhaupt los?« Deine Stimme ist viel heller, als du erwartet hättest. Du schaust deine Hände an: Kinderhände. In der Scheibe einer der Flügeltüren spiegelt sich deine Silhouette: Du bist wieder ein Kind, vielleicht acht oder neun Jahre alt, so wie Melanie. Auf dem Rücken trägst du deinen Rucksack mit all deinen Waffen, immerhin.

»Im Dachboden hat sich etwas eingenistet. Sie haben das Waisenhaus abgeriegelt. Keiner darf rein, keiner darf raus. Mikinnsky ist hoch. Vorhin hat er irgendwo da oben geschrien, voll von Entsetzen und Panik, so etwas habe ich noch nie gehört.«

Mikinnsky ist der Hausmeister der Schule, verachtet und gefürchtet von jedem Schüler und von jedem Lehrer.

»Und vor ein paar Minuten kam sein Kopf die Treppe runtergepoltert! Da hättest du mal die Schmelli sehen sollen, die ist fast ausgeflippt!«

Melanie bleibt erstaunlich ruhig, obwohl sie noch ein Kind ist. Sie hat ihre Nerven deutlich besser im Griff als Frau Schmellinger, Schmelli, wie du und die anderen Bewohner des Waisenhauses sie manchmal genannt habt.

»Ich muss da hoch«, sagst du, bevor du nachdenken kannst. Ja, du weißt, dies ist der Weg, um den nächsten Fluss zu erreichen. Aber willst du es auch?

Melanie widerspricht dir nicht. »Pass auf dich auf, und … behalte deinen Kopf.« Dann ist auch sie verschwunden.

Du machst dich an den Aufstieg. Das Waisenhaus hat vier Etagen und darüber noch den Dachboden. Du passierst die zweite und die dritte Etage, ohne dass dir noch jemand begegnen würde. Offensichtlich war Melanie das letzte der Schulkinder.

Von der vierten Etage führt eine Luke auf den Dachboden. Plötzlich: ein Knarzen. Die Tür eines Klassenzimmers – hat sie sich gerade bewegt? Jetzt ist sie angelehnt. Willst du dort noch schnell hineinschauen (weiter bei **18**) oder gehst du gleich auf den Dachboden? (weiter bei **461**)

147 Gusti lächelt noch breiter, während er den Gegenstand aus Silber einsteckt (vermerke den Verlust auf deinem Abenteuerbogen). »Ehre, mit dir Geschäft zu machen. Komm bald wieder.«
Ein paar Minuten später landet ihr auf der anderen Seite des Flammenflusses, wo sich Gusti überschwänglich von dir verabschiedet. Der andere Gast steigt nicht aus – erst jetzt wird dir klar, dass er ein Sicherheitsmann war. Wer weiß, was passiert wäre, wenn du die Bezahlung verweigert hättest. Vermutlich solltest du nicht merken, wozu er an Bord war – Teil der Täuschung, um Reisende auf die Luftschiffe zu locken.
Weiter bei **528**.

148 »Ja, dachte ich erst auch, aber das kann nicht sein. Denk an den Cissar, der ist ein Werwesen! Viel Glück noch!«
Einen Moment später wird das Luftschiff, in dem Sascha sitzt, von einem Luftstoß erfasst und abgetrieben. Es wirbelt ein paarmal um die eigene Achse und verliert dann drastisch an Höhe. Dann verschwindet es aus deinem Sichtfeld.
»Keine Sorge«, sagt Gusti neben dir. »Das passiert nur bei jedem zweiten Flug. Wir gute Chancen, grade rüberzukommen. Statistisch gesehen. Und Gusti Junior besserer Flieger als seine Brüder.«
Weiter bei **333**.

149 Als du deine Waffe ziehst, brüllt der Werwolf wütend auf und fällt über dich her. Deine Waffe zeigt keine Wirkung.
Kurze Zeit später bist du tot.
Ungerecht? Das ist Somorra.

150

— Notizbuch ab hier ausgeschlossen —
Einige der Wesen erheben sich und schweben auf dich zu. Sie haben keine Beine und sind durchsichtig.

Beinloses Wesen (schwebend)
Augen: unbekannt
Füße: unbekannt
Mund: unbekannt
Schatten: ja

Sonstiges: körperlos, durchsichtig
Entscheide dich schnell, ob du kämpfen willst bzw. wie du dich verteidigen willst (Sokrates' Meditation ODER Weihwasser UND/ ODER eine Waffe).
Dann lies weiter bei **19**.

151

»Ausgezeichnet!« Er reibt sich die Hände. Dann holt er ein Kartendeck hervor und mischt es.
Block deckt nacheinander vor dir mehrere Karten auf. Als er fertig ist, schaut er dich lächelnd an und fragt: »Welche dieser acht Karten wird gesucht?«
Vor dir liegen diese Karten:

Auf welche Karte willst du deuten?

Herz 8? (weiter bei **26**)
Pik 8? (weiter bei **56**)
Herz 9? (weiter bei **557**)
Kreuz 10? (weiter bei **418**)
Karo Ass? (weiter bei **207**)
Pik Ass? (weiter bei **93**)
Pik 9? (weiter bei **220**)
Herz 10? (weiter bei **110**)

152 Du berichtest von deinem Auftrag und wie du dich entschlossen hast, ihn nicht auszuführen. Ruben Picks Augen werden immer größer und er schüttelt heftig mit dem Kopf.
»Block, rufen Sie die Polizei!«
Du denkst, er würde die Polizei gleich zu Ewald schicken, doch als zwei Polizeibeamte eintreten, deutet er auf dich.
»Der Leichtmatrose hier macht gemeinsame Sache mit dem Wasservolk!«
»Nein, Herr Pick, eben nicht. Ich habe den Auftrag nicht ausgeführt und dachte, wenn ich Sie warne …«
»Führen Sie ihn ab! Und auf Wiedersehen!«
Die Polizeibeamten packen dich und fahren dich sofort zum Schnellgericht von Somorra, wo du wegen Vergehen gegen die Obrigkeit zu einer Gefängnisstrafe verurteilt wirst. Du wirst sie allerdings nicht antreten.
Vorher gehst du nämlich dem Schrammenschreck in die Falle.
Ungerecht? Das ist Somorra.

153 Perlena lächelt. »Das ist eine gute Frage, das ist sogar eine wichtige Frage. Sokrates war so etwas wie der Begründer der menschlichen Vernunft. Widersprechen sich Glauben und Vernunft? Ist Glauben noch möglich, wenn man ein Glaubensbekenntnis in Richtung der reinen Erkenntnis abgibt?« Sie zuckt mit den Schultern. »Ganz ehrlich, ich weiß es nicht. Ich glaube, man darf diese

Sachen nicht als Gegensatz begreifen. Du bist ja wohl kein richtiger Priester. Trotzdem kannst du Weihwasser herstellen. Kann man die Existenz Gottes leugnen, wenn es Dämonen gibt? Kann man an Gott glauben, wenn Wesen wie der Schrammenschreck ungestraft ihr Unwesen treiben dürfen?«

Der Brunnen plätschert vor sich hin. Davon abgesehen ist es vollkommen still. Die Frau schaut dich an. In ihren Augen meinst du so etwas wie gutmütige Milde zu erkennen. »Ich denke, du kannst dieses Risiko eingehen. Ja, ich bin mir sicher, du kannst auch danach noch Weihwasser herstellen.«

Willst du jetzt den Text nachsprechen? (weiter bei **35**)

Oder weigerst du dich? (weiter bei **46**)

154 Du versuchst, zu erwachen, und dieses Mal gelingt es dir ohne Probleme.

Du stehst noch immer in absoluter Dunkelheit. Die Musik ist verstummt.

Dann flackert endlich ein Scheinwerfer auf und beleuchtet ein rotes Samtsofa, auf dem drei Frauen sitzen.

Die erste Frau hat lange blonde Haare und ist feingliedrig. Neben ihr sitzt eine Brünette mit dichten Locken und vollen Lippen. Die dritte Frau hat bronzefarbene Haut, große schwarze Augen und pechschwarzes Haar.

Du weißt gar nicht, wohin du zuerst schauen sollst. Eine ist schöner als die andere, und sie sind nur mit Unterwäsche bekleidet. Gleichzeitig fragst du dich, wer von ihnen Nila ist, die du zu Ruben Pick bringen sollst. Von drei Frauen hat er nichts gesagt.

Musik setzt ein, irgendetwas Klassisches. Die Frauen erheben sich und beginnen, sich zu der Musik zu bewegen. Sie kommen langsam auf dich zu, und du fragst dich, ob das der richtige Moment ist, Ruben Picks Auftrag zu erfüllen. Deine Augen haben sich mittlerweile etwas an das Zwielicht gewöhnt, und du meinst im Hintergrund eine weitere Tür zu erkennen.

Willst du:
Die blonde Frau packen und fliehen? (weiter bei **322**)
Die Brünette entführen? (weiter bei **125**)
Die Schwarzhaarige verschleppen? (weiter bei **385**)
Oder willst du doch erst noch abwarten – du könntest schließlich etwas verpassen? (weiter bei **252**)

155 Einen Moment später flackert ein Scheinwerfer auf und beleuchtet ein rotes Samtsofa, auf dem jemand mit dem Rücken zu dir sitzt. Musik setzt ein, Jazz, Big Band. Du kannst noch nicht erkennen, ob da vor dir ein Mann oder eine Frau sitzt, schon stehst du direkt vor dem Sofa. Du hast kaum bemerkt, wie du dort hingelaufen bist. Die zuckenden Ohren des schwarzen Dobermanns, der neben dem Sofa liegt und dich anschaut, sind die einzige Bewegung. Da erhebt sich die Person vom Sofa und dreht sich langsam in deine Richtung. mementomori. Da erkennst du ihn. Natürlich, der Zylinder, der lange Gehrock: Es ist der Schrammenschreck.
Deine Erkenntnis kommt eine Sekunde zu spät. Er fällt über dich her und erlöst dich von deinem Leben.
Ungerecht? Das ist Somorra.

156 Du folgst dem Flammenfluss eine Weile flussabwärts. Nach einiger Zeit wird die Landschaft hügeliger, und dann kannst du in der Ferne einen Berg mit einer feurigen Spitze entdecken – einen Vulkan. Hier entspringt der Phlegethon, der Flammenfluss. Dir fällt auf, dass der Fluss hier breiter ist als weiter unten, jedoch sehr seicht. An einer Stelle ragen viele Steine aus dem Fluss und du denkst, dass du ihn überqueren kannst – wenn es so nah über der Lava nicht zu heiß wird.
Willst du es wagen, den Flammenfluss hier zu überqueren? (weiter bei **272**)
Oder kehrst du lieber um und gehst zu Gustis Flugschiffen? (weiter bei **240**)

157 Du versuchst, zu erwachen, und dieses Mal gelingt dir das ohne Probleme.

Du öffnest die Augen und kommst in einem weichen Bett zu dir. Neben dir sitzt eine Frau, die nicht viel mit der Frau deiner Träume gemein hat. »Deine Zeit ist um, Süßer. Hast die meiste Zeit gepennt. Mann, bist ein richtiger Stier!« Sie lacht. »Mach's gut!«

Dir bleibt nichts anderes übrig, als sie zu verlassen. Weiter bei **168**.

158 Die Frau deiner Träume erwartet dich in einem kleinen Separee. Sie schlägt die Augen nieder, als sei sie schüchtern, zugleich umspielt ein Lächeln ihren Mund. Dir scheint es, als schwebe sie auf dich zu, so elegant, so fließend bewegt sie sich, wie der kleine schwarze Fisch, der im Hintergrund in einem Glas auf einem Sekretär schwimmt.

Eine Zungenspitze teilt den Mund, er öffnet sich langsam und mementomori entblößt rasiermesserscharfe Zähne. Vor dir sitzt plötzlich der Schrammenschreck und fällt über dich her. Statt eine Stunde mit der Frau deiner Träume zu verbringen, triffst du den Mann deiner Albträume. Du wirst das nächste Opfer des Schrammenschrecks.

Ungerecht? Das ist Somorra.

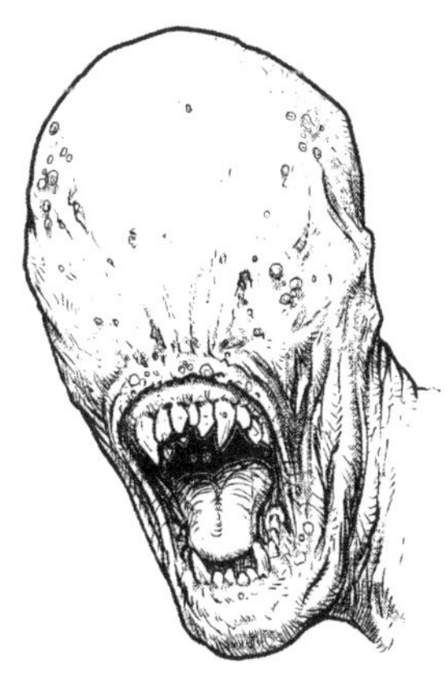

159 Ruben Pick verlässt den Raum und zieht die Tür hinter sich zu. Block reicht dir noch einen Zettel, auf dem er deinen Termin vermerkt hat – der dir aber nichts mehr bringen wird – und begleitet dich dann zur Tür.
Du kannst heute nicht mehr hierher zurückkehren. Vor deinem Termin wird man dich nicht mehr einlassen.
Weiter bei **84**.

160 Ihre Augen flackern und sie verliert das Bewusstsein.
Du wirfst sie dir wieder über die Schultern und gehst du Ruben Pick, direkt gegenüber vom Reich der Ran. Ohne dass du klopfen müsstest, geht die Tür auf und Ruben Pick zieht dich herein. »Prächtig, prächtig, da ist sie ja endlich.«
Du legst die Frau auf den Schreibtisch.
Er streichelt ihr sanft über ihren hübschen Kopf. Dann fällt sein Blick auf dich. »Ach ja, warte kurz.« Er öffnet einen Wandschrank, auf den ein Kleeblatt aufgemalt ist, und holt einen Schlüssel heraus. »Die Statue. Dort geht es runter. Dies ist der Schlüssel. Ich sperre ihn jetzt wieder zurück in den Schrank, und dann zieh Leine, du Landei. Und lass dich hier nicht mehr blicken. Wir können im Hafen keine Unruhestifter brauchen, keine Dösbaddel wie dich. Entführer, Körperverletzer, Gewalttätige. Wenn ich dich noch einmal zu Gesicht bekomme, werde ich nicht so freundlich sein. Habe ich mich klar ausgedrückt?«
»Was ist mit unserer Vereinbarung? Ich habe Ihnen …«
Der dicke Mann lacht laut auf. »Ja, das war sehr nett. Und jetzt habe ich keine Verwendung mehr für dich. Ich zähle jetzt bis drei, und dann rufe ich die …«
Plötzlich stöhnt die Frau auf. Sie kommt wieder zu sich.
»Beim Klabauter-Ei. Der Stoff taugt auch nichts mehr. Ich, äh…«
Er deutet mit einem fleischigen Finger auf dich. »Raus hier! Ich schaff die Kleine jetzt nach hinten und hau ihr noch was rein, und wenn ich wieder da bin, will ich von dir nichts mehr sehen!«

Ruben Pick wirft sich die Frau über die Schulter und verschwindet in einem anderen Zimmer. Du musst nicht lange nachdenken, sondern gehst zu dem Schrank mit dem Kleeblatt und holst den Schlüssel heraus, den Ruben Pick dir gerade noch gezeigt hatte. Er ist tatsächlich beschriftet mit »Cosmar/Statue Pick«.
Du nimmst dir vor, Ruben Pick in Zukunft aus dem Weg zu gehen. Dann verlässt du den Chef des Hafens. Du hoffst, dass er dir nicht noch irgendwann Ärger bereiten wird.
Notiere dir neben dem Codewort BARRIERE die Zahl 358 bzw. ändere sie zu 358, wenn dort schon etwas steht.
Weiter bei **135**.

161 Tatsächlich findest du nach einer Weile den Waldrand. Dahinter beginnt ein Maisfeld, auf dem der Mais etwa in Brusthöhe steht. Und vor dem Maisfeld steht jemand, den du kennst: Sascha, die junge Frau, die du vor kurzem bei der Flucht aus dem Azrael-Sanatorium getroffen hast.
Sie hat dich ebenfalls bereits entdeckt. »Juhu! He, du da! Wo kommst du denn her?«
Du deutest unbestimmt in den Wald und zuckst mit den Schultern.
»Wie hast du es hierher geschafft?«, fragst du.
Sie zuckt mit den Schultern und lächelt das Lächeln eines Schulmädchens. »Viele Wege führen nach Schrammenhausen.«
»Warst du auch auf dem Läuterungsberg?«
»Läuter-was? Ach so, bei der Alten mit ihrem Engel-Diener? Ja, klar! Ich kann jetzt diese Meditation, und ich musste nicht mal was dafür machen! Sie hat mir sogar verziehen, dass ich ihren Schoßhund töten musste!«
Du kannst dein Erstaunen wohl nicht ganz verbergen.
»Hat sie es dir auch gezeigt? Mann, die war ja so nett! Und Tee gab es auch!«
»Äh …« Mehr fällt dir nicht ein.

»Voll gut. Jetzt können die Albtraumwesen kommen, so viel sie wollen, ich meditiere einfach!«
»Kannst du mir zeigen, wie das geht?«
»Äh, nein. Sie braucht da irgendwelche Salben und Formeln. Die hab ich ja nicht, sorry. Hat sie es dir nicht gezeigt?«
»Nein.«
»Hm, voll blöd. Ich muss jetzt weiter. Viel Glück!«
»Bleib stehen und zeig mir wenigstens, was du weißt!«
»Keine Zeit! Ich muss Albtraumwesen jagen gehen!«
Sascha dreht sich um und marschiert los. Du fragst dich, warum Sascha mehr Glück hatte als du. Schließlich hast du dich auf dem Weg in den Tempel nur verteidigt. Hättest du dich von den Wesen umbringen lassen sollen? Außerdem hat sie auch ein Wesen der Herrin getötet, das hat sie selbst gesagt. Du wurdest eindeutig ungerecht behandelt!
Du hältst sie an der Schulter fest. »Halt, eins noch.«
»Ja?«
Was sagst du?
»Mach's gut! Viel Glück!« (weiter bei **334**)
»Was soll das? Das ist nicht richtig! Warum hat sie es dir gezeigt und mir nicht? Bleib hier und zeig mir, was du weißt, oder es passiert was!« (weiter bei **281**)

162 Du versuchst, zu erwachen. Klammere dich an die Realität. Vor welcher Statue steht ihr?

Vor der Statue von Ruben Pick? (weiter bei **474**)

Vor der Statue einer Tänzerin aus dem Reich der Ran? (weiter bei **481**)

163 Endlich seid ihr im Besitz des Schlüssels, der euch Zugang zu Cosmar verschaffen soll, dem geheimnisvollen Mann, der angeblich einen Weg gefunden hat, den Schrammenschreck zu besiegen. Der Eingang muss irgendwo bei der Statue von Ruben Pick sein.

Mit dem Schlüssel in der Hand steht ihr vor der Statue. Die lebensgroße Nachbildung des Verwalters steht auf einem Steinsockel. Auf den ersten Blick wird nicht offenbar, wo ein Schloss sein könnte, in das der Schlüssel passen würde. Ihr lasst euch erst einmal auf eine Bank sinken, die in der Nähe der Statue steht, und atmet durch.

»Und jetzt?«, fragt Sascha.

Du zuckst mit den Schultern. »Irgendwo wird da schon ein Schloss sein.«

»Schau dir den mal an!«, sagt Sascha da und deutet auf einen Mann, der über den Boden in eure Richtung robbt, ein bisschen wie ein Aal, der am Ufer gestrandet ist. Du fragst dich, ob er betrunken ist.

»Braucht der Hilfe?«, fragt Sascha. »Wollen wir mal hinschauen?«

Du zögerst. Irgendwas an diesem Mann ist komisch, das du noch nicht in Worte fassen kannst. Dann schaut er dich an und flüstert mit heiserer Stimme: »Ringo hab ich mir schon geholt, du bist der Nächste!«

Hinter ihm bellt ein Dackel mit schwarzem Fell. Erst, als der Mann sich aufrichtet und plötzlich in eure Richtung rennt mementomori fällt dir auf, dass er einen großen Zylinder trägt und ein schrecklich vernarbtes Gesicht hat – Narben, die ihm vor langer Zeit vom Wasservolk zugefügt wurden. Neben dir schreit Sascha. Dann ist er bei dir.

Dein Leben endet hier und jetzt. Für den armen Stadtstreicher, der euch finden wird, sieht nachher alles nach einem Doppelselbstmord aus. Niemand wundert sich darüber - zu viel Seltsames geschieht in Somorra.
Ungerecht? Das ist Somorra.

164

Du versuchst, zu erwachen. Weiter bei **141**.

165

Ein Geräusch, sich periodisch wiederholend, dringt in dein Bewusstsein vor und weckt dich. Tropfen. Vielleicht einer jede Sekunde. So schnell wie dein Herzschlag. Tropf. Pause. Tropf. Irgendwo hinter dir.
Du schlägst die Augen auf und hast keine Ahnung, wo du bist – jedenfalls nicht mehr in dem Bunker am Ende der Welt. Als Erstes siehst du eine helle Zimmerdecke mit schmutzigen Stockflecken. Wie von getrocknetem Wasser, das aus dem oberen Stockwerk in das Mauerwerk gesickert ist, vor Jahren schon. Tropf. Pause. Tropf.
Du hebst den Kopf an, um nach hinten blicken zu können. Aus dem Augenwinkel erkennst du ein kleines Waschbecken, dessen Wasserhahn tropft. Du liegst auf einem Bett mit Metallrahmen, und deine Hände und Beine sind mit Lederriemen fixiert. Du kannst nur deinen Kopf bewegen.
Doch dann …
Weiter bei **142**.

166

Der gefallene Engel mustert dich eine Weile. Dann sagt er: »Wie enttäuschend. Du hast also tatsächlich einem dahergelaufenen Bettler im Wald etwas geschenkt? Und Hochmut soll also wirklich deine Sünde sein?«
Er flattert mit den Flügeln, dann schaut er dich noch einmal an. »Möglicherweise sehen wir uns wieder, möglicherweise werde ich berufen sein, eine Entscheidung zu treffen. Finde die Münzen von

Weihbischof Peter. Es gibt zwei davon, eine in der Schatzkammer, die andere bei den Spinnen. Die eine zeigt Asmodeus, Beelzebub und Belphegor, die andere Satan, Leviathan und Mammon. Bring sie mir beide, wenn es je dazu kommen sollte.«
Dann breitet er seine Schwingen aus und fliegt wieder davon. Dort, wo er stand, findest du ein kleines Kästchen. Du klappst es auf. Es enthält einen Silbertaler, den du mitnehmen kannst, wenn du willst (notiere ihn auf deinem Abenteuerbogen).
Die Prüfung hast du bestanden.
Ändere das Codewort ERKENNTNIS zu 596.
Weiter bei **389**.

167 Du lässt dich von einem der hübschen Mädchen, die immer auf der Kali unterwegs sind und Kunden anlocken sollen – sie hat rote Haare – an der Hand greifen und zur Eingangstür des Reichs der Ran ziehen, direkt gegenüber der Hafenverwaltung.
Weiter bei RAN.

168 Hast du nicht etwas vergessen?
Dir fällt es im selben Moment ein, als sich eine große, behaarte Hand auf deine Schulter legt: Du hast noch nicht bezahlt. Ob du nun etwas konsumiert hast oder den Mindestbetrag bezahlen musst: Du hast für keines davon Geld.
Dummerweise wird dich der brutale Türsteher nicht gehenlassen, ohne dass du bezahlt hast oder er dir Schmerzen zugefügt hat.
Seine Hand liegt schwer auf deiner Schulter. Er zieht dich zu sich herum und du kannst in seinen Augen sehen, was er in deinem Gesicht gesehen hat: Er weiß Bescheid.
»Na warte, du Bürschchen. Dir werde ich helfen, nicht zahlen wollen, und trotzdem die Gaben der Göttin genießen. Du wirst deine Schuld abarbeiten, und ich meine nicht in der Bar! Für dünne Jungs wie dich findet sich immer ein Abnehmer, und wenn er erfährt, dass er der Erste ist …«

Was willst du tun, um dem Schläger zu entkommen?
Du lässt dich fallen, in der Hoffnung, dass sich sein Griff dadurch löst und du entkommen kannst? (weiter bei **432**)
Du schlägst ihm in den Bauch? (weiter bei **401**)
Du versuchst, mit ihm zu verhandeln? (weiter bei **69**)

169 Hinterher!, denkst du dir, bevor Sascha für immer im Reich der Ran verschwindet.

»Halt, die bleibt bei mir!«, rufst du und stellst dich dem Türsteher in den Weg. Er ist über einen Kopf größer als du und mustert dich von oben herab.

»Ist das so?« Sein Lächeln jagt dir einen Schauer über den Rücken.

»Wie wäre es damit: Du kannst bei ihr bleiben, wollen wir das so machen?«

Du willst etwas erwidern, oder vielleicht willst du ihn auch angreifen oder fliehen, aber in diesem Moment kracht eine volle Schnapsflasche auf deinen Schädel – von der Bardame, die gerade dem Türsteher eine Flasche der neuesten Lieferung des Langen Johann bringen wollte.

»Schade um den guten Stoff.« Das ist ihr einziger Kommentar.

Und du? Du wirst mit Sascha in das Reich der Ran gebracht, wo ihr gezwungen werdet zu arbeiten – allerdings nicht in der Bar.

Als euch nach wenigen Stunden endlich der Schrammenschreck holt, seid ihr dankbar, dass euer Leben endlich zu Ende ist.

Ungerecht? Das ist Somorra.

170 Die Brücke ist stabil. Mit ein paar schnellen Schritten bist du am anderen Ufer des Eridanus am Rand einer grünen Wiese, auf der vereinzelte hochstämmige Obstbäume wachsen. Dazwischen stehen verwitterte, rissige Steine: Grabsteine. Du bist auf einem Friedhof gelandet – doch binnen Lidschlag stehst du nicht mehr auf der Wiese, sondern in einer hell erleuchteten Halle, der

Boden aus Marmor, die Wände mit Gold tapeziert, um dich herum geschäftiges Treiben: das Grand Hotel Somorra. Dort findet also der nächste wahrgewordene Albtraum statt, den du durchleben musst. Du stehst an der Rezeption, und schon richtet ein Hotelmitarbeiter das Wort an dich, ein zwergwüchsiger Mann mit einem Namensschild, das ihn als Urhahn ausweist:

»Herzlich willkommen. Wir haben einen Raum für Sie reserviert. Zimmer dreizehn. Bitteschön.«

Er schnappt sich einen langen Schlüssel. »Schichtwechsel. Ich zeige Ihnen noch schnell, wo Sie residieren. Folgen Sie mir.«

Er führt dich an den Aufzügen vorbei zu einem Treppenhaus. Dort beginnt ihr den Abstieg. »Zimmer dreizehn wird selten nachgefragt«, erklärt er dir. »Vielleicht wegen der Aussicht.« Er kichert. »Oder weil wir irgendwann das ganze Blut nicht mehr aus der Tapete bekommen haben.«

»Blut?«

»Ja, vom letzten … ach, ich rede zu viel. Frühstück gibt es ab halb acht. Größte Auswahl in Somorra bla bla, wenn Sie verstehen. Als Gast des Hotels haben Sie das exklusive Recht, Ihr Geld im Casino zu verzocken, wo Sie mein Bruder Orhahn begrüßen wird. Hier entlang.«

Ihr folgt weiter der Treppe nach unten. Als ihr mindestens das dritte Untergeschoss erreicht habt, endet die Treppe und durch eine Tür gelangt ihr in einen dunklen Flur, der an einer weiteren Tür endet. Urhahn sperrt die Tür mit dem Schlüssel auf. »Zimmer dreizehn. Genießen Sie ihren Aufenthalt. Und tschüss.«

Er lässt dich stehen, den Schlüssel lässt er stecken. Du betrittst das Zimmer und verriegelst die Tür hinter dir. Es ist ein gewöhnliches Hotelzimmer, ein Einzelbett, hellbrauner Teppichboden, Fernseher, kleines Badezimmer. Es gibt kein Fenster, aber immerhin auch kein Blut an den Wänden. Du fragst dich schon, was du hier sollst, da entdeckst du, dass es im Badezimmer eine Holztür gibt. Du öffnest sie. Wieder einmal führen Stufen nach unten in die Dunkelheit. Du

beginnst den Abstieg. Nach zwanzig Stufen kommst du unten an. Der Boden ist weich unter deinen Füßen, fast schlammig. Das Licht des Badezimmers fällt durch die geöffnete Tür nach unten, so dass du gut sehen kannst: Du stehst in einem Raum, der an einen alten Weinkeller erinnert, größer als du erwartet hättest, mit Wänden aus grobem Stein. Über dem Boden wabert bis etwa in Kniehöhe dichter Nebel. Hinter einem gemauerten Torbogen kannst du einen weiteren Raum erkennen, der etwas dunkler ist. Du hast den Eindruck, dass auch dort das Licht ausreichen müsste, um gut sehen zu können, aber ein paar schwarze Ecken könnte es schon geben.
Willst du durch den Torbogen in den hinteren Raum gehen? (weiter bei **570**)
Oder willst du erst eine Kerze anzünden (sofern du eine hast)? (weiter bei **64**)

171 Der Weg führt am Ufer entlang, wo die Anlegestege in das Meer ragen. Nach einer Weile geht es am letzten Steg vorbei, und damit endet die geteerte Straße. Dahinter schlängelt sich ein matschiger Pfad durch struppige Dornenbüsche hindurch, vorbei an schlammigen Pfützen, in denen Benzin schwimmt. Eine wacklige Holzbrücke führt über einen kleinen Fluss, der sich in Richtung Meer windet. Nach ein paar weiteren Biegungen des Pfads ist das helle Glucksen spielender Kinder und tiefe Lachen betrunkener Männer zu hören.
Schließlich mündet der Pfad in eine kleine Siedlung. Sie besteht aus einem Dutzend Wohnwagen, in deren Mitte lose ein paar Klappstühle herumstehen. Hinter den Wohnwagen sind mit hölzernen Latten und Wellpappe einfache Behausungen auf Pfählen auf das Wasser gezimmert, dazwischen schaukeln kleine Boote. Frauen und Männer sitzen und laufen zwischen den Behausungen, Kinder rennen, und überall sind Stimmen, Lachen und vereinzelt Gesang zu hören.
Weiter bei GAMMA.

172 Ruben Pick zuckt mit den Schultern, greift zu einem Telefon, das auf dem Tisch steht, und wählt eine Nummer.
Kurz darauf wirst du von zwei Polizisten abgeholt. Die gute Nachricht: Sie knüpfen dich nicht am nächsten Großmast auf und auch sonst nirgends.
Die schlechte Nachricht: Sie bringen dich ohne Umwege zum Schnellgericht von Somorra. Den Rest deines Lebens verbringst du im Gefängnis.
Den Rest deines Lebens? Den Rest des Tages! Sobald du das nächste Mal einschläfst, holt dich der Schrammenschreck und frisst dich mit Haut und Haaren.
Ungerecht? Das ist Somorra.

173 Es gelingt dir zwar, ein paar der Tentakel mit deiner Waffe zu treffen. Unter Wasser bringst du jedoch nicht genügend Schwung hinter deine Schläge, so dass du keinen Schaden anrichtest. Ein Tentakel wickelt sich um deinen Hals und drückt zu. So kommt es, dass du unter Wasser bist und trotzdem nicht ertrinkst.
Du erstickst.
Ungerecht? Das ist Somorra.

174 Hinter der Auslage steht ein alter, runder Mann mit Schnurrbart und schaut dich an. »Was kann ich für Sie tun?«
»Danke, nichts, ich wollte erst mal schauen.«
Er wendet sich der Frau mit ihrem jungen Begleiter zu und kommt mit ihr ins Gespräch. Das könnte deine Gelegenheit sein. Dir fallen zwei Schmuckstücke auf, die ein lohnendes Objekt eines Diebstahls sein könnten: eine wuchtige Herrenuhr, die über und über mit Steinen besetzt ist, und eine Goldkette, an der ein Anker hängt. Die Uhr liegt in der Auslage, so dass du über den Tresen greifen müsstest. Sie kostet 5.000 Somorra-Mark. Die Goldkette hängt an einer Wand neben dem Eingang. Sie ist für lediglich 80 Somorra-Mark zu haben.
Womit versuchst du dein Glück?
Uhr? (weiter bei **112**)
Kette? (weiter bei **573**)

175 Du trittst durch die Pforte. Im selben Moment, in dem du den Steinbogen passierst, ist da keine Wiese mehr. Du stehst in einer Bibliothek. Nicht nur die Wände des großen Raums sind mit Büchern vom Boden bis zur Decke vollgestopft. Auch durch den Raum ziehen sich eng bestückte Regalreihen, kaum mehr als einen Meter voneinander entfernt. Du hast in deinem ganzen Leben noch nicht so viel bedrucktes Papier gesehen – Bücher, Folianten, Zeitschriften, Loseblattsammlungen, riesige Atlanten, winzige Notizbücher, Enzyklopädien, deren Einzelbände mehrere Regalmeter füllen, gebundene Zeitschriften älterer Jahrgänge aus den ersten Tagen Somorras bis heute. Du gehst an den Regalen vorbei, völlig erschlagen. Wahrscheinlich fasst nur die große Justizbibliothek Somorras noch mehr Bücher.
Als du den Raum einmal durchschritten hast, erreichst du die hintere Wand. Dort sind – du bist fast überrascht – keine Bücher, sondern Holzvertäfelungen mit aufwändigen Schnitzereien angebracht. Abgebildet sind finstere Fabelwesen, geflügelte Dämonen, Teufel

mit fürchterlichen Fratzen, eine Seeschlange, monströse Insekten und anderes.

»Die Dämonen der sieben Hauptsünden«, sagt da eine Stimme neben dir. Du drehst den Kopf. Da steht ein alter Ledersessel, und darin sitzt eine Frau. Jedenfalls glaubst du, dass es eine Frau ist – sie trägt ein weites violettes Gewand, das so um den Kopf gewickelt und vor den Mund geschlagen ist, dass du nur ihre Augen erkennen kannst. Diese haben eine intensive blaugrüne Farbe, die in einem denkwürdigen Kontrast zu der Farbe des Gewandes steht. Ihre Stimme hört sich weiblich an.

»Die Seeschlange: Das ist Leviathan. Er steht für den Neid. Daneben, die monströse Fliege, das ist Beelzebub. Er symbolisiert die Völlerei. Die anderen sind Luzifer – der Hochmut, Mammon – der Geiz, Satan – der Zorn, Asmodeus – die Wollust, und Belphegor. Er steht für die Trägheit.«

»Was soll ich hier? Ich dachte, ich könnte hier Sokrates' Meditation lernen?«

Die Falten an den Augenwinkeln der Frau treten leicht hervor. Du vermutest, dass sie lächelt. »Das wirst du auch. Doch musst du vorher die Läuterung durchlaufen, deiner größten Schwäche gegenübertreten. Gelingt dir dies, lehre ich dich die Meditation des alten Meisters der Ratio: Sokrates. Deine Prüfung beginnt jetzt.«

Die Frau will gerade noch etwas sagen, da betritt der Engel die Bibliothek und flüstert ihr etwas ins Ohr. Ihre Augenbrauen ziehen sich zu einem Runzeln zusammen. »Nein«, sagt sie. »Das kann nicht … tot?«

Dann schaut sie dich an. »Auf deinem Weg hierher hast du Wesen dieser Welt bekämpft. Sokrates' Meditation steht nur dem friedlichen Menschen offen.«

»Ich habe mich nur verteidigt. Es ging um mein Leben.«

Sie wedelt ungeduldig mit der Hand. »Es interessiert mich nicht, warum du die Waffe gegen meine Wesen hebst. Du musst gehen.«

»Aber ich …«

»Was?«
Willst du ihr erklären, dass dich keine Schuld trifft? (weiter bei **213**)
Oder fügst du dich in dein Schicksal und du lässt dich von dem Engel nach draußen geleiten? (weiter bei **263**)

176

Wenn neben dem Codewort KAPITÄN eine Zahl vermerkt ist, dann **lies sofort dort weiter**. Anderenfalls lies hier weiter.
Gegenüber der schwarzen Fassade des »Reich der Ran« steht ein kleines, freistehendes Fachwerkhaus. Über der Eichentür hängt ein rostiges Schild, das ein Frauengesicht mit herausgestreckter Zunge zeigt.
Die Tür ist verschlossen, auf dein Klopfen hin öffnet sich eine kleine Klappe in Augenhöhe, dahinter siehst du eine aufgequollene, rote Nase.
»Ja?«
»Ich habe eine wichtige Ankündigung zu machen!«
»Aha. Haben Sie einen Termin?«
»Ich habe anzukündigen, dass die Gräfin Lichterheide in Kürze in Somorra eintreffen wird und Geschäfte mit Ruben Pick erledigen möchte. Als Beweis ihrer ehrenhaften Absichten hat sie ein Geschenk für Herrn Pick mitgeschickt.«
»Gräfin? Oh ... warten Sie ...«
Die Klappe schließt sich. Kurz darauf wird die Eichentür geöffnet. Ein kleiner, dürrer Kerl mit roten Haaren steht vor dir und blickt nach oben. »Kommen Sie herein, bitte.«
Du betrittst eine kleine Amtsstube. Rechter Hand steht ein wuchtiger Schreibtisch, dahinter quellen Akten aus deckenhohen Regalen. Der Beamte lässt dich auf einem der beiden Gästestühle Platz nehmen und setzt sich an den Schreibtisch. Dahinter hängt ein Holzkasten, auf dem ein Kleeblatt aufgemalt ist. Auf dem Tisch steht ein Schild: »Beamter Block«.

Du händigst ihm die Kette aus, die sofort in einer Schublade verschwindet.
»Sie haben Glück«, verkündet er stolz. »Ruben Pick kann die Gräfin gleich heute treffen. Wir müssten nur … äh … zahlreiche andere Termine verschieben, aber das machen wir gerne. Kommen Sie bitte in einer Viertelstunde wieder. Ich muss noch klar Schiff machen.«
Er steht auf und schiebt dich zur Tür hinaus.
Notiere dir neben dem Codewort BECKY die Zahl 74 und ändere das Codewort PICK zu 340.
Weiter bei **351**.

177 Du tauchst und findest nach etwa zwanzig Metern eine Falltür am Grund des Flusses. Sie lässt sich leicht öffnen. Darunter ist ein größerer Raum, der nur spärlich erleuchtet ist. Bevor du weiterliest, nimmst du die Pflanze Fischfasch zu dir. Ab dem nächsten Abschnitt hast du nur fünf Abschnitte Zeit (notiere dir, wie viele Abschnitte schon verstrichen sind), um aufzutauchen. Kommst du zum sechsten Abschnitt, lies sofort weiter bei SEEGRAB.
Willst du hineintauchen? (weiter bei **36**)
Oder willst du zurückschwimmen und doch die andere Richtung ausprobieren? (weiter bei **493**)

178 An der kleinen Theke steht derselbe bullige Mann mit der Glatze. Als er dich sieht, streicht er sich über den Kopf und grinst dich breit an. »Schaut ihn euch an«, ruft er in den leeren Raum hinein, »schaut ihn an! Da kommt unser Zechpreller! Willst du deine Rechnung bezahlen?«
Du schüttelst den Kopf. Schließlich hast du noch immer kein Geld.
»Ich komme wieder«, versprichst du, »und dann bezahle ich meine Schulden, wirklich! Ich lasse dir als Pfand hier … warte …« Du kramst in deinen Taschen, doch ist dort nichts, was du ihm anbieten könntest. »… mein Versprechen?«

Er lacht nur kurz auf, dann packt er deine Arme, und du merkst gleich, dass er viel stärker ist als du. Er bringt dich in das Innere des Reichs der Ran, wo du deine Schulden und noch viel mehr abarbeiten wirst. Und das bedeutet nicht, dass du als Barkeeper eingesetzt wirst.
Und irgendwann wirst du einschlafen. Dann holt dich der Schrammenschreck.
Allerdings hast du dann schon so schlimme Dinge erlebt, dass du so weit bist, den Tod mit offenen Armen willkommen zu heißen.
Ungerecht? Das ist Somorra.

179 Versuch Folgendes: Stell dich direkt vor das Skelett und tu so, als würdest du schlafen und wolltest aufwachen – lies also bei einer Abschnittsnummer weiter vorne weiter. Gehe zu **44**.

180 *Damolak der Ungeheure (dämonisch)*

Wirfst du Weihwasser, zeigt es keine Wirkung.
Wenn du eine Heilige Waffe verwendest, lies weiter bei **406**.
Anderenfalls lies weiter bei **242**.

181 Du verlässt Cosmars geheime Waffenkammer wieder über die Leiter. Oder – du versuchst es zumindest. Als du den Kopf in den oberen Raum steckst, wo noch immer das kopflose Skelett wartet, merkst du gerade noch, dass ein Beben und Rumpeln durch die Mauern und den Boden gehen; dann: ein Riss in der Decke, erneutes, lauteres Rumpeln, und einen Moment später stürzt die Decke ein. Instinktiv lässt du dich fallen und landest hart auf dem Boden des Kellers, während oben ein schwerer Holzbalken und Steinbrocken den Ausstieg blockieren. Und: Du bist gefangen.
»Lass dich nicht unterkriegen, mein Junge«, dröhnt eine Stimme, die du bereits kennst, aus einer dunklen Ecke des Kellers. »Das ist

nicht der Weg, auf dem es weitergeht. Es ist ein Jammer, dass du nicht in Begleitung der kleinen Sascha Lefevre reist, doch das können wir nicht ändern. Setz dich. Wir müssen reden.«
Der Mann, der da spricht, tritt in den Schein der Kerze, die wie durch ein Wunder noch immer brennt. Ungläubig schaust du den Priester an, den du in deiner Wohnung kennengelernt hast. Er steht vor dir in seinem … seiner Soutane und mustert dich ernst.
Da stehst du nun – gefangen in einem Kellerraum unterhalb von Cosmars eingestürzter Kammer. Du weißt selbst nicht so recht, wohin das führen soll, aber schließlich setzt du dich, um dem zu lauschen, was der Priester dir zu sagen hat. Doch zuvor hast du eine Frage.
Weiter bei **275**.

182 Du bleibst auf der Bettkante sitzen und wartest. Ein paar Minuten später hörst du laute Stimmen über den Flur näher kommen. »… heute schon wieder verletzt? Das meinen Sie nicht ernst! Den können wir doch nicht …«
Dann geht die Tür auf und der Pfleger ist wieder da, gefolgt von einem weißhaarigen, hageren Männchen, das wohl der Arzt ist.
»Tut mir leid, dass wir Ihnen unnütze Hoffnungen machen mussten. Aber Sie sind eine Gefahr für sich selbst und für Ihre Mitmenschen. Wir müssen leider für Recht und Ordnung sorgen …« Er zuckt mit den Schultern, als würde das genügen, dich zu überzeugen.
Deine Proteste helfen nicht. Der Pfleger packt dich, und binnen kurzem liegst du wieder gefesselt auf der Liege. Der Pfleger dreht an einem Rädchen am Beutel und kurz darauf fallen dir die Augen zu.
Weiter bei **339**.

183 Addiere die Codewörter KÄFIG, ALPHA und DÄMON. Die Summe ergibt die Abschnittsnummer, bei der es weitergeht.

184 Der Leviathan verharrt regungslos, als würde er deine Witterung aufnehmen. »Du hast dich nicht geärgert, dass deine kleine Freundin alles bekommen hat und du nichts? Unfassbar!« Er brüllt, doch sein Brüllen hört sich an wie das Brüllen eines Löwen, dem das Zebra in letzter Sekunde entkommen ist. Er wirft sich herum und taucht wieder in das Wasser ein. Doch dann taucht er noch einmal auf.

»Vielleicht sehen wir uns wieder. Nicht zu einer weiteren Prüfung, aber es wird dir helfen, uns eine der Silbermünzen von Weihbischof Peter zu bringen, diejenige, die Satan, Mammon und mich zeigt. Ich habe sie in der Schatzkammer versteckt. Aber vielleicht bleibt uns beiden ein Wiedersehen ja auch erspart.«

Er taucht wieder unter. Kurz darauf ist er verschwunden.

Du hast die Prüfung bestanden.

Ändere das Codewort ERKENNTNIS zu 594.

Weiter bei **389**.

185 Deine Wohnung liegt am Rande des Hafenviertels, aber nur ein paar Minuten Fußweg hinter der U-Bahn-Haltestelle Hafen. Du kennst dich hier aus, schließlich bist du hier aufgewachsen. Andererseits ist dir klar, dass du bisher nur an der Oberfläche des Hafens gelebt hast. In die halbseidene Unterwelt, die von Männern beherrscht wird, denen ein Menschenleben nicht mehr als ein paar Hundert Somorra-Mark wert ist, bist du nie eingetaucht.

Dennoch bist du wieder von den Eindrücken überwältigt.

Du riechst sofort das Meer. Salzwasser, Fisch und Seetang mischen sich in der warmen Luft mit den Benzindämpfen der Tanker. Dazwischen liegt der salzig-saure Gestank verdorbener Heringsköpfe. Zu viele Menschen, die Wasser nicht zum Waschen und nicht zum Trinken wollen.

Du durchquerst die Haltestelle gemeinsam mit schwitzenden Lagerarbeitern und muskelbepackten Matrosen, die über einen Bahnsteig aus schwarzem Teer in die Unterführung strömen. Du steigst die Treppe nach oben und wirst von den Schreien der Möwen begrüßt, die über dir den Himmel des Alten Hafens beherrschen. Dazwischen hörst du das Brüllen der Arbeiter und vereinzelt das dunkle Dröhnen der Signalhörner, wenn ein Tanker von Neuem versucht, den Gefahren der Weltmeere zu trotzen.

Dein Blick folgt den Geräuschen zur Wasserfront, nur fünfzig Meter vor dir. Wie die Arme eines Kraken ragen lange Verladestege über die dunkle Masse des Meeres. Frachter werden von meterhohen Kränen entladen. Links der Stege erkennst du das große Trockendock der Werft. Du vermutest, dass rechts der Stege irgendwo das Wasservolk zu finden ist, ehemalige Nomaden, die Häuser bewohnen, die sie auf hölzernen Pfeilern auf das Meer gebaut haben.

Ein Mann, der eine dicke Seilrolle über die Schultern geschlungen hat, wirft dir einen kurzen Blick zu, spuckt aus und wankt in Richtung eines der großen Lagerhäuser, die hinter dir darauf warten, die Waren aufzunehmen, die mit den Schiffen hier ankommen. Dir fällt auf, dass eines der Lagerhäuser nur noch eine Ruine ist, fast so, als hätte dort eine Bombe eingeschlagen.

Du drehst dich um und blickst die Straße hinunter, die zwischen den Lagerhäusern nach Osten führt und unter dem Namen Kali bekannt ist: die Hauptschlagader des Hafenviertels.

Wenn du willst und es noch nicht getan hast, dann lies jetzt die »Stadtbeschreibung« (Seite 423), wo du auch eine Beschreibung des Hafens findest. Kehre danach hierher zurück.

Du kannst dir vorstellen, dass die Hafenleitung dir Auskunft geben kann, wo du Cosmar finden könntest. Ruben Pick ist der Vertreter der Obrigkeit im Hafenviertel. Auch das Wasservolk, das schon lange hier lebt, könnte vielleicht helfen. Sie stehen am anderen Ende der sozialen Hierarchie, fahrendes Volk, Störenfriede, so werden sie von vielen gesehen. Dagegen glaubst du nicht, dass dir die Matrosen helfen können, die den Hafen stets nur für kurze Zeit aufsuchen, bevor sie wieder in See stechen.

Du hast dich noch nicht entschieden, wie es weitergeht, da zupft jemand an deinem Ärmel. Vor dir steht eine kleine, schmale Blondine mit einem hübschen Gesicht und lächelt dich breit an. »Folge mir in das Reich der Ran. Dort findest du alles, wonach du suchst, Vergnügen und Bewusstseinserweiterung, die du nicht für möglich halten wirst, und auch alles andere, wonach dir der Sinn stehen mag.« Sie versucht, dich am Arm mit sich zu ziehen.
Folgst du ihr, tauchst ein in das Reich der Ran und versuchst, dort jemanden zu finden, der Cosmar kennt? (weiter bei KALI)
Oder willst du doch lieber einem deiner ursprünglichen Gedanken vertrauen?
Dann gehe nach rechts, in Richtung des Wasservolks (weiter bei WASSER), oder die Kali hinab zur Hafenleitung und zu Ruben Pick (weiter bei PICK).

186 *Werwolf (Werwesen)*
— Notizbuch wieder erlaubt —

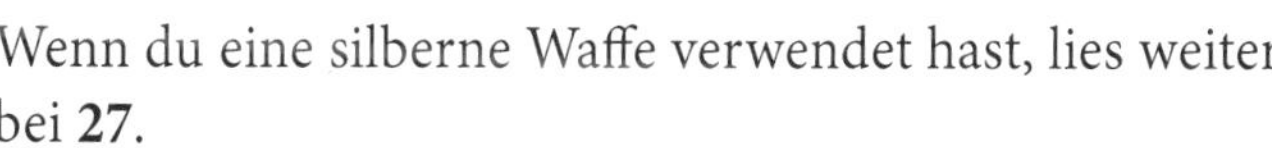

Wenn du eine silberne Waffe verwendet hast, lies weiter bei **27**.
Benutzt du eine andere Waffe, lies weiter bei **149**.
Befindest du dich in Sokrates' Meditation, lies weiter bei **365**.
Hast du nichts davon gemacht, dann lies weiter bei **325**.

187 Beelzebub mustert dich einen Moment, scheint dann aber schnell das Interesse an dir zu verlieren. »Beste Speisen, feinste Getränke, und du hast das alles ausgeschlagen? Pfui Teufel! Was willst du noch hier. Hau ab!« Er ist sichtlich enttäuscht.
»Na los!«, drängt dich da auch der andere Dämon, Asmodeus. »Wir wollen hier keine langweiligen Magerärsche! Im Kloster bist du besser aufgehoben!«
Beelzebub hebt noch einmal die Hand. »Und wenn du uns wieder unter die Augen kommst – das kann vielleicht geschehen, am Grab des alten Dings –, dann bring uns eine Silbermünze des Weihbi-

schofs Peter. Und bring gefälligst die richtige, klar? Das ist die, auf der Asmodeus, Belphegor und ich abgebildet sind! Äh, such bei den Spinnen. Dann können wir dir vielleicht gewogen sein.«
Er lässt seine Hand sinken.
Während Beelzebub und Asmodeus sich den Gefangenen zuwenden, kannst du gehen. Als du siehst, wie sie den ersten quälen und dann töten, hast du es plötzlich sehr eilig.
Du hast deine Prüfung bestanden.
Ändere das Codewort ERKENNTNIS zu 595.
Weiter bei **389**.

188

Du feuerst deine Waffe ab. Die Munition schießt mit hoher Geschwindigkeit los – und wird vom Wasserwiderstand abgebremst. Sie sinkt zu Boden.
Wenn du einen Revolver benutzt und eine zweite Patrone hast, kannst du schnell noch mal feuern. (weiter bei **453**)
Anderenfalls geht es hier weiter:
Kurz darauf ist die Wasserschlange heran und fällt über dich her. Sie zerrt dich in eine Ecke des Raums, wo sie dir den Hals durchbeißt.
Ungerecht? Das ist Somorra.

189

Das Schloss springt auf, als du den richtigen Code eingibst. Du schiebst einen Riegel zur Seite und stemmst dann die schwere Falltür auf. Über eine Leiter kletterst du hinab in einen dunklen Keller. In der Dunkelheit findest du in der Nähe der Leiter einen Tisch, auf dem eine Kerze und Streichhölzer liegen. Es gelingt dir, die Kerze anzuzünden.
Der Kellerraum ist größtenteils mit Gerümpel gefüllt – zerbrochene Möbel, alte Ölgemälde, Masken aus Dschungeln in anderen Teilen der Welt. Doch in einer Ecke steht ein weiterer Tisch, auf dem ordentlich sortiert Waffen liegen. An der dahinterliegenden Wand hängen weitere Waffen. Jeder Gegenstand ist beschriftet. Dir fällt

gleich auf, dass einige fehlen – ein Bogen, der die Beschriftung »Salomons Stachel« trägt, eine Waffe mit der Bezeichnung »Absaloms Knüppel«, beide gehören zu den »Heiligen Waffen«, worüber ein weiteres Schild informiert. Außerdem fehlt eine Armbrust.
Folgende Waffen sind noch vorhanden:
Heilige Waffen:

1) Jeftahs Opferdolch, ein Dolch mit Goldgriff und beidseitig geschliffener Klinge.
2) Gideons Flegel, eine Waffe mit einem langen Griff, an dem mit einer kurzen Kette eine Metallstange befestigt ist.

Waffen mit Silbermunition:

3) Revolver mit einer Silber-Patrone.

Sonstige Waffen:

4) Cosmars Schwert, eine fein gearbeitete Waffe, die es auch dem Ungeübten erlaubt, sich zu verteidigen.

Außerdem stehen zwei kleine Phiolen aus hartem Plastik bereit, die laut Beschriftung Weihwasser enthalten sollten, aber leer sind. Unter dem Tisch findest du einen Rucksack.
Du kannst drei der Waffen, die Silbermunition sowie beide Phiolen mitnehmen. Entscheide dich und trage auf dem Abenteuerbogen (Seite 447) ein, was du mitnimmst. Notiere dir auch, dass du eine Silberpatrone hast, falls du sie mitnimmst.
Hinweis: Notiere dir auch, zu welcher Kategorie eine Waffe gehört. Im Kampf wird es nur darauf ankommen, die richtige Kategorie zu wählen (also z.B. eine »Heilige Waffe«. Ob es sich dann um Jeftahs Opferdolch oder um Gideons Flegel handelt, spielt keine Rolle).
Ändere das Codewort ALPHA zu 489.
Weiter bei **181**.

190 Der Mann, der dort im Wald liegt, ist noch nicht lange tot. Sein Körper ist noch warm. Wahrscheinlich hast du den Wolf gestört, als er sich gerade satt essen wollte. Der Mann war

ohne Gepäck unterwegs, hält in der Hand aber einen Revolver, in dem du eine silberne Patrone findest. Du kannst sie einstecken, wenn du willst. Außerdem findest du ein Wolfsfell – der Mann war wahrscheinlich ein Wolfsjäger, der in seinem letzten Kampf Opfer seiner Jagdleidenschaft geworden ist. Nimm das Fell mit, wenn du willst, und vermerke den Fund auf deinem Abenteuerbogen.
Weiter bei **380**.

191 Der Leviathan scheint die Witterung aufzunehmen. Dann flackert Erkenntnis in seinen dunklen Augen. »Nicht bestanden!«, brüllt er. »Du hast es ihr nicht gegönnt, richtig?« Er fällt über dich her und beißt dir nicht nur den Kopf ab. Dein Abenteuer endet im Magen des Leviathans.
Ungerecht? Das ist Somorra.

192 Der Weg durch die verschneite Landschaft, über den du gekommen bist, ist verschwunden – ebenso wie der Schnee, wie du vorhin schon festgestellt hast. Stattdessen läufst du quer durch das blutrote Feld, mehrere Stunden. Irgendwann beschließt du, in den Tempel zurückzukehren. Leider findest du ihn nicht mehr. Und so irrst du weitere Stunden durch das Feld, das unendlich ist, so wie alles im Land der Träume. Irgendwann schläfst du völlig erschöpft ein und der Schrammenschreck findet endlich sein nächstes Opfer.
Ungerecht? Das ist Somorra.

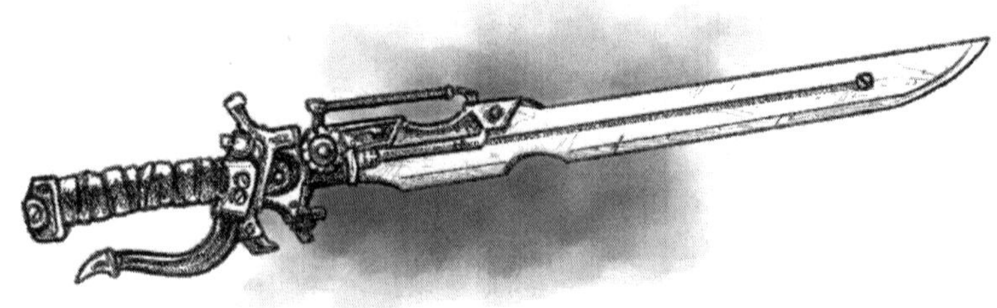

193 Sie starrt dich ungläubig und mit offenem Mund an. Fast erwartest du, sie jeden Augenblick in Lachen ausbrechen zu sehen, als hättest du soeben den Witz des Tages gerissen.
»Wasser trinkt der Vierbeiner. Der Mensch, der findet Bier feiner! Aber kein Bier hier, drum Rum!« sagt sie mit versteinerter Miene. Sie bückt sich unter den Tresen, wühlt ein wenig herum und zieht dann eine schmale Flasche mit klarer Flüssigkeit hervor. Sie ergreift ein sauberes Schnapsglas von der Wand hinter sich und füllt dieses mit der Flüssigkeit. Das volle Glas schiebt sie dir hin. »Dieser Schnaps ist das Beste, wovon Ruben Pick noch nie etwas gehört hat. Probiere selbst!«
Willst du trinken? (weiter bei **575**)
Oder das Glas ignorieren und deine Fragen stellen? (weiter bei **326**)

194 **Bonus-Abenteuer**
(muss »freigespielt« werden; darf also erst gespielt werden, wenn es dir ausdrücklich mitgeteilt worden ist)
Einige Tage nach der Gerichtsverhandlung begibst du dich zu der Kirche, um dich auf die Suche nach Konrad zu machen. Vor der Kirche hat sich eine Ansammlung von vielleicht zwanzig oder dreißig Menschen versammelt. Als sie dich sehen, kommt einer auf dich zu, ein älterer Mann mit weißen Haaren, die er als Pferdeschwanz trägt.
»Sie sind doch derjenige, der den Schrammenschreck besiegt hat, oder?«
Du nickst.
»Haben Sie tatsächlich vor, die Religion zurück nach Somorra zu bringen? Es gibt hier noch immer viele Menschen, die glauben.«
»Ich, äh. Das habe ich noch nicht entschieden.«
»Wenn es dazu kommen sollte … auf uns können Sie zählen. Hier.«
Er gibt dir eine Visitenkarte, auf der eine Telefonnummer neben einem Namen steht – Holger Weiß.

»Rufen Sie mich an. Es gibt noch immer viele wie uns, die den Glauben brauchen und sich einen Ort Wünschen wie diese Kirche. Wir helfen bei ihrem Wiederaufbau.«
Du steckst die Karte ein und versprichst, darüber nachzudenken. Dann betrittst du die verfallene Kirche.
Unterhalb der Kanzel findest du tatsächlich eine Tür. Du drückst die Klinke. Verschlossen. Dir gehört zwar jetzt das gesamte Grundstück. Das bedeutet jedoch nicht, dass du deswegen zu jedem Schloss der Kirche einen Schlüssel hast. Oder überhaupt einen Schlüssel.
Plötzlich: ein Geräusch aus dem Türschloss, als würde jemand von innen aufschließen. Dann schwingt die Tür auf. Dahinter Stufen, die in die Tiefe führen, sonst nichts und niemand.
Du steigst hinab. Es sind viele Stufen und du fürchtest schon, einen weiteren Zugang in die Zwischenwelt gefunden zu haben, da kommst du, nach vielleicht vierzig Stufen, unten an.
Es ist nur ein Raum. Er ist völlig leer, bis auf zwei riesige versteinerte Engel. Sie stehen links und rechts hinten an einer Wand, die eine hellere Farbe hat als die dunkelgrauen Wände an den anderen Seiten. Zu deiner Überraschung kennst du einen der versteinerten Engel: Es ist Abariel, der Engel bei Perlena.
Den anderen Engel hast du noch nie gesehen.
An der helleren Wand hinter den Engeln befindet sich eine Inschrift. Und du kennst den Text.

Ich glaube an den Menschen,
den Schöpfer von Erkenntnis und Einsicht, Mitleid und Weisheit,
an die Logik und das Gebot der Vernunft im Himmel und auf der Erde.
Und ich werde überleben die Schrecken dieser Welt und der jenseitigen,
hinabgestiegen in das Reich des Todes,
werde ich mich nicht von den Ausgeburten meiner Träume erkennen und vernichten lassen.

Ich glaube an die Realität, die Gemeinschaft der Sterblichen, das Erwachen und das Entfliehen aus dem Reich der Toten und an das Leben.
Amen.

Es ist der gleiche Text, den Perlena dich nachsprechen ließ, als du Sokrates´ Meditation erlernt hast

»Es ist kein Widerspruch zum Glauben.« Eine Stimme, so tief, dass sie in deiner Seele widerzuhallen scheint. Es ist Abariel, der da spricht. Er ist nicht länger aus Stein.

»Konrad sah darin eine Weiterentwicklung. Warum sollte man nicht zugleich an Gott *und* den Menschen glauben? Wo ist da der Unterschied, der Widerspruch? Warum soll es neben *Glauben* nicht auch *Logik* geben dürfen?«

»Das predige ich seit zehntausend Jahren.« Eine andere Stimme. Ähnlich tief, aber doch anders, härter. Der andere Engel.

»Mein Name ist Samael. Ich wache über Konrads Grab, bis derjenige kommt, der ihn erlösen soll.«

»Das bin ich. Was muss ich tun?«

»Es ist nicht an mir, diese Entscheidung zu treffen. Du kennst deinen Richter bereits. Folge uns.«

Beide Engel treten auf dich zu und jeder legt dir eine Hand auf die Schulter, Samael links, Abariel rechts. Du blinzelst, es ist nur ein Wimpernschlag, da steht ihr plötzlich an einem anderen Ort: Perlenas Bibliothek. Und die Frau erwartet dich bereits.

»Wie schön«, sagt sie lächelnd. »Wie schön, dass du lebst. Wie schön, dass du Konrads Sohn bist. Wie schön, dass du gekommen bist, seine Seele zu retten. Tritt durch die Tür, du kennst sie bereits. Sie werden darüber richten, ob du würdig bist, vorgelassen zu werden.«

Sie deutet auf die Tür in der holzvertäfelten Wand, die du tatsächlich schon kennst. Es ist die Tür, hinter der du erfahren hattest, ob du Perlenas Prüfung bestanden hast.

Du trittst hindurch. Perlena und die Engel bleiben zurück.

Weiter bei ERKENNTNIS.

195 Du schwingst deine Waffe abwechselnd in die Richtung der beiden Dämonen.
»Hihihi, er sticht sich gleich, er sticht sich gleich!«, sagt einer. Du schwingst deine Waffe in Richtung des Sprechers und triffst etwas – er kreischt auf, dann: Stille. Du lauschst. Nichts mehr. Ist der andere Dämon verschwunden?
Du machst einen Schritt in der Dunkelheit und stößt gegen jemanden, nein, gegen etwas: die Treppe. Schnell verlässt du dieses Loch und bist kaum oben angelangt, als sich die Welt um dich herum wieder ändert.
Einen Beweis, dass du den Schattendämon besiegt hast, konntest du leider nicht mitnehmen.
Weiter bei **454**.

196 Du rennst zu dem Käfig, in dem Ringo liegt. Noch immer rührt er sich nicht.
Du erinnerst dich an das, was der Schrammenschreck sagte – du brauchst ein Phönix-Ei.
Ändere das Codewort ALPHA zu 10.
Weiter bei KÄFIG.

197 Du versuchst, zu erwachen. Klammere dich an die Realität. Woraus bestand der letzte Fluss, den du überquert hast?
Aus Feuer? (weiter bei **492**)
Aus Wasser? (weiter bei **503**)

198 Alles verschwimmt und einen Moment später stehst du wieder auf der Ebene aus Lavastein. Vor dir plätschert der nächste Fluss. Am Ufer wartet eine Barke, in der ein Mann in dicker Fellkleidung mit einem schwarzen Hütehund sitzt. Sein großer Hut verdeckt einen Großteil seines Gesichts. Als er dich sieht, erhebt er sich gemächlich und steigt aus. Er wendet sich dir zu und du siehst seine roten Augen, die dich ruhig, zugleich erwartungsvoll

mustern. Der Hut müsste eigentlich einen dunklen Schatten in sein Gesicht werfen, doch es sieht aus, als wäre es perfekt ausgeleuchtet. Er streckt die Hand aus. »Ein Almosen für einen armen Fährmann ohne Haus und ohne Frau.« Er kommt noch einen Schritt auf dich zu mementomori und packt dich an der Schulter. Lange Klauen bohren sich in deine Schulter, er zieht dich an sich und stößt dir ein langes Messer in den Bauch. Das Lachen des Schrammenschrecks ist das einzige Geräusch, das du hörst, während das Leben rot aus dir heraussprudelt.
Ungerecht? Das ist Somorra.

199 Der Engel nickt und erhebt sich. »Die Schlange des Neids also. Du darfst passieren.«
Ändere das Codewort ERKENNTNIS zu 295.
Weiter bei **175**.

200 Du packst den Beamten an seiner knochigen Schulter. »Was denn jetzt schon wieder?« Er blickt sich um.
»Die junge Frau bleibt bei mir«, sagst du.
»Was? Sie wurde soeben festgesetzt. Unsittliche Umtriebe und Widerstand gegen die Männlichkeit!«
»Du wolltest mir doch an die Wäsche!«, faucht Sascha und versucht erneut, sich loszureißen, doch er hält sie weiter fest.
»Und jetzt lass mich los, Leichtmatrose!« Der Mann tritt auf dich zu. Er ist deutlich kleiner. Du weichst nicht zurück, sondern verstärkst den Druck an seiner Schulter. »Lass sie los, sofort!«
Plötzlich lässt er Sascha los und hebt beide Hände. »Das war doch alles nicht so gemeint!« Er lächelt sogar. »Ich gehe jetzt einfach wieder in meine Amtsstube, einverstanden, und wir vergessen das Ganze?«
Du lässt ihn ebenfalls los. Er weicht zurück und ist einen Augenblick später im Gebäude der Hafenverwaltung verschwunden.
»Elender Schlappschwanz«, zischt Sascha.

Als du ihr zeigst, was du in Ruben Picks Büro gefunden hast, lächelt sie endlich wieder.
Weiter bei **163**.

201 Du wartest nur dreißig Sekunden, da wendet sich die Bardame dir zu und entdeckt die Flasche. »Na hoppla, da steht das gute Zeug vom Langen Johann einfach auf dem Tresen herum!« Die Flasche verschwindet in einem abschließbaren Schrank.
»Was wollen wir denn trinken?«
Du siehst nichts mehr, das du stehlen könntest, und murmelst, dass du es dir anders überlegt hast.
Als du in den Vorraum zurückkehrst, läufst du dem Türsteher in die Arme. »Hoppla, doch die rechte Tür? Gute Wahl.« Der Glatzköpfige beugt sich verschwörerisch zu dir vor. »Wonach steht denn der Sinn? Nach Frauen, nach Männern, nach beidem? Oder nach ganz anderer Unterhaltung?«
Was willst du antworten?
Nach Frauen: Weiter bei **251.**
Nach Männern: Weiter bei **8.**
Nach beidem: Weiter bei **205**.
Nach ganz anderer Unterhaltung: Weiter bei **139**.

202 Du schlägst ihre Hand zur Seite und stellst dich zwischen sie und Sascha. Die Alte blickt dich überrascht an, dann verdunkelt sich ihr Blick.
»Ich glaube, das war nicht so schlau«, flüstert Sascha dir zu.
In einer Sprache, die du nicht verstehst, beginnt die Gauklerin, laut kreischend auf dich einzureden. Ihren Stock schwingt sie dabei wild in deine Richtung, so dass du Angst hast, dass sie dich im Gesicht treffen könnte.
Du machst einen Schritt weg von ihr. Dir fällt auf, dass alle anderen Gespräche verstummt sind und auch die Kinder nicht mehr spielen. Alle Augen sind auf die schimpfende Sorcha und auf dich gerichtet.

Du entscheidest, dass jetzt ein guter Zeitpunkt ist, das Wasservolk wieder zu verlassen.
Ändere das Codewort WASSER zu 364.
Ihr geht zurück zum Hafen. Weiter bei **84**.

203 Als du mit der Rothaarigen vor der Tür stehst und sie die Tür öffnet, fragst du dich, ob es eine gute Idee ist, hierher zurückzukehren. Andererseits – wer weiß schon, ob sie sich an dich erinnern?
Willst du lieber das Reich der Ran nicht betreten (womit du Ruben Picks Auftrag nicht mehr erfüllen kannst), dann lies weiter bei **84**.
Oder lässt du es darauf ankommen und betrittst das Reich der Ran ein zweites Mal? (weiter bei **178**)

204 Du wartest vor Ewalds Wohnwagen, bis er wieder mit Becky erscheint.
Notiere dir neben dem Codewort BECKY die Zahl 457.
Weiter bei **351**.

205 »Leider aus«, sagt der Mann. »Nehmen Sie etwas anderes. Also, wonach steht der Sinn?«
Nach Frauen: Weiter bei **251.**
Nach Männern: Weiter bei **8.**
Nach ganz anderer Unterhaltung: Weiter bei **139**.

206 Du fragst sie, was sie dir über Ruben Pick und den Hafen berichten kann. Sie antwortet nicht, sondern zieht nur die Augenbrauen nach oben und die Mundwinkel nach unten.
Du wartest ein paar Sekunden. Schließlich dämmert es dir, dass du so von ihr wohl keine Antwort erhalten wirst.
Wenn du möchtest, kannst du nun noch nach Schnaps (weiter bei **433**) oder Wasser (weiter bei **193**) fragen.
Oder aber du verlässt die Bar wieder. (weiter bei **287**)

207 »Beim Schrammenschreck, warum das denn? Oh, nun, das ist wirklich schade. Wohl doch kein so richtiger Profispieler.« Block kratzt sich am Kopf und schaut dann in einen kleinen Taschenkalender. »Wir sollten jetzt mal schauen, dass wir weiterkommen. Ich muss noch mit der Gräfin unter vier Augen sprechen, wenn es recht ist.« Er schiebt dich zur Tür hinaus und knallt sie hinter dir zu. Dort wartest du und hoffst, dass schon alles gut gehen werde. Leider geht nichts gut.
Weiter bei **5**.

208 Hinter der Auslage steht ein alter, runder Mann mit Schnurrbart und schaut dich an. »Was kann ich für Sie tun?«
»Danke, nichts, ich wollte gerade mit der Dame hier sprechen.« Du deutest auf die dicke Frau und trittst auf sie zu.
»Entschuldigen Sie, meine Dame, Sie wirken, als wüssten Sie die Annehmlichkeiten der richtigen Bekanntschaften zu würdigen.« Sie schaut auf und lächelt, als sie dich bemerkt. Gleichzeitig fällt dir auf, dass ihr Begleiter die Augenbrauen zusammenzieht.
»Ja bitte, mein Lieber?« säuselt sie.
»Sie werden sicher schon davon gehört haben: Die Gräfin Lichterheide trifft in wenigen Minuten in der Stadt ein. Leider ist sie das Opfer eines schrecklichen Überfalls geworden und hat all ihren Schmuck eingebüßt. Wenn sich nur jemand fände, ihr aus dieser Notlage zu helfen, ihr lebenslanger Dank wäre ihr gewiss!«
»Oh, wie schrecklich! Gut, dass wir uns treffen. Wir müssen der Gräfin unbedingt helfen. Sagt, ist sie denn sehr berühmt?«
»Wahnsinnig berühmt!« Du nickst eifrig.
»Wie kann ich denn – ja, was denn?« Sie schaut zu ihrem Begleiter, der an ihrem Ärmel zupft. Er flüstert ihr etwas ins Ohr.
»Ja sicher, hab ich doch gesagt. Aber erst müssen wir der Gräfin helfen. Sagt mir«, sie wendet sich wieder dir zu, »würde es denn diese bescheidene Uhr für den Anfang tun?« Sie deutet auf eine Kette, an der ein großer Edelstein hängt, der mit vielen glitzernden klei-

nen Steinen eingefasst ist. Sie soll laut Auszeichnung 4.000 Somorra-Mark kosten.
Du tust so, als würdest du ernsthaft abwägen, und sagst dann: »Ich denke, für den Beginn und um die schlimmste Bloßstellung zu vermeiden, sollte das genügen.«
»Na dann!« Sie ruft den Juwelier herbei und erwirbt die Uhr, als wäre es ein Spielzeug aus einem Kaugummiautomaten. Der Blick ihres Begleiters wird dabei immer finsterer.
»Hier bitte. Und richtet bitte der Gräfin viele Grüße von Madame Donatelli aus. Ich würde mich freuen, sie demnächst bei mir zu begrüßen, damit wir gemeinsam nach noch mehr Juwelen suchen. Jose, wir müssen leider gehen. Mein Budget für heute ist aufgebraucht. Du bekommst deine Uhr das nächste Mal.«
Du nickst, verabschiedest dich und verlässt hinter Madame Donatelli den Laden – in der Tasche die Kette, die sie dir eben gekauft hat. Du machst dich auf den Weg zu Ruben Picks Amtssitz.
Weiter bei **176**.

209

Dämonenkrieger (dämonisch)
Schattendämon (dämonisch)

— Notizbuch wieder erlaubt —
Wenn du Weihwasser geworfen hast: Es zeigt keine Wirkung.
Verteidigst du dich mit einer Heiligen Waffe? (weiter bei **353**)
Anderenfalls geht es weiter bei **273**.

210

»Der schnöde Mammon. Unterhalb von Somorra treffe ich selten Menschen, die über genügend Eigentum verfügen, um geizig sein zu können. Nun gut, wie du meinst. Du darfst passieren.«
Ändere das Codewort ERKENNTNIS zu 344.
Weiter bei **175**.

211 Du versuchst, zu erwachen, was dir dieses Mal ohne Probleme gelingt.
Du schreckst hoch. Schon wieder bist du eingeschlafen. Wie lange wirst du dem Schlaf noch widerstehen können? Du musst versuchen, so lange wie möglich …
Wieder schläfst du ein. Weiter bei **212**.
Oder ist es dir zu blöd, immer wieder aufwachen zu müssen? Dann lies weiter bei **479**.

212 Dir fällt nichts mehr ein, wie du Cosmar noch finden könntest. Trotzdem hegst du weiterhin die vage Hoffnung, doch noch einen Weg zu finden, wie du am Leben bleiben kannst.
Nachdem du dich frustriert auf eine Bordsteinkante hast fallen lassen, siehst du plötzlich, wie jemand auf dich zukommt. Über ihm fliegen Dutzende Krähen. Bevor du fragen kannst, was er von dir will mementomori ist er über dir. Der Schrammenschreck beißt dir die Kehle durch und beendet damit dein Abenteuer.
Ungerecht? Das ist Somorra.

213 Sie verdreht die Augen. »Bitte, geh jetzt. Ich habe noch mehr zu tun.«
Gehst du jetzt doch? (weiter bei **263**)
Oder schleuderst du ihr entgegen, dass sie sich ungerecht verhält? (weiter bei **296**)

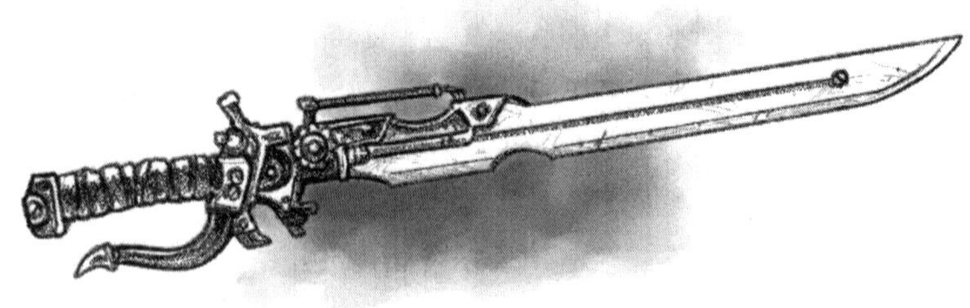

214 Du klopfst an der Tür. Eine Klappe wird aufgeschoben. »Ja?«
Was willst du sagen?
»Kommen Sie schnell! Eine Katze sitzt im Baum und ich bekomme sie allein nicht wieder runter!« (weiter bei **12**)
»Feuer! Eines der Lagerhäuser brennt!« (weiter bei **6**)

215 Du versuchst, zu erwachen. Klammere dich an die Realität. Wie heißt die Vergnügungsmeile des Hafenviertels?
Kali? (weiter bei **513**)
Ran-Meile? (weiter bei **519**)

216 In einem Hinterhof kommst du wieder zu dir. Du liegst in einem Müllcontainer voller verrottender Kartoffelschalen, matschiger Äpfel und anderer Essensreste, von dem übelgelaunten Türsteher keine Spur. Ein paar Spinnen, Käfer, Insekten mit schwarzem Panzer, ergreifen die Flucht, als du dich bewegst. Als du dir den Dreck aus dem Gesicht wischst und dich aufrichtest, merkst du, dass dich jemand beobachtet: Eine Gestalt kauert auf dem Rand des Containers und rührt sich nicht.
Als der Fremde merkt, dass du wach bist, lässt er sich vom Rand des Containers herabrutschen und kommt auf dich zu, auf allen Vieren kriechend.
Noch immer kannst du sein Gesicht nicht erkennen. Erst, als er fast bei dir ist, siehst du seine spitzen Zähne, dann sein weißes Gesicht und die rote Nase. Und auch seine Augen leuchten rot.
Und dann erkennst du ihn und bist so starr vor Schreck, dass du dich nicht rühren kannst. Es ist mementomori der Schrammenschreck.
Er fällt über dich her. Kurz darauf machst du deinen letzten Atemzug.
Ungerecht? Das ist Somorra.

217 »Danke.« Sie nimmt das Weihwasser und wäscht sich das Gesicht. Während sie noch schrubbt, löst sie sich in Luft auf. Gleichzeitig schwingt die Tür nach hinten auf.
Weiter bei **51**.

218 Du tauchst in die Richtung, wo der Sand aufgewühlt worden ist.
Das trübe Wasser erschwert die Sicht. Plötzlich schießt ein Tentakel mit dicken Saugnäpfen auf dich zu und verfehlt dich nur knapp. Ein riesiges Tier stürzt sich auf dich. Du musst dich verteidigen!
— *Notizbuch ab hier ausgeschlossen* —
Plötzlich sind überall dicke Tentakel, die zu einem Riesenkraken gehören. Er greift dich an.

Wasserlebewesen
Augen: Stielaugen, blau
Füße: Tentakel
Mund: Raspelzunge
Schatten: ja
Sonstiges: keine Flossen

Entscheide dich, ob du kämpfen willst bzw. wie du dich verteidigen willst (Sokrates' Meditation ODER Weihwasser UND/ODER eine Waffe).
Dann lies weiter bei **293**.

219 »Ah, wunderbar!« Der Glatzköpfige beugt sich verschwörerisch zu dir vor. »Wonach steht denn der Sinn? Nach Frauen, nach Männern, nach beidem? Oder nach ganz anderer Unterhaltung?«
Was willst du antworten?
Nach Frauen: Weiter bei **158**.
Nach Männern: Weiter bei **408**.
Nach beidem: Weiter bei **462**.
Nach etwas ganz Besonderem: Weiter bei TRAUMPALAST.

220 »Da wird ja der Fisch in der Pfanne verrückt, warum das denn? Oh, nun, das ist wirklich schade. Wohl doch kein so richtiger Profispieler.« Block kratzt sich am Kopf und schaut dann in einen kleinen Taschenkalender. »Wir sollten jetzt mal schauen, dass wir weiterkommen. Ich muss noch mit der Gräfin unter vier Augen sprechen, wenn es recht ist.« Er schiebt dich zur Tür hinaus und knallt sie hinter dir zu. Dort wartest du und hoffst, dass schon alles gut gehen werde.
Leider geht nichts gut.
Weiter bei **5**.

221 Der Kühlschrank ist tot. Kein Summen, kein Brummen, kein Rattern. Du öffnest die Tür. Die Beleuchtung geht nicht an – soweit also alles wie sonst. Allerdings ist er warm, leer und riecht nach faulen Eiern. Als du die Tür wieder schließt, siehst du einen Blitz an der Steckdose und der Kühlschrank fängt an zu summen. Er ist wieder in Betrieb, doch zugleich hast du das Gefühl, als hätte sich dieser Traum im selben Moment verändert. Das Licht ist anders, als wäre es gedimmt, die Farben sind grauer als zuvor. Es ist, als würde das Licht flackern. Aber nein, es ist nicht das Licht. Steht deine Wohnung in Flammen?
Dann entdeckst du eine Frau, die in deiner Wohnung schwebt. Sie ist kaum bekleidet. Nur ein dünner roter Schleier umspielt ihren

Körper und enthüllt mehr als er verbirgt. Sie hat keine Beine. Stattdessen besteht ihr Unterkörper aus einer Art Windhose, die aus reinem Feuer zu bestehen scheint.

»Grüß dich, Abenteurer. Ich bin Yasmina und diene der Schönheit und dem Abenteuer. Lass uns ein Spiel spielen, das Spiel der Reinheit. Der Sieger darf sich vom Verlierer etwas wünschen, egal was. Was sagst du?«

»Wie sind die Spielregeln?« (weiter bei **372**)

»Nein, ich möchte nicht spielen.« (weiter bei **236**)

222 Es ist dir nicht gelungen, ein passendes Geschenk zu finden. Doch wie es scheint, ist dir das Glück wenigstens einmal hold: Just in dem Moment, als du aus der Tür trittst, ist der Türsteher in eine intensive Diskussion mit einer kleinen Blondine vertieft, so dass du ohne Zahlung des Mindestverzehrs das Reich der Ran verlassen kannst. Wahrscheinlich wird sich der Türsteher nicht mal an dich erinnern.

Willst du jetzt zu Ruben Pick gehen, um die Ankunft der Gräfin schon mal anzumelden? (weiter bei **475**)

Oder kehrst du lieber gleich zu Ewald und Becky zurück? (weiter bei **204**)

223 Du findest dich auf einem steinigen Feldweg wieder. Du drehst dich einmal um deine eigene Achse. Vom Kühlschrank oder dem Durchstieg, durch den du hierhergekommen bist, gibt es keine Spur.

Über dir spannt sich weit ein dunkelblauer Himmel mit nur wenigen kleinen Schafswolken. Du bist doch eigentlich unterhalb Somorras, nur: welchen Himmel siehst du gerade? Ist das eine Eigenheit dieses Albtraumlandes, der Schrammenwelt, wie sie der Priester genannt hat?

Der Feldweg liegt am Fuße eines Berges. Ein Wegweiser, der bergaufwärts deutet, informiert dich, dass es sich um den Läuterungsberg handelt, die nächste Station deiner Reise. Hier sollst du also Sokrates' Meditation lernen und bis dahin Albtraumwesen besser meiden. Der Weg macht ein paar Dutzend Schritte vor dir eine Biegung – und aus dieser Richtung hörst du Geräusche, die sich wie ein Kampf anhören.

Willst du losrennen – vielleicht braucht jemand deine Hilfe? (weiter bei **87**)

Oder lässt du erst einmal Vorsicht walten und schleichst dich an, um herauszufinden, was dort auf dich wartet? (weiter bei **34**)

224 Als du den Ausgang der Höhle fast erreicht hast, regt sich unter dir etwas. Der Sand auf dem Grund wird aufgewühlt, ohne dass du erkennen könntest, von wem oder was.
Willst du weiterschwimmen, so schnell du kannst? (weiter bei **556**)
Oder willst du nachsehen, was sich dort tut? (weiter bei **218**)

225 Du wirfst von einem Versteck aus einen Stein gegen die Tür. Kurz darauf flackert ein Licht hinter einer Scheibe auf und ein dicker, langhaariger Mann steckt den Kopf aus der Tür und schaut sich um. Als er niemanden sieht, verschwindet er wieder im Inneren und zieht die Tür hinter sich zu. Kurz darauf erlischt auch das Licht wieder. In dir keimt eine Idee: Wenn du den Mann nach draußen locken könntest und ihn dann unschädlich machst, ist er in Sicherheit und du könntest in Ruhe das Lagerhaus in Brand stecken.
Was willst du machen?
Willst du versuchen, den Mann nach draußen zu locken? (weiter bei **399**)
Oder willst du das Lagerhaus von außen anzünden? (weiter bei **352**)

226 Du gehst hinter den Schreibtisch und ziehst die Schublade auf. Darin liegen nur ein paar Kugelschreiber, leere Tintenpatronen und etwas Papier. Kein Schlüssel. Immerhin findest du eine Silbermünze, die du einstecken kannst (notiere sie auf deinem Abenteuerbogen).
In diesem Augenblick hörst du Schritte aus dem Zimmer hinter der Tür, die näher kommen. Triff schnell eine Entscheidung! Willst du:
Dich schnell hinter dem Schreibtisch verstecken? Ein besseres Versteck kannst du auf die Schnelle nicht entdecken. (weiter bei **257**)
Dich sofort auf die Person stürzen, die zur Tür hereinkommt? (weiter bei **346**)

227 »Alter, ja! Das ist es! Danke! Übrigens, was ich herausgefunden habe: Werwölfe haben gelbe Augen. Viel Glück! Bleib am Leben!«

Der Besatzung des Schiffs ist es gelungen, das Ruder wieder zu befreien, und mit einem Ruck geht der Flug weiter, diagonal über den Fluss in Richtung des Ufers. Du winkst noch, da ist Sascha schon nicht mehr zu sehen.

Ändere das Codewort ALPHA zu 238, wenn das dort nicht schon steht.

Weiter bei **330**.

AUS DER HÖLLE
SPECIAL APPEARANCE: SCHRAMMENSCHRECK
mit: RUBEN PICK
SCHMELLINGER
KONRAD
DER BLINDE UHRMACHER

3. Teil: Aus der Hölle

228 Unmittelbar am Ufer beginnt ein Wald, oder zumindest das, was einmal ein Wald gewesen sein muss – abgestorbene Bäume, in den Himmel ragende Baumgerippe, dorniges Gestrüpp. Vom Ufer schlängelt sich ein Weg in den Wald, doch durch die dürren Zweige toter Stechfichten und Rottannen kannst du schon vom Ufer erkennen, wohin der Weg führt: zu einem gigantischen Betongebäude mit einer riesigen Kuppel als Dach, ohne Fenster, mit einer schweren Stahltür. Aus der Kuppel ragen rostige Eisenstangen, ein monströses Nadelkissen. Die Wände sind aus kleineren Betonplatten zusammengesetzt, vielleicht zwei Meter im Quadrat. Schmutzigbraune Schlieren haben lange, vertikale Streifen aus Rost an die Wand gemalt.
Plötzlich entdeckst du sie: Fußspuren auf dem schlammigen Weg. Sie führen auf das Gebäude zu, und genau in diesem Augenblick siehst du eine Gestalt, die hundert Meter vor dir dem Weg folgt und gerade die Stahltür erreicht. Sie trägt einen zerrissenen Pullover mit grünen und roten Streifen.
»Sascha!«, rufst du. Sie hört dich nicht und verschwindet in dem Gebäude.
Als du dem Weg folgst, kommt Wind auf, so kalt wie Angst, und rauscht durch die toten Äste und Zweige. Fichtennadeln und Tannenzapfen regnen auf dich herab. Es sind nur ein paar Schritte bis zu dem Gebäude, doch erst, als du davorstehst, fällt dir auf, wie hoch es tatsächlich ist: mindestens doppelt so hoch wie das Waisenhaus, in dem du aufgewachsen bist.
Und die Eisentür ist nur angelehnt.
Du trittst ein. Weiter bei **317**.

229 Ewald lässt sich seine Enttäuschung deutlich anmerken. »*Gowegardsch*! Zieh Leine!« Er stößt dich weg. Du hast ihn sichtbar verärgert. »Mach's dir doch selber, wenn du dir zu fein für unsere Aufträge bist!«
Dir bleibt nichts anderes übrig, als das Wasservolk zu verlassen. Du kannst nicht wiederkehren. Sie werden dich nicht mehr als Freund behandeln.
Du kehrst zurück zum Hafen.
Ändere das Codewort WASSER zu 364.
Weiter bei **84**.

230 Der Wolf beißt dir die Kehle durch und frisst dich dann auf.
Ungerecht? Das ist Somorra.

231 Das Feuer flackert bereits so hoch, dass es das Innere des Lagerhauses in ein gespenstisches, surreales Licht taucht, während es immer heißer wird und der Rauch das Atmen schwerer macht. Jetzt kannst du sehen, dass das Lagerhaus nur aus dem Lagerraum besteht, den du gerade in Brand gesetzt hast, und einer kleinen Kammer neben der Eingangstür, die du in diesem Moment entdeckt.
Du hast Glück: Die Tür lässt sich von innen öffnen. Du drückst sie auf und taumelst ins Freie. Draußen lässt du dich auf den Boden sinken und atmest gierig die frische Luft ein. Nach ein paar Momenten findet dich Sascha. »Oh Gott. Zum Glück hast du die Tür gefunden. Es gab hier einfach keinen Ast mehr …«
Sie verstummt und dreht sich in Richtung des Gebäudes. »Warum brennt eigentlich das Lagerhaus nicht?«
»Keine Ahnung. Vielleicht brandsichere Wände?«
Sascha zuckt mit den Schultern.
Ihr sucht euch ein Versteck, von dem aus ihr den Brand verfolgt. Tatsächlich fängt das Gebäude nicht Feuer. Stattdessen schaut es ir-

gendwann so aus, als würde es schmelzen. Und erst nach einer Weile lecken hier und da Flammen aus dem Dach und an den Wänden empor. Die Rauchentwicklung ist dafür immens.
Plötzlich hört ihr einen Schrei aus dem Inneren, gefolgt von lautstarkem Husten, das nach einer Weile verklingt.
Sascha schaut dich an. Sie ist so weiß wie ein Gespenst. »Fuck. Wenn der das nächste Mal aufwachen will, stellt er fest, dass er nicht mehr aufwachen kann.«
Euch ist klar, dass ihr dem Menschen, der da im Inneren des Hauses ist, nicht mehr helfen könnt.
»Den haben wir umgebracht.« Deine Stimme hört sich heiser an, und das liegt sicher nicht nur an dem Rauch, den du eingeatmet hast.
Notiere dir neben dem Codewort BARRIERE die Zahl 402.
Ihr beschließt, zu Ewald zurückzukehren. Weiter bei **239**.

232 »In dieser Welt regieren die Teufel, es gibt so viele von ihnen«, sagt der Schrammenschreck da und lacht. »Ein Priester willst du sein und weißt doch nichts über die Welt, über die Teufel, über Sünde, Verrat und Vergebung. Und willst du wissen, wie der schlimmste aller Teufel heißt, ihr Anführer, die Verkörperung des Bösen? Du kennst ihn, glaube mir. Soll ich es dir sagen?« Er wartet nicht auf deine Antwort. Du könntest sie ihm auch nicht geben. Stattdessen beantwortet er seine Frage selbst, lächelnd, selbstzufrieden, als hätte er lange um diese Erkenntnis gerungen, als hätte er lange auf diesen Moment gewartet.
»Der mächtigste aller Teufel nennt sich Gott. Ist es nicht Er, der den Menschen Hoffnung macht mit seinen Versprechungen auf Seelenheil, auf Linderung der Pein, auf Erlösung? Der ihnen verspricht, dass sie als Gegenleistung für ein gottesfürchtiges Leben mit dem Schrecken davonkommen?«
Du schweigst. Wie könntest du ihm widersprechen?
»Und wer ist es, der ihre Kinder tötet, der Flutwellen und Erdbeben schickt, der Menschen an Krebs sterben lässt, die nie einem ande-

ren ein Haar gekrümmt haben, junge Mütter am Somorin, wer ist es, der all das zulässt? Es ist Gott. All die anderen Teufel stehen wenigstens zu dem, was sie sind. Und Gott? Der redet von Güte und Vergebung. An diesen Gott willst du glauben?«
Du bist nicht den ganzen Weg gekommen, um hier mit dem Schrammenschreck über Theologie zu diskutieren. Daher sagst du nur: »Behalte deine wirren Theorien für dich, Bohoc. Ich bin gekommen, um deinem Treiben ein Ende zu setzen.«
»Ich werde dir deinen Gott schon austreiben«, sagt da der Schrammenschreck und kommt auf dich zu. Du solltest dich für den Kampf bereit machen.
— *Notizbuch ab hier ausgeschlossen* —

Zweibeiniges Landlebewesen
Augen: unbekannt
Füße: menschlich
Mund: Reißzähne
Schatten: unbekannt
Sonstiges: nein

Entscheide dich, ob du kämpfen willst bzw. wie du dich verteidigen willst (Sokrates' Meditation ODER Weihwasser UND/ODER eine Waffe).
Dann lies weiter bei **282**.

233 Du setzt deinen Weg fort und schon nach wenigen Schritten bleibt das Geräusch hinter dir zurück. Der Weg mündet schon bald in eine Holztür, die nur angelehnt ist. Du schiebst sie auf. Dahinter kommt ein Raum zum Vorschein, in dem nur ein Tisch und ein paar Stühle stehen. Auf einem der Stühle sitzt, mit dem Rücken zu dir, ein menschliches Skelett ohne Kopf. Hinter der Tür entdeckst du eine Holzkonstruktion, die wohl dereinst als Waffenregal gedient hat. Ob hier Cosmar lebt? Du schaust dich genauer um. Nichts.
Die Präsenz des kopflosen Skeletts beunruhigt dich. Du atmest durch und reibst dich am Kopf. Was jetzt? Den Weg zurück, in diesen

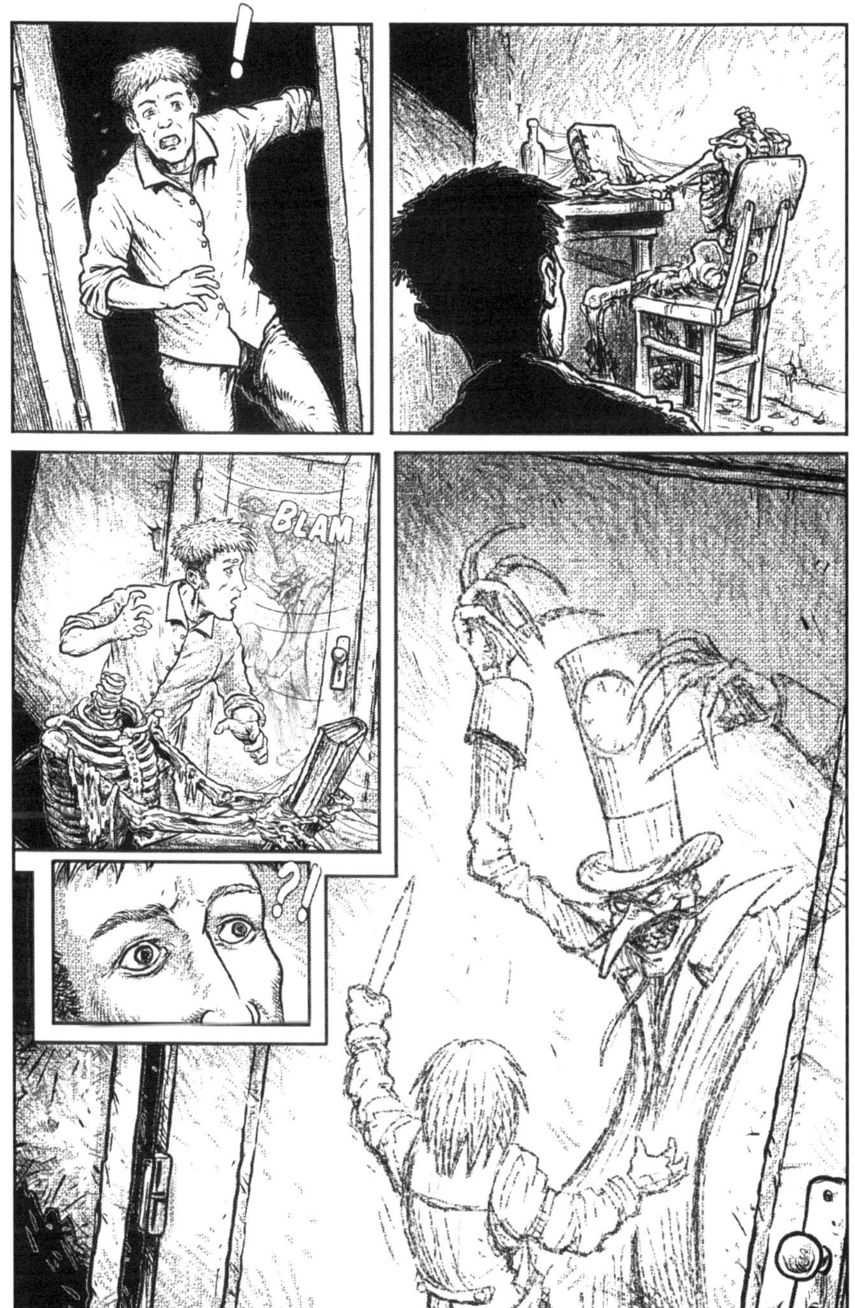
!
BLAM
?!

Gang, wo seltsame Geräusche auf dich warten, oder anderer Menschen Albträume?
Vielleicht gibt es einen Luftzug, vielleicht ist eine andere Kraft im Spiel, doch plötzlich fällt die Holztür hinter dir ins Schloss. Du zuckst zusammen, so laut hallt der Schlag der Tür im Rahmen. Und als du dich zu der Tür umdrehst, siehst du es: Schnitzereien. Als Erstes fällt dir ein Bild des Schrammenschrecks auf, mit seinem hohen Zylinder und den langen Klauen. Daneben ist ein Mann von hinten zu sehen, der sich gegen ihn verteidigt, und darunter steht geschrieben: »Cosmar, Bekämpfer von Bohoc.« Du bist also richtig. Dies ist die Kammer von Cosmar, des Mannes, den du gesucht hast und der dir sagen kann, wie du den Schrammenschreck besiegen kannst. Doch wo ist er? Dein Blick fällt auf das Skelett ohne Kopf. Ist das etwa …?
Um Gewissheit zu erlangen, zwingst du dich, das Skelett genauer zu untersuchen – und tatsächlich: Auf dem Tisch, von einer dicken Staubschicht bedeckt, liegt ein altes Buch, das der Knochenmann mit beiden Händen fest umklammert hält. Als du versuchst, es zu nehmen, brechen die Knochenfinger und geben es frei. Es hat einen Ledereinband. Du beginnst zu lesen. Gleich auf der ersten Seite findest du folgenden Eintrag:
Cosmars Notizbuch
Schon beim ersten Durchblättern merkst du, dass Seiten fehlen. Es ist ein Fragment. Wer wohl die fehlenden Seiten herausgerissen hat?
Du findest Cosmars Notizbuch hinten (Seite 449). Du wirst es ab jetzt für den Rest deines Abenteuers bei dir haben und kannst es jederzeit konsultieren. Weiter bei **392**.

234

Du tastest dich Millimeter für Millimeter vorwärts. Bald schon hast du die Orientierung verloren. Nach ein paar Minuten, die dir ewig erscheinen, tasten deine Fingerspitzen ins Leere – vor dir ist eine Schlucht oder ein Graben oder irgend so etwas, jedenfalls kein Boden mehr. Du atmest schon erleichtert durch, da löst

sich eine Verankerung und der Boden unter dir klappt weg, wie bei einer Falltür oder einer Baggerschaufel, die nach vorne gekippt wird. Du fällst, einige Zeit. Dann schlägst du auf dem Boden auf. Unzählige Gebeine liegen dort. Du wirst bald eines von ihnen sein. Ungerecht? Das ist Somorra.

235 Das Wesen fällt über dich her und beißt dich tot. Dein Abenteuer endet hier.
Ungerecht? Das ist Somorra.

236 »Wie schade. Ich werde mir dich trotzdem nehmen.«
— Notizbuch ab hier ausgeschlossen —

Beinloses Wesen (schwebend)
Augen: grün
Füße: brennender Feuerwirbel
Mund: menschlich
Schatten: ja
Sonstiges: körperlich

Entscheide dich schnell, ob du kämpfen willst bzw. wie du dich verteidigen willst (Sokrates' Meditation ODER Weihwasser UND/ ODER eine Waffe).
Dann lies weiter bei **245**.

237 Ändere das Codewort OMEGA zu 23 und SIGMA zu 166. »Hab dank!«, sagt der Mann, nachdem er den Gegenstand eingesteckt hat. »Du musst wissen, es sind keineswegs alle Werwesen von böser Natur. Ich habe sie studiert. Es gibt einige, denen kann man vertrauen, auch in ihrer Werform. Solltest du einmal einem Werwolf begegnen – und ich meine nicht den Cissar! – dann gib ihm eine Chance. Er mag fürchterlich brüllen, aber er wird dich nicht beißen. Aber hüte dich vor allen anderen Werwesen hier in der Traumwelt.«
Du bedankst dich für den Tipp und setzt dann deinen Weg fort.
Weiter bei **161**.

238 Sofort fällt dir auf, dass vor dir, in der Nähe der Käfige, ein Kampf stattfindet. Du rennst ein paar Schritte in die Halle hinein, um mehr erkennen zu können. Zu deinem Entsetzen kennst du beide Kontrahenten:
Sascha, die junge Frau, die ebenfalls im Azrael-Sanatorium untergebracht war, ringt mit der Verkörperung deiner Albträume, dem Schrammenschreck, um ihr Leben. Genauer gesagt: Der Schrammenschreck spielt mit ihr. Sie versucht, ihm mit einer Heiligen Waffe Schaden zuzufügen. Die Angriffe verpuffen wirkungslos und der Schrammenschreck tanzt um sie herum, als wäre er auf der Balz und nicht in einem Kampf.
Willst du eingreifen? (weiter bei **412**)
Oder willst du erst abwarten? (weiter bei **115**)

239 »Ach, da sind ja meine Täubchen!«, ruft Ewald, als er euch sieht. Er sitzt rauchend vor einem Feuer, über dem sich ein ganzes Schwein dreht.
»Das Feuerwerk ist ein bisschen klein ausgefallen, was meint ihr?« Er deutet mit zwei Fingern, zwischen denen seine Kippe steckt, auf dich. »Will es trotzdem zählen lassen. Setzt euch, dann erfahrt ihr, was ihr wissen wollt.«

»Ach, Mädelein.« Plötzlich steht wieder die alte Sorcha vor euch und nimmt Sascha an der Hand. »Nur noch eines.«
Sie deutet in deine Richtung. »Jüngelein schon mal mit Ewald sprechen.« Dann zieht sie Sascha mit sich.
Als du sitzt, fährt Ewald fort. »Betretet die Kanalisation dort, wo die Statue von Ruben Pick steht, ihr wisst schon, auf der Kali. Dort wurde Cosmar das letzte Mal gesehen.«
Ewald schenkt sich ein Glas Schnaps ein und leert es in einem Zug. »Der Zugang zur Kanalisation ist versperrt. Nur Ruben Pick hat einen Schlüssel. Er wird ihn euch nicht freiwillig geben.«
»Du meinst, wir müssen ihn klauen.« Du hattest den Satz als Frage begonnen und unterwegs gemerkt, dass du die Antwort kennst.
»Genau, klauen. Und nehmt euch vor Ruben Pick in Acht, intrigantes Aas, der alte Mann. Wenn er erfährt, dass ihr Freunde des Wasservolkes seid, wird er euch nicht zum Tee einladen.«
»Wie erkenne ich den Schlüssel?«, fragst du dann, nachdem Ewald nichts mehr sagt.
Ewald grinst. »Ich fresse meinen Lieblingshut, wenn der nicht bei seinem Assistenten, Block, ist. Der sitzt in seinem Vorzimmer. Aber wo der den hat? Keine Ahnung. Ihr werdet wohl das Glück der Iren brauchen.« Er grinst.
Einen Moment später stößt auch Sascha wieder zu euch.
»Was wollte sie?«, fragst du.
»Sie hat gesagt, dass dünnes Jüngelchen auch mich aufpassen soll.« Sascha lächelt und zuckt mit den Schultern. »Dich kann sie nicht gemeint haben, du bist ja muskulös wie ein Bullterrier.« Sie kichert und stößt dir einen Ellbogen in die Rippen. »Und dass ich auf dich aufpassen soll. Ich glaube, sie mag uns.«
Dann kehrt ihr auf die Kali zurück, um dort weiterzusuchen. Versucht, den Schlüssel zu stehlen, um dann Cosmar unterhalb der Statue finden zu können.
Ändere das Codewort WASSER zu 279.
Weiter bei **54**.

240 Du folgst dem Pfeil auf der Bronzetafel und erreichst schon nach hundert Metern ein kleines Steinhaus, hinter dem kleine Zeppeline bereitstehen. Gerade tritt ein schwarzhaariger, kleiner Mann heraus. Als er dich erblickt, winkt er dich heran.
»Willkommen, junger Mann. Gustis Flugschiffe einzige Möglichkeit, sicher über den Phlegethon zu gelangen. Ich bin Gusti, Inhaber und Kapitän. Geht gleich los, wenn andere Schiff mit Gusti Junior gestartet.« Er grinst breit und nickt, wie um seine Worte zu bestärken. Er führt dich zu einem der Flugschiffe und lässt dich in dem Korb Platz nehmen, der unter dem Auftriebskörper befestigt ist. Dort sitzt bereits ein kräftiger weiterer Mann und wartet auf den Abflug.
»Was kostet die Fahrt denn?«, fragst du das Naheliegende.
»Nichts. Wir dienen den Menschen von Somorra.« Gusti setzt sich zu dir. In diesem Moment hebt neben euch ein anderes Schiff ab, in dem ein schwarzhaariger Junge sitzt: wahrscheinlich Gusti Junior. Er steuert das Schiff. Zwei Passagiere sind an Bord: ein bulliger Zwerg und eine junge Frau mit grün-rot gestreiftem Pulli, die dich im selben Moment entdeckt. Es ist Sascha Lefevre, die du aus dem Azrael-Sanatorium kennst. Du freust dich, dass auch sie noch am Leben ist.
»He!«, ruft sie. Das Luftschiff entfernt sich bereits. »Schnell, sag, wie erkenn ich einen Untoten?«
Was willst du antworten?
»Sie haben Reißzähne!« (weiter bei **148**)
»Achte auf die roten Augen!« (weiter bei **440**)
»An den Hörnern!« (weiter bei **285**)
»Ich verrate es dir nicht!« (weiter bei **246**)
»Ich weiß es nicht!« (weiter bei **332**)

241 Du schwimmst zurück und dann in die Richtung, in die der andere Pfeil deutete. Ein paar Meter unter der Wasseroberfläche findest du eine Öffnung in der Wand, wo du hindurchtauchst. Unter dir öffnet sich eine große mit Wasser gefüllte Höh-

le. Am Grund kannst du einige verfallene Gebäude ausmachen, als wäre hier einmal ein Weiler oder ein kleines Dorf gewesen, das vor langer Zeit überflutet wurde. Auf der anderen Seite kannst du eine weitere Öffnung erkennen, den Ausgang der Höhle. Du bist dir sicher, dass es dort weitergeht.
Lies weiter bei **224**, um zum Ausgang zu schwimmen.

242 Wirkungslos prallen deine Angriffe ab. Damolak wickelt dich mit einer klebrigen Substanz ein und schleppt dich in seine Höhle. Dort wird er die nächsten Tage, wann immer er Lust auf einen Imbiss hat, ein wenig von dir naschen. Erst nach fast einer Woche stirbst du endlich.
Ungerecht? Das ist Somorra.

243 *Wasserschlange (Werwesen)*
— Notizbuch wieder erlaubt —
Wenn du Weihwasser geworfen hast, geschieht nichts. Es vermischt sich sofort mit dem Wasser des Flusses.
Verwendest du eine Waffe mit Silbermunition? (weiter bei **256**)
Anderenfalls weiter bei **350**.

244 Du folgst dem Seil, was solltest du auch sonst machen. Du hörst hallende Geräusche aus der Ferne, kannst aber nicht erkennen, um was es sich handelt. Nach einiger Zeit erreichst du eine Tür, an der das Seil an einem Haken festgebunden ist. Du findest eine Klinke und drückst sie. Die Tür schwingt auf. Dahinter brennt Licht.
Du betrittst einen Raum, dessen Wände, Boden und Decke aus glattem, dunkelgrauem Beton bestehen. In der Mitte steht ein Mann. Er hat einen zotteligen Vollbart und trägt die Kleidung des Wasservolks, bunt gestreifte Hose, ein weites Hemd, Bänder an den Armen und im Haar. Durch ihn hindurch kannst du die rückwärtige Wand und eine weitere Tür sehen. Er ist ein Geist.

»Willkommen. Dies ist die Barriere zwischen dem Gefängnis von Bohoc, den die Menschen von Somorra den Schrammenschreck nennen, und der Welt der Träume. Wir haben ihn hier eingesperrt als Strafe dafür, was er meiner Tochter angetan hat. Diesen Raum darf nur passieren, wer für seine Sünden Buße tut. Der Schrammenschreck ist für immer daran gehindert, diese Barriere zu überwinden, außer in Träumen … Auch du hast auf dem Weg hierher gesündigt. Bemühe dich um Wiedergutmachung.«
»Bist du … Cosmar?«, stammelst du.
Er nickt lächelnd und löst sich in Luft auf.
»Warte! Ich habe Fragen! Ist Sascha hier auch gerade …«, rufst du noch, dann ist er verschwunden.
Dahinter öffnet sich die Tür und es tritt jemand ein, den du schon einmal gesehen hast.
Weiter bei BARRIERE.

245

Ifrit (dämonisch)
— Notizbuch wieder erlaubt —

Wenn du Weihwasser geworfen hast, verdampft es zischend, ohne dass es etwas bewirken würde.
Benutzt du eine Heilige Waffe? (weiter bei **249**)
Anderenfalls weiter bei **144**.

246

»Na danke auch, du Saftarsch! Dann verrate ich dir auch nichts!«
Einen Moment später wird das Luftschiff, in dem Sascha sitzt, von einem Luftstoß erfasst und abgetrieben. Es wirbelt ein paarmal um die eigene Achse und verliert dann drastisch an Höhe. Dann verschwindet es aus deinem Sichtfeld.
»Keine Sorge«, sagt Gusti neben dir. »Das passiert nur bei jedem zweiten Flug. Wir gute Chancen, grade rüberzukommen. Statistisch gesehen. Und Gusti Junior besserer Flieger als seine Brüder.«
Weiter bei **333**.

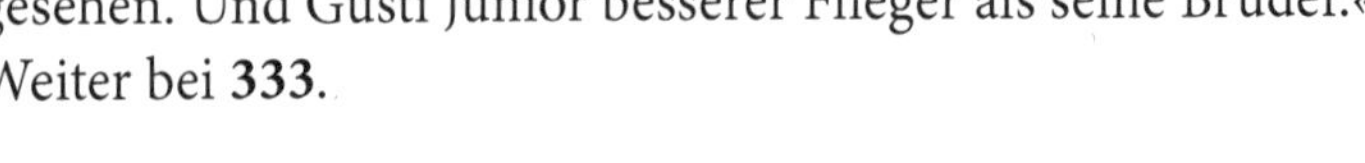

247 Ein blondes Mädchen nimmt dich bei der Hand und geht mit dir die Kali entlang, bis ihr vor dem großen Gebäude steht. Die hohe fensterlose Fassade ist mit schwarzem Lack gestrichen, der in der Sonne glänzt. Oben erkennst du eine Frauenfigur aus schwarzem Stein, die auf dem Dach des »Reich der Ran« im Tanz erstarrt scheint. Sie ist gekleidet wie die Mädchen des Wasservolkes, die für ihre wilde Schönheit bekannt sind: ein weites Kleid, Ketten, Ohrringe, um den Kopf ein Tuch gebunden.

Die Blondine öffnet die Eingangstür aus schwarzem Metall. Ein kleiner Vorraum, gerade mal drei Meter breit, begrüßt euch. An einer kleinen Theke steht ein bulliger Mann mit glänzender Glatze. Sein riesiger Bauch und die breiten Schultern werden von der Lederweste kaum bedeckt. Als er dich sieht, streicht er sich über den Kopf und grinst dich breit an. »Schaut ihn euch an«, ruft er in den leeren Raum hinein, »schaut ihn an! Wie er da steht, am Rande vom Reich der Ran! Tritt heran und sprich, wohin zieht es dich?« Der Blondine steckt er eine Münze zu und verscheucht sie wieder.

Links von dir siehst du eine Tür. Auf ihr steht mit weißer Farbe »Mollys Bar«. Rechts ist eine zweite Tür, auf dieser erkennst du ineinander verschlungene, verschnörkelte Bilder. Dargestellt sind Boxer, eine Tänzerin, Affen, zwei sich küssende Männer, ein Tiger, weitere Tiere und Insekten, und immer wieder nackte Frauen und Männer. In der Ecke steht ein Schild, auf dem gedruckt steht: »Mindestverzehr 10 Somorra-Mark«. Dir fällt ein, dass du kein Geld einstecken hast. Wenn du willst, kannst du doch wieder gehen und hast die Möglichkeit, nach rechts in Richtung des Wasservolks (weiter bei WASSER) oder die Kali hinab zur Hafenleitung und zu Ruben Pick (weiter bei PICK) zu gehen.

Oder willst du es einfach darauf ankommen lassen? Dann entscheide dich. Auf welche der beiden Türen willst du deuten?

Nach links zur Bar: Weiter bei **85**.

Nach rechts zur anderen Tür: Weiter bei **219**.

248 »Tritt durch die Tür. Der Höllenfürst erwartet dich.« Du folgst ihrer Anweisung und stehst in einer steinernen Höhle. Dort wartet ein Mann, der weder alt noch jung wirkt, weder groß noch klein. Du kannst nicht einmal mit Gewissheit sagen, ob er ein Mann ist – oder was er stattdessen sein soll. Er blickt dich an. Du hast das Gefühl, als würden seine silbernen Augen bis auf den Grund deiner Seele blicken, und möglicherweise macht Satan genau das.
»So, eine Prüfung hat es gegeben. Warst du auch schön zornig, als sie dir mitgeteilt hat, dass du gehen musst?«
Weiter bei DELTA.

249 Deine Waffe trifft den Ifrit. Er verschwindet in einer Rauchwolke, zurück bleibt nur der rote Schleier. Wenn dies der erste Dämon ist, den du getötet hast, steckst du den Schleier als Beweis ein. Ändere in diesem Fall das Codewort DÄMON zu 20. Ein weiterer Vermerk des gefundenen Gegenstands auf dem Abenteuerbogen ist nicht erforderlich.
Willst du jetzt doch wieder in dein Bett zurückkehren? (weiter bei **95**)
Oder holst du dir die letzte Dose lauwarmes Dosenbier aus dem Kühlschrank? (weiter bei **114**)

250 Du versuchst, zu erwachen, und dieses Mal gelingt dir das ohne Probleme.
Du kommst in einem weichen Bett zu dir. Neben dir sitzt eine Frau, die mehr nach Gnom als nach Frau aussieht: grünliche Haut, dicke Warzen. »Deine Zeit ist um, Süßer. Hast die meiste Zeit gepennt. Mann, bist ein richtiger Stier!« Sie lacht. »Mach's gut!«
Dir bleibt nichts anderes übrig, als sie zu verlassen. Weiter bei **222**.

251 Die Frau deiner Träume erwartet dich in einem kleinen Separee. Sie schlägt die Augen nieder, als sei sie schüchtern, zugleich umspielt ein Lächeln ihren Mund. Dir scheint es, als schwebe sie auf dich zu, so elegant, so fließend bewegt sie sich, so wie der kleine schwarze Fisch, der im Hintergrund in einem Glas auf einem Sekretär schwimmt.
Eine Zungenspitze teilt den Mund, er öffnet sich langsam und mementomori entblößt rasiermesserscharfe Zähne. Vor dir sitzt plötzlich der Schrammenschreck und fällt über dich her. Statt eine Stunde mit der Frau deiner Träume zu verbringen, wirst du in diesem Traum das nächste Opfer des Schrammenschrecks.
Ungerecht? Das ist Somorra.

252 Du schaust den Frauen zu, wie sie sich im Rhythmus der Musik bewegen. Langsam kommen sie auf dich zu. Als die Blonde bei dir angekommen ist, flüstert sie dir ins Ohr: »Wir erfüllen dir jeden Wunsch!«
»Wirklich jeden?«, fragst du?
»Jeden« flüstert die Brünette in dein anderes Ohr.
Die Schwarzhaarige wirft die Arme um deinen Hals. »Du musst es nur aussprechen!«
Überlege dir, was du dir wünschen willst, und lies dann bei **22** weiter, um es auszusprechen.

253 *Nachtmahr (Albtraumwesen)*
— Notizbuch wieder erlaubt —
Wenn du dich in Sokrates’ Meditation versetzt hast, lies weiter bei **42**.
Anderenfalls geht es weiter bei **304**.

254 Notiere dir neben dem Codewort KAPITÄN die Zahl 579 und ändere das Codewort BLOCK zu 482 und das Codewort PICK zu 33.
Gegenüber der schwarzen Fassade des »Reich der Ran« steht ein kleines, freistehendes Fachwerkhaus. Über der Eichentür hängt ein rostiges Schild, das ein Frauengesicht mit herausgestreckter Zunge zeigt.
Weiter bei VERWALTUNG.

255 Dämonen sind gefallene Engel. Statt Flügeln haben sie Hörner oder Hornansätze.

256 In welchem Moment feuerst du deine Waffe ab?
In sicherer Entfernung, bevor die Schlange zu nah heran ist? (weiter bei **188**)
Oder wartest du, bis sie fast da ist, und feuerst im letzten Augenblick? (weiter bei **453**)

257 Du hechtest über den Schreibtisch und kauerst dich hinter die der Tür abgewandten Seite. Du hörst, dass jemand den Raum betritt. »Block?«, sagt ein Mann. Dann murmelt er etwas wie: »Wohl schon wieder Pause. Wenn man nicht alles selber macht.« Kurz darauf knallt die Tür wieder zu.
Du bist wieder allein.
Du wartest noch einen Moment, ob er wiederkommt, und dann gehst du zu dem Schrank mit dem Kleeblatt. Weiter bei **490**.

258 Unterhalb der Luke ist tiefste Schwärze. Du kannst nicht das Geringste erkennen.
Willst du trotzdem dort hinuntersteigen?
Ja, aber vorher eine Kerze anzünden (wenn du eine hast – falls du schon bei den Totengeistern eine angezündet hattest, ist diese mittlerweile abgebrannt)? (weiter bei **363**)
Ja, aber ohne Kerze? (weiter bei **543**)
Nein, lieber doch nicht? (weiter bei **515**)

259 »Oh, das habe ich, und ich hatte ihn fast gefunden. Doch dann … kam mir etwas dazwischen. Sagen wir vielleicht für den Moment so: Ich kann mich nicht ganz so frei bewegen, wie ich es gerne würde. Ich kann in dieser Welt nur vorübergehend bleiben. So wie jetzt, denn meine Zeit ist abgelaufen. Ich muss gehen.«
Damit lässt er dich stehen und verlässt deine Wohnung, und plötzlich fragst du dich, was er eigentlich ist: ein Mensch – oder doch etwas anderes?
Nachdem der Priester gegangen ist, gibt es keinen Grund mehr, noch lange in der Wohnung auszuharren. Dir ist klar, dass du nur eine begrenzte Zeit ohne Schlaf aushalten wirst. Irgendwann wird sich dein Körper sein Recht holen, ganz gleich, ob der Schrammenschreck ohnehin versucht, dich zum Schlafen zu bringen. Es gilt also, diesen Cosmar schnell zu finden und dann hinter dich zu bringen, was auch immer erforderlich sein mag, um aus diesem Albtraum zu entkommen.
Du brichst sofort auf, um Cosmar zu suchen.
Ändere das Codewort VERWALTUNG zu 409.
Weiter bei **185**.

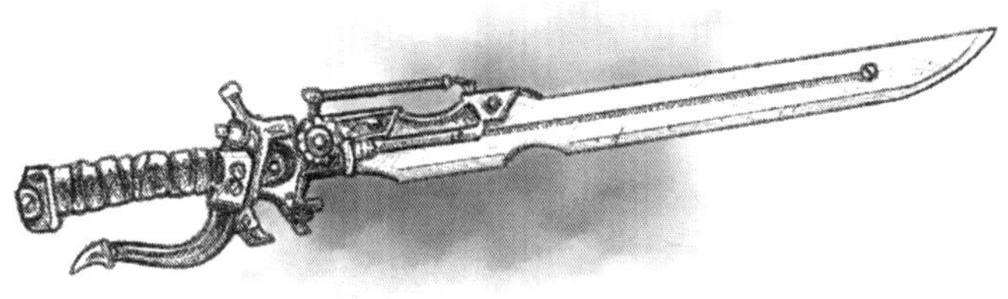

TANZ DER TEUFEL

MIT: COSMAR PERLENA CHARON
UND DEN SIEBEN DÄMONEN DER TODSÜNDEN

2. Teil: Tanz der Teufel

260 Die Dunkelheit wird umfassender und dichter, je weiter du hinabsteigst. Die Wände auf beiden Seiten sind aus feuchtem, kaltem Stein. Irgendwann beginnst du, Stufen zu zählen, nach über zweihundert hörst du wieder auf. Es geht geradeaus weiter nach unten, ohne dass du einen Anhaltspunkt hättest, wohin diese Treppe führen wird oder wie weit es noch ist. Eine Zeit lang hörst du ein leises Summen wie von Bienen oder Wespen. Nach ein paar Metern verschwindet es wieder. Endlich, nach unzähligen Stufen, endet die Treppe in einer Grotte. Dort sind Worte in den Boden geritzt: »3. Kreis der Hölle«.

Von der Decke der Grotte hängen unzählige Tropfsteine. Irgendwo im Hintergrund tropft und gluckert es. Der Boden ist nass und glitschig. Du hast jedoch den Eindruck, dass die Tropfsteine leicht fluoreszieren und so für ein gewisses Zwielicht sorgen. Dadurch ist es hier hell genug, so dass du einigermaßen gut sehen kannst. Der Weg führt mitten durch die Grotte. Einige Tropfsteine hängen weit von der Decke herab, doch gibt es immer genügend Platz und du musst dich nur gelegentlich bücken. Nach einiger Zeit werden die Tropfsteine weniger und du kommst leichter voran. Die Wände rücken mit jedem Schritt näher und die Decke hängt tiefer, so dass du irgendwann mehr in einem Gang statt einer Grotte läufst. Schließlich erreichst du ein verschlossenes Fallgatter. In der Wand ist ein Hebel. Du ziehst ihn und unter lautem Rasseln fährt das Gatter nach oben. Der Weg führt über eine breite, nur halb verschlossene Falltür. Aus der Tiefe klingen Geräusche wie von einem Kampf, doch du ziehst es vor, nicht herauszufinden, wer oder was sich da gerade

den Kopf einschlägt. Du springst über den Spalt und folgst weiter dem Weg. Kurz darauf mündet der Gang in eine Höhle, die um ein Mehrfaches größer sein muss als die Grotte. Sie ist von Dutzenden Fackeln erleuchtet, die in Halterungen an den Wänden hängen.
In der Mitte liegt ein Ungetüm, groß wie eine Burg, mächtig wie eine ganze Armee, mit zotteligem Fell und riesigen Pranken. Es sieht aus wie ein gigantischer Hund, und es hat drei Köpfe. Unter der muskelbepackten Brustpartie siehst du die Schläge des Herzens durch das Fell, nur eines Herzens. Im Augenblick schläft das Monster.
Du springst hinter einen Felsen am Eingang der Höhle und hoffst, dass das Monster dich nicht bemerkt hat. Nur ein paar Augenblicke später kommt eine fremde Frau in die Höhle gerannt, die mit Pfeil und Bogen bewaffnet ist. Dich bemerkt sie nicht. Sie rennt zu einer Art Kanzel und beginnt von dort, das Tier zu beschießen, das in diesem Moment erwacht und sich gegen die Felswände wirft. Du fragst dich, was du hier beobachtest. Wirst du gerade Zeuge eines Albtraums? Und: Wessen Traum ist das hier?
Du verlässt den Schauplatz des ungleichen Kampfes und schleichst den Weg zurück, den du gekommen bist, über die Falltür, die jetzt verschlossen ist und unter der es jetzt leise ist, durch das Fallgatter, durch die Grotte mit den Tropfsteinen. Die Treppe, über die du hierhergekommen bist, findest du nicht mehr. Stattdessen führt dich der Weg immer weiter. Hier ist die Decke so glatt wie der Boden, als hätte ein geschickter Steinmetz alle hängenden Steine entfernt.
Weiter bei **524**.

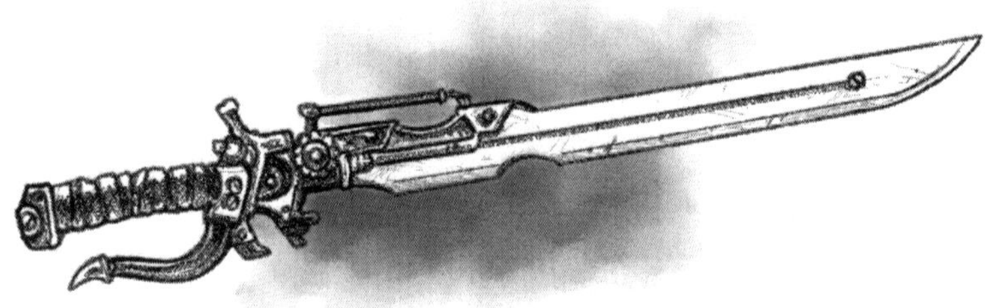

261 »Ah ja, du bist bei mir genau richtig. Wir werden viel Spaß zusammen haben, so wie du im Wald mit der hübschen Frau. Sie ist eine meiner fähigsten Dienerinnen, da staunst du, was? Setz dich zu den anderen Teilnehmern. Du bist bald an der Reihe. Vielleicht hast du Glück und wir ziehen dich vor.«
Du hast deine Prüfung nicht bestanden. Zur Strafe musst du hierbleiben, bis Asmodeus und Beelzebub sich deiner annehmen – und das wird keine angenehme Erfahrung, so viel ist sicher. Erst nachdem ein paar der anderen Kandidaten dran waren, dämmert dir, dass du diesen Saal nur als Leiche verlassen wirst. Was Beelzebub und Asmodeus, die für Völlerei und Wollust stehen, mit dir vorhaben, wird dir nicht erst klar, als du es bei ein paar der anderen Gefangenen gesehen hast. Und der Tod wird am Ende eine Erlösung sein.
Ungerecht? Das ist Somorra.

262 Du stöhnst auf und ziehst die Beine an, so gut das mit den gelockerten Riemen geht. Dann streckst du sie wieder ab und grunzt. Du schaffst es sogar, etwas schaumigen Speichel über deine Lippen zu pressen.
»Alter, was …« Der Pfleger fuchtelt hektisch vor dir herum. Er weiß offensichtlich nicht, was er tun soll.
»Hilfe …«, presst du hervor. »Diese Schmerzen … so schlimm …«
Er wirbelt herum und verlässt fluchtartig den Raum. »Doc, kommen Sie! Schnell! Er stirbt! Er stirbt!« Du hörst, wie sich seine Schritte schnell entfernen.
Als du allein bist, gelingt es dir, eine Hand unter den gelockerten Riemen hervorzuziehen. Das genügt, um die Schnallen zu öffnen und dich zu befreien. Kurz darauf stürmst du aus dem Zimmer. Da der Pfleger nach rechts gelaufen ist, wendest du dich nach links.
Weiter bei **271**.

263 Ändere das Codewort DELTA zu 405.
Weiter bei **323**.

264 Du bist noch nicht ganz bei Ewald angekommen, da hörst du hinter dir Schritte – Becky. »*Ulai*, der konnte kaum erwarten, mir an die Wäsche zu gehen! Ich, von seinem Mundgeruch halb ohnmächtig, raus aus dem Fenster, als sein Gesicht anfängt anzuschwellen, und nichts wie weg!« Sie kichert.
Kurz darauf seid ihr bei Ewald. »Ach, da sind ja meine Täubchen!«, ruft Ewald, als er euch sieht. Er sitzt rauchend vor einem Feuer, über dem sich ein ganzes Schwein dreht.
»Habt ihr den Fettwanst versorgt?« Er deutet mit zwei Fingern, zwischen denen seine Kippe steckt, auf Becky.
»Pick hatte ein haarsträubendes Erlebnis«, antwortet Becky und beginnt wieder zu kichern.
Nachdem Becky in einem der Wohnwagen verschwunden ist und du dich gesetzt hast, fährt Ewald fort.
»Betritt die Kanalisation dort, wo die Statue von Ruben Pick steht, du weißt schon, auf der Kali. Dort wurde Cosmar das letzte Mal gesehen.«
Ewald schenkt sich ein Glas Schnaps ein und leert es in einem Zug.
»Der Zugang zur Kanalisation ist versperrt. Nur Ruben Pick hat einen Schlüssel. Er wird ihn euch nicht freiwillig geben.«
»Du meinst, ich muss ihn klauen.« Du hattest den Satz als Frage begonnen und unterwegs gemerkt, dass du die Antwort kennst. Also musst du noch mal zu Ruben Pick.
»Genau, klauen. Wird nicht leichter werden, jetzt, wo er dich kennt, was?« Ewald lacht laut auf und wirft seine Kippe in das Feuer.
»Wie erkenne ich den Schlüssel?«, fragst du.
Ewald grinst. »Ich fresse meinen Lieblingshut, wenn der nicht bei seinem Assistenten, Block, ist. Der sitzt in seinem Vorzimmer. Aber wo der den hat? Keine Ahnung. Du wirst wohl das Glück der Iren brauchen.« Er grinst.
Dann kehrst du auf die Kali zurück, um dort weiterzusuchen. Versuche, den Schlüssel zu klauen, um dann Cosmar unterhalb der Statue finden zu können.

Ändere das Codewort BLOCK zu 482 und notiere dir neben dem Codewort BARRIERE die Zahl 377.
Weiter bei **560**.

265 Plötzlich schnuppert er, als hätte er eine Witterung aufgenommen.
»Du bist kein Untoter, so viel ist klar … Du hast nicht zufällig etwas bei dir, das …« er bricht ab und schnuppert wieder. Dann tritt Erkenntnis in seine Augen.
»Würde es dir etwas ausmachen, mir die Zombiehand zu zeigen, bitteschön?«
Willst du dem Werwolf die Hand zeigen? (weiter bei **79**)
Oder lehnst du das ab? (weiter bei **452**)

266 Du erkennst zwei Angriffsmöglichkeiten.
Möchtest du eine Finte auf den Kopf antäuschen, um dann in den Magen zu schlagen? (weiter bei **472**)
Oder tust du so, als würdest du stolpern, um ihn so aus der Reserve zu locken? (weiter bei **63**)

267 Der Priester nickt und atmet einmal auf, als wäre eine Last von seinen Schultern gefallen. »Gut. Also. Erzähl mir, was du schon weißt.«
Du bist fast überrascht, dass er dich das fragt. Nachdem er von deinem Traum wusste, bist du unbewusst davon ausgegangen, dass er auch sonst alles weiß.
Du erzählst ihm, wie du auf dem Weg warst, um Ringos Vermächtnis abzuholen, und stattdessen in einem Sanatorium aufgewacht bist, bis zu dem Moment, als du fliehen konntest, so wie diese Sascha, die du zuletzt vor dem Sanatorium gesehen hast.
»Dein Freund, Ringo, woran ist er gestorben?«
»Er … die Drogen. Er hat sich eine Überdosis gespritzt. Ich wollte noch … aber …« Du brichst ab, als der Schmerz dich überkommt.

»Er starb an Somorin? Hat er von Träumen berichtet, von Albtraumwesen, von einer Gefahr, die ihm drohte?«
Du kannst deine Überraschung nicht verbergen. Warum interessiert sich dieser alte Mann für den Tod deines besten Freundes? Welche Rolle soll das jetzt noch spielen?
»Nein, wir haben nicht …«
»Du gibst dir die Schuld an seinem Tod, ist es nicht so?«
Du lässt den Kopf hängen und nickst dann. »Ich habe nicht mal gemerkt, dass er damit angefangen hat, oder warum. Und in Somorra gibt es weiß Gott genügend Gründe. Und dann hatten wir einen Streit, wegen der Drogen. Ich wollte ihn überreden, dass er damit aufhört. Ich habe schon meine Mutter an Somorin verloren. Er wurde wahnsinnig wütend und rannte aus meiner Wohnung. Und am nächsten Morgen war er tot. Er hätte sich mit absoluter Sicherheit keine Überdosis gesetzt, wenn ich bei ihm gewesen wäre.«
»Ja, vielleicht. Aber er hat nichts gesagt über … Drogenträume, Visionen, irgendsowas?«
Du zuckst mit den Schultern. »Nein, warum denn? Aber vielleicht wenn ich sein Vermächtnis noch abhole, vielleicht ist da etwas …«
»Ich befürchte, dafür reicht die Zeit nicht. Es zählt jede Minute. Du musst so schnell wie möglich aufbrechen. Wie schade, dass du dich von Sascha getrennt hast.« Er verwendet ihren Namen, als wäre sie eine alte Freundin.
»Aber erzähl mir mehr vom Schrammenschreck.« Der Priester beugt sich vor. »Wie sah er aus? Wie hat er sich bewegt?«. Du zuckst nur mit den Schultern. Alles ging so schnell, und du hattest alle Hände voll zu tun, am Leben zu bleiben.
»Okay. Schade. Du musst wissen, mit welchem Gegner du es zu tun hast, um ihn besiegen zu können.«
»Was ist das denn für ein Wesen? Ein Dämon? Ein Teufel?«
»Irgend so etwas wird er schon sein. Das weiß niemand. Oder wo er herkommt und wie er in die Träume seiner Opfer kommt. Aber es gibt Gerüchte, Geschichten aus der Unterwelt von Somorra …«

»Und was besagen die?«

»Manche Geschichten sagen, er war der Sohn eines Geschäftsmannes aus Somorra, reich und verwöhnt, der sich irgendwann gegen den Vater und die ganze verkommene Gesellschaft auflehnte. Alles hinschmiss, die Schule verließ, bevor er volljährig war, sich einer Gruppe fahrender Schausteller anschloss und sein Geld als Zirkuszauberer verdiente, als Gaukler auf Jahrmärkten und Straßenfesten. Nach einem seiner Auftritte schändete und ermordete er die Tochter des Clanchefs, ein Mädchen namens Denisa. Die Schausteller rächten sich an ihm auf ihre Weise. Für ihn entsannen sie sich einer Strafe, die seit ihren Ahnen nicht mehr angewandt worden war: Sie steckten ihn in einen Bottich voller Unrat, voller Gewürm und Getier, Schaben und Maden. Sein Gesicht schmierten sie mit Honig und Sahne ein, und während die Maden und Würmer langsam seinen Körper fraßen, lockte der süße Geruch des Honigs Fliegen an, die ihre Eier in seine Augen und Ohren legten. Sieben Tage und Nächte dauerte diese Strafe, und als er mehr tot als lebendig war, verbannten sie ihn. Aber er kam nicht irgendwo hin, sondern an einen Ort jenseits jeder Vorstellungskraft, einen Ort in der Zwischenwelt, tief unter der Oberfläche Somorras, vorbei an Wesen, die den tiefsten Höllen entsprungen sein mussten. Einen Ort, wo alte Mächte wirkten, an die heute keiner mehr glaubt. Sie ließen ihn dort liegen, um zu sterben.

Doch er starb nicht. Da war eine dunkle Macht in ihm, die das verhinderte. Was weder er noch die Schausteller wussten: Er war ein Denkwürdiger, wie es sie in Somorra schon immer gibt, Menschen mit Veränderungen und Mutationen. Seine Gabe und sein Fluch waren es, auch die schlimmsten Verletzungen zu überleben, doch zu einem schrecklichen Preis. Er verwandelte sich in eine Kreatur aus Schrecken und Verachtung.

Die Wesen der Albträume nahmen ihn auf, akzeptierten ihn als einen der ihren, ja mehr noch: Sie fühlten, dass er über eine Macht verfügte, die es vorher in Somorra nicht gegeben hat, und machten ihn zu ihrem König. Und dennoch wäre er fast in Vergessenheit geraten. Bis er plötzlich in den Träumen der Schausteller auftauchte, in seinem Zaubererkostüm, aber eine schreckliche, verzerrte Version seines alten Selbst, stets begleitet von schwarzem Getier. Und nicht nur das: Er ermordete sie, einen nach dem anderen, bis nur noch der Vater des Mädchens übrig war, ein Mann namens Cosmar. Cosmar gelang es, den Albträumen zu entkommen, und er lebt noch heute, irgendwo bei den Schaustellern im Hafen.«

Als dir der Mann eine knochige Hand auf die Schulter legt, erschrickst du, so sehr warst du von seiner Geschichte gefangen. Noch vor einer Woche hättest du ihn dafür ausgelacht und zum Teufel gejagt. Doch jetzt … nach allem, was du gesehen hast …

»Warum erzählen Sie mir das?«

»Ich will dir helfen. Finde den Schrammenschreck und töte ihn. Er hat zu lange Somorra in Angst und Schrecken versetzt. Mach diese Stadt zu einem besseren Ort, sie hat es weiß Gott nötig. Denn der Schrammenschreck existiert nicht nur in den Träumen seiner Opfer. Er ist real, und in der Realität ist er sterblich wie jedes Lebewesen. Es wird allerdings nicht leicht, ihn zu finden und zu töten.«

»Ich dachte, er ist sterblich?«

»Ja, und nein. In ihm steckt eine teuflische Macht, und nur Gott allein weiß, wie mächtig sie ist. Und seine Monster beschützen ihn.«

Der Priester nimmt die Hand von deiner Schulter und erhebt sich.

»Finde Cosmar. Er muss wissen, wie die Monster zu besiegen sind und wo es den Weg in die Zwischenwelt gibt. Das ist deine einzige Chance, zu überleben. Er muss irgendwo bei den Schaustellern am Hafen leben, die sich selbst das Wasservolk nennen, rauffreudige Jungs sind das. Du findest sie unweit der Kali.«

»Was ist, wenn ich … wenn ich nicht will?«

»Das wäre sehr töricht. Glaube mir. Und stark muss er sein, dein Glaube.«

»Glaube? An … Gott? Sind nicht alle Religionen aus Somorra verschwunden?«

»An wen sonst. Er ist dein Licht in der Nacht. Nur er kann die Dunkelheit besiegen. Und um an Gott zu glauben, braucht es keine Religion. Es ist egal, wie du es nennst, woran du glaubst, und welche Propheten du anhörst. Gott ist Gott.«
»Ich bin mir nicht sicher, ob ich an Gott glaube.«
»Bevor es so weit ist, wirst du dich entscheiden müssen.«
»Was ist, wenn ich einschlafe?«
Der Priester schweigt eine Zeit. Er wirkt plötzlich sehr müde. »Das solltest du verhindern. Wenn du einschläfst, wirst du träumen, und wenn du träumst, wird er dich holen kommen.«
»Kann ich nicht was nehmen, um nicht zu träumen? Das habe ich mal in einem Film gesehen!«
Der Priester schüttelt den Kopf. »Das haben schon Leute vor dir probiert. Die Träume des Schrammenschrecks sind anders, finden auf einer anderen Ebene statt. Ihnen entkommt man nicht, indem man ein paar Pillen schluckt.«
»Ich brauche Schlaf. Wenn ich nicht schlafe, sterbe ich auch irgendwann.«
»Und das hast du irgendwo gelesen, richtig?« Er lacht, wird aber gleich wieder ernst. »Ja, ein Mensch muss schlafen. Und du wirst merken, dass der Schlaf näher ist, als du denken magst. Auch das ist Teil der Magie des Schrammenschrecks. Du wirst immer wieder einschlafen, ohne es zu merken.«
»Und dann? Sie sagten doch gerade, dann holt er mich!«
»Das ist richtig. Aber er muss dich erst zu fassen bekommen, und bis dahin hast du Zeit, wieder aufzuwachen. Der Schlaf wird nie sehr tief sein, und um aufzuwachen genügt es, dir des Schlafes bewusst zu werden. Dann kannst du den Träumen jederzeit entkommen.«
Dir brummt der Kopf, und du bist zu keiner Antwort fähig. In was für einen Schlamassel bist du da hineingeraten!
Lies jetzt **Anleitung Teil 1** (Seite 429), wenn du diese noch nicht kennst. Andernfalls kannst du auch gleich bei SCHLAMASSEL weiterlesen.

268 Der Türsteher grinst breit. »Spitze. Unsere Rodeo-Schwestern erwarten dich schon.« Er hebt zweimal kurz die Augenbrauen. »Hier entlang.«

Er öffnet die rechte Tür und führt dich durch einen schmalen Gang, dessen Wände vollkommen mit rotem Samt bedeckt sind. Zu beiden Seiten gehen ein paar Türen weg, doch ihr geht bis zum Ende, wo er in eine breitere Tür mündet. »Viel Spaß«, flüstert er, klopft dir auf die Schulter und schiebt dich hindurch. Die Tür fällt hinter dir ins Schloss, und du stehst in absoluter Finsternis.

Weiter bei **155**.

269 *Riesenwolf (tierisch)*
— Notizbuch wieder erlaubt —

Wenn du Weihwasser geworfen hast, greift dich ein Wolf mit nassem Fell an. Davon abgesehen zeigt das Weihwasser keine Wirkung.

Verteidigst du dich mit einer Heiligen Waffe? (weiter bei **341**)

Verteidigst du dich mit einer Silberwaffe oder Cosmars Schwert? (weiter bei **374**)

Hast du keine Waffe in der Hand, lies weiter bei **230**.

270 Du klappst die Schatulle auf. Darin liegt ein mit Tinte beschriebener Brief. In dem Moment, als die Tinte mit dem Wasser in Kontakt kommt, verschwimmt die Schrift. Du kannst nichts mehr entziffern.

Außerdem liegt eine Silbermünze darin. Auf der Vorderseite ist ein sitzender Mann abgebildet, »Weihbischof Peter«, wie eine Inschrift verrät. Auf der Rückseite sind drei Monster abgebildet: Satan, Leviathan und Mammon. Du hast eine der Münzen von Weihbischof Peter gefunden. Da sie aus Silber ist, kannst du sie natürlich auch verwenden, um Weihwasser herzustellen. Notiere dir jedoch separat, dass du genau diese Münze gefunden hast, mit den darauf abgebildeten Monstern, und auch, wenn du sie verbrauchen solltest.

Weiter bei **241**.

271 Ändere das Codewort TROPFEN zu 66 und das Codewort KLAUEN zu 437.

Nachdem du dem Flur bis zum Ende gefolgt bist und keinen Ausgang entdecken konntest, stehst du jetzt neben einer großen Topfpflanze. Du hoffst, dass du so weder Aufmerksamkeit erregst noch von Leuten entdeckt wirst, die vielleicht nach dir suchen, und überlegst, was du unternehmen könntest – vielleicht in eines der Zimmer eindringen, auf die Gefahr hin, dass dort ein Pfleger ist? Oder den Flur in die andere Richtung gehen, weil dort vielleicht der Ausgang ist?

Du entscheidest dich für …

Du wirst aus deinen Überlegungen gerissen. Aus dem Zimmer, vor dem du gerade stehst, dringen plötzlich Laute, die sich nach einem Kampf anhören. Die Tür ist nur angelehnt. An die Tür ist mit Klebefilm ein Zettel gehängt. Darauf steht: »Sascha Lefevre«.

Mit dem Fuß schiebst du die Tür auf und spähst hinein.

Auf einem Bett ist mit Lederriemen ein Mädchen festgeschnallt, oder vielleicht ist sie auch eine junge Frau. Es fällt dir schwer, ihr Alter zu schätzen. Sie hat struppige, schwarze Haare mit grünen Sträh-

nen und die blasseste Gesichtshaut, die du je gesehen hast. Auf den Lippen hat sie schwarzen Lippenstift. Sie trägt einen Pullover mit grün-roten Querstreifen, der ihr auch liegend fast bis zu den Knien reicht und verbirgt, ob sie schlank oder dick ist. Ihre Jeans ist an den Knien eingerissen und ihre Füße stecken in Springerstiefeln.
Sie schläft, doch im Traum scheint sie einen Kampf auszufechten.
Willst du sie wachrütteln? (weiter bei **494**)
Oder willst du lieber schnell weitergehen? (weiter bei **547**)

272 Die Hitze der Flammen versengt dir Haut und Haare und du kannst kaum noch atmen. Die Hitze droht zu groß zu werden, doch mit ein paar beherzten Sprüngen gelingt es dir, das gegenüberliegende Ufer zu erreichen. Dort wartet eine karge Landschaft aus schwarzem Vulkangestein auf dich.
Du rechnest damit, dass sich in dem Moment, da du den Fluss überquert hast, wieder alles ändert – stattdessen ist es dieses Mal so, als hätte jemand das Licht ausgeknipst: Du stehst in absoluter Dunkelheit. Du zählst in Gedanken bis Hundert – und kannst noch immer nichts erkennen, nicht einmal Schemen. Stattdessen hörst du etwas: Schnaufen. Wo auch immer du gelandet bist – du bist nicht allein.
Du gehst in die Hocke und befühlst den Boden, auf dem du stehst. Feuchter Stein. Dann stellst du dich hin und streckst die Arme nach oben. Nichts. Was willst du tun?
Das schnaufende Wesen in deiner Nähe ansprechen? (weiter bei **466**)
Dich vorsichtig in die Richtung tasten, in der du das Wesen vermutest? (weiter bei **448**)
Dich genau in die andere Richtung tasten? (weiter bei **98**)
Eine Kerze anzünden, wenn du eine hast? (weiter bei **300**)

273 Die beiden Dämonen kommen über dich, doch wirst du nicht zerrissen. Stattdessen hast du das Gefühl, als würde eine fremde Macht von dir Besitz ergreifen, von deiner Seele, dei-

nem Geist, aber auch von deinem Körper. Der gehörnte Schattenkrieger sackt zusammen und zerfällt zu Staub, als der Dämon aus Antiochia seine Jahrhunderte alte Behausung verlässt und sich in dir einen neuen Wirt sucht.
Immerhin findet der letzte aller Kreuzritter jetzt endlich Ruhe. Wann du Ruhe finden darfst? Das könnte schon ein paar Hundert Jahre dauern. Bis dahin bist du dazu verdammt, Menschen zu ermorden.
Ungerecht? Das ist Somorra.

274

Unbekanntes Wesen (tierisch)
— Notizbuch wieder erlaubt —

Wenn du eine Waffe benutzt (egal, welche), dann lies weiter bei **308**. Anderenfalls geht es weiter bei **235**.

275

»Wie sind Sie hier hereingekommen?«, fragst du den Geistlichen.
»Oh, das ist die Welt der Albträume, nicht? Die Zwischenwelt, die Welt des Schrammenschrecks, manche nennen sie auch die Schrammenwelt. Es gibt andere Wege hier hinein als über eine Treppe oder durch finstere Höhlen.« Er zieht einen Stuhl mit gebrochener Lehne heran und setzt sich zu dir.
»Aber warum musste ich dann das alles auf mich nehmen, um hierherzukommen, wenn Sie wissen, wo ich Cosmars Versteck finden kann, wenn Sie mich einfach hierher hätten bringen können?«
Er schaut sich in dem Keller um.
»Oh, aber ich wusste es nicht. Du musstest den Raum erst finden. Cosmar hatte ihn sehr wirksam gesichert. Du musstest seine Magie erst brechen. Was denkst du, warum der obere Raum gerade jetzt eingestürzt ist? An solche Zufälle solltest du nicht mehr glauben. Und ich bin dir sozusagen hierher gefolgt. Aber wir wollen hier nicht die metaphysischen Implikationen einer irrealen Albtraumwelt diskutieren. Wir haben nicht viel Zeit. Der Schrammenschreck und

seine Diener warten auf die nächste Gelegenheit, dich zu holen. Ich kann dir helfen. Du wirst wohl Weihwasser benötigen, nicht?«
»Ich brauche es, um Untote zu besiegen. Es ist leer.«
Es ist das erste Mal, dass du aussprichst, gegen was du kämpfen musst. Es hört sich unwirklich an. Wie in einem schlechten Horrorfilm.
»Damit kann ich dir helfen.«
»Das heißt, Sie stellen welches für mich her?«
»Besser. Ich zeige dir, wie du selbst welches herstellen kannst.«
»Muss ich dazu nicht selbst Priester sein?«
»Naja, eigentlich schon. Aber wir machen so etwas Ähnliches.«
Er steht auf, stellt sich neben dich und legt dir die Hand auf den Kopf. Dann murmelt er Worte, die du nicht verstehst. Dir ist, als würde Wärme von seiner Handfläche in deinen Kopf fließen, aber sicher bist du dir nicht.
»Ich habe für dich und deine Seele gebetet. Wir sind hier in der Welt der bösen Geister. Hier dürfte es genügen, wenn ich nur einen Funken Heiligkeit auf dich übertragen habe. Wir wollen es versuchen.«
Er holt aus einem anderen Teil des Kellerraums eine Schale mit Wasser und legt einen kleinen Gegenstand hinein. »Eine Silbermünze, erforderlich, damit du Weihwasser herstellen kannst.« Er spricht eine Art Gebet oder einen Segen oder vielleicht auch einen Zauberspruch über das Wasser. Es gibt keine sichtbare Reaktion, doch die Münze ist von einem Augenblick auf den nächsten verschwunden.
Der Priester holt aus einer Umhängetasche eine Schatulle und öffnet sie vorsichtig. Darin findet sich ein Gegenstand, der in ein fleckiges Tuch eingewickelt ist.
»Halt dich von ihr fern. Sie ist nicht sehr mobil, aber sie sollte dich nicht zu greifen bekommen.« Mit diesen Worten entfaltet er das Tuch.
Weiter bei TUCH.

276 »Danke, mein Vögelchen«, trällert Becky und ist weg. Du bleibst allein auf der Kali zurück.
Ändere das Codewort WASSER zu 91.
Weiter bei **84**.

277 Vor dir liegt ein Silberbolzen zur Verwendung in einer Armbrust. Natürlich kannst du daraus auch Weihwasser herstellen. Notiere den Fund auf deinem Abenteuerbogen.
Charon gibt dir den Flegel zurück, setzt sein Boot wieder in Bewegung und steuert es über den Styx.
Du setzt deinen Weg fort.
Weiter bei **106**.

278 »Offiziell! Folgen Sie mir!«
Ruben Pick führt dich in sein Zimmer, das hinter dem von Block liegt. Es ist genauso mit Akten vollgestopft wie das erste Zimmer. Die Luft riecht abgestanden, als hätte hier bis vor kurzem jemand geschlafen. Er deutet auf einen Besucherstuhl, ohne dich anzublicken, und lässt sich selbst in einen abgewetzten schwarzen Sessel fallen.
»Na, dann wollen wir mal.«
Du merkst, dass jetzt der Moment gekommen ist, ihm reinen Wein einzuschenken, und berichtest, dass du den alten Cosmar finden musst, der gegen den Schrammenschreck überlebt hat.
»Ach, Cosmar. Ja, den Alten kenne ich.« Er runzelt die Stirn und scheint nicht böse über deine Lüge.
»Ich kann dir zeigen, wo du ihn findest.«
Du traust deinen Ohren nicht, als du das hörst.
Ruben Picks Mundwinkel zucken, als müsste er gleich lachen. Er beugt sich nach vorne.
Weiter bei **57**.

279 »Salut, mein Freund! Komm und trink mit uns!«, begrüßt dich Ewald, der mit anderen Männern um ein Feuer sitzt, schon von weitem. Um ihn nicht zu kränken, setzt du dich kurz dazu und würgst einen scharfen Schnaps herunter. Dann erhebst du dich, um weiter nach Cosmar zu suchen.
»Unstet wie mein alter Herr!« Ewald schlägt dir zum Abschied gegen die Brust. »Ach, eins noch. Vielleicht hast du mich nicht richtig verstanden. Der Schlüssel ist in dem Schrank mit dem Kleeblatt, im Vorzimmer! Das Glück der Iren, verstehst du?« Er lacht und lässt dich gehen.
Kehre zurück zu **84**.

280 »Nein? Oh, nun, das ist wirklich schade.« Block kratzt sich am Kopf und schaut dann in einen kleinen Taschenkalender. »Wir sollten jetzt mal schauen, dass wir weiterkommen. Ich muss noch mit der Gräfin unter vier Augen sprechen, wenn es recht ist.« Er schiebt dich zur Tür hinaus und knallt sie hinter dir zu. Dort wartest du und hoffst, dass schon alles gut gehen werde.
Leider geht nichts gut.
Weiter bei **5**.

281 Sascha läuft nicht weiter, sondern ist von einem zum nächsten Moment verschwunden: Sie löst sich einfach in Luft auf.
Weiter bei **387**.

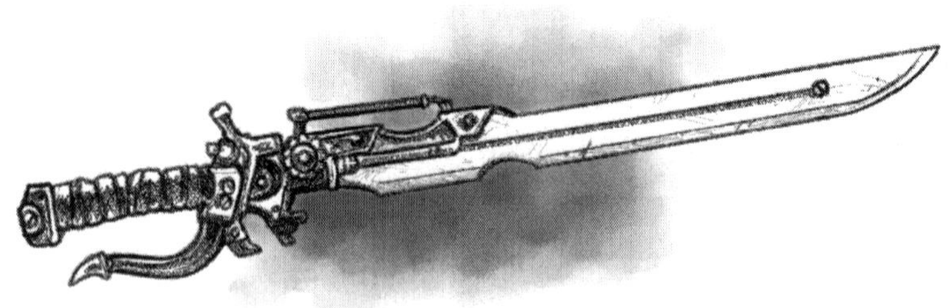

282 *Schrammenschreck, Wiedergänger (Albtraumwesen/untot)*

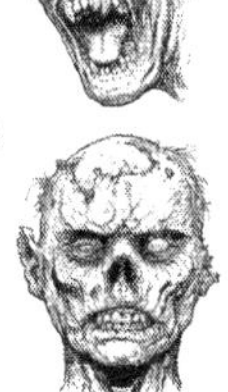

— Notizbuch wieder erlaubt —

Wenn du dich in Sokrates' Meditation versetzt hast, lies weiter bei **424**.
Hast du Weihwasser geworfen, lies weiter bei **345**.
Lies bei allen anderen Varianten weiter bei **291**.

283 Du folgst Sascha und der Alten in den Wohnwagen. Innen ist es eng. Es gibt eine kleine Schlafstelle, eine Kochstelle und einen winzigen Tisch mit zwei Stühlen. Du setzt dich auf einen der beiden Stühle, der unter dir bedenklich knarzt. Sascha setzt sich auf den anderen.

Sorcha schlurft zu der Kochstelle und gießt dampfenden Tee aus einer Kanne in drei kleine henkellose Becher. Zwei davon stellt sie vor euch auf den Tisch, aus dem dritten schlürft sie einen kleinen Schluck. Mit einem Nicken fordert sie euch auf, ebenfalls zu trinken. Du zögerst, doch scheint Sascha der Alten zu vertrauen und trinkt. Nachdem sie nicht tot umfällt, nimmst auch du einen Schluck. Der Tee hat den bittersüßen Geschmack einer Pampelmuse.

»Alte Sorcha beste Tee von Wasservolk. Habe ich auch gute Törtchen, und süße Tabak. Ihr hier wegen meine Tabak?«

Ihr schüttelt den Kopf.

»Alte Sorcha gleich gesehen. Ihr arm wie Ratte in leere Gurkenfass. Ihr auf Flucht vor Bohoc, suchen alte Cosmar. Alte Sorcha gut geraten?«

Sascha schaut dich an. Du kannst ihre Gedanken auf ihrem Gesicht erkennen. Bohoc? Auch du hast diesen Namen noch nie gehört.

»Wir wollten eigentlich fragen …«, sagst du, doch Sorcha bringt dich mit einem Winken zum Schweigen und erhebt den Zeigefinger, als wollte sie einen Zauber wirken.

»Bohoc hier gelebt, früher. Dann Bohoc Tochter von Cosmar entführt und kleine Denisa ermordet. Strafe fürchterlich. Aber Bohoc …«

Sorcha stellt ihre Tasse weg und senkt die Stimme, bis sie nur noch flüstert. »Bohoc böse Zaubererclown aus Traum. Holen kleine Kinder. Böse hässliche Teufel. Und nur Cosmar …« Sie macht eine Pause und mustert euch beide.
Nach einer Weile fährt sie fort: »Sorcha alte Vettel. Tee endlich leer?«
Sie erhebt sich, ohne eure Antwort abzuwarten. »Gehen zu Ewald. Er euch helfen.«
Ihr folgt ihr zu einem anderen Wohnwagen, wo euch ein drahtiger Mann einlässt. »Ich bin Ewald«, sagt er, als ihr euch gesetzt habt. »Sorcha traut euch. Sorchas Freunde sind auch meine Freunde. Wie kann ich euch helfen?«
Weiter bei **545**.

284 Die hohe, fensterlose Fassade ist mit schwarzem Lack gestrichen, der in der Sonne glänzt. Oben erkennst du eine Frauenfigur aus schwarzem Stein, die auf dem Dach des »Reich der Ran« im Tanz erstarrt scheint. Sie ist gekleidet wie die Mädchen des Wasservolkes, die für ihre wilde Schönheit bekannt sind: ein weites Kleid, Ketten, Ohrringe, um den Kopf ein Tuch gebunden.
Eine Tür aus schwarzem Metall bildet den Eingang ins »Reich der Ran«. Es gibt keine Beschriftung.
Die Rothaarige öffnet die Tür. Ein kleiner Vorraum, gerade mal drei Meter breit, begrüßt euch. An einer kleinen Theke steht ein bulliger Mann mit glänzender Glatze. Sein riesiger Bauch und die breiten Schultern werden von der Lederweste kaum bedeckt. Als er dich sieht, streicht er sich über den Kopf und grinst dich breit an. »Schaut ihn euch an«, ruft er in den leeren Raum hinein, »schaut ihn an! Wie er da steht, am Rande vom Reich der Ran! Tritt heran und sprich, wohin zieht es dich?« Dem Mädchen steckt er eine Münze zu und verscheucht es wieder.
Links von dir siehst du eine Tür. Auf ihr steht mit weißer Farbe »Mollys Bar«. Rechts ist eine zweite Tür, auf dieser erkennst du ineinander

verschlungene, verschnörkelte Bilder. Dargestellt sind Boxer, eine Tänzerin, Affen, zwei sich küssende Männer, ein Tiger, weitere Tiere und Insekten, und immer wieder nackte Frauen und Männer. In der Ecke steht ein Schild, auf dem gedruckt steht: »Mindestverzehr 10 Somorra-Mark«. Du trägst zwar kein Geld bei dir, allerdings wird dir Ruben Pick den Schlüssel nur geben, wenn du seinen Auftrag erfüllst. Du wirst es darauf ankommen lassen müssen.
Auf welche der beiden Türen willst du deuten?
Nach links zur Bar: Weiter bei **85**.
Nach rechts zur anderen Tür: Weiter bei **219**.

285 »Was, ernsthaft? Neee, willst du mich verscheißern? Was ist mit dem Dämonenkrieger? Der hat doch auch welche.«
Einen Moment später wird das Luftschiff, in dem Sascha sitzt, von einem Luftstoß erfasst und abgetrieben. Es wirbelt ein paarmal um die eigene Achse und verliert dann drastisch an Höhe. Dann verschwindet es aus deinem Sichtfeld.
»Keine Sorge«, sagt Gusti neben dir. »Das passiert nur bei jedem zweiten Flug. Wir gute Chancen, grade rüberzukommen. Statistisch gesehen. Und Gusti Junior besserer Flieger als seine Brüder.«
Weiter bei **333**.

286 »Keine Ehre im Leib!« zischt Block. Mit diesen Worten löst er sich in Luft auf und im selben Augenblick erlischt das Licht. Es ist wieder dunkel. Du tastest dich durch den Raum zu der Tür am hinteren Ende – verschlossen. Auch die Tür, durch die du diesen Raum betreten hast, öffnet sich nicht mehr für dich. Du bist dazu verdammt, in diesem Raum in Dunkelheit zu warten, bis du verhungert, verdurstet oder eingeschlafen bist.
Ungerecht? Das ist Somorra.

287 Wie geht es weiter?
In den rechten Raum? (weiter bei **219**)
Oder möchtest du das Reich der Ran verlassen? (weiter bei **168**)

288 Das Wasser ist kühl, aber nicht so kalt, dass du es nicht aushalten würdest. Du dürftest etwa die Hälfte geschafft haben, da merkst du, dass etwas unter dir ist, ein großer Schemen, der unter dir kreist. Ein Albtraumwesen vielleicht? Du versuchst, dich in Sokrates' Meditation zu versetzen, und tatsächlich merkst du, wie der Schemen sich entfernt – doch gleichzeitig versinkst du im Wasser. Als du die Augen aufreißt und nach Luft schnappst, ist er wieder heran. Sofort beginnst du die Meditation von neuem, sofort versinkst du wieder. Du verbringst deine letzten Augenblicke damit, gegen das Ertrinken zu kämpfen und gleichzeitig die Meditation nicht aufzugeben. Schnell musst du einsehen, dass das nicht möglich ist. Irgendwann kannst du nicht mehr. Der Schemen kommt über dich, raubt dir den Verstand und zieht dich dann in die Tiefe. Von diesem Moment an bist du verdammt, ihm bis zum Ende aller Tage Gesellschaft zu leisten – als Albtraumwesen, das du jetzt selbst bist.
Immerhin: Du hast ein Albtraumwesen entdeckt, das noch nicht einmal Cosmar kannte. Wenn du noch am Leben wärst, könntest du dir sogar einen Namen dafür ausdenken.
Ungerecht? Das ist Somorra.

289 Du überlegst, wo du ein passendes Geschenk für Ruben Pick besorgen könntest.
Willst du versuchen, in einem Laden auf der Kali etwas zu besorgen? (weiter bei **299**)
Oder versuchst du dein Glück im Reich der Ran, dem Zentrum der Vergnügungsstraße? (weiter bei FREUDENHAUS)

290 Du zahlst den geforderten Preis (vermerke die Änderung auf deinem Abenteuerbogen) und nimmst in der Barke Platz. Die Fahrt beginnt. Charon steuert mit sicherer Hand über den Fluss, der so schwarz ist, dass du nicht erkennen kannst, was unter seiner Oberfläche lauern mag.
»Albtraumwesen, zerstörte Geister, verlorene Seelen«, sagt Charon, als könne er deine Gedanken lesen. »Wer sich in dieses Wasser begibt, den rettet nichts mehr, der ist für die Ewigkeit verloren. Also gib acht.«
Du nickst gehorsam und schweigst.
»Er hat viel für dich geopfert. Sein Seelenheil. Kein ‚*Ruhe in Frieden*' war ihm beschert«, sagt Charon da. »Es gibt Barrieren, die auch er nicht überwinden kann, aber doch hat er einen Weg gefunden, mit dir in Kontakt zu treten, ist es nicht so?«
Von wem redet Charon da? »Meinen Sie … diesen Priester?«
»Diesen Priester, ja. Ich bin ihm begegnet. Auch er setzte einst über diesen Fluss. Ein sehr *bewusster* Mann, ein Kämpfer für das Gute, wie es in Somorra nicht mehr viele gibt.«
»Was wissen Sie über ihn? Wer ist er? Wo kann ich ihn finden?«
Der Fährmann schaut aus schwarzen Augen auf dich herab. Sie sind so schwarz wie sein Fluss. »Die Zeit wird dir Antworten bringen. Er ist dir näher, als du denkst, auch wenn er nicht bei dir sein kann, nicht mehr. Er hat seine Ressourcen aufgebraucht. Er kann seine Gruft nicht mehr verlassen. Mehr kann ich dir nicht sagen.«
Ihr fahrt schweigend weiter und du versinkst in Gedanken. Ihr seid ringsum von Wasser umgeben, nur der Fährmann und du,

als plötzlich zwischen euch noch jemand sitzt, einfach so, wie aus dem Nichts:
Ringo, dein Freund, der sich das Leben nahm.
»Hilf mir. Er hat mich. Bitte, ich …«
Er verschwindet so plötzlich, wie er erschienen ist.
»Was …« Du brauchst einen Moment, um deine Sprache wieder zu finden. »Was war das?«
Charon hebt die buschigen Augenbrauen und zuckt mit den Schultern. »Menschen sollten nicht zu lange auf dem Styx weilen. Es vernebelt den Verstand. Wer zu lange verweilt, der findet in sich den unwiderstehlichen Wunsch, sich in seine Fluten zu stürzen. Harre aus. Wir sind gleich da.«
Tatsächlich hat der Fluss eine merkwürdige Wirkung auf dich. Das Plätschern des Wassers am Bug des Boots, die seidenmatte Wasseroberfläche: Du kannst den Blick nicht abwenden. Plötzlich hängt deine Hand im Wasser. Es ist kühl, so kühl. Du beugst dich nach vorne, dein Ellbogen ist im Wasser, deine Schulter. Du spannst die Beine, um dich abzustoßen …
Eine riesige Hand packt dich an den Haaren und zieht dich zurück ins Boot. Dir ist, als erwachtest du aus einem Traum.
»Wir haben es gleich geschafft. Nur Mut.« Der Fährmann hat dich gerade davor bewahrt, in den Styx zu fallen, nein, in den Styx zu springen.
»War es ein Freund, den du da gesehen hast? Vielleicht ein Freund, der kürzlich verstorben ist?«
Für einen Moment bist du sprachlos. Als du deine Stimme wiedergefunden hast, antwortest du. »Ja, mein bester Freund, Ringo. Er ist an einer Überdosis Somorin gestorben.«
»Ach, ist das so? Vielleicht solltest du dich nach einem Phönix-Ei umsehen. Manch einer ist nicht so tot, wie er zunächst erscheinen mag. Der Schrammenschreck hat eine denkwürdige Verbindung zu dieser Droge.«
»Wie meinen Sie das? Nicht tot?«

»Ich bin nur ein alter Fährmann und rede zu viel. Was weiß ich schon. Ich meine nur, dass es nicht schaden kann, ein Phönix-Ei einstecken zu haben, falls man es mal brauchen sollte.«
»Müssen Sie immer so in Rätseln sprechen?«, entfährt es dir.
Er hebt überrascht die Augenbrauen. Seine dunklen Augen glänzen. Doch sagt er nichts mehr, sondern hüllt sich in Schweigen. Du ahnst, dass er dir nicht mehr über Ringo oder den Schrammenschreck verraten wird.
Kurze Zeit später erreicht ihr das andere Ufer. Dort sind nicht mehr die Vulkansteine wie auf der anderen Seite. Stattdessen besteht der Boden aus staubiger grauer Asche. Vegetation kannst du weit und breit nicht erkennen. Charon lässt dich aussteigen. Von Ringo ist nichts mehr zu sehen. Vielleicht war es tatsächlich nur eine Halluzination. Was sollte es auch sonst gewesen sein?
Wenn du eine Heilige Waffe bei dir trägst, lies weiter bei **539**.
Anderenfalls kehrt Charon ans andere Ufer zurück und du setzt deinen Weg fort. Weiter bei **106**.

291 Der Schrammenschreck fällt über dich her. Deine plumpen Versuche, dich zu verteidigen, beeindrucken ihn nicht. Binnen weniger Sekunden bist du tot.
Ungerecht? Das ist Somorra.

292 Der Mann bleckt die Reißzähne und hebt den Dolch. »Beim nächsten Mal muss ich mir was Neues ausdenken. Tausend Jungfrauen ziehen wohl nicht mehr! Willst du wissen, was ich mich frage?«
»Nein.«
»Ich frage mich, ob du dieses nutzlose Notizbuch gefunden hast. Du weißt schon, in dem Seiten fehlen. Und ich frage mich, ob du mich schon bestimmen konntest. Hehe. Und die wichtigste Seite habe ich versteckt. Du wirst sie nie finden. Vorher wirst du durchbohrt.«
»Ich muss jetzt gehen!«, sagst du.

»Und ich ...« Er bleckt die Zähne. »Ich habe solchen Durst.«
Er fällt über dich her.
Lies jetzt in der **Anleitung Teil 3** (Seite 435).
Wenn du diesen Teil der Anleitung schon kennst, kannst du auch gleich bei **61** weiterlesen.

293 *Riesenkrake (tierisch)*
— Notizbuch wieder erlaubt —
Falls du Weihwasser geworfen hast, passiert nichts: Es vermischt sich sofort mit dem Wasser des Flusses.
Befindest du dich in Sokrates' Meditation, lies weiter bei **337**.
Verwendest du eine Heilige Waffe, lies weiter bei **173**.
Wenn du eine normale Waffe verwendest oder mit Silberbolzen oder -kugeln schießt, lies weiter bei **366**.
Verwendest du keine Waffe, lies weiter bei **24**.

294 Vor dir liegen zwei Silbermünzen. Notiere den Fund auf deinem Abenteuerbogen.
Charon gibt dir den Flegel zurück, setzt sein Boot wieder in Bewegung und steuert es über den Styx. Du setzt deinen Weg fort.
Weiter bei **106**.

295 »Tritt hindurch!«, sagt sie. »Leviathan erwartet dich.«
Du folgst ihrer Anweisung und stehst am Eingang einer Grotte, die zum größten Teil von einem unterirdischen See beherrscht wird. Als du an das Ufer herantrittst, wölbt sich die Wasseroberfläche und der Kopf eines schlangenartigen Monsters erscheint, der wie die Mischung aus einem Krokodil und einem Drachen aussieht.
»Was sucht ein Mensch in meiner Welt?«, brüllt es, als es dich erblickt. »Ich werde deinen Kopf abbeißen!«
Es reißt das Maul auf und du rechnest schon mit dem Schlimmsten, da lacht das Monster. »Ah, du solltest geprüft werden. Deinen Kopf

kann ich auch gleich noch fressen, auch wenn *ich* es sein müsste, der hier bestimmen darf. Hast du deine Prüfung bestanden? Hat es dich geärgert, dass deine kleine Freundin bekommt, was dir zusteht?«
Weiter bei THETA.

296 Du brüllst sie an: »Das ist nicht fair!« Da fühlst du schwer die Hand des Engels auf deiner Schulter, der dich kurz darauf nach draußen führt.
Weiter bei **323**.

297 Du versuchst, zu erwachen. Klammere dich an die Realität. Wie heißt der Mann, dessen Waffenkammer ihr gerade sucht?
Cosmar? (weiter bei **535**)
Cosiwar? (weiter bei **591**)

298 Du lässt das Buch sinken. Dunkle Schatten drängen aus den Ecken des Raums, ein schwarzer Hirschkäfer verendet direkt zu deinen Füßen.
Was du da in dem Buch gelesen hast, das …
Du kommst nicht dazu, den Gedanken zu Ende zu denken. »Da! Was ist …«, sagt Sascha neben dir. Du schaust auf, erst in Richtung des Skeletts, das sich aber keinen Milimeter bewegt hat. Dann folgst du Saschas ausgestreckter Hand in Richtung der Tür und siehst es plötzlich auch: Sie öffnet sich langsam, aufgeschoben von einer mementomori Klauenhand, die einer Kreatur gehören muss, die aus Albträumen entsprungen ist: dem Schrammenschreck. Einen Moment bleibt er im Türrahmen stehen und mustert euch lächelnd. Dann fällt er nacheinander über dich und Sascha her und bereitet eurem gemeinsamen Abenteuer ein jähes Ende.
Ungerecht? Das ist Somorra.

299 Du schlenderst die Kali entlang und schaust dir an, was es dort noch so gibt – hauptsächlich Kneipen, Bars und Bordelle. Doch zwischen zwei Table-Dance-Bars entdeckst du tatsächlich einen Juwelier, aus dem just in diesem Augenblick ein Mann in hellgrauem Anzug mit einem jungen Mädchen in Minirock und einem neuen Armreif stolpert. Sie verschwinden in einer der Bars.
Du schaust dir an, was im Schaufenster liegt: die unterschiedlichsten Schmuckstücke, aber auch Herrenuhren mit großen funkelnden Steinen. Alles ist wahnsinnig teuer, aber du bist auch nicht gekommen, um etwas zu *kaufen*.
Du betrittst den Laden. Für einen Moment bist du der einzige Kunde, doch hinter dir stolpert das nächste Pärchen herein: eine übergewichtige Matrone in blauem Ballkleid und Dauerwelle in Begleitung eines hübschen jungen Manns.
»Eine kleine Uhr als Beweis meiner Liebe«, sagt die dicke Frau zu ihrem Gefährten, als sie sich die Auslage ansehen.
Weiter bei **310**.

300 Vermerke den Verbrauch auf deinem Abenteuerbogen. Du zündest die Kerze an. Wie du vermutest hast, stehst du in einem kahlen Steinraum. In deiner Nähe liegt schlafend ein riesiges Nagetier. Die Helligkeit der Kerze schien das Tier zunächst nicht zu stören, doch jetzt flackern seine Augenlider. Dann erwacht es. Als es dich erblickt, springt es auf und spannt die Muskeln. Du solltest dich kampfbereit machen.
— Notizbuch ab hier ausgeschlossen —

Vierbeiniges Landlebewesen
Augen: schwarz
Füße: Pfoten
Mund: Nagezähne
Schatten: ja
Sonstiges: ein Kopf

Entscheide dich, ob du kämpfen willst bzw. wie du dich verteidigen willst (Sokrates' Meditation ODER Weihwasser UND/ODER eine Waffe).
Dann lies weiter bei **410**.

301 »Wie schön. Nichts umsonst weggegeben, ja? Du wirst bei mir bleiben, mein Diener sein, mein Gehilfe.«
Du versuchst aufzustehen, musst aber feststellen, dass du plötzlich gefesselt bist.
Der Mann lächelt dich an. Seine Zähne sind so schwarz wie seine Fingernägel. »Eine Vorsichtsmaßnahme. Du wirst dich schon daran gewöhnen.«
Und das war es für dich: Du verbringst den Rest deiner Tage in der Gefangenschaft von Mammon, dem Herrn des Geizes. Denn du hast die Prüfung nicht bestanden.
Ungerecht? Das ist Somorra.

302 Du versuchst, zu erwachen. Dieses Mal gelingt dir das ohne Probleme.
Du sitzt in einem spärlich beleuchteten Wohnwagen und lehnst mit dem Rücken gegen eine Seitenwand. Auf einem Hocker sitzt dein Boxgegner. Er erkennt, dass du wach bist, und zeigt ein Lächeln voller Zahnlücken. »Schwacher Arm. Tapferer Geist.« Er reicht dir ein Glas mit einer braunen Flüssigkeit, die er dich trinken lässt. Sie brennt wie Säure, doch kurz darauf wärmt sie dich von innen.
Du hast den Respekt dieser Leute gewonnen, indem du dich dem Kampf gestellt hast. Dass du verloren hast, spielt keine Rolle. Du weißt noch nicht, ob sie dir helfen werden, aber sie werden dich zumindest anhören.
»Ich bin Ewald«, sagt der Mann. »Was willst du von uns?«
Weiter bei **59**.

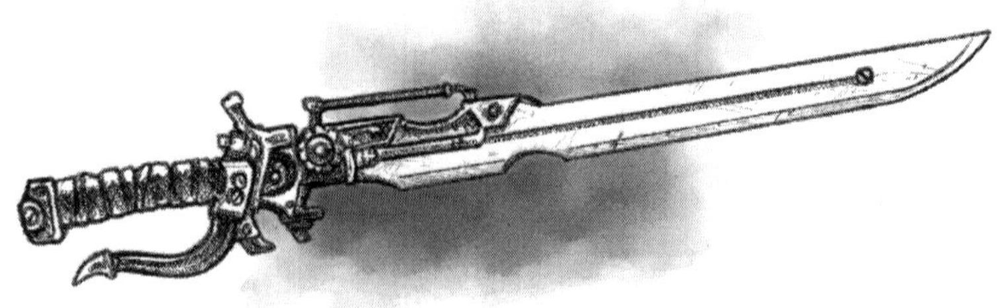

303 Du schlägst die Augen auf. Dir fällt sofort auf, dass du außer deinem Kopf nichts bewegen kannst. Du lehnst mit deinem Rücken an etwas Hartem, wahrscheinlich einem Pfahl oder so etwas, und bist gefesselt. Es ist Nacht, und würde vor dir nicht ein kleines Lagerfeuer brennen, es wäre wahrscheinlich zu dunkel, um etwas zu sehen.
An dem Feuer sitzt mit dem Rücken zu dir ein Mann. Er scheint gemerkt zu haben, dass du wach bist, denn er erhebt sich, ohne sich zu dir umzudrehen. Erst steht er eine Weile da, legt den Kopf schief, auf dem er einen Cowboyhut trägt. Er streichelt einen Rappen, der neben ihm angebunden ist und nach Gras sucht. Dann dreht er sich langsam um, schaut dich an, wobei sein Gesicht verborgen bleibt. Nur die Augen sind zu sehen, zwei rotglühende Kohlen in der Dunkelheit. Er geht langsam auf dich zu und greift nach seinem Hut mementomori und zieht ihn sich vom Kopf. Darunter kommt eine grässlich vernarbte Kopfhaut zum Vorschein. Der Schrammenschreck lächelt dich an, reißt den Mund auf und springt auf dich zu. Das Ende kommt schnell.
Ungerecht? Das ist Somorra.

304 Ganz egal, welche Waffe du in der Hand hältst oder ob du Weihwasser geworfen hast – dieses Wesen ist mächtiger als du. Es dringt in deinen Verstand ein und richtet Schaden an, der immerwährend ist, Schmerzen, die nicht körperlich sind. Binnen Sekunden verfällst du dem Wahnsinn und wirst nie wieder zur Besinnung kommen.
Ungerecht? Das ist Somorra.

305 »Ah ja, das muss der gute Friedemann gewesen sein, ein Jäger und Forscher. Er studiert uns. Hat dicke Bücher über Werwesen geschrieben. Er war ein Freund von Cosmar, den musst du auch getroffen haben, oder nicht, Bruder?«
Du nickst, ohne etwas zu sagen.

»Cosmar kam nicht hinter mein kleines Geheimnis, wetten? Hätte vielleicht genauer zuhören sollen. Ich hätte ihm noch viel mehr verraten können. Soll ich dir ein Geheimnis verraten?«

»Ja!«

»Hm, warte mal. Was würdest du gerne wissen? Ich kann dir was über die Wasserschlange verraten, oder über den Wiedergänger. Was willst du wissen?«

»Über die Wasserschlange.« (weiter bei **119**)

»Über den Wiedergänger.« (weiter bei **376**)

306 Du springst an die gegenüberliegende Wand und gehst in die Knie, um erkennen zu können, was unter dem Bett auf dich wartet. Da schiebt sich eine krallenbesetzte Klaue unter dem Bett hervor. Kurz darauf erscheint ein Wesen, zweibeinig, mit grünen Augen und ledriger Haut.

»Uiuiui, dada.« Es kichert und deutet mit einer Klaue auf dich. Als es auf dich zukommt, fällt dir auf, dass es keinen Schatten wirft.

— Notizbuch ab hier ausgeschlossen —

Zweibeiniges Landlebewesen

Augen: weiß

Füße: unbekannt

Mund: Reißzähne

Schatten: nein

Sonstiges: keine Hörner

Entscheide dich schnell, ob du kämpfen willst bzw. wie du dich verteidigen willst (Sokrates' Meditation ODER Weihwasser UND/ ODER eine Waffe).

Dann lies weiter bei **420**.

307 »Ja Mann, dachte ich ja auch erst, aber denk mal an den Cissar! Der ist ein Werwesen! Viel Glück noch, vielleicht sieht man sich ja mal wieder!«

Der Besatzung des Schiffs ist es gelungen, das Ruder wieder zu befreien, und mit einem Ruck geht der Flug weiter, diagonal über den Fluss in Richtung des Ufers. Du winkst noch, da ist Sascha schon nicht mehr zu sehen.
Weiter bei **330**.

308 Das Wesen will über dich herfallen, springt aber genau in deine Attacke hinein und verendet zu deinen Füßen. Du hast Glück, dass du überlebt hast.
Weiter bei **198**.

309 Du versuchst, zu erwachen. Klammere dich an die Realität. Wie heißt die Freundin von Ewald, die die Gräfin spielen soll?
Mony? (weiter bei **546**)
Becky? (weiter bei **590**)

310 »Diese Uhr würde mir wahnsinnig gut gefallen«, sagt der junge Mann und deutet auf die Auslage. Die Matrone mustert die Uhr eine Weile und dreht sich dann plötzlich zu dir um.
»Noch so ein Hübscher, na so was. Soll ich dir auch eine Uhr kaufen? Ich erwarte aber … gewisse Gegenleistungen.« Sie zwinkert und kommt dann auf dich zu, immer näher, bis sie schließlich nur noch einen Schritt von dir entfernt ist. Ihr Gesicht wirkt unstet, fast als wäre es flüssig. Sie öffnet den Mund. Statt einer Zunge sitzt dort eine schwarze Eidechse.
»Wie wäre es mit,« mementomori, »mit deinem Leben.«
Plötzlich hat die Matrone lange, spitze Zähne und schaut nicht aus wie eine Frau, sondern wie ein böser Zirkuszauberer.
Der Schrammenschreck fällt über dich her. Binnen weniger Sekunden bist du tot.
Der Juwelier wird sich später noch lange wundern, wie es passieren konnte, dass ein junger Mann – du – in seinem Laden plötz-

lich blutverschmiert zusammenbricht, obwohl er einen Augenblick zuvor noch völlig gesund gewirkt hat. Er wird dein Geheimnis nie erfahren.
Die Polizei dagegen interessiert sich nicht besonders für den Fall. Zu viel Merkwürdiges passiert in Somorra, außerdem zahlt der Juwelier ein üppiges Bestechungsgeld. Und du? Du bist leider tot.
Ungerecht? Das ist Somorra.

311 »Weißt du was!«, schreit sie dich an. »Du gehst mir eh schon auf die Nerven! Bin ohne dich besser dran! Viel Glück allein, du Niete!«
Sie lässt dich stehen und ist verschwunden.
Weiter bei **386**.

312 »Ich wusste es!«, schreit Sascha und springt vor Begeisterung in die Luft. »Das ist der Schrammenschreck, hast du schon von ihm gehört? Er verfolgt Leute in ihre Träume und ermordet sie dann. Einfach so. Und warum? Weil er es kann.«
Du kannst Saschas Begeisterung nicht so recht teilen. Natürlich hast du schon vom Schrammenschreck gehört. Jedes Kind kennt ihn aus Gruselgeschichten und Märchen. Trotzdem fragst du: »Woher weißt du das?«
Ihr Lächeln erlischt. »Du hast doch nicht geglaubt, dass er nur hinter dir her ist, weil du was Besonderes bist oder so? Sicher nicht. Du bist nicht mal halb so toll, wie du denkst.« Sie beißt auf ihren schwarzen Lippen herum. »Er ist auch hinter mir her. Ich habe seit gestern nicht mehr länger als nur ein paar Minuten geschlafen. Ich habe mich umgehört. Er sucht sich Leute aus, die keiner vermisst. Waisen, Obdachlose, Drogensüchtige. Manchen hilft er, andere tötet er. Warum er das tut, weiß ich nicht. Vielleicht lebt er irgendwie davon. Oder es macht ihm einfach Spaß. Keine Ahnung. Ist mir auch egal, aber ich will nicht sterben.«
»Na, ich auch nicht«, sagst du.

»Lass uns zusammenbleiben. Wir können uns gegenseitig vom Schlafen abhalten. Was meinst du?«
»Okay!« (weiter bei **400**)
»Lieber nicht.« (weiter bei **311**)

313 »Eine besondere Waffe. Damit opferte Jeftah seine eigene Tochter. Der Dolch hat nicht nur einen goldenen Griff, sondern in seinem Inneren einen Schatz.«
Charon nimmt einen Charonstaler und drückt mit ihm auf den Knauf. Ein Fach springt auf und gibt einen kleinen Hohlraum frei. Darin liegt eine Münze aus Silber. Er gibt sie dir. Vermerke diese auf deinem Abenteuerbogen.
»Heilige Waffen haben immer ein Geheimnis. Und jetzt geh. Ich muss zurück ans andere Ufer.«
Charon gibt dir den Dolch zurück, setzt sein Boot wieder in Bewegung und steuert es über den Styx. Du setzt deinen Weg fort.
Weiter bei **106**.

314 Der Türsteher und Sascha verschwinden im Inneren des Freudenhauses und der Beamte kehrt in das Verwaltungsgebäude zurück, ohne dich eines Blickes zu würdigen.
Ob du Sascha jemals wiedersehen wirst? Du weißt es nicht.
Weiter bei **135**.

315 Du tauchst in das nächste leerstehende Haus. Dort gibt es gleich mehrere Truhen. Du stößt die erste auf – sie enthält Goldmünzen und Schmuck, Kronen, Diademe und Ringe. Du bist reich! Doch leider wirst du dich deines Reichtums nicht erfreuen können.
Weiter bei **584**.

316 »Also gut, so sei es. Eine wahrhaft satanische Sünde. Du darfst passieren.«
Ändere das Codewort ERKENNTNIS zu 248.
Weiter bei **175**.

317 Hinter der Eisentür ist ein Flur, der durch die über zwei Meter dicke Außenwand des Gebäudes führt. Er mündet in einer weiteren Eisentür, die ebenfalls nicht verschlossen ist. Hinter der Tür: Dunkelheit, schwarz und dick wie flüssiger Teer.
»Sascha?«, fragst du noch einmal, doch du wagst es nicht, mehr als nur zu flüstern. Keine Reaktion. Du bist allein.
Du ahnst, dass die finale Konfrontation mit dem Schrammenschreck kurz bevorsteht und es kein Zurück mehr gibt. Was mit Sascha ist, du weißt es nicht. Mit zu Fäusten geballten Händen machst du einen Schritt durch die zweite Tür und direkt in die Dunkelheit. Doch dies ist noch immer die Welt der Albträume, die Schrammenwelt, und wieder ändert sich alles …
Weiter bei **165**.

318 Du entschließt dich, den Albtraumwesen Somorras ohne Waffen entgegenzutreten. Es wird schon nicht so schlimm werden – oder doch?
Du verlässt die Kammer durch die Tür und folgst dem Weg, bis du wieder in der Grotte mit den Tropfsteinen stehst. Plötzlich – ein Geräusch neben dir. Du schaust hin – nichts. Dann – Schritte hinter dir? Wieder nichts. Du atmest durch.

Doch als du dich wieder nach vorne drehst, um weiterzugehen, steht plötzlich ein Wesen vor dir, hässlich wie die Nacht und tödlich wie ein Raubtier. Antral der Teufel erstickt deine Schreie schon bald mit deinem eigenen Blut. Sterben lässt er dich erst deutlich später.
Ungerecht? Das ist Somorra.

319 »Die Polizei? Diese korrupte Bande?« Du meinst ein Funkeln in seinen schwarzen Augen zu entdecken. »Ich habe bestimmt noch ein paar Somorra-Mark einstecken, um sie mir vom Leib zu halten. Aber wenn du es wünscht, dann gehe ich. Doch sei gewarnt! Allein wirst du einen fürchterlichen Tod sterben!«
Willigst du nun doch ein, dir von ihm helfen zu lassen? (weiter bei **267**)
Oder bestehst du darauf, dass er geht? (weiter bei **549**)

320 »Ich hatte gehofft, du hättest wenigstens jetzt ein Herz für mich. Nun denn, dann kann ich dir auch nicht helfen.«
Mit diesen Worten löst sie sich in Luft auf und im selben Augenblick erlischt das Licht. Es ist wieder dunkel. Du tastest dich durch den Raum zu der Tür am hinteren Ende – verschlossen. Auch die Tür, durch die du diesen Raum betreten hast, öffnet sich nicht mehr für dich. Du bist dazu verdammt, in diesem Raum in Dunkelheit zu warten, bis du verhungert, verdurstet oder eingeschlafen bist.
Ungerecht? Das ist Somorra

321 Du trittst durch die Tür und folgst der Treppe nach oben auf die schmale Balustrade. Dort führt eine Leiter aus weiß lackiertem Holz weiter nach oben zu einem Loch in der Decke. Du kletterst auch diese Leiter noch hinauf, steigst durch das Loch und stehst plötzlich auf dem Dach des Tempels. Über eine schmale Mauer hast du einen guten Ausblick – sofort fällt dir auf, dass sich das Land schon wieder geändert hat. Von den bunten Feldern ist nichts mehr zu sehen. Genau genommen siehst du nicht einmal mehr Land. Der Tempel ist jetzt auf allen Seiten von Wasser umgeben. Er steht in der Mitte eines Ozeans. Egal, in welche Richtung du auch schaust – nirgends siehst du auch nur die Silhouette eines Gebirges am Horizont. Und du bist nicht das einzige Wesen hier oben.

»Willkommen auf dem Dach des Läuterungsberges. Wundere dich nicht über das Meer. Das Umland ändert sich dauernd. Wir sind hier im Land der Träume. Alles kann passieren.«

Du drehst dich um. Da steht, nur ein paar Schritte entfernt, ein Mann mit strengen, fast schon verbitterten Gesichtszügen, nicht mehr jung, aber auch noch nicht ganz alt. Er hat kurze, lockige Haare, die noch mehr braun als grau sind, und er ist mit einer weißen Tunika bekleidet.

»Man nennt mich Cato. Ich bin der Hüter des Läuterungsberges. Ich weiß, warum du hier bist. Du wirst geprüft werden, aber nicht von mir. Bestehst du, wirst du als Lohn das erhalten, was du begehrst. Bist du bereit?«

Wie reagierst du?

»Nein. Erklären Sie mir erst, was Sie wollen.« (weiter bei **470**)

»Ja!« (weiter bei **76**)

322

Du packst die blonde Frau, die viel zu übertölpelt ist, um sich zu wehren. Sie ist so zierlich, dass du keine Probleme hast, sie über die Schulter zu werfen. Du prallst gegen die Tür. Sie ist nicht verschlossen und tatsächlich führt sie in eine Seitenstraße. Du setzt die Frau kurz ab und willst ihr die Spritze in das Bein drücken.

»Bitte nicht«, fleht sie. »Du sollst mich zu ihm bringen, oder? Ruben Pick. Er verfolgt mich, seit ich einmal für ihn getanzt habe. Bitte, er will mich nur für sich. Tu mir das nicht an.«

Wie reagierst du?

Sie gehen lassen. (weiter bei **435**)

Ihr die Spritze in das Bein jagen. (weiter bei **160**)

323 Die Bibliothek ist von dichtem Nadelwald umgeben. Von der Wiese, auf der das Portal stand, ist nichts mehr zu sehen. Der Engel führt dich eine halbe Stunde durch den Wald, bis du völlig die Orientierung verloren hast, da entfaltet er unvermittelt seine Schwingen und fliegt weg, einfach so. Du bleibst allein zurück.

Hilflos irrst du durch den Wald, ohne einen Weg hinauszufinden oder einen Anhaltspunkt, wie es weitergehen könnte. Endlich kommst du an eine Lichtung, auf der zwei Hütten stehen. Vor jeder der Hütten steht eine Frau, und beide schauen dich an. Die erste Frau ist eine kleine, dicke Frau mit Kopftuch und dicken Brillengläsern. Die zweite Frau ist jung, groß, schlank und hat lange, braune Haare.

Die kleine, dicke Frau winkt dir zu und ruft: »Bitte, hilf mir. Mein Mann wurde getötet, die Nacht wird kalt. Ich brauche Hilfe. Bitte, hack mir ein wenig Feuerholz, damit ich heute Nacht nicht frieren muss.«

Auch die große, schlanke Frau winkt dir zu und ruft: »Bitte, hilf mir. Mein Mann ist weg, die Nacht wird kalt. Bitte, bleib die Nacht bei mir, damit ich heute Nacht nicht frieren muss.« Sie öffnet die Tür. Du siehst, dass im Inneren des Hauses ein behagliches Feuer brennt. Auf dem Tisch stehen die tollsten Speisen und Getränke – Braten, Schinken, Kuchen, Gebäck, Wein, Bier und vieles mehr. Als du wieder die Frau anblickst, hat sie die zwei obersten Knöpfe ihrer Bluse geöffnet. Du kannst ihren Brustansatz erkennen.

Wie reagierst du?

Hackst du der kleinen Frau das Holz, damit sie nicht frieren muss? (weiter bei **467**)

Betrittst du das Haus der großen Frau, um mit ihr zu feiern und dann die Nacht mit ihr zu verbringen? (weiter bei **384**)

Oder ignorierst du sie beide und setzt deinen Weg fort? (weiter bei **485**)

324 »Ach so, der Buchhalter!« Du siehst, dass Block abwägt. »Also gut, aber nur ein Glas von dem Champagner, ja?« Du nickst.

Die nächste halbe Stunde diskutiert ihr über mögliche geschäftliche Aktivitäten. Du stellst fest, dass Becky über eine blühende Fantasie verfügt. Sie malt in den buntesten Farben aus, welche Geschäfte die Gräfin von Lichterheide beabsichtigt – Alkoholschmuggel, Drogen, Waffen.

Offensichtlich alles nach dem Geschmack von Block.

Doch dann überspannt Becky den Bogen: Sie beginnt, vom Glücksspiel zu erzählen.

»Werte Gräfin«, sagt er, als sie von dir behauptet, du seist nicht nur Buchhalter, sondern auch noch professioneller Spieler, »Ihre Geschäfte sind absolut faszinierend. Ich gestehe, dass wir hier im Hafen noch ein bisschen Nachholbedarf haben, was gerade das Glücksspiel angeht. Die Jungs in der Altstadt sind da schon zwei Schritte weiter. Wie wäre es damit: Ich teste ihren Assistenten, und danach sehen wir, ob Pick Zeit für uns hat?«

Willigt ihr in den kurzen Test ein? (weiter bei **151**)

Oder erklärst du, dass dafür keine Zeit sei und ihr gerne gleich mit Pick sprechen wollt? (weiter bei **280**)

325 Nach wenigen Momenten ist die Transformation des Mannes zu einem Werwolf abgeschlossen. Er fällt nicht über dich her und benimmt sich auch sonst nicht wie ein wildes Tier, sondern bleibt einfach auf seinem Platz sitzen und mustert dich.

»Spricht sich langsam rum, dass wir nicht jeden gleich fressen?«, murmelt er vor sich hin. »Vielleicht sollte ich gelegentlich mal wieder …«

Er grinst dich an, als hätte er einen Witz gemacht.

Weiter bei ZOMBIEHAND.

326 Du fragst sie, was sie dir über Ruben Pick und den Hafen berichten kann. Sie antwortet nicht, sondern zieht nur die Augenbrauen nach oben und die Mundwinkel nach unten.
Du wartest ein paar Sekunden. Schließlich dämmert es dir, dass du so von ihr wohl keine Antwort erhalten wirst.
Wenn du möchtest, kannst du nun doch den Schnaps vor dir trinken. (weiter bei **575**)
Oder aber du verlässt die Bar wieder. (weiter bei **168**)

327 Die Straße ist leer, und so nutzt die du Gelegenheit, dich ins Innere zu ziehen. Du drehst dich um – und erstarrst. Hinter dem Fenster, dort, wo du von der Straße nicht hinblicken konntest, steht eine Couch und auf der Couch sitzt ein dicker Mann, der eben erwacht ist. Er sieht dich an, dann lächelt er.
»Ah, Besuch. Setz dich doch, mein Junge.« Er wedelt mit der Hand, und dann greift er unter ein Kissen und zieht eine Pistole hervor. Sein Lächeln erlischt.
»Sollte dich gleich am nächsten Großmast aufknüpfen«, flüstert er.
Bist du Ruben Pick bereits begegnet? Dann **lies sofort weiter bei 32**. Sonst lies hier weiter.
»Genug geschnackt. Für dich is' jetzt zappenduster. Hier steigt mir keiner ein. Und jetzt setz dich endlich.«
Du setzt dich auf einen Stuhl, auf den er mit der Pistole deutet. Dann greift er nach einem Telefonhörer. Er lässt die Hand über dem Gerät schweben, als sei ihm gerade etwas eingefallen. »Andererseits … ich könnte dich auch gehen lassen … wird aber nich' ganz billig.«
Er blickt dich an. Seine Augen sind so grau wie ein Regentag am Meer. Und genauso wässrig.
Du sagst nichts. Geld hast du nicht, hast aber das Gefühl, dass es ihm nicht um Geld geht.
Er lächelt wieder. »Zuerst musst du mir sagen, was du hier wolltest.«

Du beschließt, ehrlich zu sein, schließlich hat er dich in der Hand. Daher berichtest du von Cosmar und dass du den Weg zu ihm suchst. »Ah, interessant. Der gute Cosmar. Du weißt ja: Eine Karawane grüßt die andere, wie ein alter Freund von mir immer sagte. Hilf mir bei meinem Problem, und ich will vergessen, dass du hier eingestiegen bist. Und den Schlüssel für Cosmars Versteck erhältst du obendrein. Pass auf: Es gibt hier Schausteller. Übles Gesindel, Ratten, kaum so etwas wie Menschen. Sie haben eines meiner Lagerhäuser angezündet. Dafür müssen sie büßen. Ich will, dass du Folgendes machst: Geh in das Reich der Ran, gleich gegenüber. Frag nach etwas ganz Besonderem. Man wird dich zu Nila bringen. Entführe sie, bring sie zu mir, das kleine blonde Miststück. Dann gebe ich dir den Schlüssel.«
Wenn du dich weigerst, mit Ruben Pick zusammenzuarbeiten, und ihm das sofort sagen willst, dann **lies sofort weiter bei 172**.
Sonst liest du hier weiter:
Ruben Pick schiebt dich in Richtung der Tür. Er drückt dir noch eine Ledermappe in die Hand, in die eine Spritze eingewickelt ist »Hau das Püppi Blondschopf in den Schenkel, dann macht sie keinen Ärger.« Dann schiebt er dich endgültig hinaus. Als du wieder auf der Straße stehst, knallt hinter dir die Tür zu. Er wird dich erst wieder empfangen, wenn du seinen Auftrag erfüllt hast. Ändere das Codewort PICK zu 33 und das Codewort TRAUMPALAST zu 268.
Weiter bei **167**.

328

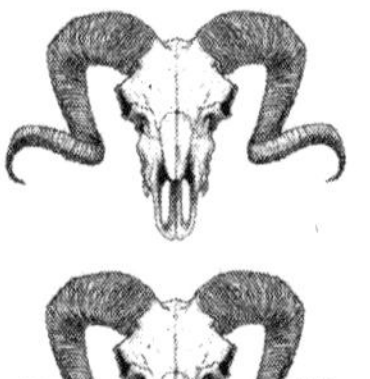

Dämonenkrieger (dämonisch)
Schattendämon (dämonisch)
— Notizbuch wieder erlaubt —
Wenn du Weihwasser geworfen hast: Es zeigt keine Wirkung.
Verteidigst du dich mit einer Heiligen Waffe? (weiter bei **195**)
Anderenfalls geht es weiter bei **273**.

329 Der Türsteher nickt. »Gute Wahl. Unsere Rodeo-Schwestern erwarten dich schon.« Er hebt zweimal kurz die Augenbrauen. »Hier entlang.«
Er öffnet die rechte Tür und führt dich durch einen schmalen Gang, dessen Wände vollkommen mit rotem Samt bedeckt sind. Zu beiden Seiten gehen ein paar Türen weg, doch ihr geht bis zum Ende, wo der Gang in eine breitere Tür mündet. »Gutes Gelingen«, flüstert er, klopft dir auf die Schulter und schiebt dich hindurch. Die Tür fällt hinter dir ins Schloss, und du stehst in absoluter Finsternis.
Einen Moment später flackert ein Scheinwerfer auf und beleuchtet ein rotes Samtsofa, auf dem drei Frauen sitzen.
Die erste Frau hat lange blonde Haare und ist feingliedrig. Neben ihr sitzt eine Brünette mit dichten Locken und vollen Lippen. Die dritte Frau hat bronzefarbene Haut, große schwarze Augen und pechschwarzes Haar.
Du weißt gar nicht, wohin du zuerst schauen sollst. Eine ist schöner als die andere, und sie sind nur mit Unterwäsche bekleidet. Von irgendwoher hörst du Musik, irgendetwas Seichtes. Die Frauen erheben sich und beginnen, sich zur Musik zu bewegen. Sie kommen langsam auf dich zu und du fragst dich, wohin das führen wird.
Weiter bei **252**.

330 Auf der Brücke ist es noch heißer als am Ufer und du fragst dich schon, ob du bei lebendigem Leib geröstet wirst. Nachdem Sascha in dem Luftschiff verschwunden ist, rennst du auf die andere Uferseite. Dort erwartet dich eine trostlose Landschaft aus erkaltetem Lavastein. Doch schon, als du den ersten Schritt machen willst, ändert sich wieder alles –
Du liegst plötzlich in deinem Bett in deiner winzigen Wohnung. Das Licht ist aus, so, als wärst du gerade zu Bett gegangen. Für einen Moment bleibst du einfach liegen und wartest. Nichts geschieht. Die einzigen Geräusche sind das Summen deines Kühlschranks und ab und zu ein Signalhorn eines Tankers. Dann: ein Laut, eine Art Krat-

zen, unter deinem Bett, doch bald ist es wieder still. Einbildung? Oder Mäuse? Ungeziefer gibt es in diesen billigen Wohnungen genug. Da ist es wieder: Kratzen, Schaben. Und dann etwas, das sicherlich nicht von Nagetieren oder Insekten kommt: ein Kichern, so heiser wie von einem erkälteten Wahnsinnigen. »Haha, jajaja«, und: »Uh, eiei, uhuhu.«
Willst du abwarten, was passiert? (weiter bei **99**)
Oder willst du unter das Bett schauen? (weiter bei **445**)
Oder springst du aus dem Bett und bringst ein paar Meter zwischen dich und Bett (größer ist deine Wohnung leider nicht)? (weiter bei **306**)

331 Plötzlich bewegt sich in deinem Rucksack etwas. Als du ihn öffnest, siehst du sofort, dass es das Ei ist. Es strahlt in hellem Blau. Du holst es heraus, und da du nicht weißt, was du damit tun musst, legst du es auf Ringos Körper. Vor deinen Augen entfaltet die Magie des Phönix seine Wirkung. Das blaue Licht wird noch heller, noch intensiver. Ein Zucken geht durch Ringos Körper. Das Ei beginnt über seinem Körper zu schweben, fängt Feuer. Es verbrennt in blauen Flammen, die so hell sind, dass du einen Moment nichts mehr sehen kannst. Dann ist es vorbei.
Und als du die Augen wieder öffnest, sitzt Ringo auf der Liege und schaut dich an. Er scheint verwirrt, doch die Augen hinter seiner Nickelbrille sind klar und er ist bei vollem Bewusstsein.
»Hallo«, sagt er und lächelt schief. »Danke, dass du gekommen bist. Ich war nie tot. Der Schrammenschreck hat mich in seiner Albtraumwelt gefangen gehalten und wollte dich anlocken.«
»Warum?«
»Ich weiß es nicht. Du hast irgendeine Bedeutung für ihn. Er hat sie mir nicht verraten.«
»Wie bist du denn überhaupt hierhergekommen?«
»Albträume. Ich habe jede Nacht von ihm geträumt. Eines Nachts habe ich geträumt, dass er mich im Waisenhaus verfolgt. Ich war ein

Kind. Weißt du, wie damals, als wir uns immer versteckt haben. Und dann sagte er, dass er es eigentlich auf dich abgesehen hat. Irgendwo hörte ich, dass Somorin ein Weg ist, ihm zu begegnen. Ich hatte gehofft, ich könnte ihn von dir abhalten oder vielleicht sogar einen Weg finden, ihn zu bekämpfen. Doch wenn ich Drogen nahm, war es noch leichter für ihn, mich in die Hände zu bekommen. Es war, als könne er meine Träume völlig frei steuern. Er hat mich zu fassen gekriegt und in ein Boot gesetzt, mit dem wir über einen Fluss gefahren sind. An mehr kann ich mich nicht erinnern. Dann bin ich hier wieder aufgewacht und du stehst vor mir.«

»Und wir dachten, du wärst tot.«

»Vielleicht war ich das auch, irgendwie. Aber ich war auch gleichzeitig wieder gesund.«

»Wie meinst du das?«

»Na, das Somorin. Das Verlangen ist weg, völlig. Als hätte ich mir nie einen Schuss gesetzt.« Er legt dir die Hand auf die Schulter und lächelt.

In diesem Moment sagt der sterbende Schrammenschreck plötzlich etwas, das du nicht recht einordnen kannst: »Uhr dem Mann geben.«

Du schaust in seine Richtung – da steht eine Frau und nimmt vom Schrammenschreck die Taschenuhr und die Pistole entgegen, die du vorher auf dem Tisch gesehen hast. Von einem Augenblick auf den nächsten verschwindet sie wieder und der Schrammenschreck bricht zusammen. Du gehst hin. Er ist tot. Sein Leichnam fängt Feuer, unglaublich heißes, rotgelbes Feuer, so heiß wie das Feuer der Hölle, und verbrennt. Er verbrennt so vollständig, so rückstandslos, dass nichts übrigbleibt. (Wenn du noch einen Beweis brauchst, dass du einen Dämon getötet hast: Hier findest du ihn nicht.)

Ändere das Codewort KÄFIG zu 50.

Weiter bei **183**.

332 »Ach echt? Aber du hast das Buch, steht das da nicht drin? Shit, naja, viel Glück noch.«
Einen Moment später wird das Luftschiff, in dem Sascha sitzt, von einem Luftstoß erfasst und abgetrieben. Es wirbelt ein paarmal um die eigene Achse und verliert dann drastisch an Höhe. Dann verschwindet es aus deinem Sichtfeld.
»Keine Sorge«, sagt Gusti neben dir. »Das passiert nur bei jedem zweiten Flug. Wir gute Chancen, grade rüberzukommen. Statistisch gesehen. Und Gusti Junior besserer Flieger als seine Brüder.«
Weiter bei **333**.

333 Gusti betätigt einen großen Hebel. In diesem Moment hebt das Flugschiff ab. Ihr erhebt euch in die Luft und schwebt ein Dutzend Meter über dem Flammenfluss. Auch hier ist die Hitze der Lava noch zu merken, jedoch deutlich angenehmer als direkt am Ufer. »Flugschiffe fliegen nur hier«, erklärt Gusti, als ihr mitten über dem Fluss schwebt. »Auftrieb von heiße Luft. Fahrtpreis übrigens doch nicht umsonst. Fahrtpreis ist etwas aus Silber, bitte sehr.«
Dir fällt auf, dass der Zeppelin über dem Fluss schwebt, aber nicht weiterfliegt. Immerhin werdet ihr von keinem Luftstoß erfasst.
Willst du den geforderten Preis bezahlen? In diesem Fall musst du ihm etwas aus Silber geben, egal was (etwa eine Silberpatrone oder einen Silberbolzen). (weiter bei **147**)
Oder verweigerst du die Bezahlung? (weiter bei **343**)

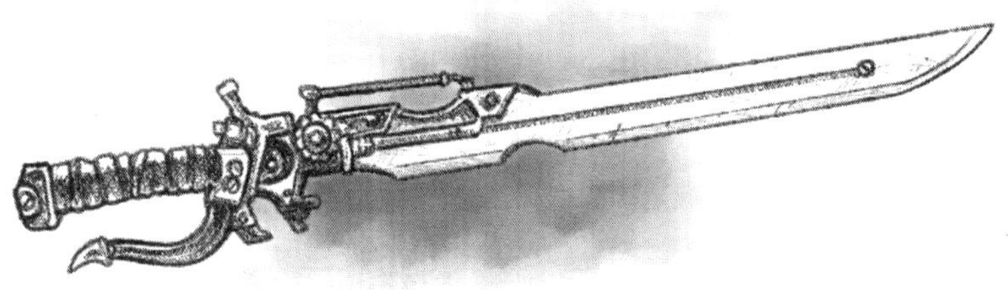

334 Ändere das Codewort THETA zu 184.
Im nächsten Augenblick ist Sascha verschwunden – sie ist einfach weg. Weiter bei **387**.

335 Belphegor wirkt enttäuscht. »Immer dieser Ehrgeiz, man möchte einfach fortlaufend die Kotze hochwürgen und ausspucken. Wenn du mal 'ne Pause brauchst, sag Bescheid. Jetzt muss ich weg. Alles Schlechte! Ach, eins noch, aber werd nicht gleich hektisch. Vielleicht laufen wir uns noch einmal über den Weg, vielleicht bleibt es mir auch erspart. Komm nicht ohne eine Silbermünze des Weihbischofs Peter, ja? Und bring gefälligst die richtige, das ist die, auf der Beelzebub, Asmodeus und ich abgebildet sind! Sie könnte bei den Spinnen sein, such da. Alles andere macht nur unnötig Arbeit.«
Er verschwindet in einer der Klokabinen. Du hörst die Spülung. Als du in die Kabine schaust, ist der kleine Teufel verschwunden. Du hast deine Prüfung bestanden.
Ändere das Codewort ERKENNTNIS zu 595.
Weiter bei **389**.

336 Die Tür ist verschlossen, auf dein Klopfen hin öffnet sich eine kleine Klappe in Augenhöhe, dahinter siehst du eine aufgequollene, rote Nase.
»Bitte nur eine Person gleichzeitig. Junger Mann, was wollen Sie?«
Sascha tritt zur Seite und wartet neben der Tür auf dich. Sie stößt nach deinem Besuch bei der Hafenverwaltung wieder zu dir.
Ändere das Codewort TAKELAGE zu 460.
Möchtest du antworten, dass du gerne die Hafenleitung sprechen möchtest? (weiter bei **378**)
Oder sagst du, dass du eine Anmeldung zu erledigen hast? (weiter bei **511**)

337 Du schließt die Augen und flüsterst die Worte, so gut das unter Wasser eben geht. Einen Moment genießt du die Ruhe, dann wickelt sich ein Tentakel um deinen Hals und drückt dir die Luftzufuhr ab. Du erstickst auf dem Grund des Acheron. Ungerecht? Das ist Somorra.

338 Du versuchst, zu erwachen – und schläfst gleich wieder ein. Das Mittel, das jetzt in deine Venen läuft, ist so hochkonzentriert, dass du immer wieder einschläfst, so lange, bis du schließlich irgendwann den Kampf verlierst.
Weiter bei **339**.

339 Du spürst die Klauen der Schreckensgestalt in deiner Schulter und …
Panisch blickst du dich um. Du bist wieder in dem Aufzug, in den du vor der Dunkelheit geflohen warst. Über dich gebeugt steht das Monster, das aussieht wie ein, ja, wie der Zauberer aus einem Zirkus. Es hat seine Klaue in deine Schulter gehauen und reißt das Maul auf. Spitze Zähne bohren sich kurz darauf in deine Kehle.
Der Tod kommt schnell, aber schmerzvoll. Später wird der Pfleger deine Leiche finden und sich fragen, wie du dir selbst eine so schwere Halswunde zufügen konntest. Immerhin warst du gefesselt.
Er wird diesem Umstand aber keinen zweiten Gedanken schenken. Zu viele merkwürdige Dinge geschehen in dieser Stadt.
Ungerecht? Das ist Somorra.

340 Die Tür der Hafenverwaltung ist, wie immer, verschlossen. Auf dein Klopfen hin öffnet sich eine kleine Klappe in Augenhöhe, dahinter siehst du die aufgequollene, rote Nase des Beamten Block. »Wo steckt ihr denn? Kommt die Gräfin jetzt endlich? Der Champagner wird doch …«
Die Tür fliegt auf. Block schaut dich wütend an. »Wo ist sie denn?« Er schiebt dich zur Seite und schaut auf die Straße. »Na?«

»Sie … äh, sie ist verhindert?«

»Kommen Sie wieder, wenn ... ja?« Hinter Block öffnet sich eine weitere Tür und ein fetter Mann tritt heraus – Ruben Pick.

»Block? Ist die Landratte mit dieser Gräfin schon eingetroffen?«

»Gerade eben. Ohne Gräfin!«

»Soll reinkommen.«

Block lässt dich eintreten und geleitet dich in das hintere Zimmer, offensichtlich das Büro von Ruben Pick.

Die Tür fällt ins Schloss, du hörst, wie ein Riegel vorgeschoben wird. Du bist gefangen. Nur eine Minute später öffnet sich die Tür wieder und zwei Polizisten treten hinter Ruben Pick in das Zimmer.

»Wollte uns betakeln. Habe mich beim Juwelier erkundigt. Gibt keine Gräfin Lichterheide. Abführen!«

Die Polizisten fahren dich in das Schnellgericht von Somorra – ob du die Verhandlung noch erlebst und dort wegen Hochverrats hingerichtet wirst, oder ob der Schrammenschreck dich vorher holt, ist nicht mehr wichtig. Dein Abenteuer ist jedenfalls vorbei.

Ungerecht? Das ist Somorra.

341 Es gelingt dir, den Wolf mehrmals zu treffen, bevor er dich noch ernsthaft verletzen kann. Schließlich lässt er von dir ab und verschwindet im Wald. Du kannst deinen Weg fortsetzen. Weiter bei **380**.

342 »Und mir ist es wirklich sehr wichtig, mit ihr unter vier Augen zu reden. Guten Tag.« Er schiebt dich zur Tür hinaus und knallt sie hinter dir zu. Dort wartest du und hoffst, dass schon alles gut gehen werde.

Leider geht nichts gut.

Weiter bei **5**.

343 »Du hast gesagt, die Fahrt ist umsonst«, sagst du.

»Gusti gelogen«, erwidert der Mann grinsend. »Du jetzt besser zahlen, oder du aussteigen.«

Gusti ist klein. Du kannst dir nicht vorstellen, dass er genügend Kraft hat, dich aus dem Schiff zu werfen. Du bist dir allerdings auch sicher, dass du das Schiff allein nicht fliegen – geschweige denn landen – kannst.

Willst du jetzt doch zahlen? (weiter bei **147**)

Oder weigerst du dich weiterhin? (weiter bei **569**)

344 »Tritt ein. Mammon erwartet dich.«

Du trittst durch die Tür. Auf der anderen Seite sitzt in einem Kämmerchen ein alter Mann mit hageren Fingern und schreibt mit einem Federkiel in einem Buch. »Manche Menschen gehen mit Geld um, als müsste es vernichtet werden, also wirklich«, flüstert er. Als er dich bemerkt, hebt er den Blick. »Ah ja, der nächste Prüfling. Komm nur näher.« Er deutet mit einem langen, schwarzen Fingernagel auf einen schwarzen Holzstuhl neben seinem Schreibtisch. Du setzt dich.

»Ich hoffe, du kennst den Wert der Sparsamkeit. Sie ist die Göttin, der wir alle folgen müssen, die Titte, die uns nährt, unser aller Bestimmung. Siehst du es nicht auch so?« Du hast keine Ahnung, was er hören will, und zuckst nur mit den Schultern.

Er blättert in seinem Buch. »Einen Kaffee? Ach nein, nicht doch, ist viel zu teuer. Kein Budget. Ah ja, da ist es ja.«

Weiter bei OMEGA.

345 Du schleuderst dem Schrammenschreck das Weihwasser entgegen und triffst. Er schreit auf und sinkt auf die Knie. Seine Sonnenbrille rutscht von seinem Gesicht und gibt rotglühende Augen frei.
Was willst du tun?
Ihm mit einer normalen Waffe den Rest geben? (weiter bei **438**)
Ihm mit einer Heiligen Waffe den Rest geben? (weiter bei **502**)
Ihm mit einer Silberwaffe den Rest geben? (weiter bei **382**)
Dich in Sokrates' Meditation versetzen? (weiter bei **354**)

346 Ein dicker Mann steckt den Kopf zur Tür herein. Du springst auf ihn zu und zielst mit der Faust auf sein Kinn, doch der Mann ist trotz seiner Leibesfülle geistesgegenwärtig und zieht kurz die Tür zu. Du prallst gegen dunkles Holz und einen Moment später wird die Tür mit viel Kraft wieder aufgestoßen. Sie trifft deinen Kopf und du wirst von den Beinen gerissen.
Als du dich wieder aufrappeln willst, sagt der Dicke: »Liegenbleiben. Oder es wird blutig.« Er hält ein langes Messer in der Hand, die Spitze auf dich gerichtet. Du beschließt, erst mal zu bleiben, wo du bist.
»Gut. Ich bin Ruben Pick, und das ist mein Hafen. Wer hier Unruhe stiftet, baumelt schneller am Großmast, als ihm lieb ist. Willst du das?«
»Nein!«, rufst du schnell.
Bist du Ruben Pick bereits begegnet? Dann **lies sofort weiter** bei **32**. Wenn nicht, lies hier weiter.
Er kichert. »Dachte ich mir. Jede Made liebt ihr Leben. Machen wir es so: Du tust mir einen Gefallen, und ich tu dir einen Gefallen. Was wolltest du hier?«
Du beschließt, ehrlich zu sein, schließlich hat er dich in der Hand. Daher berichtest du von Cosmar und dass du den Weg zu ihm suchst.
»Ah, interessant. Der gute Cosmar. Du weißt ja: Eine Karawane grüßt die andere, wie ein alter Freund von mir immer sagte. Hilf

mir bei meinem Problem, und ich will vergessen, dass du hier eingestiegen bist. Und den Schlüssel für Cosmars Versteck erhältst du obendrein. Pass auf: Es gibt hier Schausteller. Übles Gesindel, Ratten, kaum so etwas wie Menschen. Sie haben eines meiner Lagerhäuser angezündet. Dafür müssen sie büßen. Ich will, dass du Folgendes machst: Geh in das Reich der Ran, gleich gegenüber. Frag nach etwas ganz Besonderem. Man wird dich zu Nila bringen. Entführe sie, bring sie zu mir, hab noch ein Hühnchen zu rupfen mit dem blonden Ding. Dann gebe ich dir den Schlüssel.«

Wenn du dich weigerst, mit Ruben Pick zusammenzuarbeiten, und ihm das sofort sagen willst, dann **lies sofort weiter** bei **172**.

Sonst liest du hier weiter:

Danach schiebt dich Ruben Pick in Richtung der Tür. Er drückt dir noch eine Ledermappe in die Hand, in die eine Spritze eingewickelt ist »Für den Transport der blonden Zuckerschnecke.« Dann schiebt er dich endgültig hinaus.

Als du wieder auf der Straße stehst, knallt hinter dir die Tür zu. Er wird dich erst wieder empfangen, wenn du seinen Auftrag erfüllt hast.

Ändere das Codewort TRAUMPALAST zu 268 und das Codewort PICK zu 33.

Weiter bei AUFTRAG.

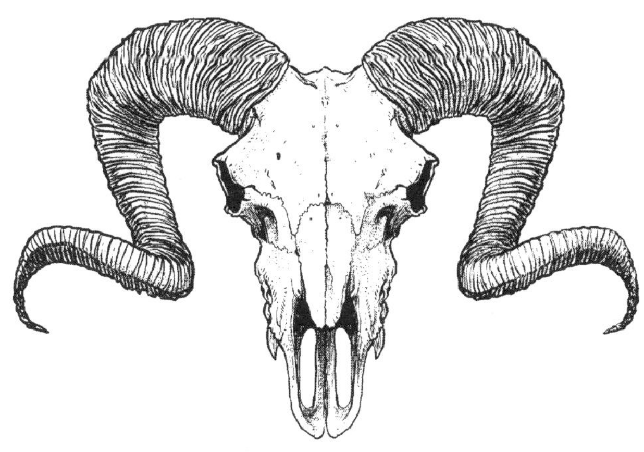

347 Vorbei an großen Kisten mit alten Glühbirnen und zerschlissenen Schuhen schleichst du weiter durch den Dachboden. Als du um einen dicken Balken spähst, siehst du es: ein geflügeltes, zweibeiniges Monster mit Hufen, struppigem Fell und großen Hörnern. In diesem Moment reckt es die Schnauze in die Luft. Es hat deine Witterung aufgenommen. Gleich wird es zum Kampf kommen.
— *Notizbuch ab hier ausgeschlossen* —
Es wirft sich herum und springt in deine Richtung.

Geflügelter Zweibeiner
Augen: schwarz
Füße: Hufe
Mund: Reißzähne
Schatten: unbekannt
Sonstiges: Hörner; nicht vogelartig

Entscheide dich, ob du kämpfen willst bzw. wie du dich verteidigen willst (Sokrates' Meditation ODER Weihwasser UND/ODER eine Waffe).
Eine Flucht ist nicht möglich.
Weiter bei **253.**

348 Während du noch all deine gefundenen Gegenstände in dem gefundenen Rucksack verstaust, klettert Sascha schon die Leiter nach oben und verschwindet in dem oberen Raum. Du willst ihr gerade folgen, da schreit sie: »Oh, scheiße!«
Dann: ein Rumpeln aus dem Mauerwerk, ein Krachen, und die Decke des oberen Raums stürzt ein. Der Ausstieg aus dem Keller wird erst von einem schweren Holzbalken begraben, dann krachen Steinbrocken auf das Loch.
Dort klettert kein Mensch mehr raus. Und was mit Sascha ist: Du weißt es nicht. Du weißt nur, dass du in diesem Keller gefangen bist.
Achtung: Alle Gegenstände, die Sascha eingesteckt hat, sind für dich verloren!

»Lass dich nicht unterkriegen, mein Junge. Das ist nicht der Weg, auf dem es für dich weitergeht«, dröhnt eine Stimme, die du bereits kennst, aus einer dunklen Ecke des Kellers. »Und Sascha wird einen anderen Weg finden, auch wenn es sehr bedauerlich ist, dass ihr getrennt wurdet. Setz dich. Wir müssen reden.«
Der Mann, der da spricht, tritt in den Schein der Kerze, die wie durch ein Wunder noch immer brennt. Ungläubig schaust du den Priester an, den du in deiner Wohnung kennengelernt hast. Er steht vor dir in seinem ... seiner Soutane und mustert dich ernst. Da stehst du nun – gefangen in einem Kellerraum unterhalb von Cosmars eingestürzter Kammer. Du weißt selbst nicht so recht, wohin das führen soll, aber schließlich setzt du dich, um dem zu lauschen, was der Priester dir zu sagen hat.
Doch zuvor hast du eine Frage.
Weiter bei **275**.

349 Gegenüber der Hafenverwaltung – ein kleines, freistehendes Fachwerkhaus, über dessen Eichentür ein rostiges Schild hängt, das ein Frauengesicht mit herausgestreckter Zunge zeigt – findest du das Reich der Ran.
Die hohe, fensterlose Fassade ist mit schwarzem Lack gestrichen, der in der Sonne glänzt. Oben auf dem Dach erkennst du eine Frauenfigur aus schwarzem Stein, die im Tanz erstarrt scheint. Sie ist gekleidet wie die Mädchen des Wasservolkes, die für ihre wilde Schönheit bekannt sind: ein weites Kleid, Ketten, Ohrringe, um den Kopf ein Tuch gebunden. Eine Tür aus schwarzem Metall bildet den Eingang ins »Reich der Ran«.
Du öffnest die Tür. Ein kleiner Vorraum, gerade mal drei Meter breit, begrüßt dich. An einer kleinen Theke steht ein bulliger Mann mit glänzender Glatze. Sein riesiger Bauch und die breiten Schultern werden von der Lederweste kaum bedeckt. Als er dich sieht, streicht er sich über den Kopf und grinst dich breit an. »Schaut ihn euch an«, ruft er in den leeren Raum hinein, »schaut ihn an! Wie

er da steht, am Rande vom Reich der Ran! Tritt heran und sprich, wohin zieht es dich?«

Links von dir siehst du eine Tür. Auf ihr steht mit weißer Farbe »Mollys Bar«. Rechts ist eine zweite Tür, auf dieser erkennst du ineinander verschlungene, verschnörkelte Bilder. Dargestellt sind Boxer, eine Tänzerin, Affen, zwei sich küssende Männer, ein Tiger, weitere Tiere und Insekten, und immer wieder nackte Frauen und Männer. In der Ecke steht ein Schild, auf dem gedruckt steht: »Mindestverzehr 10 Somorra-Mark«. Dir fällt ein, dass du kein Geld einstecken hast. Wenn du willst, kannst du doch wieder gehen und hast die Möglichkeit, in einem Laden auf der Kali etwas zu besorgen (in diesem Fall weiter bei **299**).

Oder willst du es einfach darauf ankommen lassen? Dann entscheide dich. Auf welche der beiden Türen willst du deuten?

Nach links zur Bar: Weiter bei **145**.

Nach rechts zur anderen Tür: Weiter bei **540**.

350 Die Wasserschlange fällt über dich her und zerrt dich in eine Ecke des Raums, wo sie dir den Hals durchbeißt.

Ungerecht? Das ist Somorra.

351 Du erkennst Becky kaum wieder, als du mit Ewald und ihr vor seinem Wohnwagen stehst. Aus dem hübschen Mädchen ist eine elegante Dame geworden: vornehme Hochsteckfrisur, dezent geschminkt, das Kleid ein Traum aus fliederfarbenen und violetten Stoffen.

»Auf geht's! Hafenverwalter ärgern!« Ewald verabschiedet sich und winkt euch nach, als ihr euch auf den Weg zu Ruben Pick macht. Ihr habt gerade die Kali erreicht, als Becky das Wort an dich richtet.

»Ewald hat mich nicht gefragt, ob ich auf diesen Auftrag Lust habe. Er ist ein *Nervelo*. Er überlegt sich, dass es eine gute Idee sein könnte, und dann befiehlt er es, einfach so. Er schickt mich, wohin er will,

und ich gehorche. Es macht mir keinen Spaß, fremde Männer zu küssen, und was dann mit ihnen geschieht, macht mich sehr traurig. Manchmal weine ich sogar, verstehst du? Wegen all der Qual, die ich diesen Männern bereite.«

»Warum erzählst du mir das?«

»Na, was denkst du?«

Du zuckst mit den Schultern. »Soll ich dir irgendwie helfen?«

»*Aweles*! Du könntest mich gehen lassen, ohne dass ich Ruben Pick küssen muss.«

Wenn du einwilligst, sie gehen zu lassen, dann lies weiter bei **276**.

Anderenfalls geht es weiter bei BECKY.

352

Das Lagerhaus liegt so abgelegen, dass du keine zufälligen Passanten sehen kannst und auch keine erwartest. Du beginnst, Benzin gegen die Außenwände zu schütten, und tatsächlich bemerkt niemand, was du da tust. Als der Kanister leer ist, schmeißt du ein Streichholz und binnen kurzem brennt die Wand an den Stellen, wo Benzin ist.

Nach einer Minute kommt ein übergewichtiger Mann mit langen Haaren aus dem Lagerhaus gesprungen und betrachtet das Feuer, unternimmt zu deiner Überraschung aber nichts, um den Brand zu löschen.

Nach und nach ersterben die Flammen von selbst. Zurück bleiben nur schwarze Flecken an den Wänden.

Der Mann kehrt in das Haus zurück. Nach einer weiteren Minute hörst du näherkommende Motorengeräusche – Motorräder. Du gehst hinter dem benachbarten Lagerhaus in Deckung.

Ein Dutzend Motorräder mit jeweils zwei Mann Besatzung hält vor dem Lagerhaus von Ruben Pick. Die Männer tragen Gewehre in der Hand. Ein paar postieren sich vor dem Haus und auf dem Dach, der Rest verschwindet im Inneren.

Sie bewachen das Lagerhaus, damit es zu keiner weiteren Brandstiftung kommt. Und du erkennst, dass ein Mann wie Ruben Pick

Maßnahmen ergreifen muss, um sein Vermögen zu schützen. Das sind neben bewaffneten Männern in Rufbereitschaft eben auch feuerfeste Wände an seinem Lagerhaus.

Du kannst hier nichts mehr ausrichten. Ewalds Auftrag kannst du nicht mehr erfüllen – und auch den anderen Auftrag, Becky, wird er dir nicht mehr anvertrauen. Du hast einmal sein Vertrauen enttäuscht. So etwas vergisst das Wasservolk nicht. Ändere das Codewort WASSER zu 364.

Du kehrst zurück zum Hafen.

Weiter bei **84**.

353 Du schwingst deine Waffe abwechselnd in die Richtung der beiden Dämonen.

»Hihihi, er sticht sich gleich, er sticht sich gleich!«, lispelt der Schattendämon. Du schwingst deine Waffe in seine Richtung und streifst ihn nur am Oberarm. Trotzdem kreischt er auf und zerfällt zu Staub. Du wendest dich dem zweiten Dämon zu. Er ist verschwunden.

Wenn das der erste Dämon war, den du getötet hast, nimmst du dir etwas von der Asche und packst sie ein. Ändere das Codewort DÄMON zu 20, wenn diese Zahl dort nicht schon steht. Ein weiterer Vermerk der Asche auf dem Abenteuerbogen ist nicht erforderlich.

Du hastest die Holztreppe nach oben. Kaum hast du die Gruft verlassen, ändert sich alles um dich herum.

Weiter bei **454**.

354 Unmittelbar, nachdem du den Schrammenschreck mit dem Weihwasser getroffen hast, versetzt du dich in Sokrates' Meditation – keine Sekunde zu früh. Du merkst, wie etwas Böses, der Hauch des Wahnsinns, auf dich zuschwappt, über deinem Kopf aufbrandet, von dir Besitz ergreifen will. Der Angriff ist heftig, aber kurz. Die Kraft des Schrammenschrecks schwindet bereits.

Du willst dem Schrammenschreck den Rest geben, doch da lodert in seinen Augen ein dämonisches Feuer auf, von dem du dir sicher

bist, dass es vorher nicht dort war. Er schlägt deine Waffe zur Seite und lacht. Seine Stimme ist plötzlich heiser, kehlig. »Du Possenreißer. Niemand fängt mich in einem Monsterbestimmungsbuch ein. Untot, das mag schon sein. Albtraumwesen? Auch das. Doch ich bin mehr. Ich bin der Vater des Bösen, der Ursprung allen Leids. Jetzt bereite dich darauf vor, zu sterben.« Er schnippt einmal mit dem Finger und alle deine Waffen zerfallen zu Staub, alle außer Cosmars Schwert, sofern du es bei dir hast. Vielleicht besitzt es eine Art Immunität gegen seine Magie. Allerdings ist es plötzlich glühend heiß und du musst es fallen lassen, um dich nicht zu verbrennen. Er erhebt seine Klauenhand, um zu vollenden, was er seit Beginn dieses Abenteuers geplant hatte.
Das war es dann also. All deine Mühen, all die überstanden Gefahren, die durchwachten Albträume – umsonst. Warst du nicht mehr als eine Ameise, die sich gegen ein Reiskorn stemmt, um eine Lawine aufzuhalten? Die Begegnung mit Sascha, Cosmars Notizbuch, seine Waffen, der alte Priester, dann die Frau auf dem Läuterungsberg, die Teufel in der Ebene der Albträume. All das hat hierher geführt. Doch wozu? Damit du jetzt von einem übermächtigen Gegner zerfetzt wirst, einem Dämon, der stärker als jede Waffe ist? Hattest du jemals eine Chance?
Der Schrammenschreck hebt die Klauenhand und packt dich am Hals. In seinen Augen brennt das Feuer der Dämonen. Er verzieht den Mund zu einer Fratze.
Lies weiter bei **390**, um dem Tod ins Angesicht zu blicken.

355 Das Feuer hinter dir breitet sich weiter aus und die Temperatur steigt, bis du kaum noch Luft bekommst. Du klopfst gegen das Tor, um Sascha zu mehr Eile anzuspornen, aber es tut sich nichts. Schon bald atmest du Rauch ein und sinkst hustend auf die Knie.
Plötzlich: ein Klopfen gegen das Tor. »Ich finde nichts!« sagt Sascha. »Schau, dass du vorne rauskommst!«

Du versuchst, dich aufzurappeln, doch hast du bereits zu viel Rauch eingeatmet. Dir schwinden längst die Sinne, als du Sascha draußen weinen hörst. »Tut mir leid«, schluchzt sie, und es ist das Letzte, was du hörst.
Bevor du verbrennst, bist du an dem Brandrauch erstickt.
Ungerecht? Das ist Somorra.

356 Du reißt die Pflanze aus und isst sie. Es handelt sich tatsächlich um Fischfasch. Du kannst daher ab dem nächsten Abschnitt wieder fünf Abschnitte lang tauchen, bevor du atmen musst.
Du rupfst ein paar Blätter aus, um sie für später mitzunehmen, doch nach wenigen Sekunden werden sie braun und lösen sich im Wasser auf. Du kannst dir keinen Vorrat anlegen. Allerdings entdeckst du unter den Pflanzen, von denen du gerade die Blätter abgerissen hattest, eine Schatulle.
Willst du die Schatulle öffnen? (weiter bei **270**)
Oder packst du sie ein und öffnest sie später? (weiter bei **47**)

357 »Pissgesicht! Süße Träume!«
Der Besatzung des Schiffs ist es gelungen, das Ruder wieder zu befreien, und mit einem Ruck geht der Flug weiter, diagonal über den Fluss in Richtung des Ufers. Du winkst noch, da ist Sascha schon nicht mehr zu sehen.
Weiter bei **330**.

358 Es ist Nila, das blonde Mädchen, das du aus dem Reich der Ran entführt und Pick ausgeliefert hast. Am Mundwinkel klebt trockenes Blut. Die eine Wange ist blau verfärbt, die andere von einem tiefen Schnitt entstellt. Auch sie ist durchscheinend, ein Geist, oder ein Trugbild? Als sie dich erblickt, treten Tränen in ihre Augen. »Warum hast du das getan? Warum hast du mich diesem Monster ausgeliefert? Was hast du gedacht, würde er mit mir anstellen? Ich

habe doch nichts Unrechtes getan. Es hat nur eine Stunde gedauert, dann hat er mich ermordet.«
Du sagst nichts, was auch?
»Bitte, tu mir wenigstens noch etwas Gutes. Gib mir etwas Weihwasser, dass ich mein Gesicht reinigen und dann in Frieden ruhen kann.«
Gibst du ihr eine Phiole mit Weihwasser? (weiter bei **217**)
Oder lehnst du ab? (weiter bei **320**)

359

Dämonen, gehörnte Unholde, erkennst du an ihren Hufen.

360

Die Hand des Schrammenschrecks zischt an der Stelle, wo du ihn berührt hast. Er schreit und lässt dich los. Du fällst zu Boden, er taumelt nach hinten.
»Wo hast du den her?«, zischt er.
Er hebt eine Hand mit der Handfläche in deine Richtung und krümmt die Finger. Der Ring wird noch heißer. Du schreist vor Qual.
Willst du auf ihn zurennen und versuchen, ihn zu schlagen? (weiter bei **532**)
Oder rennst du in die andere Richtung, um irgendwo in Deckung zu gehen? (weiter bei **444**)

361

Die Tür fliegt auf und ein kleiner, rothaariger Mann rennt an dir vorbei, ohne dich zu beachten. »Bei der nackten Meerjungfrau! Nicht schon wieder!« Die Tür lässt er offen.
Du gehst so unauffällig wie möglich ins Innere und bist einen Augenblick später in einer kleinen Amtsstube. Aus deckenhohen Regalen quellen Unmengen von Akten. Hinter einem wuchtigen Tisch ist eine Tür. Daneben hängt ein Holzkasten, auf dem ein Kleeblatt aufgemalt ist. Auf dem Tisch steht das Namensschild des Mannes, der gerade versucht, ein brennendes Lagerhaus zu finden, »Beamter Block«.

Als Versteck für einen Schlüssel erscheinen dir nur zwei Orte geeignet: der Hängeschrank mit dem grünen Kleeblatt und die Schublade des Schreibtischs. Womit willst du dein Glück versuchen?
Schrank mit dem Kleeblatt? (weiter bei **490**)
Schreibtischschublade? (weiter bei **226**)

362 Schon nach kurzer Zeit hast du dich wieder verlaufen und irrst weiter durch den Wald. Endlich, nach einer Ewigkeit, triffst du ein anderes Lebewesen. Bevor du dir überhaupt darüber Gedanken machen kannst, ob eine Gefahr bestehen könnte, tritt plötzlich ein Mann auf dich zu, gekleidet wie ein Jäger, mit einer Flinte über der Schulter. »He, ja, du! Du musst mir helfen! Bitte!«
»Ich könnte selbst ein wenig Hilfe gebrauchen. Wie komme ich denn aus diesem Wald heraus?«
»Ach, ganz leicht. Folge diesem Weg, immer geradeaus, und nach ein paar Minuten erreichst du den Waldrand. Bitte, ich brauche etwas aus Silber. Ein Werwesen verfolgt mich. Ich habe keine Munition mehr. Schenk mir etwas aus Silber, eine Patrone, einen Bolzen, irgendwas! Oder, wenn du ein Wolfsfell hast, dann nehm ich auch das – dann kann ich mich vor dem Werwesen verstecken.«
Was willst du tun?
Schenkst du ihm etwas aus Silber oder einen Wolfspelz? Dann vermerke die Änderung auf deinem Abenteuerbogen und lies weiter bei **237**.
Anderenfalls lies weiter bei **41**.

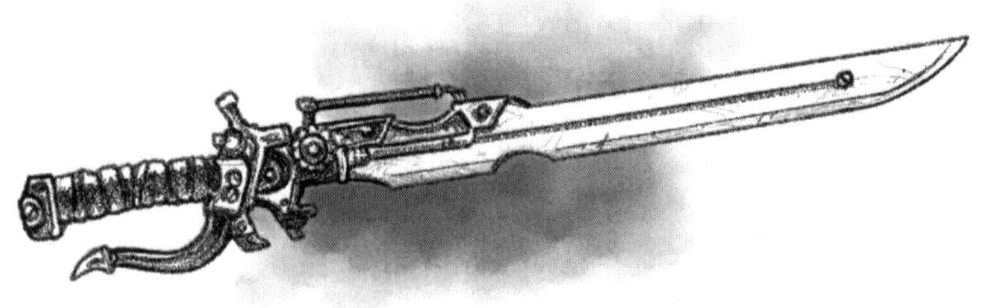

363 Von der Luke führt eine Treppe aus hellem Holz hinunter in die Dunkelheit. Nach zwölf Stufen bist du unten. Das flackernde Licht der Kerze enthüllt einen kleinen Raum mit Steinwänden. Ein Hauch, kalt wie das Grab, streift an dir vorüber. Du siehst den Totengeist, der sich in diesem Moment in Luft auflöst. »Du hättest nicht in die Gruft steigen sollen«, flüstert er, dann ist er verschwunden. Allerdings bist du nicht allein. In einer Ecke siehst du zwei orange glimmende Punkte – Augen.

Eine Stimme, guttural und heiser, erhebt sich plötzlich hinter dir. »Mensch, der du bist, gefangen im Chaos deiner Welt, sei in dieser mein Diener für alle Zeiten.«

Du drehst dich um und siehst eine Gestalt mit Hörnern und Augen, in denen ein Feuer zu brennen scheint. Sie hält ein Breitschwert in der Hand, wie ein Krieger, und dieser kommt langsam auf dich zu.

Seitlich von dir antwortet eine andere Stimme, heller, lispelnd. Sie kommt aus der Ecke, in der du gerade die zwei orange glimmenden Augen gesehen hast. »Hihihi, was will er bloß, was will er bloß? Auf der Suche nach Gold und Silber, oder ist es Erlösung? Ob er die hier finden wird? Was hat er sich nur dabei gedacht, hihihi.«

Der gehörnte Krieger spricht wieder, und als du dich zu ihm umdrehst, ist er nur noch einen halben Schritt von dir entfernt. »Doch ein Mensch wirst du nicht mehr sein. Wo es keinen Ausweg gibt, da gibt es auch keine Erlösung. Tritt jetzt ein ins Feld der Qual-erkorenen, zum Volke der Verlorenen, auf dass wir unsere Saat aussähen.«

»Hihihi, er ahnt es nicht, er ahnt es nicht!« Auch die zweite Kreatur ist jetzt aus den Schatten herausgekommen und schwebt in deine Richtung. Sie ist ebenfalls bewaffnet: zwei Kurzschwerter in der Hand, auf dem Rücken eine Armbrust. Als sich die Hand des Gehörnten auf deine Schulter legt, schreist du auf und machst einen Sprung zur Seite, weg von beiden Wesen. Du musst dich schnell entscheiden, wie du ihnen gegenübertreten willst.

— Notizbuch ab hier ausgeschlossen —

Zweibeiniges Landlebewesen
Augen: brennend
Füße: menschlich
Mund: menschlich
Schatten: ja
Sonstiges: Hörner

Beinloses Wesen (schwebend)
Augen: orange glimmend
Füße: unbekannt
Mund: unbekannt
Schatten: ja
Sonstiges: körperlos, nicht durchsichtig

Entscheide dich schnell, ob du kämpfen willst bzw. wie du dich verteidigen willst (Sokrates' Meditation ODER Weihwasser UND/ ODER eine Waffe).

Dann lies weiter bei **209**.

364 Sofort als dich die ersten Bewohner des Wasservolkes erblicken, kommen die ersten Steine geflogen. Du bist hier nicht mehr erwünscht. Kehre zurück zu **84** und triff eine andere Entscheidung.

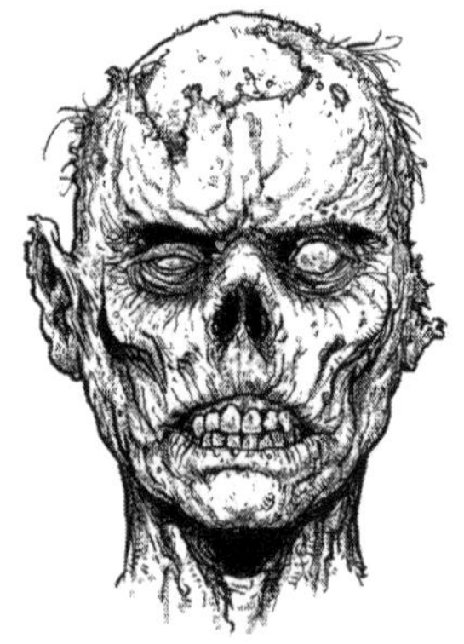

365 Du schließt die Augen und sprichst die Worte. Nichts passiert, bis du plötzlich jemanden lachen hörst. Du öffnest die Augen wieder. Es ist tatsächlich der Werwolf, der dich auslacht.
»Was machst du denn da? Denkst du, ich bin weg, wenn du die Augen schließt?«
Er scheint deine Überraschung zu bemerken. »Hat dir deine Mama nicht beigebracht, nicht nach dem Äußeren zu gehen? Ich mag ein Werwolf sein, aber deswegen fresse ich noch lange keine kleinen Jungs auf.«
Weiter bei ZOMBIEHAND.

366 Es gelingt dir, den Kraken zu verwunden. Dunkelblaues Blut füllt das Wasser. Dann zieht sich der Krake zurück: Er hat nicht damit gerechnet, dass du dich wehrst, und verschwindet in einer Wolke seines eigenen Blutes.
Willst du noch schnell nachsehen, ob es etwas auf dem Grund des Flusses zu entdecken gibt? (weiter bei **97**)
Oder schwimmst du lieber weiter zu dem Ausgang in der Höhlenwand? (weiter bei **556**)

367 »Häh, echt nicht? Aber du hast doch das Buch! Naja, viel Glück, okay?«
Der Besatzung des Schiffs ist es gelungen, das Ruder wieder zu befreien, und mit einem Ruck geht der Flug weiter, diagonal über den Fluss in Richtung des Ufers. Du winkst noch, da ist Sascha schon nicht mehr zu sehen.
Weiter bei **330**.

368 Eine Gruppe Männer sieht dich und kommt auf dich zu. Dabei halten sie sich dicht beieinander und tuscheln leise, während sie immer wieder in deine Richtung blicken. Als sie dich erreichen, sagt einer von ihnen, ein drahtiger Kerl mit Hut, etwas zu dir, das du nicht verstehst – du kannst nicht einmal genau sa-

gen, welche Sprache er spricht. Du versuchst zu erklären, dass du ihn nicht verstanden hast. Wieder gibt er etwas von sich, und seine Freunde fangen laut an zu lachen, während er dich auffordernd anblickt.
Als du noch immer nicht reagierst, hebt er die Fäuste und beginnt um dich herumzutänzeln, wie ein Boxer, der dich jeden Augenblick schlagen möchte.
Was willst du unternehmen?
Du kannst dich wehren und einem Angriff zuvorkommen, indem du ihm direkt ins Gesicht schlägst. (weiter bei **530**)
Oder willst du abwehrend die Hände heben und so signalisieren, dass du nicht kämpfen willst? (weiter bei **476**)

369 »Äh, ja, danke. Die Vorstellung ist beendet. Bitte vergessen Sie nicht, die Gebühr in Höhe von achtzig Somorra-Mark am Eingang zu bezahlen.«
Weiter bei **222**.

370 Nach einer Weile verstummt das Schnuppern. Du rechnest damit, dass es jeden Moment zu einem Angriff kommen kann.
— *Notizbuch ab hier ausgeschlossen* —

Vierbeiniges Landlebewesen
Augen: unbekannt
Füße: unbekannt
Mund: unbekannt
Schatten: unbekannt
Sonstiges: unbekannt

Entscheide dich, ob du kämpfen willst bzw. wie du dich verteidigen willst (Sokrates' Meditation ODER Weihwasser UND/ODER eine Waffe).
Dann lies weiter bei **274**.

371 Du drehst an dem Ring.
Wenn du in absoluter Dunkelheit oder unter Wasser bist, geschieht nichts. Du wirst warten müssen bis später.
Anderenfalls erscheint der Dschinn.
Was wünschst du dir? Wähle einen der folgenden Gegenstände:

- Eine Silberpatrone
- Einen Silberbolzen
- Einen Charonstaler (eine Münze aus Gold)
- Das Ei eines Phönix (ändere in diesem Fall das Codewort KÄFIG zu 331)

Alle andere Wünsche kann dir der Dschinn nicht erfüllen. In diesem Fall ist dein Wunsch nicht verbraucht. Erfüllt er dir einen Wunsch, lösen sich Dschinn und Ring zugleich in Luft auf.
Kehre dorthin zurück, wo du zuletzt gewesen bist.

372 »Einfach! Sieh hier, ich habe einen Faden aus Seide. Dieser Faden steht für die absolute Reinheit, für Unschuld und Wahrheit.« Sie hebt einen blauen Faden hoch, der etwa einen halben Meter lang ist. »Es geht darum, dass wir uns den Faden abwechselnd um das Handgelenk binden, das symbolisiert die Bindung der Unschuldigen. In meiner Heimat ist das ein altes Ritual. Wer als Letzter noch einmal um das ganze Handgelenk des anderen kommt, ist der Sieger. Bereit?«
»Ja!« (weiter bei **14**)
»Ich will lieber doch nicht spielen!« (weiter bei **236**)

373 »Den gibt es an Schalter 1. Guten Tag.« Damit verschwindet Ruben Pick wieder.
»Schalter 1 ist im Justizviertel, oder vielleicht auch in der Altstadt. Suchen Sie da weiter.« Mit diesen Worten schiebt dich Block wieder zur Tür hinaus. Als du draußen bist, sagt er noch: »Bitte stören Sie uns nicht weiter. Wir haben viel zu tun und sind für Ihre Sache nicht zuständig. Da kann man nichts machen. Regeln sind Regeln.«

Du kannst heute nicht mehr hierher zurückkehren. Das Amt fühlt sich nicht mehr zuständig und man wird dich nicht einlassen. Weiter bei **84**.

374 Du landest einen Volltreffer. Der Wolf jault auf und verendet zuckend zu deinen Füßen. Du bist ein bisschen erstaunt, wie leicht du ihn tatsächlich besiegen konntest. Vielleicht liegt das an Cosmars Waffen, vielleicht gelten in dieser Welt tatsächliche andere Gesetze, so wie es auch der Priester schon angedeutet hat. So oder so – möglicherweise besteht doch Hoffnung, noch ein bisschen zu überleben.
Dir fällt auf, dass an der Stelle, an der er aus dem Wald gesprungen ist, ein Leichnam liegt, ein Reisender, der weniger Glück hatte als du. Willst du den Leichnam untersuchen? (weiter bei **190**)
Oder willst du deinen Weg gleich fortsetzen? Dann lies weiter bei **380**.

375 Du nimmst das Notizbuch und blätterst es durch. Da fällt dir auf, dass hinten der Einband eine Kante hat, die da nicht hingehört.
Willst du den Buchrücken aufreißen? (weiter bei **552**)
Möchtest du das nicht, hast du die folgenden anderen Optionen:
Den Raum gründlich durchsuchen (weiter bei **510**)
Das Skelett noch einmal gründlich untersuchen (weiter bei **44**)
Ohne Waffen weitergehen (weiter bei **318**)

376 »Der Wiedergänger. Er ist ein unheimliches Wesen und er ist zweierlei. Untot und Albtraumwesen. Er ist das einzige Wesen in dieser Welt, der beides ist, Bruder. Wenn du einen Rat hören willst: Geh ihm besser aus dem Weg. Meide ihn. Er ist so gefährlich wie wenig anderes. Musst du ihn doch bekämpfen: Verwende erst das Weihwasser, dann die Meditation. Sonst wird er dich zerfetzen.«

Er vertilgt schmatzend den Rest der ersten Hälfte der Zombiehand. »Viel Glück, Bruder. Und wenn du wieder mal mit solchen Leckereien unterwegs bist, schau im Gefängnis von Somorra vorbei. Ach so, aber keinen Wiedergänger. Du willst nicht wissen, was der Verzehr von Albtraumwesen auslöst.« Er zwinkert dir mit einem seiner gelben Augen zu. »Wahnsinn wäre dagegen eine Gnade.«
Du hebst die Hand zum Gruß, doch schon verblasst die Gefängniszelle vor dir.
Weiter bei **500**.

377

Es ist der Beamte Block, Assistent von Ruben Pick. Er hat jedoch seine überhebliche Haltung verloren. Seine Kleidung hängt in Fetzen von seinem Körper. Über die Stirn zieht sich eine tiefe, verkrustete Schramme. Seine Haare sind verschwunden.
»Du!«, ruft er, als er dich erblickt. »Wie … wie komme ich hierher?« Er schaut sich um. Auch er ist durchscheinend, ein Geist. Ob er nur ein Trugbild ist?
»Ich weiß, dass du es warst, der Pick die Glatze gemacht hat! Picks Ruf hat gelitten, und mich hat er gefeuert, beim Klabautermann! In der Kloake bin ich gelandet! Dabei habe ich doch Besseres verdient. Immer ein treuer Diener. Ich verlange Kompensation. Du musst es wiedergutmachen! Gib mir etwas aus Silber, aber hoppla!«
Willst du ihm einen Gegenstand aus Silber geben? (weiter bei **81**)
Oder lehnst du ab? (weiter bei **286**)

378

Du antwortest, dass du gerne mit Ruben Pick sprechen möchtest.
»Haben Sie einen Termin, bitteschön?« Du nickst eifrig.
Die Klappe schließt sich. Kurz darauf wird die Eichentür geöffnet. Ein kleiner, dürrer Kerl mit roten Haaren steht vor dir und blickt nach oben. »Kommen Sie herein.«
Du betrittst eine kleine Amtsstube. Rechter Hand steht ein wuchtiger Schreibtisch, dahinter quellen Akten aus deckenhohen Regalen.

Der Beamte lässt dich auf einem der beiden Gästestühle Platz nehmen und setzt sich an den Schreibtisch. Dahinter hängt ein Holzkasten, auf dem ein Kleeblatt aufgemalt ist. Auf dem Tisch steht ein Schild: »Beamter Block«.
Er zückt ein dickes Buch mit abgegriffenem Ledereinband. »Warten Sie mal … ah hier … nein, kein Termin. Sie müssen sich täuschen. Meister Pick hat heute seinen freien … also … seinen … er hat zu tun. Wollen Sie einen Termin vereinbaren?«
»Ja, aber ich habe es eilig«, antwortest du.
»Ja, eilig, natürlich. Wie wäre es nächsten Donnerstag um 7.15 Uhr? Den könnte ich gerade noch unterbringen.« Er blickt dich stolz an.
»Ich muss ihn wirklich unbedingt jetzt sprechen!«, sagst du.
»Und er ist wirklich unwahrscheinlich beschäftigt. Wollen Sie den Termin jetzt oder nicht?«
Dir ist klar, dass dir ein Termin in ein paar Tagen nichts mehr bringt. Du willst dich schon enttäuscht abwenden, da geht hinter Block eine weitere Tür auf und ein verschlafen aussehender, fetter Mann streckt den Kopf herein. »Block, was ist das denn für ein Krawall, Sie haben mich geweckt, und jetzt …« Sein Blick fällt auf dich. »Äh, und jetzt … ich muss mich konzentrieren. Was will der?«
»Weiß nicht, Meister«, antwortet Block. »Hat aber keinen Termin.«
Ruben Pick zuckt mit den Schultern und dreht sich weg, um den Raum wieder zu verlassen.
Was willst du tun?
Du sagst: »Warten Sie, Meister Pick, ich möchte etwas Geschäftliches mit Ihnen besprechen!« (weiter bei **578**)
Du sagst: »Ich würde gerne einen Antrag stellen!« (weiter bei **65**)
Wenn du einen Auftrag des Wasservolkes hattest, den aber nicht ausgeführt hast, kannst du ihm auch davon berichten. (weiter bei **152**)
Nichts und ihn gehen lassen? (weiter bei **159**)

379 Du gibst ihm eine Phiole Weihwasser. Er schüttet sie über sein Gesicht und seufzt erleichtert. Dann löst auch er sich wieder in Luft auf. Die Tür schwingt nach hinten auf. Weiter bei **51**.

380 Du näherst dich dem Gipfel des Läuterungsberges. Nach und nach bleiben die Bäume hinter dir zurück und auch die restliche Vegetation wird weniger, karger, bis irgendwann nur noch Moose und Flechten auf Felsblöcken zu sehen sind. Die einzigen Tiere, die du noch gelegentlich hörst, sind Krähen, die in unzähliger Menge am wolkenverhangenen Himmel fliegen. Schließlich siehst du den ersten Schnee. Nur ein paar Hundert Schritte später ist die gesamte Landschaft um dich herum von einer weißen Schicht überzogen. Es ist schon merkwürdig – du trägst noch immer dieselbe Kleidung, in der du aus dem Sanatorium geflohen bist, viel zu wenig, um durch eine Winterlandschaft zu laufen, ohne Mantel, ohne Schal. Doch frierst du nicht, wie in einem Traum, in dem du die Schneeflocken zwar siehst, aber nicht spürst. Doch dies ist kein Traum, überzeuge dich selbst, wenn du willst. Dies ist die Zwischenwelt, die Welt des Schrammenschrecks, die manche deswegen auch die Schrammenwelt nennen.
Endlich erreichst du dein Ziel: Da steht, schneeumweht, mächtig, abweisend wie ein grauer Riese, ein Tempel. Als du näher kommst, erkennst du, dass er lediglich aus einer großen Säulenhalle besteht, die an der Rückseite und den Seiten geschlossen ist. Nur an der Vorderseite, wo Säulen das Dach tragen, ist er offen. Niemand hält dich auf, als du ihn betrittst. Im Inneren sind Boden und Wände aus Marmor, doch wie du schon von außen vermutet hast: Der Tempel besteht nur aus einem großen Raum. Wen sollst du hier finden? Wer soll dir hier helfen?
Der Tempel, der von außen so abweisend, so grau wirkte, ist im Inneren hell und friedlich. Die Wände sind von reinem, unbeflecktem Weiß. Sogar der Schnee ist von hier aus nicht mehr zu sehen – im Gegenteil: Als du dich umdrehst und durch die Säulen nach au-

ßen schaust, ist dort kein Weiß mehr, sondern bunte Felder. Eines, auf der linken Seite, ist so blau wie ein seichtes Meer. Daneben ist ein Feld, dessen rote Blumen es wirken lassen wie einen See aus Blut. Und wieder daneben ist ein Feld, das nur aus gelben Pflanzen besteht. Alles scheint, als hätte ein mittelmäßig begabter Künstler bunte Felder auf einem kitschigen Gemälde angeordnet. Wie konnten sie so plötzlich auftauchen? Noch so ein Logikfehler dieser Welt, so wie der Kühlschrank, durch dessen fehlende Rückwand du hierhergelangt bist.

Du gehst durch die große Halle. Irgendwann fällt dir auf, dass die Decke, mindestens zehn Meter über dir, mit Gemälden verziert ist. Genau in der Mitte ist ein Mond abgebildet, daneben Sterne, unzählige Sterne. Weiter seitlich neben dem Mond steht ein Gedicht:

1-2-3, so zählt das Kind
Und es flüstert dir der Wind
Dass die geheime Zahl für immer verloren ist,
glaube nicht,
Sie wird dir verraten werden
Die geheime Zahl –
Seist du auch der Letzte auf Erden

Du gehst weiter. An den Wänden bemerkst du ein gutes Dutzend gerahmter Gemälde von alten Männern, die aberwitzige Grimassen schneiden – einer streckt die Zunge raus, ein anderer verdreht die Augen. Du kennst keinen einzigen. An einer anderen Wand hängen Spiegel, deren Glas so abgeschlagen und blind ist, dass du dein eigenes Spiegelbild kaum erkennen kannst. Im hinteren Teil des Tempels entdeckst du plötzlich eine schmale Treppe aus Naturstein, die nach oben führt. Dort endet sie an einem schmalen Balkon im Inneren des Tempels mit einer steinernen Balustrade. Der Zugang zur Treppe wird durch eine verschlossene Tür versperrt, die mit einem Vorhängeschloss gesichert ist, an dem man drei Ziffern einstellen kann. Darüber hängt ein Schild, das dich über Folgendes informiert:

»Von unten nach oben! Und noch einmal musst du etwas drehen.«
Das ist alles, was es in diesem Tempel zu entdecken gibt, mehr nicht.
Kennst du die richtige Kombination für das Schloss? Dann gib sie ein, indem du bei der Abschnittsnummer weiterliest, die der Kombination entspricht. Du weißt, dass du am korrekten Abschnitt angekommen bist, wenn er mit folgenden Worten beginnt: »Du trittst durch die Tür …«
Wenn du den Code nicht kennst oder nicht die Treppe hinaufsteigen willst, kannst du den Tempel verlassen. (weiter bei **192**)

381 Ewald lässt sich seine Enttäuschung deutlich anmerken. »*Gowegardsch*! Zieh Leine!« Er stößt dich weg. Du hast ihn sichtlich verärgert. »Mach's dir doch selber, wenn du dir zu fein für unsere Aufträge bist! Und lass den Kanister und meine Streichhölzer da!«
Euch bleibt nichts anderes übrig, als das Wasservolk zu verlassen. Den Kanister und das Streichholzheft müsst ihr zurückgeben. Ihr könnt nicht wiederkehren. Sie werden euch nicht mehr als Freunde behandeln.
Ihr kehrt zurück zum Hafen.
Ändere das Codewort WASSER zu 364.
Weiter bei **84**.

382 Weiter bei **438**.

383 »Äh, nein. Vielen Dank für Ihr Interesse. Bitte gehen Sie jetzt und zahlen am Eingang die Gebühr von achtzig Somorra-Mark. Danke.«
Weiter bei **222**.

384 Die Frau hat dir nicht zu viel versprochen. Du kostest Genüsse, von denen du bisher nicht einmal zu träumen gewagt hättest. Bis zu diesem Moment wusstest du nicht, dass es Speisen und Getränkte gibt, die derart in der Lage sind, den Gaumen zu verwöhnen. Doch als sie dich nach dem Essen entkleidet und in ihr Bett zieht, stellst du fest, dass das Essen und Trinken nicht mehr als ein Vorgeschmack waren, kaum mehr als eine Ahnung dessen, was sinnlich wahrnehmbar ist.
Nur widerwillig verlässt du die Frau und setzt deinen Weg fort.
Weiter bei **362**.

385 Du springst auf die Schwarzhaarige mit den schönen großen Augen zu und greifst nach ihrer Schulter. Blitzschnell packt sie dein Handgelenk und verdreht es. Dann wirft sie dich über ihre Schulter zu Boden. Sofort kommt sie wieder über dich und packt wieder dein verdrehtes Handgelenk. Sie wickelt ihre Beine um deinen Arm, lässt sich zu Boden fallen und zieht an deiner Hand. Ein höllischer Schmerz jagt durch deinen Arm und du schreist auf. Kurz darauf fliegt die Tür auf und der Türsteher stürmt herein. »Gut gemacht, Janina! Zeig's ihm!«
Das lässt sie sich nicht zweimal sagen und verstärkt den Druck auf deinen Arm. Ein besorgniserregendes Knirschen kündigt an, dass dein Gelenk nicht mehr lange halten wird. Oder der Knochen. Oder beides.
Doch das ist nicht dein größtes Problem.

Nach einer gefühlten Ewigkeit lässt sie wieder von dir ab und der Türsteher packt dich. Er kann es sich nicht leisten, dass der Eindruck entsteht, seine Kunden könnten ungestraft seine Mädels angreifen. Als er dir einen überhöhten Preis abknöpfen will, merkt er, dass du nicht einen Pfennig bei dir hast.
Er schlägt dich übel zusammen und liefert dich danach beim Schnellgericht von Somorra ab. Der zuständige Richter ist einer der größten Verehrer der hübschen Janina. Er verurteilt dich zu einer langjährigen Gefängnisstrafe, deren Ende du nicht erleben wirst – in deinem nächsten Traum lauert schon der Schrammenschreck.
Dein Abenteuer endet hier.
Ungerecht? Das ist Somorra.

386 Du hast Glück: Wie sich herausstellt, liegt das Sanatorium in der Nähe deiner Wohnung. Dir fällt kein anderer sinnvoller Anlaufpunkt ein. Zu wenig weißt du über die ganze Geschichte mit dem Schrammenschreck, der dich in deine Träume verfolgt, und immerhin gibt es dort billigen und starken Kaffee. Denn eines weißt du schon jetzt: Du darfst nicht einschlafen!
Vor deiner Wohnungstür suchst du deine Hosentasche nach dem Schlüssel ab. Die Tasche ist leer, und im selben Moment wird dir klar, dass er noch im Sanatorium sein muss. Einen Moment später merkst du, dass du ihn gar nicht brauchst: Die Tür ist nur angelehnt, dabei warst du dir sicher, sie abgeschlossen zu haben. Niemand, der Wert auf sein Eigentum legt, lässt im Hafenviertel seine Tür offen.
»Komm nur herein, mein Junge!«, dröhnt da eine Stimme aus dem Inneren. »Ich habe es mir schon mal gemütlich gemacht, das war doch sicher in Ordnung!«
Du schiebst die Tür auf und betrittst deine Wohnung, die nur aus einem Zimmer mit einer Küchenzeile und einer winzigen Toilette besteht. Auf deinem einzigen Stuhl sitzt ein Mann, der eine Würde ausstrahlt, wie du sie noch nie erlebt hast. Er hat ordentlich gekämmte weiße Haare und eine spitze Nase, auf der ein filigranes

Brillengestell sitzt. Bekleidet ist er mit einem schwarzen Gewand, das du nur von alten Fotografien an den Wänden des Waisenhauses kennst. Er sieht aus wie ein … ein Priester? Soweit du weißt, gibt es in Somorra seit Jahrzehnten keine Gotteshäuser mehr, von einer verfallenen Kirche in der Altstadt abgesehen, die Obdachlosen, Ratten und streunenden Hunden als Unterschlupf dient. Er scheint deine Verwirrung zu bemerken und lächelt väterlich.
»Das ist eine Soutane, die traditionelle Kleidung der Priester. Und ja, ich bin Priester.«
»Sind nicht alle Kirchen schon lange verschwunden?«
»Es ist nicht alles immer so, wie es auf den ersten Blick scheinen mag.« Er geht nicht weiter darauf ein.
»Wer sind Sie und was machen Sie in meiner Wohnung?«
»Wie gesagt, ein Priester. Und ich bin hier, um dir wegen deines Problems zu helfen.«
»Problem?«
Er deutet auf deine verbundenen Arme. »Deine Verletzungen. Und deine Träume. Von Tod und Vernichtung.«
Weiter bei ALPHA.

387 Du verstehst nicht, wie Sascha sich einfach so in Luft auflösen kann. Du zweifelst noch an deinen Sinnen, da fängt auch das Maisfeld an zu verschwimmen und schließlich zu verblassen. Vor dir materialisiert sich ein anderes Bild. Plötzlich stehst du wieder in …
… der Bibliothek, dir gegenüber die Frau, von der du nur die Augen sehen kannst. Die lieblichen Falten an ihren Augenrändern verraten dir, dass sie lächelt.
»Ah, da bist du ja wieder. Hast du deine Prüfung bestanden?«
»Wo ist Sascha hin?«, fragst du.
»Sascha? Ist das deine Freundin? Hast du sie gesehen? Wie nett. Jeder erlebt etwas anderes. Das war natürlich nicht wirklich sie. Jetzt erfahren wir, ob du deine Prüfungen bestanden hast.«

»Prüfungen? Ich dachte, wir …«
»Ja, das solltest du auch denken.«
Die Frau erhebt sich und geht zu der holzvertäfelten Wand, auf der die Dämonen der sieben Todsünden abgebildet sind. Sie streicht mit dem Zeigefinger über die Schnitzereien, fast zärtlich. »Wir wollen mal sehen, was die Dämonen sagen.«
Sie öffnet eine schmale Tür, die neben den Holzvertäfelungen in der Wand eingelassen ist. »Hier erfährst du, ob du bestanden hast. Lass deine Waffen hier zurück.«
Der Engel steht wieder neben dir und dir wird bewusst, dass er nicht dulden wird, dass du mit Waffen durch die Tür trittst. Also lässt du deine Ausrüstung in der Bibliothek liegen (Hinweis: Du musst nichts in deinem Abenteuerbogen vermerken – wenn du die Prüfungen bestanden hast, bekommst du alles wieder).
Weiter bei ERKENNTNIS.

388 Du gehst ein paar Schritte in die Richtung zurück, aus der du gekommen bist. Hättest du nicht doch lieber erst nach Waffen suchen sollen, bevor du den Wesen der Albtraumwelt gegenübertrittst? Wie auch immer – Antral der Teufel ist ein Wesen hässlich wie die Nacht und tödlich wie ein Raubtier, und er freut sich, endlich mal wieder einen schutzlosen Menschen zu finden. Er erstickt deine Schreie schon bald mit deinem eigenen Blut. Sterben lässt er dich erst deutlich später.
Ungerecht? Das ist Somorra.

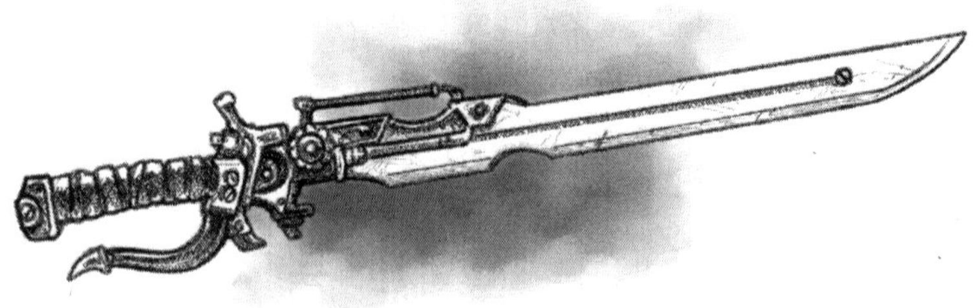

389 Durch die Tür kehrst du zurück in die Bibliothek, die du genauso vorfindest, wie du sie verlassen hast, die Frau noch immer in ihrem Sessel, daneben der Engel mit ernstem Blick. Er händigt dir deine Waffen wieder aus.

Sie blickt auf und erhebt sich. »Wie schön. Folge mir.«

Ihr lasst den Engel zurück und geht durch die Bibliothek zu einer anderen Tür, die euch in einen kleinen Innenhof führt, wo ein kleiner, von Kletterpflanzen umrankter Brunnen steht.

»Setz dich.« Sie deutet auf ein paar bunte Kissen, die vor dem Brunnen liegen. Auch sie lässt sich auf eines sinken. Du hörst das Gluckern des Wassers. Sie nimmt deine Arme und entfernt die Verbände, die du im Sanatorium erhalten hattest, nachdem der Schrammenschreck dich verletzt hatte. Sie wäscht die Wunden im Wasser des Brunnens und verbindet deine Arme dann neu.

»Mein Name ist Perlena. Ich wahre das Wissen unserer Ahnen seit der Zeit der attischen Philosophen, und Sokrates war unser wichtigster Denker. Konrad selbst baute einst diesen Tempel und gab uns nach vielen Jahren wieder eine Heimat. Er kündigte an, dass du kommen würdest. Wir haben dich viel früher erwartet, und nicht allein, aber das tut nichts mehr zur Sache. Sascha wird den Weg schon noch finden.« Sie entfernt das Stoffstück vor Nase und Mund. Sie ist älter, als du gedacht hättest. Viel älter. Uralt.

»Wer ist dieser Konrad? Woher wusste er, dass ich kommen würde, und was hat das mit Sascha zu tun?«

Sie geht nicht auf deine Fragen ein, sondern macht nur eine Bewegung mit der Hand, als wische sie Brotkrumen von einem Tisch. Sie wird deine Fragen nicht beantworten. Du bist dir absolut sicher, dass es so ist.

»Schließe die Augen.«

Du folgst der Aufforderung. Als sie deine Stirn mit nassen Fingern berührt, zuckst du kurz zurück, lässt sie aber gewähren. »Ich kennzeichne dich als jemanden, der die Läuterung erfahren hat. Ich zeige dir jetzt, wie du die Wesen aus den Albträumen abwehren kannst.

Sprich mir nach.« Sie macht eine kurze Pause. Als sie dann den Text spricht, den du nachsprechen sollst, wirkt ihre Stimme höher, beschwingter, fast singend:

»Ich glaube an den Menschen,
den Schöpfer von Erkenntnis und Einsicht, Mitleid und Weisheit,
an die Logik und das Gebot der Vernunft im Himmel und auf der Erde.
Und ich werde überleben die Schrecken dieser Welt und der jenseitigen,
hinabgestiegen in das Reich des Todes,
werde ich mich nicht von den Ausgeburten meiner Träume erkennen und vernichten lassen.
Ich glaube an die Realität, die Gemeinschaft der Sterblichen,
das Erwachen und das Entfliehen aus dem Reich der Toten
und an das Leben.
Amen.«

Willst du den Text nachsprechen? (weiter bei **35**)
Oder erkundigst du dich, ob du dann noch in der Lage sein wirst, Weihwasser herzustellen? (weiter bei **153**)
Oder weigerst du dich, den Text zu sprechen? (weiter bei **46**)

390 *Dämon des Schrammenschrecks (dämonisch)*

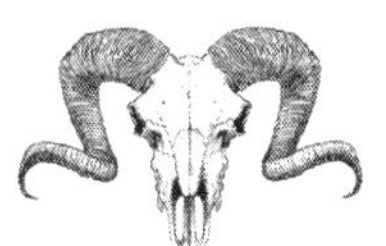

Und es ist fürchterlich, was du in seinem Gesicht siehst. Unheil, Verderben und Untergang, aber auch Sehnsucht, Schmerz und Qual.
Du hebst die Hand zum Schutz, und da geschieht etwas, womit du nicht gerechnet hast. An deinem Finger ist noch etwas glühend heiß, heißer noch als zuvor das Schwert. Es ist der Ring, den der Priester dir gab, der Priesterring. Er ist so heiß, dass er sich bereits in das Fleisch deines Fingers brennt.
Willst du mit der Faust nach dem Gesicht des Schrammenschrecks schlagen, mit jener Hand, an der der Ring steckt? (weiter bei **532**)
Oder willst du mit der Hand, an der du den Ring trägst, seine Hand greifen? (weiter bei **360**)

391 Du versuchst, zu erwachen. Klammere dich an die Realität. Wonach suchst du gerade?
Cosmars Vorratskammer? (weiter bei **555**)
Cosmars Waffenkammer? (weiter bei **582**)

392 Du lässt das Buch sinken. Was du da in dem Buch gelesen hast, das …
Du kommst nicht dazu, den Gedanken zu Ende zu denken, denn ein Geräusch lässt dich aufschauen, ein Geräusch wie von Fingerkuppen, die auf Holz tippen. Es sind die Skelettfinger von Cosmar. Aber sind die Hände nicht zerbrochen, als du das Buch an dich genommen hast? Da fällt dir auf, dass das Skelett nicht länger kopflos ist: Auf den Schultern sitzt ein Totenschädel und du kannst dich des Gefühls nicht erwehren, er würde dich anblicken, während die Finger des Skelettmannes auf den Tisch trommeln. In den Augenhöhlen bewegt sich etwas – da krabbeln Käfer, dann ein schwarzer Skorpion, der nur kurz zu sehen ist. Mit dem Knochenkopf geht plötzlich eine Veränderung vor sich: Es ist, als würde ihm Fleisch

auf den Wangen wachsen, dann auf der Stirn, der Nase, schließlich auf dem ganzen Kopf. So, als wäre der Verwesungsprozess auf wundersame Weise umgedreht, füllt sich jetzt auch der Körper, füllen sich auch die Arme und Hände mit Fleisch, bis vor dir fast wieder so etwas wie ein Mensch sitzt. Erwacht hier Cosmar wieder zum Leben, um dir mit Rat und Tat zur Seite zu stehen? Aber was ist das für eine Magie, die das möglich macht? Die Verwandlung geht jetzt rasend schnell, und schon bald kannst du Gesichtszüge ausmachen. In den Augen glimmt es rot, und dann erkennst du: Es ist mementomori der Schrammenschreck! Er springt auf dich zu und beißt dir in die Kehle. Kurz darauf bist du verblutet.
Ungerecht? Das ist Somorra.

393 »Tritt durch die Tür und begegne deinem Prüfer.«
Du machst, was sie sagt. Du findest dich in einem Ballsaal wieder, der von einem schweren Kronleuchter erhellt wird. Der Boden ist mit dickem, goldfarbenem Teppich ausgelegt. In der Mitte des Saals steht eine lange Tafel, die mit allerlei Leckereien gedeckt ist – Spanferkel, Kaviar, Champagner, mehrstöckige Torten. An dem Tisch sitzt ein dicker Dämon mit Rinderkopf und schlemmt – Asmodeus, der für die Sünde der Wollust steht. Daneben sitzt eine monströse Fliege, noch größer als der fette Dämon, Beelzebub, und frisst sich durch einen Laib Käse. Auf den Stühlen, die am Rand des Saals stehen, sitzen Dutzende nackte Männer und Frauen, jung, gutaussehend, mit Horror im Blick, als warteten sie auf ein grausames Schicksal.
Beelzebub bemerkt dich als Erster. Er reckt seinen Insektenkopf in deine Richtung. Du glaubst, dass er lächelt, sicher bist du dir aber nicht. Vielleicht sind auch seine Kauwerkzeuge noch damit beschäftigt, den Rest Käse zu zerkleinern. »Der nächste Bewerber ist da, Asmodeus, mein Guter. Ich glaube, er will zu mir.«
Der fette Dämon schaut nur kurz auf, lässt sich aber nicht ablenken und frisst weiter.

Beelzebub flattert in deine Richtung. »Kann ich dir ein bisschen Käse anbieten?«
Weiter bei ZETA.

394 Du tauchst. Ein paar Meter unter der Wasseroberfläche findest du eine Öffnung in der Wand, wo du hindurchtauchst. Unter dir öffnet sich eine große, mit Wasser gefüllte Höhle. Am Grund sind einige verfallene Gebäude, als wäre hier einmal ein Weiler oder ein kleines Dorf gewesen, das vor langer Zeit überflutet wurde. Auf der anderen Seite kannst du eine weitere Öffnung erkennen, den Ausgang der Höhle. Du bist dir sicher, dass es dort weitergeht.
Bevor du weiterliest, nimmst du die Pflanze Fischfasch zu dir. Ab dem nächsten Abschnitt hast du nur fünf Abschnitte Zeit (notiere dir, wie viele Abschnitte schon verstrichen sind), um wiederaufzutauchen. Kommst du zum sechsten Abschnitt und bist du noch immer unter Wasser, lies sofort weiter bei SEEGRAB.
Lies weiter bei **224**, um zum Ausgang zu schwimmen.

395 Als du weitergehst, fällt dir auf, dass unzählige kleine Spinnen auf dem Boden krabbeln. Schließlich gelangst du an eine Höhle. Als du dich dem Eingang näherst, kommt plötzlich ein Wesen mit acht dürren Beinen auf dich zugesprungen. Es hat ein brennendes rotes Kreuz im Fell der Rückenpanzerung und greift sofort an.
— Notizbuch ab hier ausgeschlossen —

Spinnenartiges Wesen
Augen: acht schwarze Punktaugen
Füße: Laufbeine
Mund: Kieferklauen
Schatten: ja
Sonstiges: brennendes Kreuz im Rückenfell

Entscheide dich, ob du kämpfen willst bzw. wie du dich verteidigen willst (Sokrates' Meditation ODER Weihwasser UND/ODER eine Waffe).
Dann lies weiter bei **180**.

396 Du stehst ratlos herum, aber Sascha beginnt, den Raum gründlich zu durchsuchen. Als sie den Einband des Buchs aufreißt, kommt dort ein versteckter Zettel zum Vorschein. Sie liest laut vor, was darauf geschrieben steht:
»Sieh mich an. Jetzt sitze ich da und warte auf den Tod. Stell dir vor, du würdest träumen, und dann kommt das böse Erwachen.«
Kurz scheint sie zu überlegen, dann stellt sie sich vor den kopflosen Knochenmann, schließt die Augen und öffnet sie dann wieder. »Da!«, ruft sie und steckt eine Hand in den Torso. Plötzlich hält sie einen Beutel aus grobem Stoff in der Hand. Sie öffnet ihn. »Eins Acht Neun!«
»Was?«
»Na, das ist ein Code! Wir müssen nur noch den Eingang zur Waffenkammer finden, dann geben wir den Code ein und dann …«
»Und dann?«

»Na …« Sie lächelt. »Peng!«
»Peng?«
»Na, Peng halt. Hilf mir suchen. Ich klopfe die Wand ab. Schau du mal unter dem alten Waffenständer, gut?«
Du machst, wie von ihr beauftragt. Du musst den Waffenständer tatsächlich nur zur Seite schieben, um eine verborgene Falltür zu entdecken. Sofort gibst du den Code ein. Er passt. Du öffnest die Falltür. Nacheinander steigt ihr eine wackelige Leiter hinab. In der Dunkelheit findest du in der Nähe der Leiter einen Tisch, auf dem eine Kerze und Streichhölzer liegen. Es gelingt dir, die Kerze anzuzünden. Der Kellerraum ist größtenteils mit Gerümpel gefüllt – zerbrochene Möbel, alte Ölgemälde, Masken aus Dschungeln in anderen Teilen der Welt.
Doch in einer Ecke steht ein weiterer Tisch, auf dem ordentlich sortiert Waffen liegen. An der dahinterliegenden Wand hängen weitere Waffen. Jede Waffe ist beschriftet. Dir fällt auf, dass eine Waffe fehlt – ein Bogen, der die Beschriftung »Salomons Stachel« trägt und zu den »Heiligen Waffen« gehört, worüber ein weiteres Schild informiert.
Folgende Waffen sind vorhanden:
Heilige Waffen:

1) Absaloms Knüppel, ein einfacher Holzknüppel, der überraschend leicht ist.
2) Jeftahs Opferdolch, ein Dolch mit Goldgriff und beidseitig geschliffener Klinge.
3) Gideons Flegel, eine Waffe mit einem langen Griff, an dem mit einer kurzen Kette eine Metallstange befestigt ist.

Waffen mit Silbermunition:

4) Armbrust mit zwei Silber-Bolzen.
5) Revolver mit einer Silber-Patrone.

Sonstige Waffen:

6) Cosmars Schwert, eine fein gearbeitete Waffe, die es auch dem Ungeübten erlaubt, sich zu verteidigen.

Außerdem stehen zwei kleine Phiolen aus hartem Plastik bereit, die laut Beschriftung Weihwasser enthalten. Du siehst auf den ersten Blick, dass sie leer sind. Unter dem Tisch findest du einen Rucksack.

Jeder von euch kann maximal drei der Waffen, beliebig viel Munition sowie beide Phiolen mitnehmen. Sascha wird jedoch das Schwert nicht nehmen, weil es ihr zu schwer ist. Entscheide dich, wer von euch was nimmt, und trage deine Ausrüstung auf dem Abenteuerbogen (Seite 447) ein. Notiere dir auch, wie viel der Silbermunition du einsteckst. Du musst nicht notieren, was Sascha mitnimmt. Sie verwaltet ihre Waffen selbst.

Hinweis: Notiere dir auch, zu welcher Kategorie eine Waffe gehört. Im Kampf wird es nur darauf ankommen, die richtige Kategorie zu wählen (also z.B. eine »Heilige Waffe«). Ob es sich dann um Absaloms Knüppel oder um Gideons Flegel handelt, spielt keine Rolle.

Ändere das Codewort ALPHA zu 238.

Weiter bei **348**.

397 Es ist der Beamte Block, Assistent von Ruben Pick. Er hat jedoch seine überhebliche Haltung verloren. Seine Kleidung hängt in Fetzen von seinem Körper. Über die Stirn zieht sich eine tiefe, verkrustete Schramme.

»Du!«, ruft er, als er dich erblickt. »Wie … wie komme ich hierher?« Er schaut sich um. Auch er ist durchscheinend, ein Geist. Ob er nur ein Trugbild ist?

»Ich weiß, dass du es warst, der das Lagerhaus in Brand gesetzt hat! Pick hat einen schrecklichen Verlust erlitten, und mich hat er gefeuert, beim Klabautermann! In der Gosse bin ich gelandet! Dabei bin ich doch unschuldig. Ich verlange Kompensation. Du musst es wieder gutmachen! Gib mir etwas aus Silber, aber swuppdiwupp!«

Willst du ihm einen Gegenstand aus Silber geben? (weiter bei **81**)

Oder lehnst du ab? (weiter bei **286**)

398 Er kommt noch näher. »Käse wird nicht reichen, wenn ich das richtig sehe. Nimm Platz, du kommst bald genug an die Reihe.«
Du hast die Prüfung nicht bestanden. Zur Strafe darfst du dich neben den anderen jungen Männern und Frauen einreihen und darauf warten, welches Schicksal dich erwartet. Nachdem die beiden Dämonen mit ihrem Imbiss fertig sind, lassen sie den Ersten vortreten – einen Mann mit langen blonden Locken. Asmodeus und Beelzebub verständigen sich in einer Sprache, die du nicht verstehst. Offensichtlich einigen sie sich darauf, dass Beelzebub den Vorrang hat. Er flattert zu dem jungen Mann – und beißt ihm die Kehle auf. Danach frisst er ihn auf.
Du wirst versuchen zu fliehen, du wirst die Dämonen anflehen, dich gehen zu lassen. Doch am Ende da steht dir dasselbe Schicksal bevor wie dem jungen Mann. Es sei denn, du wirst Asmodeus zugeschlagen. Doch findest du schon bald heraus, dass auch dieses Los keinen Deut besser ist und mit deinem Tod endet.
Ungerecht? Das ist Somorra.

399 Du bewaffnest dich mit einem Holzbalken und stellst dich neben die Tür. Dann klopfst du laut an. Das Licht hinter dem Fenster geht wieder an und du hörst jemanden fluchen. Kurz darauf öffnet sich die Tür und derselbe langhaarige Mann, den du schon vorher gesehen hast, schaut heraus. Du lässt den Balken auf seinen Kopf niedersausen und er sackt zusammen. Direkt hinter der Tür im Inneren des Lagerhauses findest du ein festes Klebeband, mit dem du ihn fesselst und knebelst. Du lässt ihn in sicherem Abstand vom Haus liegen.
Dann schleichst du dich in das Lagerhaus. Neben dem Eingang ist eine Kammer, in der ein Klappbett mit zerwühlten Decken steht. Davon abgesehen besteht es nur aus einer großen Lagerhalle. In den Regalen stehen Waren aller Art – Antiquitäten, Silberbesteck, Schmuck. Du hältst dich nicht lange auf, sondern verteilst das Benzin

so gut wie möglich auf den Waren und zündest sie dann an. Danach verschwindest du wieder aus dem Lagerhaus und beobachtest von einem Versteck in sicherer Entfernung, wie es im Inneren brennt. Es dauert lange, bis du auch vereinzelt im Dach und an den Wänden Flammen lecken siehst – die Außenwände scheinen über einen hohen Feuerwiderstand zu verfügen. Irgendwann sieht es so aus, als würde das Gebäude schmelzen. Dafür ist die Rauchentwicklung immens. Als du in der Ferne das Blaulicht der anrückenden Feuerwehr von Somorra siehst, beschließt du, zu Ewald zurückzukehren.
Notiere dir neben dem Codewort BARRIERE die Zahl 397.
Weiter bei **113**.

400 Spontan fällt sie dir um den Hals. »Ich bin so froh! Endlich nicht mehr allein!«
Ändere das Codewort ALPHA zu 89.
Weiter bei **386**.

401 Du boxt ihm in den Bauch und merkst gleich, dass seine Muskeln so hart sind, dass er nicht mehr als ein Kitzeln spürt. Dann holt er aus und schlägt dir mit so großer Gewalt in den Magen, dass du Sterne siehst und kurz darauf in gnädige Schwärze abdriftest. Weiter bei **216**.

402 Es ist ein dicker, langhaariger Mann. Er ist schrecklich gezeichnet: Sein Gesicht ist eine einzige Brandwunde, seine Arme verkohlt. Trotzdem verrät dir deine Intuition sofort, wer er ist: Es ist der Mann, der verbrannt ist, als du in Ewalds Auftrag das Lagerhaus angezündet hast. Auch er ist, wie der vorige Mann, durchscheinend, ein Geist.
»Warum hast du das getan? Warum hast du mir mein Leben genommen? Ist deines mehr wert als meines es war? Ich habe nur versucht, in Somorra zu überleben.«
Du weißt nicht, was du sagen sollst, ja, du weißt nicht mal, ob dies tatsächlich der Geist des Mannes ist oder nur ein Trugbild, das dich in die Irre locken soll.
»Du kannst mich nicht zum Leben erwecken, aber du kannst etwas für mich opfern, etwas, das vielleicht für dich unentbehrlich ist.«
»Was willst du haben?«
»Gib mir heiliges Wasser, um meine Qualen zu lindern.«
Willst du ihm eine Phiole mit Weihwasser geben? (weiter bei **379**)
Oder antwortest du, dass du nichts zu verschenken hast? (weiter bei **419**)

403 Du bewaffnest dich mit einem Holzbalken und stellst dich neben die Tür, während Sascha klopft und wartet. Das Licht hinter dem Fenster geht wieder an und ihr hört jemanden fluchen. Kurz darauf öffnet sich die Tür und derselbe langhaarige Mann, den ihr schon vorher gesehen habt, schaut heraus. Als er Sascha erblickt, lächelt er kurz – bevor du den Balken auf seinen Kopf niedersausen lässt und er zusammensackt. Direkt hinter der Tür im Inneren des Lagerhauses findet ihr ein festes Klebeband, mit dem ihr ihn fesselt und knebelt. Ihr lasst ihn in sicherem Abstand vom Haus liegen.
Dann schleicht ihr euch in das Lagerhaus. Neben dem Eingang ist eine Kammer, in der ein Klappbett mit zerwühlten Decken steht. Davon abgesehen besteht es nur aus einer großen Lagerhalle. In

den Regalen stehen Waren aller Art – Fernseher, Fahrräder, Fensterrahmen.
Ihr haltet euch nicht lange auf, sondern verteilt das Benzin so gut wie möglich auf den Waren und zündet sie dann an. Danach verschwindet ihr wieder aus dem Lagerhaus und beobachtet von einem Versteck in sicherer Entfernung, wie es im Inneren brennt. Es dauert lange, bis ihr auch vereinzelt im Dach und an den Wänden Flammen lecken seht – die Außenwände scheinen über einen hohen Feuerwiderstand zu verfügen. Irgendwann sieht es so aus, als würde das Gebäude schmelzen.
Dafür ist die Rauchentwicklung immens.
Notiere dir neben dem Codewort BARRIERE die Zahl 397.
Als ihr in der Ferne das Blaulicht der anrückenden Feuerwehr von Somorra seht, beschließt ihr, zu Ewald zurückzukehren. Weiter bei **239**.

404 Du beobachtest, wie der Totengeist in der Luke verschwindet. Seine Totengeister-Gefährten lösen sich in Luft auf und die Klappe schließt sich wie von Geisterhand.
Weiter bei **454**.

405 Satan schüttelt mit dem Kopf. »Noch nicht bereit«, flüstert er.
»Doch vielleicht sehen wir uns wieder. Nicht zu einer weiteren Prüfung, nein. Bring uns eine der Silbermünzen von Weihbischof Peter, diejenige, die Leviathan, Mammon und mich zeigt. Suche sie in der Schatzkammer. Und vielleicht entscheiden wir dann so, wie du es dir wünschst, vielleicht kannst du dann auch die letzten Rätsel dieser denkwürdigen Geschichte lösen.«
Als er dich bei der Hand nimmt, zuckst du zurück, denn seine Hand brennt wie Feuer. Er lässt dich los. Seine Konturen verschwimmen und er löst sich in Rauch auf. Bald darauf ist er verschwunden. Du merkst, dass er einen Gegenstand in deine Hand gelegt hat. Du

schaust ihn dir an. Es ist eine Münze aus Silber. Vermerke sie auf deinem Abenteuerbogen.
Ändere das Codewort ERKENNTNIS zu 594.
Weiter bei **389**.

406 Wie willst du Damolak angreifen?
In eines seiner Augen stechen? (weiter bei **20**)
In seinen Bauch stechen, der verwundbar aussieht? (weiter bei **242**)

407 Du versuchst, zu erwachen. Dieses Mal gelingt dir das ohne Probleme. Du liegst noch immer in dem Leopardenzimmer. Bei dir ist auch noch immer ein Mann, doch hat er nicht das Geringste mit dem Mann deiner Träume gemein: Er ist so dick, dass er größere Brüste hat als manche Frau, und er ist nur mit einem winzigen schwarzen Stringtanga bekleidet, der größtenteils in verschiedenen Fettwulsten verschwindet.
»Können wir jetzt endlich?«, raunt er dir zu und versucht, sich auf dich zu rollen. Du springst auf und verlässt fluchtartig den Raum.
Weiter bei **168**.

408 Du wirst in ein Schlafzimmer geführt, dessen Wände mit so etwas Ähnlichem wie Leopardenfell tapeziert sind. In einem großen Himmelbett wartet ein Mann auf dich, wie du ihn dir immer erträumt hast. »Komm nur«, raunt er und verscheucht mit der Hand eine schwarze Katze, die neben ihm auf dem Bett gelegen hat. »Ich habe schon auf dich gewartet. Hier, setz dich zu mir.«
Du setzt dich auf die Bettkante und er nimmt hinter dir Platz und schlingt seine Füße um deine Taille. Dann beginnt er, sanft deinen Nacken zu streicheln, und dann mementomori beißt er dir die Kehle durch. Der Schrammenschreck hat sein nächstes Opfer gefunden! Ungerecht? Das ist Somorra.

409 Die Tür der Hafenverwaltung ist verschlossen, auf dein Klopfen hin öffnet sich eine kleine Klappe in Augenhöhe, dahinter siehst du eine aufgequollene, rote Nase.
»Ja?«
Möchtest du antworten, dass du gerne die Hafenleitung sprechen möchtest? (weiter bei **378**)
Oder sagst du, dass du eine Anmeldung zu erledigen hast? (weiter bei **511**)

410 Riesenratte (tierisch)
— Notizbuch wieder erlaubt —

Wenn du eine Waffe benutzt (egal, welche), dann lies weiter bei **133**. Anderenfalls geht es weiter bei **235**.

411 Als du gerade in das Wasser steigen willst, ruft aus der Ferne Charon herüber: »Schwimm hier nicht. Die Albtraumwesen des Styx warten auf dich. Du wirst nie auf der anderen Seite ankommen!«
Willst du trotzdem schwimmen? (weiter bei **288**)
Willst du doch lieber am Ufer weitergehen? (weiter bei **395**)
Willst du doch für die Überfahrt bezahlen, sofern du das kannst – einen Charonstaler oder zwei Gegenstände aus Silber? (weiter bei **290**)
Oder kehrst du doch zu Charon zurück und versuchst, ihn zu überwältigen? (weiter bei **128**)

412 Ändere das Codewort ALPHA zu 473.
»Halt!«, rufst du. Der Schrammenschreck schaut auf und lächelt. Anders als bei euren bisherigen Begegnungen trägt er eine Sonnenbrille mit runden, schwarzen Gläsern, von der seine Augen verdeckt werden. Wenn du noch nicht weißt, welche Augenfarbe er hat, wirst du es nicht mehr herausfinden.
»Da bist du ja endlich. Deine Freundin und ich haben schon angefangen. Die Nachkommen vereint, würde ich sagen. Hat sie dir

eigentlich erzählt, wer sie ist? Warum ich sie jage? Und ahnst du schon, wer du bist?« Er lacht glucksend. »Schau mal, wer noch eingeladen ist.«

Er deutet auf einen Käfig. Dort liegt ein Mensch – schlafend? Tot? Und auch diesen Menschen kennst du: dunkle Haare, Nickelbrille, blasse Gesichtshaut: Es ist Ringo, dein alter Freund. Er dürfte überhaupt nicht hier sein. Es ist mehrere Tage her, dass er begraben wurde. Seinen Leichnam hast du zwar, wenn du ehrlich zu dir bist, nur gesehen, als er gerade gestorben war, nicht aber im Sarg. Dennoch widerspricht es den Regeln jeder Logik, dass er hier in einem Käfig in der Zwischenwelt unterhalb Somorras in der Behausung des Schrammenschrecks liegt. Andererseits – über fehlende *Logik* wunderst du dich schon länger nicht mehr.

»Ich dachte mir, ich lass dich Ringo sehen, bevor du stirbst. Dann macht es mehr Spaß. Jetzt, wo du immerhin einen Weg gefunden hast, ein Priester zu werden. Interessante Entwicklung. Du musst mir mal erzählen, wie du das hinbekommen hast.« Er lacht. Seine spitzen Zähne blitzen auf. Ihr wisst beide, dass es kein weiteres Mal geben wird. Hier und jetzt wird einer von euch sterben. Mindestens.

»Ist Ringo tot?«, fragst du.

»Nein. Aber auch nicht wach. Du könntest ihn erwecken, wenn ich dich nicht vorher töten würde. Stirb in dem Wissen, dass ihm niemand helfen kann, wenn es dich nicht mehr gibt.« Er zieht sich den Zylinder vom Kopf und macht eine tiefe Verbeugung. Seine Kopfhaut ist schrecklich vernarbt, wie von Tausenden Insektenbissen. »Das wird deine Strafe dafür sein, dass du mir so lange entwischt bist: Erfahre, wie du ihn retten kannst, und stirb, ohne es tun zu können. Nur das Ei eines Phönix hat die Macht, ihn zu erwecken.«

»Du bist der Teufel«, entgegnest du. »Das mag dein Reich sein, hier magst du herrschen, aber ich werde nicht sterben. Ich werde dich töten. Und ich werde Ringo retten.«

Weiter bei **232**.

413 Dämonen sind Wesen aus den Tiefen des letzten Höllenkreises. Sie können nur brennend existieren. Das alles verzehrende Höllenfeuer ist stets sichtbar. Entweder der Körper oder Teile des Körpers brennen. Mindestens aber in ihren Augen wird eine Flamme stehen. Man erkennt Dämonen also daran, dass sie brennen, ganz oder in Teilen.

414 »Ich weiß nicht genau. Vermutlich ein Beruhigungsmittel, vielleicht auch ein bisschen Godorin, ein Gegengift. Ich glaube nicht, dass du dir Sorgen darum machen musst. Das Azrael-Sanatorium mag nicht so scheinen, aber sie hatten gute Absichten. Entschuldige, ich muss gehen.«
Damit lässt er dich stehen und verlässt deine Wohnung.
Nachdem der Priester gegangen ist, gibt es keinen Grund mehr, noch lange in der Wohnung auszuharren. Dir ist klar, dass du nur eine begrenzte Zeit ohne Schlaf aushalten wirst. Irgendwann wird sich dein Körper sein Recht holen, ganz gleich, ob der Schrammenschreck ohnehin versucht, dich zum Schlafen zu bringen. Es gilt also, diesen Cosmar schnell zu finden und dann hinter dich zu bringen, was auch immer erforderlich sein mag, um aus diesem Albtraum zu entkommen.
Du brichst sofort auf, um Cosmar zu suchen.
Ändere das Codewort VERWALTUNG zu 409.
Weiter bei **185**.

415 Die Falltür sieht schwer aus und daher ziehst du kräftig – und wirst von deinem eigenen Schwung zu Boden geschleudert, als sie mit viel Schwung aufschwingt. Sie ist dabei viel schneller, als sie es sein dürfte. Möglicherweise wird sie von einem versteckten Mechanismus beschleunigt, eine tödliche Falle und du bist mitten hineingetappt.
Zu spät merkst du, dass der Pfosten, an dem das Holzschild hängt, angespitzt ist. Er rast auf dich zu und bohrt sich tief in deine Brust. Du bist nicht sofort tot, sondern nur schwer verwundet. Als du den Pfosten aus der Wunde ziehst, folgt ein Schwall deines Blutes. Dir gelingt es danach sogar noch, den Eridanus zu überqueren, dann brichst du zusammen, der Blutverlust zu hoch. Kurz darauf verlierst du die Besinnung. Du wirst nie wieder aufwachen.
Ungerecht? Das ist Somorra.

416 Du beginnst, an der Felswand nach oben zu klettern. Nach einer Weile erreichst du eine kleine Plattform. Dort ist ein großes Vogelnest, in dem ein blaues Ei von der Größe einer Wassermelone liegt. Einen Augenblick fragst du dich noch, ob du es einpacken sollst, da hörst du über dir ein Rauschen in der Luft, dann einen Schatten, der schnell größer wird. Du blickst nach oben. Ein riesiger Vogel mit rotem Feuerschweif stürzt sich auf dich.
— *Notizbuch ab hier ausgeschlossen* —

Geflügelter Zweibeiner
Augen: unbekannt
Füße: Fänge
Mund: Schnabel
Schatten: ja
Sonstiges: vogelartig; roter Feuerschweif

Entscheide dich, ob du kämpfen willst bzw. wie du dich verteidigen willst (Weihwasser UND/ODER eine Waffe).
Eine Flucht ist nicht möglich.
Weiter bei **483**.

417 *Barkas der Vampir (untot)*
— Notizbuch wieder erlaubt —
Hast du Weihwasser geworfen? (weiter bei **107**)
Hast du kein Weihwasser geworfen, geht es weiter bei **48**.

418 »Bei der Weißen Eule, warum das denn? Oh, nun, das ist wirklich schade. Wohl doch kein so richtiger Profispieler.« Block kratzt sich am Kopf und schaut dann in einen kleinen Taschenkalender. »Wir sollten jetzt mal schauen, dass wir weiterkommen. Ich muss noch mit der Gräfin unter vier Augen sprechen, wenn es recht ist.« Er schiebt dich zur Tür hinaus und knallt sie hinter dir zu. Dort wartest du und hoffst, dass schon alles gut gehen werde. Leider geht nichts gut. Weiter bei **5**.

419 »Was sollte ich auch von einem Mörder erwarten.« Mit diesen Worten löst er sich in Luft auf und im selben Augenblick erlöscht das Licht. Du tastest dich durch den Raum zu der Tür am hinteren Ende – verschlossen. Auch die Tür, durch die du diesen Raum betreten hast, öffnet sich nicht mehr für dich. Du bist dazu verdammt, in diesem Raum in Dunkelheit zu warten, bis du verhungert, verdurstet oder eingeschlafen bist.
Ungerecht? Das ist Somorra.

420 *Sandmann (Albtraumwesen)*
— Notizbuch wieder erlaubt —
Wenn du dich in Sokrates' Meditation versetzt hast, lies weiter bei **96**.
Anderenfalls fällt der Sandmann über dich her. Er rieselt dir eine Prise puderzuckerfeinen Sand in die Augen. »Huhu, dadada, schlaf schön, schlaf schön.« Der Sand verbrennt binnen weniger Augenblicke deine Augäpfel. Du verlierst den Verstand, noch bevor du schließlich sterben darfst.
Ungerecht? Das ist Somorra.

421 »Viel Glück!«, ruft Sascha, bevor sie sich umdreht und über eine Steinmauer klettert. Als sie weg ist, verlässt du das Zimmer.
Weiter bei **547**.

422 Du schlägst die Augen auf, zitternd vor Kälte. Du bist nicht länger auf dem Tempeldach, sondern an einer Pforte aus Stein. Über dir spannt sich ein Sternenhimmel, wie du ihn in Somorra nie gesehen hast – Abermillionen von Sternen, die Milchstraße ein breites Band am Himmel. Während du geschlafen hast, muss die Nacht hereingebrochen sein. Wie du hier gelandet bist, an dieser Pforte: Du weißt es nicht. Oder doch? Hat dich eine Frau hierhergetragen?
Du bist dir nicht sicher. Es ist, als würde sich der Traum, den du eben noch greifbar vor dir gesehen hast, mit aller Kraft aus deinem Bewusstsein zurückziehen. Du setzt dich auf und atmest durch. Wieder einmal hat der Schrammenschreck dir aufgelauert, wieder einmal bist du entkommen.
Weiter bei **104**.

423 »Trägheit des Herzens. Eine häufige Sünde. Du darfst passieren.«
Ändere das Codewort ERKENNTNIS zu 537.
Weiter bei **175**.

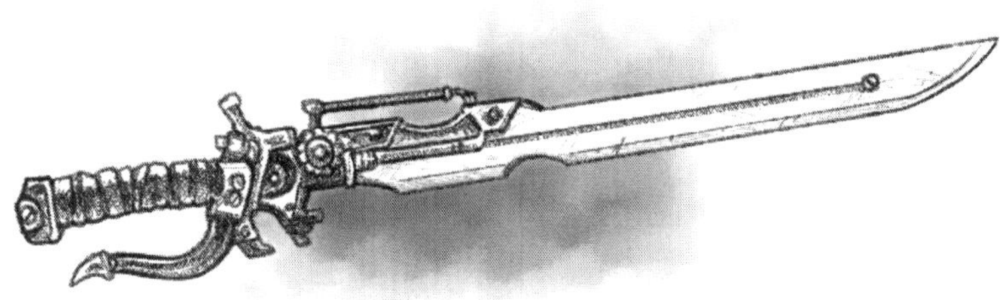

424 Der Schrammenschreck ist zweierlei: Auf der einen Seite ist er ein Albtraumwesen. Insofern war es richtig, dass du dich für Sokrates' Meditation entschieden hast.
Er ist aber noch etwas: untot. Und daher springt er auf dich zu, während du dich in die Meditation versetzt, und beißt dir die Kehle durch, als du gerade die Augen schließt. Du verblutest.
Ungerecht? Das ist Somorra.

425 Am Ufer des letzten Flusses, am Rande einer Ebene aus Asche, scheint es nichts mehr zu geben außer dir, deiner Reise und der tiefstehenden Sonne. Du kannst weit in alle Richtungen blicken. Die Ebene aus Asche erstreckt sich hinter dir, so weit das Auge reicht. Zugleich ist der Fluss vor dir so breit wie ein kleines Meer. Das andere Ufer kannst du nicht sehen. Dir bleibt nichts anderes übrig, als zu schwimmen. Du machst die ersten Schritte in das kühle Wasser. Es wird schnell tiefer und bald schon kannst du den Grund unter dir nicht mehr fühlen. Du schwimmst, die Sonne deine einzige Orientierung.
Das Wasser ist ruhig und du kommst gut voran, auch wenn es mangels Ufer auf der anderen Seite so wirkt, als würdest du dich kaum von der Stelle bewegen. Nach einiger Zeit fragst du dich, ob du umkehren solltest, bevor dir die Kraft ausgeht, da entdeckst du vor dir im Wasser etwas, das zunächst wie das rettende Ufer aussieht. Je näher du kommst, desto höher wächst es empor. Schließlich erreichst du eine steile Steinwand mitten im Wasser, so breit, dass es nicht möglich scheint, um sie herumzuschwimmen. Gleichzeitig ist der schwarze Stein so glatt, dass du nicht daran hochklettern kannst. Einen Moment meinst du, umzukehren wäre deine einzige Option, da entdeckst du, dass an einer Stelle der Wand zwei Pfeile eingeritzt sind. Beide deuten diagonal nach unten, einer nach links und einer nach rechts.
Unter dem linken Pfeil steht: »Durchgang«. Unter dem rechten Pfeil ist eingeritzt: »Schatzkammer«.

Um den Schrammenschreck zu finden, musst du diesen Fluss überwinden.
Willst du nach links in Richtung »Durchgang« tauchen? (weiter bei **394**)
Oder willst du nach rechts in Richtung »Schatzkammer« tauchen? (weiter bei **177**)

426 Der Priester lächelt.
»Sagen wir so: Ich habe lange darauf gewartet, seit Jahren schon. Zugleich hatte ich die Hoffnung, wir würden uns nie sehen. Aber es war wohl unausweichlich. Verzeih, ich kann nicht länger bleiben.«
Damit lässt er dich stehen und verlässt deine Wohnung.
Nachdem der Priester gegangen ist, gibt es keinen Grund mehr, noch lange in der Wohnung auszuharren. Dir ist klar, dass du nur eine begrenzte Zeit ohne Schlaf aushalten wirst. Irgendwann wird sich dein Körper sein Recht holen, ganz gleich, ob der Schrammenschreck ohnehin versucht, dich zum Schlafen zu bringen. Es gilt also, diesen Cosmar schnell zu finden und dann hinter dich zu bringen, was auch immer erforderlich sein mag, um aus diesem Albtraum zu entkommen.
Du brichst sofort auf, um Cosmar zu suchen.
Ändere das Codewort VERWALTUNG zu 409.
Weiter bei **185**.

427 Die Flamme flackert auf. Du spürst keinen Hauch, keinen Wind, und doch geht sie wieder aus. Alle weiteren Versuche, doch noch für ein bisschen Licht zu sorgen, verlaufen ebenso. Es ist, als stünde ein Unsichtbarer neben dir und würde deine Lichtquelle immer wieder ausblasen.
Es bleibt dir nichts anderes übrig, als in der Dunkelheit weiterzugehen. Weiter bei **132**.

428 Du sagst Sascha deinen Namen, aber du hast keine Zeit für höfliches Geplänkel:

»Sascha, was ist das hier?«

Sie zuckt mit den Augenbrauen und grinst. »Azrael-Sanatorium. War früher mal ´ne große Nummer in Somorra, aber das Geld war die letzten Jahre wohl ein bisschen knapp. Die denken, sie könnten helfen. Meinen es gut und machen es schlecht.«

»Kannst du mir sagen, wie ich von hier wegkomme? Ich meine, ohne dass die mich sehen.«

»Was springt für mich dabei raus?« Sie reckt die Nase in die Luft, was irgendwie überheblich wirkt.

»Ich habe nichts. Bitte, ich muss ...«

Sie senkt die Nase wieder und lacht. »Nur Spaß! Ich weiß, wie es rausgeht, komm mit!«

Sie zieht dich mit sich. Ihr geht den Flur zurück in die Richtung, aus der du vorher gekommen bist. Als ihr nur noch zwei Türen von deinem ehemaligen Zimmer entfernt seid, öffnet sie eine andere Tür und schiebt dich hinein. Du siehst gleich, dass dieses Zimmer zwar ein vergittertes Fenster hat, jedoch zwei der Gitterstäbe herausgebrochen sind. Es hat keine Scheibe. Im Fenstergriff ist ein Schloss, wahrscheinlich um das Fenster zu verschließen.

»Gitti, endlich!«, sagt da plötzlich eine Stimme, so zitterig und unstet wie eine alte Spieluhr kurz vor dem Verklingen. In einer Ecke des Zimmers sitzt in einem Rollstuhl eine Frau. Die Haut an ihren Händen ist so dünn, dass du ein Netz aus Adern siehst, zugleich ist die Haut in ihrem Gesicht so faltig, so verwelkt, als wäre sie eine Pflanze, die seit dem letzten Frühling kein Wasser mehr gesehen hat. Sie strahlt dich an und nickt eifrig. »Jaja, Gitti, ich wusste, dass du mich heute besuchen kommst! Das Ziehen in der Hüfte hat mir verraten, dass es Besuch geben wird, und das Zucken im Augenlid war ein eindeutiges Zeichen, dass es meine gute Gitti sein muss. Gute, alte Gitti. Nur das Rheuma war so schlimm, dass ich dachte, du würdest schon vor mindestens zwei Stunden kommen.«

Du schaust zu Sascha, dann wieder zu der alten Frau.
»Ich äh, ich bin nicht Gitti ...«, setzt du an.
»Jaja, meine Liebe. Das ist nett. Und wenn du willst, kann Jeff uns ein bisschen Sahne dazu bringen, ja, gut?«
Du schaust wieder zu Sascha. Die zuckt mit den Schultern. »Komm, weiter«, flüstert sie. Sie zwängt sich durch die Stäbe nach draußen. Du versuchst es ebenfalls – doch bist du größer und breiter als Sascha und du bist dir nicht sicher, ob du durchpassen wirst oder steckenbleibst. Du versuchst, das Fenster zu öffnen, doch es ist verschlossen.
»Mach schon«, zischt Sascha von draußen. »Bevor noch wer kommt!«
»Gitti, sei so nett, gehst du Jeff fragen wegen der Sahne? Und sag ihm, mit Schokoflocken bitte, ja, meine Liebe?«
Was willst du tun?
Willst du dir einen anderen Weg hinaus suchen, bevor doch noch dieser Jeff kommt oder die alte Frau merkt, dass du nicht Gitti bist? (weiter bei **421**)
Oder willst du versuchen, Sascha irgendwie zu folgen? (weiter bei **471**)

429 Gemeinsam überlegt ihr, wie ihr in das Innere des Lagerhauses gelangen könntet. Ihr umrundet einmal das Gebäude und stellt fest, dass es abgesehen von der Tür, an der ihr geklopft habt und die außen einen unbeweglichen Knauf hat, noch ein Garagentor an der langen Seite des Hauses gibt.
Außerdem findet ihr nur ein Fenster neben der Tür. Es ist fest verschlossen. »Und wahrscheinlich kann man es nicht mal öffnen«, sagt Sascha. »Bleibt nur das Garagentor.«
Es ist ein altes Rolltor, das ziemlich schwer aussieht. Ihr versucht, es anzuheben, bekommt es aber nicht höher als ein paar Zentimeter. Zu wenig, damit ihr darunter hindurchschlüpfen könnt.
»Wir brauchen einen Hebel«, sagt Sascha. »Irgendwas, um es aufzustemmen.«

Ihr findet in der Nähe einen kräftigen Holzbalken, der stabil genug wirkt.
Du hebst mit aller Kraft das Tor und Sascha stemmt den Balken darunter und drückt. Das Tor gibt ein bisschen nach und plötzlich ist gerade so viel Platz, dass du den Kanister durchschieben kannst und auch selbst durchpasst. Sascha wirft dir noch das Streichholzheft zu, während sie draußen weiter den Balken hält.
Das Innere des Lagerhauses ist stockfinster.
Du entzündest ein Streichholz, um besser sehen zu können.
Es ist wenig überraschend, was du im flackernden Schein der Flamme siehst: hohe Regale mit Waren aller Art: Alkohol, Spielzeug, Elektronik. Du öffnest den Kanister und verteilst das Benzin, so gut es geht, auf einen möglichst großen Teil der Regale. Dann entzündest du ein Streichholz, prägst dir noch mal die Richtung ein, in der das halboffene Garagentor ist, und wirfst das Streichholz.
Das Benzin fängt sofort Feuer. Die Flamme frisst sich mit rasender Schnelligkeit über die Fläche, auf der du Benzin ausgebracht hast. Du rennst zum Tor.
Ob es Zufall ist oder ob Sascha dich kommen sah und für einen Moment zu fest gedrückt hat – eine Sekunde, bevor du den rettenden Ausgang erreichst, bricht der Balken und das Garagentor rasselt zu. Du versuchst, es aufzustemmen, aber es ist zu schwer.
»Ich suche einen anderen Balken!«, ruft Sascha von draußen.
Willst du warten, bis sie einen gefunden hat? (weiter bei **355**)
Oder rennst du in die Richtung, in der die Tür sein müsste? (weiter bei **231**)

430 Vor dir liegen drei Silbermünzen. Notiere den Fund auf deinem Abenteuerbogen.
Charon gibt dir den Flegel zurück, setzt sein Boot wieder in Bewegung und steuert es über den Styx. Du setzt deinen Weg fort.
Weiter bei **106**.

431 Dein Versuch scheitert. Du gleitest in den Traum zurück und kurz darauf packt dich der Schrammenschreck.
Ungerecht? Das ist Somorra.

432 Bisher liegt nur seine Hand auf deiner Schulter. Er hat dich noch nicht wirklich in seiner Gewalt. Du hoffst freizukommen, wenn du dich fallen lässt.
Vielleicht hilft dir auch das Überraschungsmoment, denn der Türsteher rechnet mit Flucht, Angriff oder Verhandeln, das sind die drei Reaktionen, auf die er vorbereitet ist. Aber dass sich ein Zechpreller auf den Boden schmeißt?
Du lässt dich fallen, rollst dich auf den Bauch und schiebst dich gleichzeitig zur Seite. Dann stemmst du dich hoch, drückst die Tür auf und entkommst unter dem lauten Geschimpfe des Türstehers nach draußen. Kurz darauf stehst du wieder auf der Kali.
Ändere das Codewort KALI zu 136, RAN zu 203 und FREUDENHAUS zu 55.
Weiter bei **84.**

433 »Schnaps?« fragt sie dich. »Einfach nur Schnaps, oder was Besonderes?«
Willst du »einfach nur Schnaps«? (weiter bei **542**)
Oder willst du »was Besonderes«? (weiter bei **116**)

434 »Woher wissen Sie davon?«
Sein Lächeln verschwindet. »Das spielt keine Rolle. Beurteile den Ritter, der für dich kämpft, nicht nach der Farbe seiner Rüstung. Wenn du mich anhörst, kannst du überleben. Aber …«
»Was?«
»Ich behaupte nicht, dass es leicht wird. Ich sage nur, ich kann dir die Chance geben, länger zu leben, als bis dir die Augen zufallen. Denn er lauert in deinen Träumen, und wenn er dich erwischt, dann … dann gnade dir Gott.«

Was willst du antworten?
»Ich kenne Sie nicht. Verschwinden Sie aus meiner Wohnung und lassen Sie sich nie wieder hier blicken, oder ich rufe die Polizei.« (weiter bei **319**)
»Wie können Sie mir helfen?« (weiter bei **267**)

435 »Danke!« Sie springt auf und kehrt zurück in das Reich der Ran.
Und du? Du hast vielleicht die beste Chance vertan, Cosmar zu finden.
Du kannst nicht mehr zu Ruben Pick zurückkehren und auch nicht mehr in das Reich der Ran – immerhin hast du Personal entführt. Ändere das Codewort PICK zu 33, KALI zu 136 und FREUDENHAUS zu 55.
Weiter bei **84**.

436 Aus diesem Traum gibt es kein Erwachen mehr. Kehre zurück zu **437**.

437 mementomori
… in deiner Schulter. Der Schrammenschreck vergräbt seine Zähne in deinem Hals und tötet dich auf der Stelle. Du wirst, so kurz vor der finalen Konfrontation, doch noch sein nächstes Opfer. Ungerecht? Das ist Somorra.

438 Als du nach deiner Waffe greifst, merkst du plötzlich ein Stechen im Hinterkopf, das sich schnell ausbreitet. Der Schrammenschreck nutzt seine Fähigkeiten als Albtraumwesen. Bevor du auch nur die Waffe ziehen kannst, hat er dich in den Wahnsinn getrieben. Du stirbst hier und jetzt nicht, doch von deinem Selbst ist nichts mehr übrig. Du lässt den Schrammenschreck und alles hier zurück und begibst dich in die Zwischenwelt, wo du ab sofort hausen wirst, als neuer Bewohner und neues Albtraumwesen, das ab

sofort die Bürger von Somorra in ihren Träumen heimsuchen wird. Du hattest die Gelegenheit, den Schrammenschreck zu töten. Du hattest ihn schon in die Knie gezwungen, doch verpasst du diese Gelegenheit, die Welt ein bisschen besser zu machen. Dein Abenteuer endet hier.
Ungerecht? Das ist Somorra.

439 Wenn du willst, kannst du auch die Kerze und das letzte verbleibende Streichholz einpacken. Vermerke sie auf deinem Abenteuerbogen. Die Kerze ist fast abgebrannt und reicht noch für eine Verwendung.
Wenn du dann bereit bist, kannst du durch die Öffnung im Kühlschrank steigen.
Weiter bei **223**.

440 »Scheiße, ja! Das ist es! Super! Ich habe auch was herausgefunden: Werwesen kannst du an gelben Augen erkennen! Viel Glück, ich hoffe wir sehen uns bald!«
Einen Moment später wird das Luftschiff, in dem Sascha sitzt, von einem Luftstoß erfasst und abgetrieben. Es wirbelt ein paarmal um die eigene Achse und verliert drastisch an Höhe. Dann verschwindet es aus deinem Sichtfeld.
»Keine Sorge«, sagt Gusti neben dir. »Das passiert nur bei jedem zweiten Flug. Wir gute Chancen, grade rüberzukommen. Statistisch gesehen. Und Gusti Junior besserer Flieger als seine Brüder.«
Ändere das Codewort ALPHA zu 238, wenn das dort nicht schon steht.
Weiter bei **333**.

441 Das Innere der Grabkapelle besteht nur aus einem Raum. Hinten steht ein großer, steinerner Sarg, der wie ein Verkaufstresen gestaltet ist, mit Auslage aus Stein, und es sind sogar ein paar versteinerte Waffen und Rüstungsteile auf den Tresen gelegt.

Und dann stellst du fest, dass Mansur seine letzte Ruhe nicht nur in einem Grab gefunden hat, das wie ein Laden gestaltet ist, sondern noch im Tod versucht, Geschäfte zu machen.
An der Seite steht ein Automat, so ähnlich wie der Getränkeautomat im Waisenhaus. Für nur einen Gegenstand aus Silber, der in eine Auffangschale geworfen werden muss, kann man eine kleine Spieluhr erwerben, die angeblich einen Wunsch erfüllt.
Willst du es versuchen? Dann vermerke den Verbrauch eines Gegenstands aus Silber und lies weiter bei **523**.
Anderenfalls verlässt du die Grabkapelle. Weiter bei **534.**

442 Dein Versuch zu erwachen misslingt. Der Schrammenschreck fällt über dich her.
Ungerecht? Das ist Somorra.

443 Die Augen der alten Frau leuchten auf. »Ach, meine liebe Gitti, wo hast du nur wieder deinen Kopf. Hurtig, hurtig, bevor noch wer den Kuchen klaut.«
Sie fährt mit ihrem Rollstuhl zu einem kleinen Schrank, indem sie im Sitzen einen Fuß vor den anderen setzt. Aus einer Schublade holt sie einen Schlüssel und gibt ihn dir.
Er passt tatsächlich in das Schloss am Fenstergriff. Du drehst ihn, und plötzlich lässt sich auch der Griff drehen und so das Fenster samt Rahmen öffnen. Die Öffnung ist jetzt groß genug, dass du zweimal durchpassen würdest. Du steigst nach draußen. Als du dich noch mal umblickst, siehst du, wie die alte Frau dir hinterherschaut. Du hast ein bisschen ein schlechtes Gewissen, weil du sie angelogen hast.
»Bis bald!«, rufst du daher noch.
»Endlich!« Sascha verdreht die Augen. »Wolltest du mit der erst noch Brüderschaft trinken? Komm schon! Jetzt aber schnell.«
Ihr klettert über eine Steinmauer, die sich knapp hinter dem Fenster befindet, und steht kurz darauf auf einem Platz, an dem sich zwei

große Straßen kreuzen. Ihr befindet euch noch im Hafenviertel. Du atmest durch. Die Begegnung mit der sonderbaren alten Frau hat dich kurz abgelenkt, doch schon hat dich die Realität wieder eingeholt und damit die Lebensgefahr, in der du noch immer schwebst.
»Was war das eigentlich für eine gelbe Flüssigkeit, die da in mich reingetropft ist?« Du hoffst, dass Sascha deine Frage beantworten kann, und hast zugleich ein bisschen Angst vor der Antwort.
»Das hatte ich auch. Muss so eine Art Schmerzmittel sein. Wirkt nicht sehr lang, wenn man nicht mehr an dem Tropf hängt. Aber jetzt sag mal, warum bist du eigentlich im Sanatorium gelandet?« Sie wischt sich mit der Hand über das Gesicht und tritt von einem Bein auf das andere. Du hast das Gefühl, dass ihr diese Frage wichtig ist.
Was antwortest du?
»Ach, ich hatte ein paar Probleme, aber alles wieder im Griff, schätze ich.« (weiter bei **564**)
»Ich habe geschlafen, und im Traum hat mich ein wahnsinniger Zirkuszauberer angegriffen und verletzt. Ich weiß, wie es klingt, aber die Wunde war echt.« (weiter bei **312**)

444 Du rennst in Richtung eines der Käfige, um dich dahinter zu verstecken. Als du einen aufgeständerten Scheinwerfer passierst, schreit der Schrammenschreck etwas, das du nicht verstehst. Plötzlich wankt der Scheinwerfer, dann fällt er. Er begräbt dich unter sich und verletzt dich schwer am Rücken. Du kannst nicht mehr aufstehen und auch deine Arme kannst du nicht bewegen.
Kurz darauf ist der Schrammenschreck über dir und lächelt dich an. So kurz vor dem Ziel hat er dich doch noch besiegt.
Er tötet dich mit einem Lächeln.
Ungerecht? Das ist Somorra.

445 Du lässt dich neben deinem Bett auf die Knie fallen und spähst unter dein Bett. Bevor du etwas siehst, riechst du eine Art Mischung aus altem Fisch und faulen Eiern. Dann erkennst

du grüne Augen, scharfe Zähne. Eine krallenbesetzte Klaue packt dich am Kopf und zieht dich unter das Bett, ohne dass du eine Gelegenheit zur Gegenwehr hättest. Das Wesen reibt etwas in deine Augen und kichert dabei: »Dadada, huhu, dadada, schlaf schön, schlaf schön.« Innerhalb kurzer Zeit sind deine Augäpfel verbrannt. Wenige Augenblicke später bist du tot.
Ungerecht? Das ist Somorra.

446 Du versuchst, zu erwachen. Klammere dich an die Realität. Wem gehört das Lagerhaus, das ihr anzünden sollt?
Der Hafenverwaltung? (weiter bei **568**)
Dem Reich der Ran? (weiter bei **574**)

447 Als ihr die Lagerhäuser fast erreicht habt, werdet ihr plötzlich von der Seite angerempelt. »Heda, aufpassen«, blafft ein schmächtiger Mann mit zerrissener Kleidung und schmutzigem Gesicht. »Nicht nur euer Weg!« Er fuchtelt mit dem Zeigefinger vor eurem Gesicht herum. »Bin heute schon den ganzen Tag auf den Beinen. Kann so ʹne frechen Gören wie euch echt nicht ertragen.«
Ihr versucht, an ihm vorbeizugehen, aber er tritt euch wieder in den Weg. In der Nähe hört ihr das Krächzen eines Raben. »So ʹne Sachen könnt ihr hier nicht machen, wisst ihr. Jetzt zeig ich euch mal …« Seine Augen glühen rot auf. Er dreht sich kurz weg und bückt sich nach einem Kleiderbündel, das hinter ihm auf dem Boden liegt, wo er nach etwas wühlt. Plötzlich mementomori würgt er, als müsste er sich übergeben und krümmt sich. Schreckliche Geräusche kommen aus seinem Rachen, da beginnt er heiser zu lachen und richtet sich abrupt auf – er hat plötzlich ein anderes Gesicht, Bart, spitze Zähne: der Schrammenschreck. Er fällt über euch her und beendet euer Leben.
Ungerecht? Das ist Somorra.

448 Du tastest dich in die Richtung, aus der du die Geräusche gehört hast. Nach ein paar Metern berühren deine Fingerspitzen etwas Weiches: Fell.
Was willst du jetzt tun?
Das Wesen aufwecken? (weiter bei **466**)
In die andere Richtung schleichen? (weiter bei **98**)
Eine Kerze anzünden, wenn du eine hast? (weiter bei **300**)

449 Du versuchst, zu erwachen. Dieses Mal gelingt dir das ohne Probleme.
Du stehst direkt vor der Tür von Ruben Pick. Sie ist noch immer verschlossen, vom Schrammenschreck nichts zu sehen. Du hast nur in deinem Traum geklopft. Als du jetzt klopfst, öffnet sich eine kleine Klappe in Augenhöhe, dahinter siehst du eine aufgequollene, rote Nase.
»Ja?«
»Ich habe eine wichtige Ankündigung zu machen!«
»Aha. Haben Sie einen Termin?«
»Ich habe anzukündigen, dass die Gräfin Lichterheide in Kürze in Somorra eintreffen wird und Geschäfte mit Ruben Pick erledigen möchte.«
»Gräfin? Oh … warten Sie …«
Die Klappe schließt sich. Kurz darauf wird die Eichentür geöffnet. Ein kleiner, dürrer Kerl mit roten Haaren steht vor dir und blickt nach oben. »Kommen Sie herein, bitte.«
Du betrittst eine kleine Amtsstube. Rechter Hand steht ein wuchtiger Schreibtisch, dahinter quellen Akten aus deckenhohen Regalen. Der Beamte lässt dich auf einem der beiden Gästestühle Platz nehmen und setzt sich an den Schreibtisch. Dahinter hängt ein Holzkasten, auf dem ein Kleeblatt aufgemalt ist. Auf dem Tisch steht ein Schild: »Beamter Block«.
»Sie haben Glück«, verkündet er stolz. »Ruben Pick kann die Gräfin gleich heute treffen. Wir müssten nur … äh … zahlreiche ande-

re Termine verschieben, aber das machen wir gerne. Sie muss aber zuvor mit mir sprechen, Einführungsgespräch und so weiter. Sie dürfen jetzt gehen. Ich muss noch klar Schiff machen.«
Er steht auf und schiebt dich zur Tür hinaus.
Ändere das Codewort PICK zu 340.
Notiere dir neben dem Codewort BECKY die Zahl 111.
Weiter bei **351**.

450 Die Tür ist verschlossen. Auf dein Klopfen hin öffnet sich eine kleine Klappe in Augenhöhe. Dahinter siehst du eine aufgequollene, rote Nase, auf der eine dicke schwarze Fliege sitzt. »Olle Brummer!« Eine Stimme von hinter der Tür. Die Fliege verschwindet.
Plötzlich stehst du im Inneren des Gebäudes, ohne dass die Tür sich geöffnet hätte, und du stehst nicht einem Verwaltungsbeamten gegenüber, sondern mementomori dem Zirkuszauberer, der dich seit einiger Zeit verfolgt: der Schrammenschreck. Er fällt über dich her.
Und für dich gibt es kein Entkommen mehr.
Ungerecht? Das ist Somorra.

451 Du reißt die Augen auf und versuchst verzweifelt, den Schlaf abzuschütteln. Langsam kommst du wieder zu dir. Du sitzt noch immer an der Bar, vor dir das leere Schnapsglas, deine Ellbogen auf dem Tresen abgestützt. So musst du eingeschlafen sein, im Nebel aus Schnaps und der Magie des Schrammenschrecks. Du weißt, dass du Glück hattest, rechtzeitig erwacht zu sein.
Du beschließt, diese Bar zu verlassen, bevor dir noch etwas vorgesetzt wird, das Träume auslöst. Weiter bei **287**.

452 »Viel Glück. Der Schrammenschreck wartet bestimmt schon auf dich. Versuch zu identifizieren, was er ist. Eines kann ich dir verraten: Normale Waffen helfen gegen ihn nicht.«
Weiter bei **500**.

453 Du feuerst deine Waffe ab. In dem Moment, als die silberne Munition die Schlange berührt, zerplatzt diese in Tausend Splitter. Kurz darauf ist alles vom Wasser weggespült.
Dann fällt dein Blick wieder auf die Pflanzen, die du schon vor dem Angriff der Wasserschlange gesehen hattest. Plötzlich weißt du, woran sie dich erinnert: Eine der Pflanzen sieht aus wie Fischfasch, die Pflanze, die das Atmen unter Wasser ermöglicht.
Willst du sie zu dir nehmen? (weiter bei **356**)
Oder willst du den Raum jetzt doch lieber wieder verlassen und in die andere Richtung schwimmen? (weiter bei **493**)

454 Einen Augenblick später bist du wieder auf der Wiese mit dem Friedhof, dieses Mal am anderen Ende. Du stehst im Schatten einer Grabkapelle, eines Mausoleums. Eine steinerne Inschrift über dem Eingang weist sie aus als Grab von *Mansur, Kaufmann*. Und ebenso stehst du wieder vor einem Fluss, doch dieser Fluss ist völlig anders als jeder andere Fluss, den du bisher gesehen hast: Er besteht vollständig aus Feuer und Lava. Hitze steigt auf und macht das Atmen unangenehmer, je näher du dem Ufer kommst. Du fragst dich, wie du diesen Strom aus Feuer und Rauch jemals heil überwinden sollst.
Willst du noch schnell in die Grabkapelle von Mansur schauen? (weiter bei **441**)
Oder willst du gleich nach einer Möglichkeit suchen, den Feuerfluss zu überqueren? (weiter bei **534**)

455 Die Ledermappe enthält lediglich ein einzelnes Blatt Papier – es ist eine der Seiten, die aus Cosmars Bestimmungsbuch herausgerissen wurden, und zwar die Seite, die sich mit vierbeinigen Landlebewesen beschäftigt. Du kannst sie dir jetzt unter *Fehlende Seiten Teil 1: III Vierbeinige Landlebewesen* ansehen (Seite 462).
Kreuze an, dass du sie gefunden hast.
Danach setzt du deinen Weg fort.

Der Weg schlängelt sich weiter den Hang hinauf, während sich der Himmel allmählich zuzieht, Wolke um Wolke. Linker Hand ragt eine Felswand in die Höhe. Du bist dir fast sicher, dass du sie erklimmen kannst – und so vielleicht abkürzen könntest. Wie geht es weiter?
Du folgst dem Weg. (weiter bei **508**)
Du erklimmst die Wand. (weiter bei **416**)

456 Der Priester reicht dir den Finger.
»Ich kann dir kein Salz oder Pfeffer anbieten oder ihn braten oder so … Aber ich glaube auch nicht, dass es viel ändern würde. Vielleicht hilft es dir, wenn du dir vorstellst, es sei eine Bratwurst.«
»Meinen Sie wirklich, das hilft?«
»Nein.«
»Muss ich den ganzen Finger essen?«
Er zuckt mit den Schultern. »Vielleicht reicht auch ein Teil. Doch ist die Redundanz der wissenschaftlichen Studien nicht vollumfassend zufriedenstellend. Iss, bis du die Wirkung merkst. Und viel Glück. Wir werden uns bald wiedersehen.«
Du schaust dir den Finger genauer an. Er hat die Farbe einer grünen Olive. An einigen Stellen gibt es braune und schwarze Verfärbungen. Der Geruch, der dir vorhin schon aufgefallen ist, wird schlimmer, je näher der Finger deinem Gesicht ist. Ein bisschen nach Sperma, ein bisschen nach vertrockneten Exkrementen.
Du würgst schon, bevor du auch nur den Mund geöffnet hast. Als es dir schließlich gelingt, den Finger endlich zwischen deine Lippen zu schieben, bist du einer Ohnmacht nahe.
Und dann beißt du zu.
Die Konsistenz hat etwas von Blätterteig, der um eine Salami gewickelt ist. Etwas Zähflüssiges spritzt an deinen Gaumen.
Du würgst den ersten Bissen fast unzerkaut hinunter. Du musst mit aller Kraft den Mund geschlossen halten und krampfhaft schlucken, um nicht alles sofort wieder auszukotzen.

Der zweite Bissen ist nicht besser. Du hast den ersten so schnell hinuntergewürgt, dass du nicht mal einen Geschmack bemerken konntest. Jetzt nimmst du ihn wahr, süßsauer wie ein vergorener Apfel, ein bisschen bitter wie Kümmel. Und dann …
Das Lagerhaus und der Priester verschwinden und dir wird schwarz vor Augen.
Notiere dir neben dem Codewort BARRIERE die Zahl 566 bzw. ändere es in 566.
Ändere das Codewort ZOMBIEHAND zu 525.
Weiter bei **580**.

457 Becky kichert, als du ihr sagst, dass du ihrer Bitte nicht nachkommen möchtest. Kurz darauf seid ihr am Amtssitz von Ruben Pick angekommen.
Gegenüber der schwarzen Fassade des »Reich der Ran« steht ein kleines, freistehendes Fachwerkhaus. Über der Eichentür hängt ein rostiges Schild, das ein Frauengesicht mit herausgestreckter Zunge zeigt.
Die Tür ist verschlossen, auf dein Klopfen hin öffnet sich eine kleine Klappe in Augenhöhe, dahinter siehst du eine aufgequollene, rote Nase.
»Ja?«
»Ich habe eine wichtige Ankündigung zu machen!«
»Aha. Haben Sie einen Termin?«
»Die Gräfin Lichterheide ist in Somorra eingetroffen und möchte Geschäfte mit Ruben Pick erledigen.«
»Gräfin? Oh … warten Sie …«
Die Klappe schließt sich. Kurz darauf wird die Eichentür geöffnet. Ein kleiner, dürrer Kerl mit roten Haaren steht vor euch und blickt nach oben. »Die Gräfin darf hereinkommen.«
Beamter Block macht eine tiefe Verbeugung vor Becky. »Eine große Ehre, Gräfin!«, flüstert er heiser. »Bitte, treten Sie doch ein.«
Becky betritt das Haus. Als du ihr folgen willst, bläfft Block dich an: »Du nicht!«, und wirft die Tür vor deiner Nase zu.

Vor der Tür wartest du und hoffst, dass schon alles gut gehen werde. Leider geht nichts gut.
Weiter bei **5**.

458 Du rüttelst mit aller Gewalt an den gelockerten Riemen. Der Pfleger lächelt gleichmütig und legt dir eine schwere Hand auf die Brust. »Ganz ruhig«, murmelt er, »gleich wird es besser.« Mit der anderen Hand schraubt er weiter an dem Beutel, und kurze Zeit später fallen dir wieder die Augen zu. Weiter bei **339**.

459 Mit einem Ruck wirst du wach.
Was hat er über Ringo gesagt? Du bist dir nicht mehr sicher. Irgendetwas wie »Ringo habe ich schon, du bist der Nächste …«? Du weißt, dass dich der Schrammenschreck dieses Mal fast erwischt hätte. Und was er da über deinen toten Freund gesagt hat: War es möglicherweise kein Selbstmord?
Du raffst all deinen verbleibenden Mut zusammen.
»He!«, sagt da jemand. Neben dir auf dem Boden vor der Statue von Ruben Pick sitzt eine Gestalt, hager, schmutzig, weiße Bartstoppeln.
»He, Alter, ich kenn dich doch. Bist du nicht der Freund von diesem Ricky … Rilke … na sag schon …«
Du keuchst. »Ringo?«
»Ja, Alter. Wo ist er? Willst du Stoff für ihn holen? Wir haben uns hier alle paar Tage getroffen.«
Für einen Moment bist du sprachlos. Ist dieser hagere, merkwürdige Mann etwa … Ringos Drogen-Dealer? Weiß er Antworten auf deine Fragen?
Willst du so tun, als wolltest du Somorin für Ringo kaufen? (weiter bei **495**)
Oder sagst du ihm geradeheraus, dass er tot ist, und bittest ihn darum, dir alles zu erzählen, was er weiß? (weiter bei **516**)

460 Vor der Tür des Verwaltungssitzes triffst du wieder mit Sascha zusammen. Als du ihr von dem Auftrag erzählst, boxt sie dir gegen die Schulter. »Mann! Ich dachte, wir halten zusammen! Du gehst doch nicht da hin, oder?«
Willst du doch nicht in das Reich der Ran gehen? Dann geh zu **84** und triff eine andere Entscheidung.
Anderenfalls teilst du ihr mit, dass du dort trotz ihres Protestes hingehen willst.
»Dann geh halt in das Reich der Ran! Ich hoffe, du findest dort, was du suchst! Frohes Wachbleiben!« Mit diesen Worten dreht sie sich um und marschiert in die andere Richtung davon.
Danach lässt du dich von einem der hübschen, lächelnden Mädchen, die immer auf der Kali unterwegs sind und Kunden anlocken sollen – dieses hat rote Haare –, an der Hand greifen und zur Eingangstür des Reichs der Ran ziehen, direkt gegenüber der Hafenverwaltung.
Ändere das Codewort GAMMA zu 368.
Weiter bei RAN.

461 Mit einem langen Stab holst du die Lukentür herunter und klappst die Holzleiter aus, die in der Luke befestigt ist. Schritt für Schritt steigst du hinauf, steckst den Kopf nach oben in den Dachboden und blickst dich um. Es herrscht Zwielicht, aber du kannst einigermaßen sehen. Du kannst jedoch nicht erkennen, ob das Wesen hier oben ist. Du steigst ganz nach oben und blickst dich um. Da hörst du in einem anderen Teil des Dachbodens – er ist riesig – ein Scharren. Schritt für Schritt schleichst du in die Richtung, aus der das Scharren kam, vorbei an Gerümpel der vergangenen Jahrzehnte: alte Möbel, Wäschekörbe voller Bücher, schmutzige Reagenzgläser. An einem großen Haken hängt eine kopflose Leiche: Mikinnsky.
Hast du eine Kerze und willst sie anzünden? (weiter bei **520**)
Oder zündest du sie nicht an und schaust gleich in die Richtung des Scharrens? (weiter bei **347**).

462 »Leider aus«, sagt der Mann. »Nehmen Sie etwas anderes.« Kehre zurück zu **219** und triff eine andere Entscheidung.

463 … in deiner Schulter!
Mit einem Schrei wachst du auf. Ein Traum! Nur ein Traum!
Du atmest durch. Noch immer sind die Riemen um dich gespannt und verhindern fast jede Bewegung, und noch immer tropft der Wasserhahn. Was für ein Albtraum. So real wie Horrorgestalten in Hotelfluren nur sein können. Ob das von den Schmerzmitteln kommt, von dieser gelben Flüssigkeit? Und dann blickst du an dir hinunter und siehst den blutgetränkten Fleck, der sich auf dem Ärmel deiner Schulter ausbreitet und sich schnell vergrößert.
Du blutest, genau an der Stelle, an der dich die Klauen berührt haben. Hast du dich also doch selbst verletzt, so, wie der Pfleger behauptet hat? Du versuchst, mit einer Hand oder mit dem Mund an die Stelle zu kommen. Unmöglich. Da fliegt die Tür auf und der Pfleger kehrt zurück.

»Na, was haben wir denn jetzt wieder ...« Er verdreht die Augen. »Also manchmal fragt man sich schon ...«

Er öffnet dein Hemd und verarztet dich mit scharfem Desinfektionsmittel und OP-Pflastern aus dem Schrank, wobei er die Riemen ein wenig lockert, um die Wunde säubern zu können. Viel bewegen kannst du dich noch immer nicht.

»Ich war das nicht ...«, stammelst du. Dir ist klar, dass er dir nicht glauben wird.

»'Türlich nicht.« Er lacht wieder. Was für ein Spaßvogel. »Stellma deine Medizin neu ein. Viel Schlaf hilft viel.« Er beginnt, an dem Beutel zu drehen.

Du willst auf keinen Fall wieder einschlafen, bevor du nicht weißt, was der Traum zu bedeuten hatte. Was willst du tun?

Einen Krampfanfall vortäuschen? (weiter bei **262**)

Versuchen, den Pfleger zu überwältigen? (weiter bei **458**)

Ihn bitten, dich loszubinden? (weiter bei **83**)

Abwarten? (weiter bei **130**)

464 Du akzeptierst sein Angebot, und er hält sein Wort. Als sein Assistent erhältst du Einblick in seine Geschäfte, viele legal, manche weniger legal. Du erfährst, dass er ein Mann ist, der sich nicht um Gesetze oder Regeln kümmern muss. Welches weitere Amt du nach ein paar Monaten übernehmen willst, liegt bei dir – du hast die Wahl.

Und nur manchmal fragst du dich, was aus deinem Leben geworden wäre, wenn du sein Angebot abgelehnt hättest – und ob es für die Bürger von Somorra nicht besser gewesen wäre, wenn du das viele Geld, das du von Konrad erhalten hast, sinnvoll investierst hättest. In eine Kirche oder etwas anderes. Doch du wirst es nie herausfinden, denn eines weißt du schon nach wenigen Tagen: Der Schwarze Jakob erwartet absolute Loyalität, die erst mit dem Tod endet.

Du hast es so gewollt. Ist das gerecht? Diese Frage stellt sich in Somorra nicht.

Und immerhin bist du jetzt einer der angesehensten Bürger dieser Stadt. Fabrikanten, Justizbeamte, Promis buhlen für den Rest deines Lebens um deine Aufmerksamkeit. Das ist ungeheuer viel mehr als das, was sich ein Junge aus dem Waisenhaus von Somorra jemals hätte erträumen dürfen.
Dieses Abenteuer hast du überstanden, und ein spannendes Leben im Dienste des Schwarzen Jakob liegt vor dir.
Notiere dir, dass deine Grundpunktzahl 80 beträgt. Wenn du willst, lies jetzt die Auswertung auf Seite 445.

465 Früher stand dort wohl mal der Meeresgott, doch schon seit langem ist es eine Statue von Ruben Pick, die an dieser Stelle steht. Du sinkst in den Traum zurück. Kurze Zeit später fällt der Schrammenschreck über dich her.
Ungerecht? Das ist Somorra.

466 »Hallo, hörst du mich? Wer ist da?«, rufst du. Das Wesen atmet geräuschvoll ein. Du hörst ein Rascheln und Schleifen, als würde sich ein schwerer Körper bewegen. Möglicherweise wacht es gerade auf. Dann: schmatzende Geräusche und ein Grunzen. Keine Antwort. Das nächste Geräusch, das du hörst, ist so etwas wie ein Schnuppern. Nimmt es deine Witterung auf?
Willst du abwarten, was passiert? (weiter bei **21**)
Oder bereitest du dich vorsichtshalber auf einen Kampf vor? (weiter bei **370**)

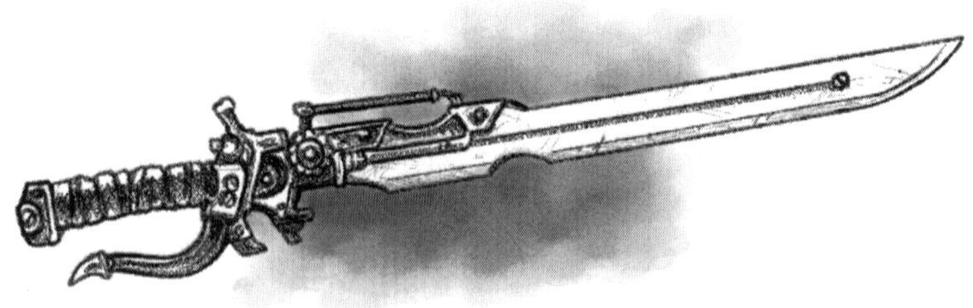

467 Ändere die Codewörter EPSILON zu 335, ETA zu 120 und ZETA zu 187.
Du hackst das Holz, mehr als ein halbes Klafter. Die Frau bedankt sich bei dir. Nachdem ihr gemeinsam einen Teller Suppe gegessen habt, schenkt sie dir zum Abschied eine große Goldmünze. »Ein Charonstaler. Heb ihn gut auf«, sagt sie. »Er mag einmal der Sold sein, den du zu bezahlen hast, um weiterzukommen.« Notiere den Charonstaler auf deinem Abenteuerbogen.
Danach setzt du deinen Weg fort.
Weiter bei **362**.

468 Mit dem Schlüssel in der Hand stehst du wieder vor dem Verwaltungsgebäude und hältst nach Sascha Ausschau. Sie müsste längst zurück sein.
Dein Blick fällt auf das Reich der Ran, direkt gegenüber der Hafenverwaltung. Sie wird doch wohl nicht …
Plötzlich kommen Sascha und der Verwaltungsbeamte um die Ecke.
Der Beamte hat einen dunkelroten Abdruck in Form einer Hand auf der Wange – wahrscheinlich Saschas Hand. »Dir werd ich zeigen, wie man mit der Obrigkeit umgeht, olle Dirne!«, schimpft er und zerrt sie hinter sich her in Richtung des Freudenhauses. Sascha versucht verzweifelt, sich loszureißen.
Willst du sofort eingreifen? (weiter bei **200**)
Oder wartest du erst einmal ab, ob sich die Situation vielleicht ohne großes Aufsehen beruhigt? (weiter bei **521**)

469 Du versuchst, zu erwachen. Klammere dich an die Realität. Wie heißt der Berg, auf dem du dich gerade befindest?
Reinigungsberg? (weiter bei **431**)
Läuterungsberg? (weiter bei **422**)

470 Der Mann lächelt und kommt näher. »Das könnte ich dir schon sagen! Aber du wirst es noch rechtzeitig selbst herausfinden.« Er dreht sich weg und läuft zu der Leiter, die nach unten führt. Einen Moment später ist er verschwunden. Eine Frau mit glattem, dunklem Haar erscheint in der Öffnung und steigt auf das Dach. Sie ist deutlich kleiner als du und sehr schlank, aber trotzdem packt sie dich, wirft dich über die Schulter und trägt dich fort, ohne dass du in der Lage wärst, dich zu wehren; nicht, dass sie besonders stark ist – du kannst dich schlicht nicht bewegen. Plötzlich seid ihr von Feuer umgeben, mannshohen Flammen, die um euch herum lodern. Sicher wie ein Schlafwandler findet die Frau einen Weg durch das Feuer. Ihr seid nicht länger auf dem Dach eines Tempels, und als ihr endlich das Feuer hinter euch lasst, legt sie dich an einer Art Pforte ab. Eine schwarze Kröte bringt sich gerade noch in Sicherheit, bevor sie von deinem Körper zerquetscht werden kann. Dann lächelt sie dich breit an, und plötzlich fällt dir auf, dass sie keinen Schatten hat, nicht in ihrem Gesicht und nicht in den Falten ihrer Kleidung, und dass auch ihr Körper keinen Schatten wirft. Und dann werden ihr Zähne mementomori länger, ja, sie wachsen, bis sie lange, scharfe Reißzähne sind. Auch ihr Gesicht ändert sich. Es nimmt neue Züge an, die du kennst. Es ist –
Der Schrammenschreck fällt über dich her. Dein Abenteuer endet hier.
Ungerecht? Das ist Somorra.

471 »Ach Gitti, ja, gute Idee meine Liebe, lass ein bisschen Luft rein! Oh, das Fenster ist ja schon offen.« Sie kichert wie ein junges Mädchen. »Sie sagen, die frische Luft tut mir gut.« Die alte Frau lächelt und legt den Kopf schief. »Onkel Jakob wollte später auch noch kommen, und vielleicht auch Onkel Esau. Der war schon so lange nicht mehr da. Sag, was machst du da? Du willst doch nicht rausklettern, oder was hast du vor, Gitti?« Was willst du tun?
Willst du sagen: »Ich habe den Kuchen draußen vergessen, und das ist der schnellste Weg. Sie haben nicht zufällig einen Schlüssel für das Fenster?« (weiter bei **443**)
Oder ignorierst du die alte Frau und versuchst, dich durch die Stäbe zu quetschen?« (weiter bei **499**)

472 Dein Gegner ist ein hervorragender Boxer und du hast keine Chance. Er durchschaut sofort, was du vorhast. Auf deine Finte reagiert er nicht einmal, den Schlag in den Magen blockt er locker. Kurz darauf landet ein krachender Schlag auf deinem Kieferknochen.
Die Lichter gehen aus, bevor du auf dem Boden aufschlägst.
Weiter bei **303**.

473 Du rennst zu Sascha und hilfst ihr auf. Sie hat ein schmutziges Gesicht, ist zerschunden, zerschlagen, ihre Kleidung schmutzig und zerrissen, aber sie ist am Leben.
»Da bist du ja endlich«, sagt sie. »Dachte schon, ich muss ihn allein ausschalten.« Sie lächelt dich an.
»Was meinte der Schrammenschreck vorhin? Wer sollst du sein? Bist du nicht Sascha?«
Sie lässt den Kopf hängen. »Doch, klar bin ich Sascha, wer denn sonst?«
Als du schweigst, zuckt sie schließlich mit den Schultern. »Okay, vielleicht hätte ich dir alles erzählen sollen.« Sie hebt den Blick und schaut dich an, ein bisschen betreten wirkt sie dabei.

»Cosmar war mein Vater. Was meinst du, wie ich überlebt habe, obwohl du dir sein Notizbuch gesichert hast? Sagen wir so: Ich habe nicht ganz bei Null angefangen. Es gab da Geschichten, meine Mutter hat sie mir erzählt, als ich noch ganz klein war. Werwölfe mit gelben Augen, Albtraummonster ohne Schatten. Ich hab mich einfach darauf verlassen, dass sie sich das nicht ausgedacht hatte, sondern all das irgendwie von Cosmar wusste.«

»Aber wenn Cosmar dein Vater war, dann …«

»Ja, genau. Die Schnecke von Bohoc, die er ermordet haben soll, diese Denisa, sie war meine Schwester, die starb, bevor ich geboren wurde. All das wusste ich nicht. Auch nicht, dass Cosmar der Chefbekämpfer der Armee der Untoten war, oder überhaupt was zu melden hatte beim Wasservolk. Na gut, dass er nicht ganz unbedeutend war, habe ich schon vermutet, aber das war alles. Ich war auf der Suche nach ihm, als plötzlich der Schrammenschreck anfing, mich in meinen Träumen heimzusuchen. Und was denkst du, wer meine Einweisung in die Klinik bezahlt hat, in der wir uns kennengelernt haben?«

»Cosmar hat dafür bezahlt?«

»Nein, jetzt hör mir halt zu. Ich war doch auf der Suche nach ihm. Es waren die Leute des Wasservolks, die es bezahlt haben. Sie halten sein Andenken wohl in Ehren, seit er sie vor dem Schrammenschreck gerettet hat. Vielleicht sollte ich sein Erbe antreten, sicherstellen, dass er nicht plötzlich wieder in ihren Träumen auftaucht, wenn Cosmar nicht mehr ist. Sie dachten wohl, das Sanatorium könnte mich vor ihm schützen, mit Medikamenten oder so etwas. Und damit ich dann genügend Zeit habe, meinen Vater zu finden. Dabei haben sie mich nie persönlich kennengelernt. Zahlen viel Geld, ohne mich einmal angesehen zu haben, stell dir das mal vor. Leider hat es nicht geholfen, er hat mich in meinen Träumen besucht. Aber das weißt du ja … Erst als ich diese Sorcha getroffen habe, die Alte vom Wasservolk, die hat mich erkannt und mir ein bisschen was erzählt …« Sie bricht ab und reibt sich die Schläfe.

»Wo hast du denn eigentlich gelebt, wenn es nicht beim Wasservolk war? Also, bevor du in diesem Sanatorium warst, meine ich.«
»Puh. Meine Mutter war Kellnerin im Reich der Ran. Er lernte sie kennen, als er das Wasservolk verließ. Vielleicht hoffte er, dass der Schrammenschreck ihn in Frieden lässt, wenn er sich lossagt. Hat natürlich nicht funktioniert. Cosmar verschwand, als ich noch ganz klein war, und meine Mutter wurde im Reich der Ran ermordet. Von einem Freier.«
»Ich dachte, sie …«
»Ja, das dachte ich auch. Ich war acht, als ich plötzlich auf mich allein gestellt war.«
»Haben sie dich nicht ins Waisenhaus gesteckt? Da, wo ich war?«
»Also, erstens war ich ja keine Waise, mein Vater lebte ja noch, irgendwo, und jagte Monster. Und zweitens wollte ich da nicht hin. Ich habe mal ein halbes Jahr bei einer wohlhabenden Familie gelebt, die mich sogar adoptieren wollte. Der Familienvater war Richter, Cassius Venalis, und er hat mich ein bisschen zu sehr geliebt. Ich bin dann abgehauen, nachdem ich ihm das Küchenmesser in seine schmierige Hand gerammt habe, die sich in meine Unterhose verirrt hatte. Bin dann erst mal untergetaucht, in Ruinen, U-Bahn-Schächten, unter Brücken. Die ersten Jahre musste ich betteln und stehlen, irgendwann hab ich dann immer mal einen Job gefunden, auf dem Markt, als Kurier, solche Sachen. Na, und dann hat der Schrammenschreck versucht, mich in seine Klauen zu bekommen. Den Rest kennst du. Azrael-Sanatorium und so weiter, wo du auch warst. Sag mal, wer hat eigentlich deinen Aufenthalt bezahlt?«
»Meinen? Ich wusste nicht, dass der was kostet.«
»Du glaubst doch nicht, dass die Stadtverwaltung von Somorra Geld für solche Einrichtungen ausgibt?«
Du musst zugeben, dass Sascha recht hat. Nur: Du hast nicht den Schimmer einer Ahnung, wer für dich bezahlt haben könnte. Das Waisenhaus? Sicher nicht. Aber wer dann? Hatte nicht der Schrammenschreck vorhin etwas angedeutet?

Plötzlich fällt dir Ringo wieder ein. Du rennst zu dem Käfig, in dem er liegt. Noch immer rührt er sich nicht.
Du erinnerst dich an das, was der Schrammenschreck sagte – du brauchst ein Phönix-Ei.
Ändere das Codewort ALPHA zu 30.
Weiter bei KÄFIG.

474 Mit einem Schrei wirst du wach, genauso wie neben dir Sascha. Wieder nur ein Traum!
»Was hat er da über Ringo gesagt, hast du das auch gehört?«, fragt Sascha.
Du bist dir nicht mehr sicher. »Irgendetwas wie *Ringo habe ich schon, du bist der Nächste …*«?
»Das ergibt doch keinen Sinn!«
Du nickst und sagst nichts mehr, weil auch du es nicht verstehst. Ist auch er ein Opfer des Schrammenschrecks geworden? War es kein Selbstmord, wie du bisher angenommen hast? Du schaust Sascha an. Sie ist so weiß wie ein Gespenst, noch bleicher als sonst.
»Das war knapp. Lass uns den Eingang finden. Los geht's!«
»He!«, sagt da jemand. Dort, wo ihr in eurem Traum den Mann gesehen habt, der robbte wie ein Aal, sitzt tatsächlich eine Gestalt, hager, schmutzig, weiße Bartstoppeln.
»He, Alter, ich kenn dich doch. Bist du nicht der Freund von diesem Rainer … Rilke … na sag schon …«
Du keuchst. »Ringo?«
»Ja, Alter. Wo ist er? Willst du Stoff für ihn holen? Wir haben uns hier alle paar Tage getroffen.« Für einen Moment bist du sprachlos. Ist dieser hagere, merkwürdige Mann etwa … Ringos Drogen-Dealer? Weiß er Antworten auf deine Fragen?
Willst du so tun, als wolltest du Somorin für Ringo kaufen? (weiter bei **541**)
Oder sagst du ihm geradeheraus, dass er tot ist, und bittest ihn darum, dir alles zu erzählen, was er weiß? (weiter bei **562**)

475 Wenn neben dem Codewort KAPITÄN eine Zahl vermerkt ist, dann **lies sofort dort weiter**. Anderenfalls lies hier weiter.

Gegenüber der schwarzen Fassade des »Reich der Ran« steht ein kleines, freistehendes Fachwerkhaus. Über der Eichentür hängt ein rostiges Schild, das ein Frauengesicht mit herausgestreckter Zunge zeigt.

Weiter bei **450**.

476 Du hebst die Hände und machst einen Schritt zurück, dabei versuchst du zu lächeln und zu zeigen, dass dir nicht nach kämpfen zumute ist. Die Männer schauen dich enttäuscht an, einer verzieht verächtlich das Gesicht und spuckt aus.

Willst du dem Mann doch noch ins Gesicht schlagen? (weiter bei **266**)

Oder bleibst du bei deiner Entscheidung? (weiter bei **487**)

477 »Ja!«, ruft Satan. »Der volle Zorn ist in dir und davon mehr als genug! Bleib nur bei mir, du kannst noch viel von mir lernen!« Er nimmt dich bei der Hand. Du zuckst zurück, denn seine Hand brennt wie Feuer, doch er lässt dich nicht mehr los. Du merkst, wie sich das Feuer der Hölle deinen Arm hochfrisst und über deine Schulter schließlich dein Herz erreicht. Im nächsten Moment stehst du in Flammen, und wieder einen Lidschlag später hat der Zorn dich vollständig verbrannt.

Ungerecht? Das ist Somorra.

478 Welche Heilige Waffe hast du bei dir und willst sie Charon zeigen?

Absaloms Knüppel? (weiter bei **123**)

Jeftahs Opferdolch? (weiter bei **313**)

Gideons Flegel? (weiter bei **53**)

479 Du schläfst, zum einen, weil du unendlich müde bist, zum anderen, weil dir klar geworden ist, dass du ihm nicht mehr entkommen kannst. Als er über dich kommt, erwartest du ihn schon. Kurz darauf ist dein Abenteuer beendet.
Ungerecht? Das ist Somorra.

480 Ewald gibt dir einen Kanister mit Benzin und das Streichholzheft, von dem er vorhin das Streichholz genommen hatte, um seine Zigarette anzuzünden. »Es ist das hinterste der Lagerhäuser. Du erkennst es daran, dass es völlig schmucklos ist, keine Schilder, keine Hinweise. Mach mir ein kleines Feuerwerk, ja?«
Kurz darauf stehst du wieder vor seinem Wohnwagen. Du trägst den Kanister in der Hand, die Streichhölzer sind in deiner Hosentasche. Wenn du bereit bist, geht es weiter bei **554**.

481 Die Statue der Tänzerin steht auf dem Dach des Reichs der Ran, nicht hier. Du sinkst zurück in den Traum, wo der Schrammenschreck schon auf dich wartet.
Ungerecht? Das ist Somorra.

482 Du klopfst. Nachdem die Klappe aufgeschoben wurde, hast du gerade den ersten Satz gesagt, da zischt der Beamte hinter der Tür: »Warte, ich kenn dich doch! Du schon wieder!« Die Tür fliegt auf und der kleine rothaarige Beamte tritt heraus. »Wir haben hier noch mehr zu tun, als ständig belästigt zu werden! Kommen Sie mal rein!«
Du wirst in einen wackeligen Stuhl gedrückt und wartest, als eine Tür an der Rückwand des Büros auffliegt und ein fetter Mann in das Büro von Block stürmt – Ruben Pick.
»Sie haben schon wieder eines angezündet! Diese räudigen Trunkenbolde! Wir müssen…« Sein Blick fällt auf dich.
»Was macht der denn hier? Wir haben keine Zeit!«
»Äh, der ist ein Hausierer. Der klopft *die ganze Zeit* an meine Tür!«, antwortet Block und verschränkt die Arme.
Pick hält dir einen fleischigen Zeigefinger vor das Gesicht. »Hausieren verboten! Block, ruf die Bullen.«
Und so kommt es. Nur eine Minute später wirst du von zwei uniformierten Beamten abgeholt. Eine Gelegenheit zur Flucht ergibt sich nicht mehr. Sie bringen dich zum Schnellgericht von Somorra, wo du in dreiminütiger Verhandlung zu einem Monat Gefängnis wegen Hausfriedensbruchs, Hausiererei und Bettelei verurteilt wirst. Das Ende deiner Strafe wirst du jedoch nicht mehr erleben – der Schrammenschreck erwischt dich lange vorher.
Ungerecht? Das ist Somorra.

483 *Alter Phönix (dämonisch)*
— Notizbuch wieder erlaubt —
Wenn du Weihwasser geworfen hast, hat der Phönix ein nasses Gefieder bekommen. Sonst zeigt das Wasser keine Wirkung.
Verteidigst du dich mit einer Heiligen Waffe? (weiter bei **25**)
Verteidigst du dich mit einer anderen Waffe oder hast du keine Waffe in der Hand, dann lies weiter bei **77**.

484 »Ah, Kundschaft«, sagt ein älterer Mann. Er ist klein, hager, mit schütterem Haar. »Was kann ich für Sie tun?«
Du legst den Brief auf den Tresen. »Ich bin deswegen hier.«
Der Mann lächelt und beugt sich nach vorne. »Bitte, verraten Sie mir, was in dem Brief steht.« Erst da fällt dir auf, dass seine Augen milchig-weiß sind. Der Mann ist blind.
»Ein Priester, der seit zwanzig Jahren tot ist, Konrad, schickt mich her. Sind Sie der Uhrmacher?«
Du hast das Gefühl, der Mann würde kurz zusammenzucken, aber sicher bist du dir nicht. »Ja, der bin ich. Warten Sie einen Moment.« Er dreht sich weg und schlurft in einen versteckten Winkel seines Ladens, wo er etwas zu suchen scheint. »Dann ist der Schrammenschreck also tot?«, fragt er dich über die Schulter. Er scheint mehr zu wissen, als du auf den ersten Blick ahnen magst.
»Ja, zum Glück. Es ist mir gelungen, ihn zu besiegen.«
»Jaja, was für ein Glück. Hier ist es.« Er tritt wieder an den Tresen und legt einen großen braunen Umschlag auf der Auslage ab. »Bitte hier bestätigen, dass alles erledigt ist. Alles weitere finden Sie in dem Umschlag.« Du unterschreibst.
»Und jetzt gehen Sie bitte. Wir haben einen Trauerfall in der Familie zu beklagen. Mein Sohn, Atropos, ist kürzlich verschieden. Auf Wiedersehen.«
Er drückt dir den Umschlag in die Hand und schiebt dich aus dem Laden. Du wehrst dich nicht, warum auch. Du lässt dich auf einer Bank in der Nähe niedersinken und reißt das Kuvert auf. Darin findest du einen Brief, eine Urkunde und ein Sparbuch.
Als Erstes liest du den Brief. Er ist datiert auf den Sommer 140 n.S. Zu diesem Zeitpunkt warst du gerade ein Jahr alt, kaum älter als ein Säugling.

»Lieber Junge,
entschuldige die ganze Geheimniskrämerei.
Das Wichtigste zu Beginn: Du bist mein Sohn. Deine Mutter starb, vor wenigen Wochen erst. Sie war nach Deiner Geburt

in die Fänge der Drogen geraten – um mir zu helfen, und dir natürlich. Somorin ist ein Weg, dem Schrammenschreck zu begegnen. Sie hoffte wohl, ihn irgendwie besiegen zu können. Er hat sie getötet. Ich konnte sie leider nicht retten, und auch ich werde bald sterben. Mir bleiben nur wenige Tage, um die letzten Vorbereitungen zu treffen, doch ich fühle, dass es zu Ende geht. Aber vielleicht habe ich einen Weg gefunden, wie ich mit dir Kontakt aufnehmen kann, auch wenn mein Körper sterben sollte – als Geist sozusagen.
Ja, es ist der Schrammenschreck, der mich holen kommt. Und ich fürchte, dass er eines Tages von dir erfahren wird und auch dich suchen wird. Vielleicht finden sie im Azrael-Sanatorium einen Weg, ihn fernzuhalten – allein, ich glaube selbst nicht so recht daran. Doch ich bin nicht mehr als ein verzweifelter Vater, der sich an einen Strohhalm klammert.
Die Religion in Somorra ist tot. Es wird nach mir keinen Priester mehr geben. Ich bin der Letzte, der in der Lage ist, Weihwasser herzustellen. Um den Schrammenschreck zu besiegen, braucht man Weihwasser, du wirst es selbst herausgefunden haben. Und jetzt weißt du auch, warum du von Anfang an so leicht Weihwasser herstellen konntest: Du bist der Sohn eines Priesters. Hast du gewusst, dass in manchen Religionen die Söhne von Priestern selbst automatisch Priester sind, einfach von Geburt an? Wenn er dich getötet hätte, wäre er unbesiegbar gewesen.
Der andere Mann in Somorra, der dem Schrammenschreck gefährlich werden kann, ist Cosmar Lefevre. Er erforscht die Zwischenwelt. Gelingt es dem Schrammenschreck, seine Unterlagen zu vernichten, wird er ewig leben. Und auch Cosmar hat ein Kind: die kleine Sascha. Lange, nachdem Bohoc sich in seine erste Tochter verliebte, wurde sie ihm geschenkt, auch wenn er ihr so wenig ein Vater sein konnte wie ich dir. Ihr seid fast auf den Tag gleich alt. Eines Tages wird er auch sie jagen,

wenn er Cosmar nicht finden kann. Wenn du sie findest, beschütze sie.

Und wenn du willst, bring den Glauben zurück nach Somorra. Die Stadt hat es bitter nötig. Gründe eine Religion nach deiner Vorstellung. Es ist ganz egal, welche deine heilige Schrift ist, Bibel, Koran, Talmud, und wie du deinen Gott nennst. Was zählt, ist, dass die Menschen von Somorra wieder etwas haben, an das sie glauben können.

Ich habe eine kleine Starthilfe beigelegt.

Viel Glück und alles Gute.

Dein Vater.«

Wie ist das möglich? Wenn er gestorben ist, als du ein Kind warst, wie konnte er dann mit dir Kontakt aufnehmen?

Du schaust dir die Urkunde an. Es handelt sich um eine Eigentumsurkunde für ein Gebäude in der Altstadt: die verfallene Kirche.

Dann schlägst du das Sparbuch auf. Somorra Trust. Guthaben: 500.000 Somorra-Mark, zuzüglich Zinsen aus 18 Jahren. Ein Vermögen.

Genug, um eine Kirche wieder aufzubauen – wenn du das willst.

Plötzlich setzt sich jemand neben dich. Du blickst auf. Es ist der blinde Uhrmacher.

»Entschuldigen Sie, dass ich Sie aus meinem Laden geworfen habe.«

Du hast das Gefühl, als würde er dich mustern, trotz des weißen Schleiers auf seinen Augen. Dann sagt er: »Er war mein Sohn.«

Er muss dir nicht erklären, wen er meint.

»Der Schrammenschreck hat wahrscheinlich das bekommen, was er verdient hat«, fährt er fort. »Doch er war nicht immer so. Als er noch ein Kind war, mein Junge, war er gütig, großzügig. Was das Wasservolk ihm vorwarf – dass er die Tochter von Cosmar verführt, ermordet hat – das stimmte nicht. Er hat sie geliebt. Ermordet wurde sie von einem chinesischen Geschäftsmann, der sich an Cosmar rächen wollte. Sein Name war Huà Pí. Kauf dir nachher eine Zeitung: Huà Pí, der mächtigste Boss in Quan-Chi-Stadt, ist letzte Nacht gestorben, wahrscheinlich fast zur selben Zeit wie Atropos. Er war schuld, dass mein Sohn zu diesem Monster wurde. Letzte Nacht hat er dafür bezahlt. Merkwürdiger Zufall. Oder Fügung. Göttliche Fügung, wenn Sie an so etwas glauben. Vielleicht hilft mir das, meinen Frieden mit dem Schicksal meines Sohnes zu machen.«

Der Uhrmacher schweigt einen Moment. Er tut dir leid, aber du hast auch noch ein paar unbeantwortete Fragen.

»Waren Sie auch dafür verantwortlich, dass ich in dieses Sanatorium eingeliefert wurde?«

»Ja, das gehörte auch zu meinem Auftrag. Sie sind natürlich erst zur Polizei gekommen, weil sie dachten, Sie wären Opfer oder Täter eines Verbrechens.«

»Warum nicht ins Krankenhaus? Ich war bewusstlos.«

Der blinde Mann zuckt mit den Schultern. »Wer bin ich, dass ich die Strukturen unserer großartigen Stadt hinterfragen wollte. Jedenfalls habe ich gute Kontakte zur Polizei. Die haben sich bei mir gemeldet und ich konnte den ersten Teil meines Auftrages erfüllen. Ihr Vater hat noch zu Lebzeiten für Ihre Unterbringung bezahlt. Er hoffte, sie könnten dir dort helfen, dir irgendeinen Schutz gegen den Schrammenschreck bieten. Das konnten sie natürlich nicht, auch wenn sie es versucht haben.«

»Die gelbe Flüssigkeit, die in meinen Arm gelaufen ist?«

»Genau. Schmerzmittel, Narkotika, Hormone, Godorin, wer weiß was da alles drin war. Das war der Grund, warum Konrad dich persönlich aufsuchen musste.«

»Wie konnte mein Vater mich aufsuchen, obwohl er doch tot ist?«

Der Uhrmacher hebt die Hand. »Das, mein junger Freund, ist eine sehr gute Frage. Er ist seit zwanzig Jahren tot, so viel ist sicher. Er muss einen Weg gefunden haben, trotzdem zu kommen. Ich glaube nicht, dass er körperlich da war, aber sein Geist oder seine Seele vielleicht, oder eine Erinnerung an ihn, ein Gedanke. Denk an meinen Sohn, auch er konnte mit Menschen Kontakt aufnehmen, ohne körperlich anwesend zu sein.«

Du nickst. Gleichwohl bist du ein bisschen enttäuscht, dass er dir keine bessere Antwort auf diese Frage geben kann.
»Ach, und entschuldigen Sie. Was jetzt kommt, ist nichts Persönliches. Das hat nichts mit meinem Sohn zu tun. Ich handele mit Informationen. Es gibt jemanden, der hat mir viel für die Information bezahlt, wo Sie gerade sind.«
Von was redet er da? Ist dein Abenteuer nicht endlich vorbei, jetzt, nachdem du den Schrammenschreck besiegt hast? Du springst auf, siehst dich um – und stehst einem dicken, schleimig grinsenden Mann gegenüber: Ruben Pick, Leiter der Hafenverwaltung von Somorra.
»Haben wir dich Dösbaddel endlich! Ich habe geschworen, wenn ich dich je wieder zu Gesicht bekomme, knüpf ich dich auf. Und der gute Herr Uhrmacher war so freundlich. Er hat den Auftrag übernommen, dich zu melden, sobald du wieder in der Stadt auftauchst. Jetzt bezahlst du direktemang für den Schaden, den du dem Hafenviertel und dem Ansehen der Obrigkeit zugefügt hast!«
Plötzlich stehen zwei Polizeibeamte hinter dir und legen dir Handschellen an. Sie nehmen dir all deine Ausrüstung und die Dokumente ab. Dann schieben sie dich unsanft zu einem Polizeiauto. Ruben Pick nimmt neben dir Platz. Er hat noch immer sein Grinsen im Gesicht, obwohl er schwitzt wie ein Sumoringer in der Sauna. Ihr braust durch die Stadt. Du hast keine Ahnung, wohin es geht. Zum berüchtigten Schnellgericht von Somorra, wo Gerechtigkeit schnell und heiß serviert wird?
Nein – zu deinem Erstaunen kennst du das Gebäude, vor dem das Polizeiauto stehen bleibt: hohe Wände, vergitterte Fenster, der Garten eine Schotterwüste. Es ist das Waisenhaus, in dem du aufgewachsen bist.
»Frau Schmellinger war meiner Meinung. Wir sind seit Jahren befreundet. Wir statuieren ein Exempel an dir und einem anderen Gefangenen, der uns kürzlich ins Netz gegangen ist. Die Gerechtigkeit in Somorra ist nicht mehr das, was sie mal war, wenn jetzt sogar schon Polizeipräsidenten ermordet und ehrwürdige Geschäftsleute

aus Fenstern gestoßen werden. Der Richter hat seine Zustimmung erteilt, dass ich gemeinsam mit Frau Schmellinger über dich und den anderen Ganoven urteile. Passenderweise findet im Waisenhaus heute eine öffentliche Diskussion über die Sicherheit in den Straßen von Somorra statt. Da können wir gleich demonstrieren, dass der Staatsapparat schnell und gnadenlos reagieren kann. Das wird der passende Rahmen für zwei Verurteilungen sein, die das Vertrauen der guten Leute von Somorra in den Justizapparat wiederherstellen.«

Frau Schmellinger, Schmelli, die Leiterin des Waisenhauses. Du stöhnst auf. Bist du dem Schrammenschreck entkommen, um jetzt von einer alten Lehrerin und einem korrupten Verwaltungsbeamten zum Tode verurteilt zu werden?

Nur wenige Zeit später sitzt du in einem kleinen Büro und wartest auf die Verhandlung, die nebenan stattfinden soll, in Raum 1.001, dem größten Unterrichtsraum des Waisenhauses, in dem bis zu dreihundert Menschen Platz finden. Du bist mit Handschellen an einen Holzstuhl gefesselt. Ruben Pick und die Polizeibeamten haben dich hier zurückgelassen, während Pick sich mit Schmelli vorberät, du kannst dir denken worüber. Schon als sie sich mit Küsschen begrüßt haben, wärst du am liebsten selbst aus dem Fenster gesprungen.

Plötzlich geht die Tür auf, doch es ist weder Ruben Pick noch Schmelli. Ein Mann betritt den Raum. Er ist schlank, mittelalt, nicht besonders groß. Seine Haare haben graue Ansätze. Er trägt einen schwarzen Anzug und eine schwarze Krawatte. Sein Blick ist stechend, mit zwei tiefen, senkrechten Falten oberhalb der Nasenwurzel. Du kennst ihn, wenn auch nicht persönlich, so doch aus Zeitungsartikeln und dergleichen. Er ist einer der bekanntesten Männer in Somorra und, neben dem Richter, der mächtigste.

Man nennt ihn den Schwarzen Jakob.

»Guten Tag«, sagt er, nachdem er sich dir gegenüber hingesetzt hat.

»Guten Tag, Herr …« Du brichst ab. Du hast keine Ahnung, wie du ihn anreden sollst. Herr Jakob? Schwarzer Jakob?

»Mein Name ist Jakob Somorra.«
»Sie heißen wie unsere Stadt?«
Seine dünnen Lippen verziehen sich zu einem schmalen Lächeln.
»Umgekehrt wird es wohl kaum sein, immerhin haben wir das Jahr 158 nach Gründung der Stadt, oder was denken Sie? Aber ich bin nicht gekommen, historische Begebenheiten mit Ihnen zu diskutieren. Sie haben den Schrammenschreck getötet, wie man mir zugetragen hat?«
»Äh, ja. Das ist richtig.«
Er nickt. »Sehr schön, sehr schön. Ich bin schon lange auf der Suche nach einem Assistenten, der eine gewisse, nun ja, Durchsetzungsfähigkeit besitzt. Sie sitzen ein bisschen in der Patsche, habe ich das richtig beobachtet?«
»Ja, Ruben Pick und Schmelli, also, Frau Schmellinger wollen mich verurteilen.«
»Damit werden sie es wohl nicht bewenden lassen. Herr Pick hat berichtet, dass Sie im Hafen ein bisschen für Unruhe gesorgt haben. Er möchte Blut sehen. Aber ich könnte Ihnen helfen. Wenn Sie mein Angebot annehmen, wird Herr Pick Sie in Frieden lassen.«
»Was genau müsste ich denn für Sie tun?«
»Oh, ich biete Ihnen spannende Aufgaben. Sie werden mein Assistent, wie schon gesagt. Aber das ist nur der Anfang. Wenn Sie sich geschickt anstellen, können da noch mehr Aufgaben kommen. Wie wäre es mit der Leitung des Grand Hotel Somorra in der Altstadt? Oder des Casinos? Ich könnte Sie auch zum Ortsvorsteher der Altstadt machen, wenn Sie daran Interesse haben. Oder Sie werden Sonderbeauftragter für die Wein- und Schnapsproduktion. Sehr lukrativ. Ich würde Ihnen die Wahl lassen. Ich brauche Leute mit der Fähigkeit zur pragmatischen Problemlösung. Sie scheinen mir genau der Richtige zu sein.«
»Was ist, wenn ich ablehne?«
»Dann kann ich nichts für Sie tun. Wenn Herr Pick und Frau Schmellinger Sie in diesen Saal bringen, kehre ich nach Hause zurück. Sie

tragen die Verantwortung für Ihr Tun dann selbst. Ich bin allerdings nicht allzu optimistisch, dass Herr Pick zu einem anderen Urteil kommen wird, wie ich es gerade schon gesagt habe. Ich muss mich nicht wiederholen. Also, was sagen Sie?«
Nimmst du das Angebot an, was sofortige Freiheit und ein sicheres Leben bedeuten würde? (weiter bei **464**)
Oder lehnst du sein Angebot ab, vielleicht, weil du es vermeiden möchtest, von ihm abhängig zu sein? (weiter bei **526**)

485 Ändere die Codewörter ETA zu 120 und ZETA zu 187. Weiter bei **362.**

486 »Oh, Mann«, stöhnt Sascha, nachdem der Priester gegangen ist. »Wir sollen also auf Monsterjagd gehen. Das glaubt uns keiner, was ist das für eine Scheiße, in der wir uns hier wälzen.«
Du nickst.
»Wir haben keine Zeit«, fährt Sascha fort. »Irgendwann müssen wir schlafen, richtig schlafen, mein ich, nicht diesen Hokuspokuszauberschlaf von diesem verrückten Zirkuszauberer. Und dann sind wir geliefert.«
»Was meinst du, ob wir uns auch gegenseitig warnen können, wenn wir schlafen? Oder wecken?«
»Keine Ahnung. Wir werden wohl abwarten müssen, was passiert. Aber ich habe keine Lust, hier herumzusitzen. Lass uns endlich Cosmar finden!«
Deine Wohnung liegt am Rande des Hafenviertels, aber nur ein paar Minuten Fußweg hinter der U-Bahn-Haltestelle Hafen. Du kennst dich hier aus, schließlich bist du hier aufgewachsen. Andererseits ist dir klar, dass du bisher nur an der Oberfläche des Hafens gelebt hast. In die halbseidene Unterwelt, die von Männern beherrscht wird, denen ein Menschenleben nicht mehr als ein paar Hundert Somorra-Mark wert ist, bist du nie eingetaucht. Dennoch bist du wieder von den Eindrücken überwältigt.

Du riechst sofort das Meer. Salzwasser, Fisch und Seetang mischen sich in der warmen Luft mit den Benzindämpfen der Tanker. Dazwischen liegt der salzig-saure Gestank verdorbener Heringsköpfe. Zu viele Menschen, die Wasser nicht zum Waschen und nicht zum Trinken wollen.

Ihr durchquert die Haltestelle gemeinsam mit schwitzenden Lagerarbeitern und muskelbepackten Matrosen, die über einen Bahnsteig aus schwarzem Teer in die Unterführung strömen. Ihr steigt die Treppe nach oben und werdet von den Schreien der Möwen begrüßt, die über euch den Himmel des Alten Hafens beherrschen. Dazwischen hörst du das Brüllen der Arbeiter und vereinzelt das dunkle Dröhnen der Signalhörner, wenn ein Tanker das Meer von Neuem zu erobern versucht.

Dein Blick folgt den Geräuschen zur Wasserfront, nur fünfzig Meter vor dir. Wie die Arme eines Kraken ragen lange Verladestege über die dunkle Masse des Meeres. Frachter werden von turmhohen Kränen entladen. Links der Stege erkennst du das große Trockendock der Werft. »Rechts hinter diesen Stegen wohnt das Wasservolk, wenn ich mich nicht ganz täusche«, sagt Sascha. Du nickst. Das vermutest du auch.

»Bist du im Hafen aufgewachsen?«, fragst du sie.

»Ja, hier in den Straßen. Hatte wohl Glück, dass ich nicht im Reich der Ran gelandet bin. Irgendwie konnte ich mich immer über Wasser halten.«

»Hast du einen Job?«

»Ab und zu. Die letzte Zeit war nicht so gut. Aber irgendwas ergibt sich immer wieder.«

Du berichtest von deinem Leben, dem Waisenhaus, deinem Job in der Küche, deinem Freund Ringo.

»Deine Wohnung kenne ich ja schon. Purer Luxus! Alles, was ich habe, kannst du hier sehen. Das mit deinem Freund tut mir leid. Oh!« Sie deutet nach vorne zu den Lagerhäusern. Eines davon ist nur noch eine Ruine, fast so, als hätte dort eine Bombe eingeschlagen.

Du drehst dich um und blickst die Straße hinunter, die zwischen den Lagerhäusern nach Osten führt und unter dem Namen Kali bekannt ist: die Hauptschlagader des Hafenviertels.
Wenn du willst und es noch nicht getan hast, dann lies jetzt die »Stadtbeschreibung« (Seite 423), wo du auch eine Beschreibung des Hafens findest. Kehre danach hierher zurück.
»Vielleicht weiß Ruben Pick, wo wir Cosmar finden«, sagt Sascha. »Oder wir gehen gleich zum Wasservolk, was meinst du?«
Du nickst. »Hafenleitung oder fahrendes Volk. Recht und Ordnung oder Störenfriede. Ich glaube nicht, dass die Matrosen uns helfen können. Die sind nur kurz hier, bevor sie wieder in See stechen, und meistens betrunken, solange sie hier sind.«
Du hast dich noch nicht entschieden, wie es weitergeht, da zupft jemand an deinem Ärmel. Vor dir steht eine kleine, schmale Blondine mit einem hübschen Gesicht und lächelt dich breit an. »Folge mir in das Reich der Ran. Dort findest du alles, wonach du suchst, Vergnügen und Bewusstseinserweiterung, die du nicht für möglich halten wirst, und auch alles andere, wonach dir der Sinn stehen mag.« Sie versucht, dich am Arm mit sich zu ziehen.
Sascha verdreht die Augen. »Nicht wirklich, oder? Die ist höchstens vierzehn.«
»Vielleicht wissen die was?«
»Also, wenn du der Kleinen folgst, dann waren wir die längste Zeit Freunde. Was glaubst du, machen die mit hübschen Dingern wie mir im Reich der Ran? Da setz ich keinen Fuß rein!«
Willst du der Blondine trotzdem folgen und tauchst ein in das Reich der Ran, Heimat der Wünsche und Haus der Sehnsucht, und versuchst, dort jemanden zu finden, der Cosmar kennt? (weiter bei KALI)
Oder willst du doch lieber einem von Saschas Vorschlägen vertrauen? Dann gehe nach rechts, in Richtung des Wasservolks (weiter bei WASSER), oder die Kali hinab zur Hafenleitung und zu Ruben Pick (weiter bei PICK).

487 Plötzlich ist die Stimmung abweisend und kalt. Der, der dich angesprochen hat, verschränkt die Arme und nickt mit dem Kinn in die Richtung, aus der du gekommen bist. Dir fällt auf, dass sogar die Kinder aufgehört haben zu schreien und zu spielen.
Du wartest noch einen Augenblick ab, doch dann scheint es, als bleibe dir nichts anderes übrig, als den Ort wieder zu verlassen und zurück zum Hafen zu gehen.
Ändere das Codewort WASSER zu 364.
Weiter bei **84**.

488 Du wartest nur einen Moment, dann verlässt auch du den Raum. Du siehst den Pfleger davoneilen und wendest dich in die andere Richtung. Weiter bei **271**.

489 Ändere das Codewort ALPHA zu 196.
Endlich kannst du erkennen, was in einem der Käfige gefangen gehalten wird, oder genauer: wer. Dort liegt auf einer Liege ein junger Mann, dunkle Haare, Nickelbrille, blasse Gesichtshaut: dein alter Freund Ringo. Ob er am Leben ist, ob er vielleicht nur schläft, weißt du nicht. Er dürfte überhaupt nicht hier sein. Es ist viele Wochen her, dass er begraben wurde. Seinen Leichnam hast du zwar, wenn du ehrlich zu dir bist, nur gesehen, als er gerade gestorben war, nicht aber im Sarg. Dennoch widerspricht es den Regeln jeder Logik, dass er hier in einem Käfig in der Zwischenwelt unterhalb Somorras in der Behausung des Schrammenschrecks liegt. Andererseits – über fehlende *Logik* wunderst du dich schon länger nicht mehr.
»Willkommen in der Hölle«, sagt da eine Stimme. Hinter dem Käfig tritt der Schrammenschreck hervor. Vermutlich wollte er, dass du dir in Ruhe anschauen kannst, wer sein Gefangener ist. Anders als bei euren bisherigen Begegnungen trägt er eine Sonnenbrille mit runden, schwarzen Gläsern, von der seine Augen verdeckt werden. Wenn du noch nicht weißt, welche Augenfarbe er hat, wirst du es nicht mehr herausfinden.

»Ich dachte mir, ich lass dich Ringo sehen, bevor du stirbst. Dann macht es mehr Spaß. Jetzt, wo du immerhin einen Weg gefunden hast, ein Priester zu werden. Interessante Entwicklung. Du musst mir mal erzählen, wie du das hinbekommen hast.« Er lacht. Seine spitzen Zähne blitzen auf. Ihr wisst beide, dass es kein weiteres Mal geben wird. Hier und jetzt wird einer von euch sterben. Mindestens.
»Ist Ringo tot?«, fragst du.
»Nein. Aber auch nicht wach. Und du könntest ihn erwecken, wenn ich dich nicht vorher töten würde. Stirb in dem Wissen, dass du ihm nicht helfen kannst.« Er zieht sich den Zylinder vom Kopf und macht eine tiefe Verbeugung. Seine Kopfhaut ist schrecklich vernarbt, wie von tausenden Insektenbissen. »Das wird deine Strafe sein, dass du mir so lange entwischt bist: Erfahre, wie du ihn retten kannst, und stirb, ohne es tun zu können. Nur das Ei eines Phönix hat die Macht, ihn zu erwecken.«
»Du bist der Teufel«, entgegnest du. »Das mag dein Reich sein, hier magst du herrschen, aber ich werde nicht sterben. Ich werde dich töten. Und ich werde Ringo retten.«
Weiter bei **232**.

490 Der Schrank mit dem Kleeblatt stellt sich in der Tat als Schlüsselschrank heraus, in dem viele kleine Haken hängen. Dir fällt etwas ein, das Ewald gesagt hat: das Glück der Iren. Ob er dir einen versteckten Hinweis auf das Kleeblatt geben wollte?
Im Inneren der Schranktür hängt ein Plan, auf dem die Funktion der Schlüssel vermerkt ist. Neben Beschriftungen wie »Aktenschrank«, »Garage« und »Lagerhaus 1« fällt dir ein Schlüssel auf, der sich schon in der Form von allen anderen unterscheidet. Er ist lang und schwer und trägt die Beschriftung »Cosmar/Statue Pick«. Du steckst ihn ein und hast das Büro einen Moment später verlassen. Weiter bei ZWISCHENWELT.

491 Etwa hundert Meter flussabwärts führt eine Brücke über den Eridanus. Etwa ebenso weit flussaufwärts ist eine Stelle, wo der Fluss kaum mehr als zwei Meter breit ist. Du bist dir sicher, dass du an dieser Stelle trockenen Fußes über den Fluss kommen könntest.
Willst du die Brücke nehmen? (weiter bei **170**)
Oder willst du über die schmale Stelle am Fluss springen? (weiter bei **550**)

492 Du schlägst die Augen auf. Zunächst scheint es dir, als hätte sich kaum etwas geändert – du stehst noch immer an einem Fluss, da ist die Barke, darin sitzt ein Fährmann. Er blickt dich an. Seine Augenfarbe: schwarz wie der Fluss, auf dem seine Barke schwimmt.
»Willkommen am Styx«, sagt der Mann. Er ist mindestens zwei Köpfe größer als du und breit wie ein Schrank. »Mein Name ist Charon. Wenn du es wünschst, werde ich dich auf die andere Seite des Flusses bringen. Der Preis ist ein Charonstaler.«
Der Fluss ist breit. Das andere Ufer ist nur als dünner Strich am Horizont zu erkennen.

Du entdeckst außerdem eine Holzkiste, die in der Nähe des Ufers im Wasser schaukelt.

Hast du einen solchen Taler und willst den Preis bezahlen? (weiter bei **290**)

Willst du dich erkundigen, was du ihm stattdessen geben kannst? (weiter bei **105**)

Willst du erst nachsehen, ob es in der Holzkiste etwas zu finden gibt, bevor sie wieder weggespült wird? (weiter bei **586**)

Wenn du willst, kannst du auch erst noch der Uferlinie folgen. Vielleicht gibt es hier ja noch etwas zu entdecken. (weiter bei **395**)

493 Du schwimmst zurück und dann in die Richtung, in die der andere Pfeil deutete. Ein paar Meter unter der Wasseroberfläche findest du eine Öffnung in der Wand, wo du hindurchtauchst. Unter dir öffnet sich eine große mit Wasser gefüllte Höhle. Am Grund kannst du einige verfallene Gebäude ausmachen, als wäre hier einmal ein Weiler oder ein kleines Dorf gewesen, das vor langer Zeit überflutet wurde. Auf der anderen Seite kannst du eine weitere Öffnung erkennen, den Ausgang der Höhle. Du bist dir sicher, dass es dort weitergeht.

Als du den Ausgang fast erreicht hast, regt sich unter dir etwas. Der Sand auf dem Grund wird aufgewühlt, ohne dass du erkennen könntest, von wem oder was.

Willst du weiterschwimmen, so schnell du kannst? (weiter bei **556**)

Oder willst du nachsehen, was sich dort tut? (weiter bei **218**).

494 Du packst das Mädchen an der Schulter und schüttelst es. Nach einer Weile schlägt es die Augen auf und starrt dich an, Panik und Entsetzen in seinem Blick. Es dauert ein paar Momente, bis Klarheit in die Augen der jungen Frau tritt.

»Danke. Und jetzt die Lederriemen bitte.«

Du kannst dich noch gut erinnern, wie du selbst vor ein paar Augenblicken festgeschnallt warst. Du nickst und löst die Riemen. Sie

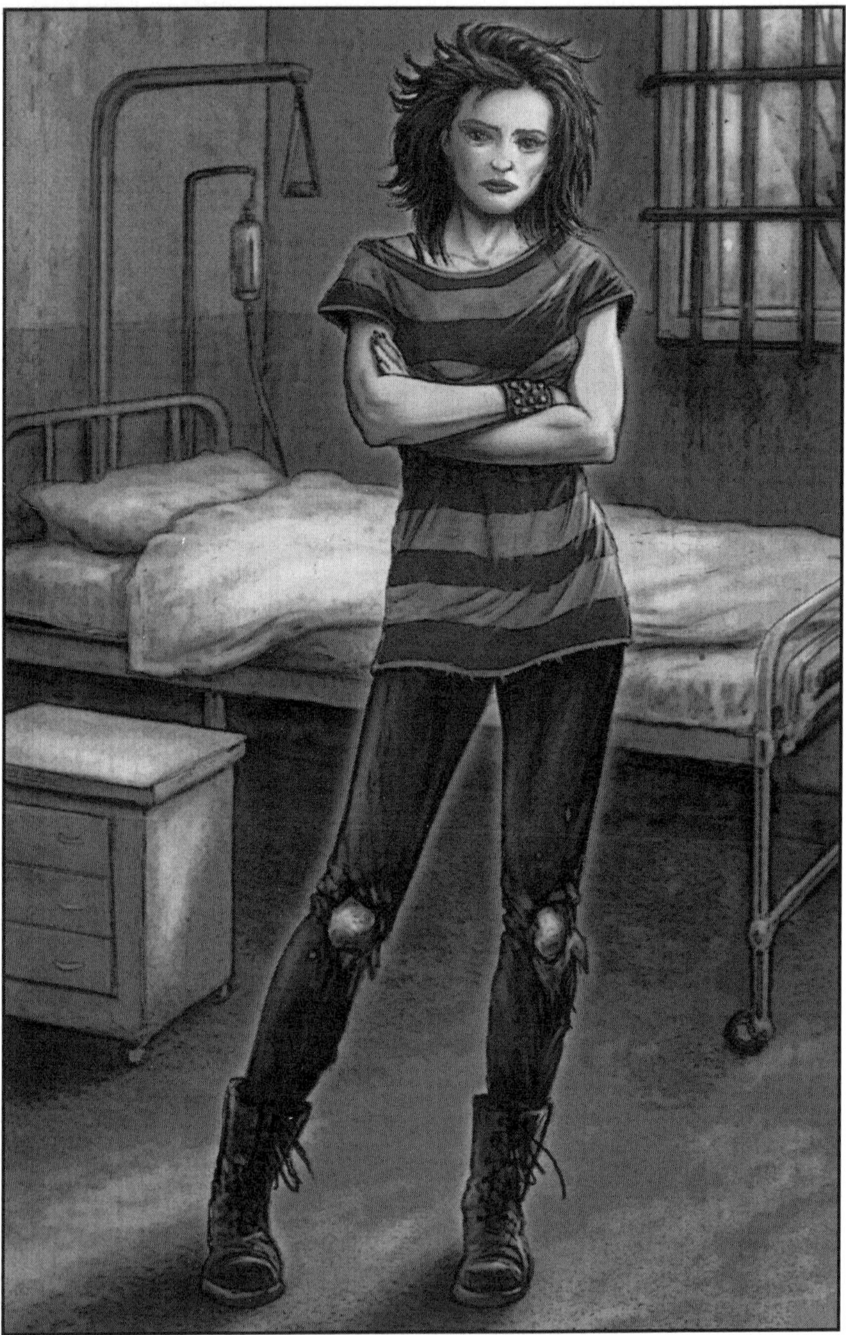

setzt sich auf und atmet durch. Dann schaut sie zu dir auf. Ihre Augen sind gerötet. »Was schaust du denn so, hast wohl noch nie `ne echte Lady gesehen, oder wie?«
Du musst unwillkürlich lächeln. Statt wie eine Dame sieht sie eher aus wie der schlimmste Albtraum eines Modeberaters aus der Oberschicht. Eindeutig eine Lady. Du lächelst noch breiter.
»Heda, wohl einen Clown gefrühstückt?« Sie boxt dir leicht in die Seite.
Du verschluckst dich, als sie dich damit ungewollt an die Schreckensgestalt aus deinem Traum erinnert.
»Nein. Ich muss hier raus.«
»Das wollen wir alle. Wirst du aber nicht schaffen. Außer du überredest Sascha, deine Führerin zu sein.«
»Das bist du, oder?«
»Natürlich bin das ich, du Vollpfosten, wer denn sonst. Sascha Lefevre. Das ist französisch, falls es dich interessiert.«
»Eigentlich will ich nur ...«
»Bedeutet Schmied. Super, oder?« Sie lächelt. Sascha hat schöne, gleichmäßige Zähne.
»Und wer bist du eigentlich?«
Ja, wer bist du eigentlich?
Lies jetzt hinten den Teil »Spielersteckbrief« (Seite 421), um mehr über deine Figur zu erfahren. Wenn du den Spielersteckbrief schon kennst, kannst du auch gleich bei **428** weiterlesen.

495 »Ja. Er will seine übliche Menge.«
Der Mann kramt in seiner Tasche und streckt dir dann einen Papierbeutel hin, zieht ihn aber gleich wieder weg, als du danach greifen willst.
»Alter, Vorkasse ist das Gebot der Stunde. Hab ich, äh ... Ringo schon gesagt. Lass was rüberwachsen. Pinke, pinke, wer leben will muss fressen, Alter.«
Du hast kein Geld bei dir, aber das weiß der Dealer nicht.

»Ja, warte, ich suche danach. Woher kennt ihr euch eigentlich?«
»Hehehe, Alter. Selten so was erlebt. Der war völlig sauber, gesund, kam zu mir und wollte sich Somorin spritzen. Einfach so. Wo jeder weiß, dass das die Birne vernebelt. Aber erst kommt das Fressen, dann kommt die Moral, sag ich immer.«
»Warum wollte er das denn?«
»Hast du jetzt das Geld, Alter? Der hat irgendwas von Träumen erzählt. Voll fies, mit Monstern und so Schrammenzeugs. Und wollte wohl dir irgendwie helfen … he warte mal, warum weißt du das nicht selbst? Fragst du mich aus, oder was? Geld her!«
Er verstummt und hält dir die leere Hand entgegen. Du lächelst und zuckst mit den Schultern.
»Oh Mann, echt, Alter? Sag Richy, dass ich morgen wieder hier bin, wenn er was will, ja? Und er soll ja nicht ohne Geld kommen, sonst kann er sich einen neuen Lieferanten suchen.«
»Sein Name war Ringo. Und er ist tot. Überdosis.«
Im Gesicht des Dealers zeichnet sich Schrecken ab. »Ey, scheiße. Sag das doch gleich! Wir haben uns nie gesehen, klar? Wie Öl und Wasser. Oder wie Gorgonzola und … äh …«
Er springt auf und rennt weg. Du schaust ihm nach. Ob er dir wohl noch mehr hätte erzählen können?
Weiter bei **583**.

496

Es gibt tatsächlich ein Lagerhaus, das von einer großen Tafel als »All-In-Heaven-Lager« ausgewiesen wird. Sei es Zufall oder nicht – eine Tür an der Seite ist nur angelehnt.
Du schlüpfst ins Innere. Es gibt nur einen großen Raum, der mit dem typischen Gerümpel vollgestopft ist, den man bei einem Casino erwarten kann: Barhocker, mehrere alte Flügel, alte Gemälde, Plüschtiere, Kisten mit Spielchips, die mit ‚ausgemustert' beschriftet sind.
Und genau in der Mitte der Lagerhalle wartet ein Mann auf dich, den du erst vor kurzem kennengelernt hast: Er trägt eine Soutane und

blickt dich mit hochgezogenen Augenbrauen an. Es ist der Priester, der dich auf diese seltsame Reise geschickt hat.
»Haben Sie den Stein geworfen?«, fragst du.
»Entschuldige. Ich musste irgendwie deine Aufmerksamkeit erlangen. Es läuft nicht ganz so, wie du es dir wünschen würdest, oder?«
Du schüttelst den Kopf. »Ich finde niemanden, der mir den Weg zu Cosmar zeigen will.«
»Vielleicht gibt es noch einen Weg, ihn zu finden. Ich wünschte, er wäre nicht erforderlich, allein: Ich fürchte, es wird nicht anders gehen.«
»Wenn Sie einen anderen Weg kennen, warum haben Sie das nicht gleich gesagt? Warum haben Sie mich erst Zeit verschwenden lassen, indem ich rumlaufe und Fragen stellen muss und …«
Der Priester hebt die Hand und du verstummst.
»Hör mich an. Es gibt sogar insgesamt drei Wege in die Zwischenwelt unterhalb von Somorra, dorthin, wo Cosmar ist. Aber nur einer ist halbwegs sicher. Das ist der Zugang durch die Pforte, über achthundert Stufen nach unten. Doch dieser Zugang ist versperrt, und ich weiß nicht, wer den Schlüssel hat. Die anderen beiden Wege sind … nun ja, nicht die Art von Weg, die sich ein Vater für seine Kinder wünschen würde.«
»Was für Wege sind das?«
»Ein Weg ist Somorin, die Somorra-Droge. Nimm sie, und du bist für den Rest deines Lebens süchtig, erhältst jedoch Zutritt in die Welt des Schrammenschrecks. Du würdest ihm jedoch direkt in die Arme laufen. Außerdem habe ich kein Somorin.«
»Bleibt noch der dritte Weg.« Du fürchtest dich vor dem, was da kommen mag, trotzdem sagst du: »Erzählen Sie schon.«
Er atmet schwer und greift sich an die Brust. Einen Moment fürchtest du, er könnte so etwas wie einen Herzanfall bekommen, dann entspannt er sich leicht und spricht endlich weiter.
»Die Magie der Zwischenwelt fließt in all ihren Wesen. Wenn du sie in dich aufnimmst, wirst du ein Teil von ihnen, zumindest ein bisschen. Schau, hier.«

Er holt etwas aus einer Tasche, das in ein fleckiges Tuch eingewickelt ist. Darin ist eine Schatulle. Er öffnet sie und entnimmt einen Gegenstand – eine halb verrottete Hand, an der nur noch Daumen, kleiner Finger und Ringfinger übrig sind. Der Geruch von Tod und Verwesung schlägt dir entgegen.
Die Finger zucken, als wäre noch Leben in der Hand.
Mit einem Messer schneidet er den Ringfinger ab und verpackt die restliche Hand wieder in der Schatulle und dem fleckigen Tuch.
Dir schwant das Schlimmste.
»Was genau meinen Sie mit *aufnehmen*?«
»Es tut mir leid. Es gibt keinen anderen Weg. Du musst den Finger essen.«
»Was geschieht mit mir, wenn ich das tue?«
»Ganz ehrlich: Ich weiß es nicht genau. Du wirst in die Zwischenwelt gelangen. Ich hoffe, dass es darüber hinaus keine Folgen für dich haben wird. Aber … ich weiß es ganz einfach nicht genau. Ich weiß nur, dass es die beste Chance ist, die du jetzt noch hast.«
Ändere das Codewort TUCH zu 505.
Bist du bereit, den Finger zu essen, um doch noch einen Weg zu Cosmar zu finden? (weiter bei **456**)
Oder weigerst du dich? (weiter bei **558**)

497 »Siehst du«, sagt er. »Die Könige haben sich wiedergefunden.«
Er holt die drei Könige aus dem Spiel und hält sie hoch – Herz, Kreuz und Karo.
»Wenn du errätst, wie ich das gemacht habe, bekommst du eine kleine Belohnung«, verkündet er.
Was willst du sagen?
»Sie sind ein echter Magier! Ich bin beeindruckt!« (weiter bei **369**)
»Das sind nicht die gleichen Karten. Bei den ersten drei war ein Pik dabei, das Sie jetzt durch ein Herz ersetzt haben.« (weiter bei **383**)
»Das sind nicht die gleichen Karten. Bei den ersten drei war ein Pik dabei, das Sie jetzt durch ein Kreuz ersetzt haben.« (weiter bei **109**)
»Das sind nicht die gleichen Karten. Bei den ersten drei war ein Pik dabei, das Sie jetzt durch ein Karo ersetzt haben.« (weiter bei **37**)

498 Als er gegangen ist, lässt du dich auf eine Bank vor dem Polizeipräsidium fallen.
Nach einer Weile erhebst du dich und fährst mit der U-Bahn zurück in das Hafenviertel und gehst in deine Wohnung. Dort wickelst du noch die schmutzverkrusteten Verbände von deinen Armen und untersuchst die Wunden, doch sie sind restlos verschwunden. Vielleicht ist das Wasser in Perlenas Brunnen auf dem Läuterungsberg dafür verantwortlich? Hatte es Heilkraft? Du weißt es nicht.
Danach legst du dich in dein Bett und schaust an die Decke. Willst du den Glauben zurück nach Somorra bringen? Willst du die Kirche wieder aufbauen? Oder hast du andere Pläne? Alles liegt in deiner Hand. Du kannst machen, was immer du willst. Du beschließt, dich erst einmal auszuschlafen – ohne Angst, im Traum von Horrorwesen ermordet zu werden. Wie es weitergeht, wirst du noch früh genug entscheiden.
Dieses Abenteuer hast du überstanden. Wenn du willst, spiele es noch einmal – vielleicht, um dieses Mal auch Ringo und Sascha zu retten.

Wenn du in ein paar Tagen wieder bei Kräften bist, kannst du immer noch erledigen, was du ursprünglich tun wolltest, als der Schrammenschreck dich das erste Mal überfiel: Ringos Vermächtnis bei Maurizio abholen. Wenn du das tun willst, lies jetzt oder später weiter bei **577**. Es hat keine Auswirkung auf den Ausgang dieses Abenteuers.
Und wenn du noch Lust auf mehr hast: Konrad der Priester muss beerdigt werden. Wenn du das jetzt oder nachher tun willst, dann lies weiter bei **194**. Dort findest du ein kleines Bonusabenteuer.
Notiere dir, dass deine Grundpunktzahl 50 beträgt. Wenn du willst, lies jetzt die Auswertung auf Seite 445.

499 Du schwingst die Füße aus dem Fenster und versuchst mit aller Kraft, deinen restlichen Körper nachzuschieben.
Der Platz reicht nicht.
Je fester du schiebst, desto klarer wird dir: Hier passt du nicht durch. Du versuchst, dich wieder nach innen zu schieben, doch auch das gelingt dir nicht. Du musst schließlich einsehen, dass du feststeckst. Nach einer Weile kommt Jeff, der Pfleger, und befreit dich aus deiner misslichen Lage. Die alte Frau ist ein bisschen enttäuscht, als sie merkt, dass du nicht Gitti bist, doch sie ist dir nicht böse. Im Gegenteil – sie dankt dir für den Besuch. Sie hat sich gefreut, dass du reingeschaut hast.
Und noch einer freut sich, dass du wieder an deiner Liege festgeschnallt wirst, ohne Aussicht auf Flucht: der Schrammenschreck. Als du wieder einschläfst, gibt es kein Entkommen. Sicher – ein paarmal gelingt es dir noch, zu erwachen, aber irgendwann wird der Schlaf zu mächtig und der Schrammenschreck bekommt dich zu fassen.
Und Jeff wird sich fragen, wie sich sein Patient, der doch so sorgfältig fixiert war, so schlimme Wunden zufügen konnte, dass er daran verblutet ist.
Ungerecht? Das ist Somorra.

500 Plötzlich stehst du wieder in der Welt aus Asche und hast den nächsten Fluss erreicht: den Acheron. Er ist so breit, dass du das andere Ufer nicht sehen kannst. Am Wasserrand steht ein großes hölzernes Schild. Darauf steht: »Acheron. Schwimm ans andere Ufer. Einen anderen Weg gibt es nicht. Hilfsmittel in der Truhe.«

Du findest eine kleine Holztruhe unter dem Schild. Sie ist offen. Darin befindet sich ein verschlossenes Reagenzglas, auf das ein Papierzettel geklebt ist. Auf dem Zettel steht geschrieben: »Fischfasch. Schlucken, um wie ein Fisch atmen zu können.«

Um zu erfahren, wie es funktioniert, lies in der **Anleitung Teil 4** (Seite 439).

Wenn du diesen Teil der Anleitung schon kennst, kannst du auch gleich bei **425** weiterlesen.

501 Du schreist, so laut du kannst – nichts passiert. Du versuchst es auch noch mit »Feuer – ein Lagerhaus brennt!«, aber auch jetzt passiert nichts – du schreist schon zu lange um Hilfe.

Willst du jetzt doch noch in das Fenster einsteigen? (weiter bei **327**)

Oder klopfst du an der Tür (weiter bei BLOCK)

502 Weiter bei **438**.

503 Der letzte Fluss war ein Flammenfluss.
Du sinkst zurück in den Traum und in die Arme des Schrammenschrecks, der dich gierig in Empfang nimmt. Dein Leben endet kurze Zeit später.
Ungerecht? Das ist Somorra.

504 Der Priester räuspert sich. »Es wird Zeit für mich. Viel Glück. Und: Findet euren Glauben, ihr werdet ihn brauchen.«
Sascha hat noch eine Frage: »Wo finden wir eigentlich Cosmar?«
Sie schaut dich kurz an, dann wieder weg.
»Ach, richtig, das hätte ich fast vergessen. Die Schausteller wohnen hier im Hafen und nennen sich selbst Wasservolk, rauffreudige Kerle sind das. Sucht die Kali auf, dort werdet ihr sie finden. Jetzt muss ich wirklich langsam …«
»He Moment! Wir haben noch Fragen!«, ruft Sascha.
»Dann schnell, für eine haben wir vielleicht noch Zeit.«
Du überlegst dir, welche deiner Fragen sinnvoll sein könnte, da …
»Wieso haben Sie Cosmar nicht schon selbst gesucht?«, fragt Sascha.
»Oh, das habe ich, und ich hatte ihn fast gefunden. Doch dann … kam mir etwas dazwischen. Sagen wir vielleicht für den Moment so: Ich kann mich nicht ganz so frei bewegen, wie ich es gerne würde. Ich kann in dieser Welt nur vorübergehend bleiben. So wie jetzt, denn meine Zeit ist abgelaufen. Ich muss gehen.«
Damit lässt er euch stehen und verlässt deine Wohnung.
Zur Kali müsst ihr also. Du kennst sie natürlich: die Vergnügungsmeile im Zentrum des Hafenviertels, direkt bei den Anlegestellen der Schiffe.
Ändere das Codewort KALI zu 72 und das Codewort GAMMA zu 514.
Weiter bei **486**.

505 Zum Vorschein kommt die abgeschnittene, halbverrottete Hand, die du schon kennst. Sie hat keine Finger mehr. Die beiden Finger, die sie letztes Mal noch hatte, nachdem der Priester einen Finger für dich abgeschnitten hatte, sind verschwunden.
»Dann wollen wir jetzt mal den Rest verwerten, nicht?« Er schneidet die Hand mit einem energischen Schnitt in zwei Teile, die trotzdem weiterzucken. Blut fließt nicht. Er kramt eine Pipette aus seiner Umhängetasche, nimmt einen Tropfen Wasser auf und lässt ihn auf eine Hälfte tropfen. Zischend frisst sich die Flüssigkeit durch das verfaulte Fleisch, wie Säure. Dann kippt er einen größeren Teil des Wassers darüber. Erneut Zischen. Nach einem Augenblick hat sich die Hälfte aufgelöst und ist verschwunden, von ein bisschen Asche abgesehen.
»Jetzt bist du dran.« Der Mann nimmt den Rest der Hand und legt sie in die Mitte des Tischs. Das übrige Weihwasser füllt er in eine der beiden leeren Phiolen und gießt dann frisches Wasser aus einer Trinkflasche in die Schale.
»Ich bin mir nicht mal sicher, ob ich an Gott glaube«, sagst du. »Ist das nicht erforderlich?«
Der Priester zuckt mit den Schultern. »Es hilft schon. Aber für den Moment dürfte es genügen, wenn du an den Schrammenschreck glaubst, an Untote, an all die bösen Wesen der Zwischenwelt. Silber hilft zusätzlich. Und dir ist sicher klar: Wo Schatten ist, gibt es immer auch Licht, nicht? Ich kann dir noch etwas geben, damit es leichter wird. Warte.« Er zieht einen goldenen Ring vom Finger, in den ein lilafarbener Stein gefasst ist. »Für dich. Ich werde ihn nicht mehr brauchen. Nimm ihn, er tut nicht weh.«
Er gibt dir den Ring und du schiebst ihn über deinen Ringfinger. Er passt perfekt. »Ist das ein Zauberring?«
»Ein Priesterring, aber vielleicht ist das ja so etwas Ähnliches. Probier es einfach mal aus. Hier.« Er holt eine weitere Silbermünze heraus und legt sie in das Wasser. »Sprich folgenden Satz: ‚*Im Namen der Engel verbanne ich alles Böse aus diesem Wasser.*‘ Also los!«

Du gibst dir einen Ruck, sprichst das Gebet (oder den Zauberspruch) über das Wasser und wartest. Die Münze verschwindet, wie vorher bei dem Priester.

»Und jetzt?«

»Na, über die Hand damit.«

Du nimmst das Wasser und schüttest es über die verstümmelte Hand. Binnen Sekunden hat sie sich aufgelöst. Am meisten erstaunt dich, dass die Reaktion kaum schwächer ausfällt als vorher mit dem Weihwasser, das der Priester hergestellt hatte. Du füllst das verbleibende Weihwasser in die zweite leere Phiole.

»Wann immer du Weihwasser benutzt hast, solltest du darauf achten, es rechtzeitig aufzufüllen. Nimm meine Flasche, sie enthält genügend Wasser. Silber musst du selbst finden.«

Du hast zwei gefüllte Phiolen. Du kannst ab sofort jederzeit, sofern du einen beliebigen Gegenstand aus Silber benutzt, deine Phiolen mit Weihwasser auffüllen. Du wirst jedoch nicht mehr separat darauf hingewiesen.

Es eignen sich grundsätzlich alle Gegenstände aus Silber, auch Munition.

Vermerke auf deinem Abenteuerbogen, dass du den Priesterring bekommen hast.

»Momentan brauche ich aber keine große Angst vor Untoten zu haben. Hier kommt niemand rein oder raus«, sagst du.

Der Priester schaut sich in dem Kellerraum um. Es gibt keinen Ausgang. »Stimmt. Vielleicht kann ich dir auch damit helfen. Komm mal mit.«

Er führt dich in eine dunkle Ecke des Raums, die du bisher nicht beachtet hast. Dort steht ein alter, verrosteter Kühlschrank, der neben den Waffen und unterhalb der Kammer, in der ein kopfloses Skelett sitzt, wie ein Fremdkörper wirkt. Magneten halten alte Schmierzettel an der Tür fest. Er summt so laut wie ein Schwarm Hornissen.

»Oh toll!«, sagst du. »Vielleicht gibt es hier Dosenbier?«

»Vielleicht liegt die Zeit mit dem Dosenbier und der Trauer um Vergangenes ja auch endlich hinter dir. Meinst du nicht, dass du in deinem Leben mehr erreichen kannst, als nur Küchenhelfer zu sein und Dosenbier zu trinken?«
Du kannst nicht verhindern, kurz die Augen zu verdrehen. Er hört sich an wie der Vater, den du nie hattest.
»Also kein Dosenbier. Was ist jetzt mit dem Kühlschrank?«
»Gleich. Eines noch: Priester sind die Verteidiger des Glaubens. Die schlimmsten Feinde sind Dämonen. Erweise dich würdig, einer von uns zu werden, indem du mindestens einen tötest. Wenn du überlebst, wird der Moment kommen, in dem wir uns wiedersehen. Ich werde dann einen Beweis brauchen, dass du dämonische Wesen getötet hast. Halte Ausschau nach ihnen. Töte sie, und dann bring einen Beweis mit. Versprich mir das.«
»Mir wäre es lieber, ich würde keine Dämonen treffen.«
»Bitte. Es ist wichtig.«
»Ich weiß ja noch nicht mal, ob ich einen töten kann, selbst wenn ich die richtige Waffe wählen sollte.«
»Mach dir darüber keine Gedanken. Es genügt, wenn du einen Dämon mit einer Heiligen Waffe berührst, ein Untoter nur einen Tropfen Weihwasser abbekommt oder ein Werwesen von einer Silberkugel oder einem Silberbolzen gestreift wird. Und du wirst feststellen, dass auch gewöhnliche Tiere leichter zu besiegen sind, wenn man sich ihnen nur entgegenstellt. Dies ist die Welt der Alpträume. Ihre Wesen sind absolut tödlich, aber sie sind es nicht gewohnt, dass ihre Opfer zurückschlagen. Wähle die richtige Waffe und ich bin mir sicher: Du wirst überleben. Also, wirst du mir einen Beweis bringen, dass du einen Dämon getötet hast?«
Schließlich nickst du.
»Danke.«
»Was eignet sich denn als Beweis?«
»Alles. Schneide eine Klaue, ein bisschen Fell, ein Stück vom Horn ab. Und jetzt präg dir die Worte des Segensgebets noch einmal gut ein.«

Er lässt es dich mehrmals wiederholen. Du schließt kurz die Augen, um dich besser konzentrieren zu können.

Hinweis: Es ist nicht erforderlich, dass du das Gebet auswendig lernst. Es wird ab sofort unterstellt, dass du es beherrschst.

Als du der Meinung bist, es zu kennen, fragst du: »Also, wie geht es weiter?«, und öffnest die Augen wieder.

Der Priester ist weg. Das Einzige, was daran erinnert, dass ihr euch gerade noch in diesem Keller unterhalten habt, sind das Weihwasser in deinem Rucksack und der Priesterring an deinem Finger. Du hast den restlichen Keller schnell durchsucht: nichts. Du prüfst sogar noch einmal den verschütteten Ausstieg in Cosmars Raum. Er ist weiterhin versperrt von Schutt und Geröll. Der alte Mann ist tatsächlich verschwunden, und zwar genauso geräuschlos wie er vorher hier aufgetaucht war. Du bist wieder allein.

Da du nicht viele Optionen hast, wendest du dich wieder dem Kühlschrank zu. Vielleicht gibt es ja doch wenigstens Dosenbier. Du öffnest die Tür. Zu deinem Erstaunen scheint die Innenbeleuchtung noch zu funktionieren. Er ist leer, doch auf den zweiten Blick merkst du, dass nicht die Beleuchtung des Kühlschranks die Lichtquelle ist, sondern diese von … ja, von *hinter* dem Kühlschrank zu kommen scheint. Du trittst hinter den Kühlschrank, doch da ist nichts, kein Licht. Du streckst den Kopf in das Innere des Kühlschranks und erkennst, dass du keine Rückwand sehen kannst, sondern dort eine Öffnung ist, die zu einer Art Feldweg führt. Du schaust noch einmal hinter den Kühlschrank, doch er steht nicht einmal ganz an der Wand. Dort ist kein Weg. Aber wie ist das möglich? Du beschließt, diese weitere Einschränkung der Logik zu akzeptieren und es darauf ankommen zu lassen, was sollst du auch anderes machen? In diesem Keller verschimmeln? Da fällt dein Blick auf einen Zettel, der neben dem Kühlschrank auf dem Boden liegt. Da steht etwas geschrieben in einer Handschrift, die du kennst. Es ist Cosmars Handschrift. Dort steht:

»Es gibt gemeinsame Merkmale für jede Art von düsteren Wesen dieser Welt, ich bin mir jetzt sicher. Bei ein paar weiß ich

schon genau ... wenn meine Vermutungen stimmen, dann. ... ich muss nur noch meine Ergebnisse zusammenschreiben ... wenn ich nur mehr Zeit hätte ...«

Sind das die einheitlichen Kriterien, über die Cosmar in seinem Notizbuch schreibt? Warum kann er nicht deutlicher erklären, was er herausgefunden hat? Und wo hat er seine Ergebnisse vermerkt – schließlich hast du sein Notizbuch doch schon gefunden?

Willst du den Kellerraum noch einmal gründlich durchsuchen, also nach weiteren Notizzetteln, die dir vielleicht vorher nicht aufgefallen sind? Dann lies weiter bei **29**.

Andernfalls lies weiter bei **439**.

506 »Ich fahre dich für zwei beliebige Gegenstände aus Silber, vergiss das nicht!«, ruft dir Charon nach, als du dich abwendest. »Du findest mich auch später noch hier!«

Du folgst dem Flusslauf, doch so weit du auch gehst: Du findest keine Stelle, an der du gefahrlos übersetzen könntest. Als du dich etwa hundert Meter von der Bootsanlegestelle entfernt hast, fällt dir eine Änderung im Landschaftsbild auf – die steinige Einöde ist plötzlich von einer weißen Substanz, einer Art Netz bedeckt. Je weiter du kommst, desto dichter wird die Schicht. Sie erinnert dich an Spinnweben.

Willst du weitergehen? (weiter bei **395**)

Willst du versuchen zu schwimmen? (weiter bei **411**)

Oder kehrst du doch zu Charon zurück, um ihn zu überwältigen und ihm sein Boot zu rauben (weiter bei **128**) oder doch für die Überfahrt zu bezahlen, wenn du das kannst – einen Charonstaler oder zwei Gegenstände aus Silber? (weiter bei **290**)

507 Es gelingt dir, zu erwachen. Die Bardame kümmert sich noch immer nicht um dich und steht da, wo sie vorhin stand. Du schnappst dir die Flasche und lässt sie unter deinem Shirt verschwinden. Danach verlässt du die Bar auf dem schnellsten Weg.

Wie es scheint, ist dir das Glück hold: Just in dem Moment, als du aus der Tür trittst, ist der Türsteher in eine intensive Diskussion mit einer kleinen Blondine vertieft, so dass du ohne Zahlung des Mindestverzehrs das Reich der Ran verlassen kannst. Wahrscheinlich wird sich der Türsteher nicht mal an dich erinnern.
Sofort gehst du zu dem gegenüberliegenden Verwaltungssitz von Ruben Pick.
Wenn neben dem Codewort KAPITÄN eine Zahl vermerkt ist, dann **lies sofort dort weiter**. Anderenfalls lies hier weiter.
Gegenüber der schwarzen Fassade des »Reich der Ran« steht ein kleines, freistehendes Fachwerkhaus. Über der Eichentür hängt ein rostiges Schild, das ein Frauengesicht mit herausgestreckter Zunge zeigt.
Die Tür ist verschlossen, auf dein Klopfen hin öffnet sich eine kleine Klappe in Augenhöhe, dahinter siehst du eine aufgequollene, rote Nase.
»Ja?«
»Ich habe eine wichtige Ankündigung zu machen!«
»Aha. Haben Sie einen Termin?«
»Ich habe anzukündigen, dass die Gräfin Lichterheide in Kürze in Somorra eintreffen wird und Geschäfte mit Ruben Pick erledigen möchte. Als Beweis ihrer ehrenhaften Absichten hat sie ein Geschenk für Herrn Pick mitgeschickt«
»Gräfin? Oh … warten Sie …«
Die Klappe schließt sich. Kurz darauf wird die Eichentür geöffnet. Ein kleiner, dürrer Kerl mit roten Haaren steht vor dir und blickt nach oben. »Kommen Sie herein, bitte.«
Du betrittst eine kleine Amtsstube. Rechter Hand steht ein wuchtiger Schreibtisch, dahinter quellen Akten aus deckenhohen Regalen. Der Beamte lässt dich auf einem der beiden Gästestühle Platz nehmen und setzt sich an den Schreibtisch. Dahinter hängt ein Holzkasten, auf dem ein Kleeblatt aufgemalt ist. Auf dem Tisch steht ein Schild: »Beamter Block«.

Du händigst ihm die Flasche aus. Block mustert sie kurz und murmelt dann: »Qualitätskontrolle, wir haben hier strenge Vorschriften … nur schnell einen hinter die Augenklappe kippen …« Dann entkorkt er die Flasche und nimmt mehrere Schlucke. Du hoffst inständig, dass es sich tatsächlich um Schnaps und nicht Putzmittel handelt.
Block verdreht die Augen und du befürchtest schon das Schlimmste, da sagt er: »Yarr, gutes Zeug. Die Gräfin hat Geschmack!« Er nimmt noch einen großen Schluck.
»Sie haben Glück«, verkündet er dann stolz. »Ruben Pick kann die Gräfin gleich heute treffen. Wir müssten nur … äh … zahlreiche andere Termine verschieben, aber das machen wir gerne. Kommen Sie bitte in einer Viertelstunde wieder. Ich muss noch klar Schiff machen.«
Er steht auf und schiebt dich zur Tür hinaus.
Ändere das Codewort PICK zu 340 und notiere dir neben dem Codewort BECKY die Zahl 74.
Weiter bei **351**.

508 Du folgst dem Weg, der sich durch eine hügelige, waldige Landschaft bergauf schlängelt. Nach einer Weile beschreibt der Weg eine scharfe Kurve nach links, und vielleicht fünfzig Meter weiter wieder nach rechts. So geht es immer weiter, während du allmählich höher steigst. Plötzlich raschelt es im Unterholz neben dem Weg.

— Notizbuch ab hier ausgeschlossen —

Einen Augenblick später bricht ein riesiger Wolf hervor und baut sich vor dir auf. Seine grauen Augen mustern dich. Er schiebt die Lefzen nach oben und knurrt. Du bist dir sicher, dass es jeden Moment zum Angriff kommen wird.

Vierbeiniges Landlebewesen

Augen: grau

Füße: Pfoten

Mund: Reißzähne

Schatten: ja

Sonstiges: nur ein Kopf

Entscheide dich, ob du kämpfen willst bzw. wie du dich verteidigen willst (Weihwasser UND/ODER eine Waffe).

Vermerke etwaige Änderungen auf dem Abenteuerbogen. Eine Flucht ist nicht möglich.

Weiter bei **269**.

509 Als er gegangen ist, lässt du dich auf eine Bank vor dem Polizeipräsidium fallen. Du hast ein Vermögen auf einem Sparbuch, ein riesiges Grundstück mit einer verfallenen Kirche und bist am Leben. Willst du den Glauben zurück nach Somorra bringen? Willst du die Kirche wieder aufbauen? Oder hast du andere Pläne? Alles liegt in deiner Hand. Du kannst machen, was du willst.

Du beschließt, erst einmal Mittagessen für Sascha zu kaufen. Du hast Ringo verloren, aber eine neue Freundin gefunden. Wie es weitergeht, wirst du noch früh genug entscheiden. Dieses Abenteuer

hast du überstanden. Wenn du willst, spiele es noch einmal – vielleicht, um dieses Mal auch noch Ringo zu retten.
Wenn du in ein paar Tagen wieder bei Kräften bist, kannst du immer noch erledigen, was du ursprünglich tun wolltest, als der Schrammenschreck dich das erste Mal überfiel: Ringos Vermächtnis bei Maurizio abholen. Wenn du das tun willst, lies jetzt oder später weiter bei **577**. Es hat keine Auswirkung auf den Ausgang dieses Abenteuers.
Und wenn du noch Lust auf mehr hast: Konrad der Priester muss beerdigt werden. Wenn du das jetzt oder nachher tun willst, dann lies weiter bei **194**. Dort findest du ein kleines Bonusabenteuer.
Notiere dir, dass deine Grundpunktzahl 80 beträgt. Wenn du willst, lies jetzt die Auswertung auf Seite 445.

510 Du klopfst an die Wände, wischst über den Steinboden, schaust unter dem Tisch nach und wendest dich schließlich dem alten Waffenständer zu. Als du ihn zur Seite schiebst, findest du tatsächlich darunter eine Falltür, die mit einem Vorhängeschloss gesichert ist, das mit einem dreistelligen Code geöffnet werden kann. Wenn du den Code kennst, gib ihn ein, indem du bei der Abschnittsnummer weiterliest, die dem Code entspricht. Der richtige Abschnitt beginnt mit den Worten »Das Schloss springt auf …«
Anderenfalls hast du die folgenden Optionen:
Das Skelett noch einmal gründlich untersuchen? (weiter bei **44**)
Das Buch noch einmal gründlich untersuchen? (weiter bei **375**)
Ohne Waffen weitergehen? (weiter bei **318**)

511 Du antwortest, dass du wegen einer Anmeldung hier bist. »Aha, ja, Moment.« Die Klappe schließt sich und die Eichentür wird langsam geöffnet. Ein kleiner, dürrer Kerl mit roten Haaren steht vor dir und blickt nach oben. »Kommen Sie herein.«
Du betrittst eine kleine Amtsstube. Rechter Hand steht ein wuchtiger Schreibtisch, dahinter quellen Akten aus deckenhohen Regalen. Der Beamte bedeutet dir, dich auf einen der beiden Gästestüh-

le zu setzen, und tritt an den Schreibtisch, bleibt allerdings selbst stehen. Hinter dem Tisch hängt ein Holzkasten, auf dem ein Kleeblatt aufgemalt ist.
Du setzt dich. Auf dem Tisch steht ein Schild: »Beamter Block«. Der kleine Mann nimmt einen Stapel Dokumente in die Hand und scheint darin zu lesen, spricht dich aber an.
»Nun denn, wir haben hier noch zu tun. Was gibt es denn?«
In diesem Augenblick geht eine Tür hinter Block auf und ein verschlafen aussehender fetter Mann streckt den Kopf herein. »Block, was ist das denn für ein Krawall, Sie haben mich geweckt, und jetzt …«
Sein Blick fällt auf dich. »Äh, und jetzt … ich muss mich konzentrieren. Was will der?«
»Einen Antrag stellen, Meister.«
Ruben Pick zieht die Augen hoch. »Aaahh. Um was soll es denn gehen?«
Was möchtest du antworten?
»Ich bin wegen einer offiziellen Sache hier und möchte dazu einen Antrag stellen.« (weiter bei **278**)
»Ich würde gerne Passierschein A38 einreichen.« (weiter bei **373**)
»Ich möchte gerne Passierschein B65 einreichen.« (weiter bei **10**)

512 »Noch mal klopfen? Und dann irgendwie ausschalten?«, fragt Sascha und schaut dich fragend an.
Eine bessere Idee hast auch du nicht.
Oder willst du stattdessen doch lieber das Lagerhaus von außen anzünden? (weiter bei **118**)
Oder versuchen, es von innen anzuzünden? (weiter bei **429**)
Wenn du dich dafür entscheidest, ein zweites Mal zu klopfen, dann lies weiter bei **403**.

513 Du schlägst die Augen auf und liegst tatsächlich in dem Müllcontainer.
Du bist allein.

Als du aus dem Container geklettert bist und die Gasse verlässt, stehst du wieder auf der Kali.
Ändere das Codewort KALI zu 136, RAN zu 203 und FREUDENHAUS zu 55.
Weiter bei **84**.

514 Eine gebeugt gehende, stämmige Frau kommt, auf ihren Gehstock gestützt, auf euch zu. Sie hat graublonde, fettige Haare, ihre roten Wangen glänzen speckig. Sie trägt eine verschmierte Schürze mit rissigen Flicken, die sie ständig mit der freien Hand flachstreicht.
»*Ulai,* Schwesterchen!«, sagt sie, wobei sie das Wort Schwesterchen seltsam langzieht. »Schwesterchen, komm her. Habe ich gesehen, dass du allein bist, nur mit diese dünne Jüngelchen, habe ich gedacht, euch helfen die alte Sorcha. *Tigema.*« Sie zieht Sascha am Ärmel zu einem der Wohnwagen und versucht, sie hineinzuschieben.
Willst du zulassen, dass die alte Sorcha Sascha in den Wohnwagen schiebt, und ihnen folgen? (weiter bei **283**)
Oder lieber ihre Hand wegschlagen und mit Sascha draußen bleiben? (weiter bei **202**)

515 Nach und nach lösen sich auch die Gefährten des Totengeistes in Luft auf, ohne dass dich einer von ihnen weiter beachten würde. Bald bist du wieder ganz allein.
Die Klappe über der Luke schließt sich wie von Geisterhand.
Weiter bei **454**.

516 Im Gesicht des Dealers zeichnet sich Schrecken ab. »Ey, scheiße, Alter. Hätte, hätte Punkerkette. Wir haben uns nie gesehen, klar?«
Er springt auf und rennt weg. Du schaust ihm nach. Ob er dir wohl noch mehr hätte erzählen können?
Weiter bei **583**.

517 Du versuchst, zu erwachen. Klammere dich an die Realität. Was ist auf dem Dach des Reichs der Ran zu sehen?
Eine tanzende Frau? (weiter bei **507**)
Ein tanzender Teufel? (weiter bei **522**)

518 Du greifst nach der Flasche, doch genau in dem Moment, als sich deine Hand um den Flaschenhals legt, dreht sich die Bardame in deine Richtung.
»Großen Durst, mein Süßer, was?« Sie kommt auf dich zu und nimmt dir die Flasche wieder ab, während sie mit der anderen Hand eine schwarze Küchenschabe einfängt, die in genau diesem Moment über den Tresen flitzt. »Warte, ich helfe dir, so geht es besser!«
Sie holt mit der Flasche aus mementomori und schlägt sie mit großer Kraft gegen den Tresen. Scherben klirren, als der Flaschenhals abbricht. Dann nimmt die Barfrau – nein: der Schrammenschreck – die abgebrochene Flasche und rammt sie dir seitlich in den Hals.
Du verblutest binnen weniger Minuten.
Ungerecht? Das ist Somorra.

519 Du wirst in den Traum zurückgezogen wie in einen Sog. Der Schrammenschreck fällt über dich her und beendet dein Leben.
Ungerecht? Das ist Somorra.

520 Das flackernde Licht der Kerze wirft verzerrte Schatten an die Wände des Dachbodens. Du schleichst weiter. Ausgestopfte Tierköpfe, die du ohne die Kerze wahrscheinlich nicht einmal bemerkt hättest, scheinen dich anzuspringen, und du fragst dich schon, ob du die Kerze nicht lieber ausblasen solltest. Als du um einen dicken Balken spähst, siehst du es: ein geflügeltes, zweibeiniges Monster mit Hufen, struppigem Fell und großen Hörnern. In diesem Moment reckt es die Schnauze in die Luft. Es hat deine Witterung aufgenommen. Es wirft sich herum und springt in deine Richtung. Gleich wird es zum Kampf kommen. Da fällt dir eines auf: Überall Schatten, aber dieses Wesen scheint vom Licht der Kerze nicht erfasst zu werden. Es hat keinen Schatten.
— Notizbuch ab hier ausgeschlossen —

Geflügelter Zweibeiner
Augen: schwarz
Füße: Hufe
Mund: Reißzähne
Schatten: nein
Sonstiges: Hörner; nicht vogelartig

Entscheide dich, ob du kämpfen willst bzw. wie du dich verteidigen willst (Sokrates' Meditation ODER Weihwasser UND/ODER eine Waffe).
Vermerke etwaige Änderungen auf dem Abenteuerbogen. Eine Flucht ist nicht möglich.
Weiter bei **253**.

521 Einen Moment später erreichen sie den Eingang zum Reich der Ran. Während sich Sascha weiter in seinem Griff windet, redet der Beamte mit dem Türsteher, der Sascha mustert und kurz darauf breit grinst. Er wirft sich Sascha über die Schulter.
Willst du jetzt doch noch zu ihrer Hilfe eilen? (weiter bei **169**)
Oder lässt du geschehen, was da vor dir geschieht, und machst ohne sie weiter? (weiter bei **314**)

522 Es ist ein tanzender Teufel, der in deinen Träumen lauert. Der Schrammenschreck packt dich und schneidet dir mit einer seiner Klauen die Kehle durch.
Ungerecht? Das ist Somorra.

523 Du wirfst den silbernen Gegenstand in die Auffangschale. Er verschwindet im Inneren der Maschine. Sie rumpelt und gibt mechanische Geräusche von sich, dann landet etwas im Ausgabeschacht – eine Spieluhr.
Mansur war ein ehrenwerter Kaufmann im Leben, und er ist es auch noch im Tod. Wenn er Waren mit einem Gerät anbietet, dann funktioniert dieses Gerät natürlich.
Du greifst nach der Spieluhr. Sie ist nicht größer als deine Handfläche. An der Seite ist eine kleine Kurbel angebracht. Als du an der Kurbel drehst, ertönt eine Melodie – ein Kinderlied, das jeder Mensch in Somorra kennt. Du singst leise die Melodie mit.
»Weißt du, wie viel Kindlein stranden, in der weiten Traumeswelt.
Weißt du, wie viel schlimme Schrammen jede Seele dort erhält?«
In den Boden der Spieluhr ist etwas eingraviert:

Wunsch aussprechen und dann Kurbel brechen.
Wunsch 1 - Silberbolzen
Wunsch 2 - Silberkugel
Wunsch 3 - Phönix-Ei (falls du dir ein solches wünschst, notiere den Fund auf deinem Abenteuerbogen und ändere das Codewort KÄFIG zu 331).

Notiere dir, dass du die Spieluhr gefunden hast und diese Abschnittsnummer hier, damit du auch später noch nachlesen kannst, welche Wünsche sie erfüllt. Du kannst sie ab jetzt jederzeit benutzen – außer unter Wasser oder in einem Kampf. Sie erfüllt nur einen Wunsch und ist danach nicht mehr als eine Spieluhr, der jemand die Kurbel abgebrochen hat.
Weiter bei **534.**

524 Plötzlich: ein Stück hinter dir ein Kratzen an der Höhlenwand, wie von Krallen auf Stein, sehr leise, aber doch gut hörbar. Schnuppern, Hecheln, dann: leises, heiseres Kichern, gefolgt von einem Glucksen.
»Wen haben wir denn da, wen haben wir denn da?« Eine ferne Stimme.
Willst du zügig weitergehen? (weiter bei **233**)
Oder willst du nachsehen, was es dort gibt? (weiter bei **388**)

525 Plötzlich schnuppert er, als hätte er eine Witterung aufgenommen.
»Du bist kein Untoter, so viel ist klar … Du hast nicht zufällig etwas bei dir, das …« er bricht ab und schnuppert wieder. Dann tritt Erkenntnis in seine Augen.
»Das ist ja interessant, Bruder. Du weißt also die Vorzüge einer guten Zombiehand zu schätzen. Lass uns mal gelegentlich zum Essen treffen. Leider sind meine Vorräte gerade erschöpft.«
Du wirst schmerzlich an den Moment erinnert, in dem du den Finger gegessen hast, um die Zwischenwelt betreten zu können. Wie Salami in Blätterteig …
Du musst wieder würgen.
»He, Bruder, behalt es bei dir.« Er lacht scheppernd.
»Du wirst Glück brauchen, um am Leben zu bleiben. Der Schrammenschreck versteht keinen Spaß. He, weißt du schon was er ist?«
»Ich bin mir nicht sicher. Er könnte vielleicht …«
»Mit ‚vielleicht' bleibst du nicht am Leben. Allerdings weiß keiner sicher, was er ist. Aber wenn ich einen Tipp abgeben müsste, Bruder …«
Er bricht ab und schaut dich grinsend an.
»… also ich würde mir mal den Wiedergänger genauer ansehen. Ich sage nur, was ich denke, Bruder.«
Weiter bei **500**.

526 Der Schwarze Jakob, Jakob Somorra, schaut dich aus abgrundtiefen Augen an.

»Was du vielleicht noch nicht weißt: Es gibt keine Religion in Somorra mehr, weil ich sie abgeschafft habe. Glaube ist einfach lästig. Gründe eine neue Religion und wir werden zu Feinden. Tauche unter und wir können beide unser Leben in Somorra verbringen, ohne uns gegenseitig im Weg zu stehen. Falls Herr Pick dich gehen lässt.«

Er lacht trocken. Dann erhebt er sich und verlässt den Raum. Kurz darauf betritt ein Polizist den Raum und bringt dich in den benachbarten Unterrichtssaal, wo er dich wieder mit Handschellen an einen Stuhl fesselt. Dir gegenüber sitzen Schmelli und Ruben Pick. Beide grinsen selbstgefällig. Der Raum ist vollgestopft mit Zuschauern – Bewohner von Somorra, aber auch Schüler jeden Alters. Viele davon kennst du.

Neben dir sitzt ein weiterer Gefangener in der bunten Kleidung des Wasservolks.

Schmelli räuspert sich und erhebt die Stimme.

»Da haben wir also unsere zwei Ganoven, die sich für wichtiger gehalten haben, als es ihre Stellung rechtfertigt. Ewald, Anführer des Wasservolks, angeklagt wegen zweifacher Brandstiftung, und diesen jungen Mann hier.«

Sie nennt deinen Namen.

»Trifft es zu, dass du im Hafenviertel dein Unwesen getrieben hast, obwohl du doch hier in der Küche eine hervorragende Anstellung hattest, die dir ein Leben in sozialer Sicherheit ermöglichte, wo du aber seit mehreren Tagen nicht zum Dienst erschienen bist, ohne einen triftigen Grund zu haben? Ist es nicht so, dass du dem ehrenwerten Herrn Pick großen Schaden zugefügt hast? Und ist es darüber hinaus nicht auch zutreffend, dass du deinen Vorteil über den Vorteil eines ehrenwerten Verwaltungsbeamten stellst?«

Sie lässt dir keine Zeit zu antworten, sondern nickt Ruben Pick zu, der sofort das Wort ergreift.

»Und meinen Beamten Block, jawohl, den treuen Block, hat er in Angst und Schrecken versetzt! Der hat sich sogar frühzeitig in den Ruhestand versetzen lassen, so getroffen war er. Wo soll das hinführen, wenn die Führungselite Somorras sich nicht mehr auf die Straße traut, weil vorlaute Kleinganoven ihre Hütchenspiele bis auf die Hauptstraßen tragen? Ich sage: Erschießen ist die größte Gnade, die wir dieser Stadt tun können!«

Bisher waren die Zuschauer still, doch jetzt kommt eine gewisse Unruhe auf.

»*Aweles,* lasst sie gehen!«, ruft einer, der ebenfalls in der Tracht der Leute des Wasservolkes gekleidet ist. Er ist wahrscheinlich wegen Ewald hier. »Sie sind unschuldig!«, zischt ein anderer.

Ewald lächelt, sagt aber nichts.

Ruben Pick zuckt nur mit den Schultern. »Der Richter hat mich bevollmächtigt, über diese beiden zu urteilen. Und das werde ich tun. Frau Schmellinger, wenn Sie einverstanden sind, dann sollen ganz kurz die Angeklagten zu Wort kommen und dann werde ich sie verurteilen.«

Frau Schmellinger nickt. Ewald schweigt weiter. Er scheint sich in sein Schicksal gefügt zu haben.

Du nutzt die Gelegenheit und erhebst dich. »Ich kann alles erklären. Mein Leben war in Gefahr.«

»Ho ha! Wollte dich ein Zuhälter verprügeln, nachdem du ihn betrogen hast?«, ruft Ruben Pick und lacht. Er ist sich seiner Sache offensichtlich sehr sicher.

»Ich war auf der Flucht vor dem Schrammenschreck!«

Schmelli kreischt auf. »Er hat mich in meinen Träumen heimgesucht. Er war hier, im Waisenhaus! Und dem Hausmeister hat er den Kopf abgebissen! Es war so real, dass ich dachte, er hätte wirklich …« Sie sinkt bleich im Stuhl zusammen.

Plötzlich ist absolute Stille im Raum.

»Dann wärst du lange tot!«, sagt schließlich Ruben Pick. Er ist völlig ungerührt, gelassen. »Dann können wir ja jetzt endlich …«

»Nein. Ich habe den Schrammenschreck getötet.«
Ruben Pick lacht laut auf. »Unmöglich!«
»Der Uhrmacher kann es bestätigen.«
Ruben Pick zögert kurz, dann zuckt er erneut mit den Schultern. »Das ist lächerlich. Aber wir können ihn gerne fragen! Er ist auch hier. Herr Uhrmacher, wo stecken Sie?« Ruben Pick schaut in den Zuschauerraum.
Von hinten kommt die Stimme des Uhrmachers. »Ja. Hier bin ich.«
Er erhebt sich. Selbst stehend ist er kaum groß genug, um ihn von vorne sehen zu können.
»Herr Uhrmacher. Ich habe Ihnen viel Geld bezahlt. Jetzt sagen Sie uns allen, dass der Junge hier ein Lügner und Verbrecher ist.« Ruben Picks Gesicht ist plötzlich rot.
Der Uhrmacher zuckt nur mit den Schultern. »Konrad, der Vater des Jungen, hat mich bezahlt, damit ich ihm helfe, wenn der Schrammenschreck ihn findet, und ihm ein Kuvert gebe. Herr Pick, Sie haben mich bezahlt, damit ich Sie verständige, wenn er auftaucht. Soweit es mich betrifft, habe ich beide Aufträge vollständig erfüllt. Außerdem lüge ich nie. Ich handele mit Informationen. Die Wahrheit ist mein Verbündeter. Und es stimmt, was er sagt. Der Schrammenschreck ist tot. Gestorben von der Hand dieses Jungen. Ich verbürge mich dafür. Er ist der Sohn von Konrad, dem letzten Priester von Somorra.«
Ruben Pick wird bleich. »Das … das … kann nicht … aber er ist trotzdem ein … also, wir müssen ihn einsperren!«
Ein Junge in der ersten Reihe springt auf. »Lasst ihn endlich gehen! Er hat es verdient!«
Plötzlich erhebt sich auch Ewald und die Menge verstummt. Sogar Ruben Pick starrt ihn mit offenem Mund an, als er anfängt zu sprechen.
»Wer Somorra vor Bohoc rettet, der verdient eine Medaille, nicht den Strick.« Seine Stimme ist kaum mehr als ein Flüstern, doch

schwebt sie durch den Raum, als sei sie magisch. »Lasst ihn gehen. Er gehört nicht in einen Gerichtssaal.«
Andere stimmen ihm zu. Die Menschen springen auf. Stifte und Gläser werden nach vorne geworfen. Die Stimmung ist jetzt ganz klar zu deinen Gunsten.
Schmelli versucht, die Menge zu beruhigen. Schnell sieht sie ein, dass sie chancenlos ist.
»Wir hätten doch mehr Wachpersonal anfordern sollen!«, zischt Pick. Schmelli stürmt aus dem Saal. Auch Ruben Pick muss einsehen, dass er sich verkalkuliert hat.
»Weg hier!«, ruft er. Die beiden Polizeibeamten packen dich und Ewald, lösen eure Handschellen und rennen mit euch zum Polizeiauto. Die wütende Menge lasst ihr hinter Euch. Ihr fahrt in das Justizviertel zum Polizeipräsidium.
Ewald flüstert dir zu, als er neben dir sitzt: »Danke, dass du uns von dem Bösen erlöst hast. Das Wasservolk wird das nicht vergessen.«
Im Polizeipräsidium trennen sie euch und stecken dich in eine Zelle. Und jetzt? Darfst du in dieser Gefängniszelle verrotten?
Doch du sitzt dort nicht länger als eine halbe Stunde – da öffnet sich die Tür und eine junge, hübsche Frau tritt ein.
»Hallo. Ich bin seit wenigen Stunden die neue Polizeipräsidentin von Somorra, und auch ich bin ihm begegnet. Ich habe gehört, dass Sie behaupten, den Schrammenschreck getötet zu haben. Erzählen Sie mir davon.«
Also erzählst du. Sie hört dir schweigend zu, und als du fertig bist, lächelt sie.
»Vielen Dank. Ich glaube Ihnen. Auch ich habe den Schrammenschreck kürzlich getroffen. Er half mir zu überleben, aber ich kann nicht behaupten, dass ich ihn vermissen werde. Sie dürfen gehen, aber versprechen Sie mir, dass wir uns bald treffen, dann kann auch ich meine Geschichte erzählen.«
»Und was ist mit Pick? Er wird das nicht auf sich beruhen lassen.«
»Er wird müssen. Jetzt bin ich hier Polizeipräsidentin, und ich ent-

scheide, dass kein Anfangsverdacht gegen Sie besteht. Sie sind frei. Und Ruben Pick sollte sich langsam daran gewöhnen, dass Somorra auf dem Weg ist, ein bisschen gerechter zu werden. Vielleicht auch mit Ihrer Hilfe.«

»Sie meinen die Religion.« Sie nickt.

»Was geschieht mit Ewald?«, fragst du.

»Bei ihm ist der Fall ein bisschen komplizierter. Er wird mit Brandstiftung in Verbindung gebracht, und es gibt Zeugen. Ein Schnapsbrenner hat gegen ihn ausgesagt, um seine eigene Haut zu retten. Vermutlich werden wir ihn zum Schnellgericht bringen müssen. Er wird wohl ins Gefängnis kommen.«

Die hübsche Polizeipräsidentin bringt dich zum Ausgang. An einem Tresen händigt dir ein dicker Polizist deine Ausrüstung und die Dokumente des Uhrmachers aus. Dann verlässt du das Polizeipräsidium als freier Mann, knapp fünf Stunden, nachdem Ruben Pick dich hat verhaften lassen.

Zu deiner Überraschung wartet der Blinde Uhrmacher auf dich.

»Mir ließ die Frage keine Ruhe, wie Konrad der Priester Sie treffen konnte, trotz seines Ablebens meine ich. In der Bibliothek von Somorra habe ich einen Hinweis gefunden, wie es wahrscheinlich gewesen ist: Der Priester hat seinen Frieden in der Unendlichkeit geopfert, um Ihnen helfen zu können, und dazu musste er eine Kreatur des Schrammenschrecks werden: ein Wanderer. Beerdigen Sie seine Leiche, damit er endlich Ruhe finden kann. Sie finden sie in einem kleinen Raum unterhalb der Kirche. Der Zugang ist unterhalb der Kanzel. Und erlauben Sie mir noch eine Anmerkung: Gründen Sie eine Religion, bitte, ganz egal was der Schwarze Jakob auch sagen mag. Er wird Sie nicht gleich erschießen lassen. Mit dem Geld Ihres Vaters können Sie vielleicht auch für Schutz sorgen. Diese Stadt könnte ein bisschen Glauben in der Tat gut gebrauchen. Und jetzt: alles Gute. Ich muss wieder in meinen Laden. Es gibt viele Informationen, mit denen sich Geld verdienen lässt.«

Weiter bei UHRMACHER.

527 Du packst einen schweren Holzstuhl und wirfst ihn gegen die Glastür. Es klirrt und scheppert und das Glas wird eingedrückt, doch bricht es nicht. Du versuchst es erneut mit all deiner Kraft, und noch mal. Erfolg hast du nicht.
Eine Anstalt wie diese mag keine besonders hohen Sicherheitsvorkehrungen haben, aber echtes Glas benutzen sie nicht. Die Scheiben sind aus Plexiglas und würden deutlich mehr aushalten als einen geworfenen Holzstuhl.
Plötzlich liegt eine behaarte Hand auf deiner Schulter. Du versuchst, sie abzuschütteln, doch Jeff ist viel stärker als du. Er schleppt dich zurück in das Zimmer mit dem tropfenden Wasserhahn und zurrt die Riemen besonders fest. Er hält Wache, bis du eingeschlafen bist, und dieses Mal entkommst du nicht. Du schläfst ein und wirst das nächste Opfer des Schrammenschrecks.
Ungerecht? Das ist Somorra.

528 Als ihr euch dem Ufer nähert, ist von Sascha oder dem anderen Luftschiff nichts zu sehen. Du hoffst, dass sie heil über den Fluss gekommen ist.
Du machst ein paar Schritte, aber du ahnst schon, was passiert. Deine Umwelt ändert sich wieder.
Das Bücherregal neben dir fällt polternd um. Du reagierst blitzschnell und springst zur Seite. Genau da, wo du gerade noch gestanden hast, kracht es auf den Boden. Der uralte Staub lange nicht berührter Buchschinken wirbelt auf. Du musst niesen und für einen Augenblick kannst du nichts sehen. Als sich der Staub wieder gelichtet hat, erkennst du, dass du nicht etwa in einer Bibliothek stehst, wie du zunächst angenommen hast, sondern in einer Arztpraxis, einer Zahnarztpraxis, um genau zu sein.
»Entschuldigen Sie bitte den Zwischenfall«, sagt da eine weibliche Stimme. »Wir wollten den Ständer schon lange mal anschrauben, damit genau sowas nicht passiert. Aber Sie wissen ja, wie das ist …«
Sie kichert.

Vor dir steht eine zierliche Blondine in einem weißen Kittel. »Kommen Sie, der Arzt erwartet Sie schon.«
Sie zieht dich mit, und bevor du dich wehren kannst, hat sie dich in einen Behandlungsstuhl gedrückt. »Bitte sehr, Frau Doktor«, sagt die junge Frau.
Eine kräftige, ältere Frau betritt den Behandlungsraum. »Ah ja, der Patient mit der Zahnfäule. Wie schön.« Sie holt eine große Zange hervor. »Na, dann arbeiten wir uns mal von einem zum nächsten vor, was? Sie müssen wirklich mehr auf Zahnhygiene achten, mein Guter.«
Sie hebt die Zange. Offensichtlich will sie dir einige Zähne ziehen. Du willst von dem Stuhl aufspringen, da merkst du, dass du mit Lederriemen gefesselt bist – warum bist du gefesselt? Und wann wurdest du gefesselt? Da legt sie die Zange an den ersten Zahn an und zieht kräftig.
Dir fällt ein Zettel auf, der über ihr an der Zimmerdecke hängt. Dort steht:

Wehe wehe sagt´s und spähe
Dorthin wo der Traum hört auf
Was ich dort am liebsten sähe
Wo das Schicksal nimmt sein‘ Lauf
Ist des guten Menschen Rettung
Und auch Schrammenschreck hört drauf.

Weiter bei **39**.

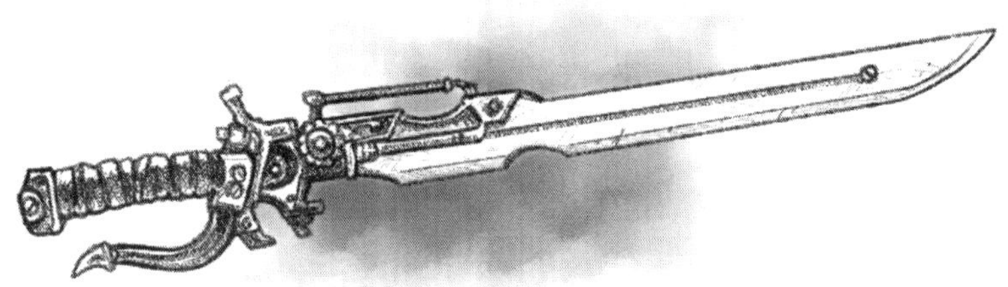

529 Du gleitest in den Traum zurück. »Hehehe, du kannst mich Waldo nennen, wenn du willst«, sagt der Schrammenschreck, bevor er dir in die Kehle beißt.
Ungerecht? Das ist Somorra.

530 Ohne Ansatz schlägst du nach seinem Gesicht. Flink wie eine Katze duckt er sich zur Seite, und dein Schlag geht ins Leere. Gleichzeitig landet ein tiefer Haken dumpf in deiner Magengrube.
Während du dich unter dem Johlen der Männer auf dem Boden krümmst, sagt der Kerl wieder etwas zu dir, was klingt, als sei er dein neuer bester Freund.
»*Tschewa*! Steh wieder auf, Kumpel!«
Er tänzelt weiter um dich herum und wartet, dass die Rauferei weitergeht.
Du rappelst dich auf.
Möchtest du ihn nochmal angreifen, diesmal mit etwas mehr Finesse? (weiter bei **266**)
Oder willst du nun andeuten, dass du dich geschlagen gibst? (weiter bei **476**)

531 Als er gegangen ist, lässt du dich auf eine Bank vor dem Polizeipräsidium fallen. Du hast ein Vermögen auf einem Sparbuch, ein riesiges Grundstück mit einer verfallenen Kirche und bist am Leben. Willst du den Glauben zurück nach Somorra bringen? Willst du die Kirche wieder aufbauen? Oder hast du andere Pläne? Alles liegt in deiner Hand. Du kannst machen, was du willst.
Du beschließt, erst einmal Mittagessen für Ringo zu kaufen. Wie es weitergeht, wirst du noch früh genug entscheiden. Dieses Abenteuer hast du überstanden. Wenn du willst, spiele es noch einmal – vielleicht, um dieses Mal auch noch Sascha zu retten.
Notiere dir, dass deine Grundpunktzahl 70 beträgt. Wenn du willst, lies jetzt die Auswertung auf Seite 445.

Und wenn du noch Lust auf mehr hast: Konrad der Priester muss beerdigt werden. Wenn du das jetzt oder nachher tun willst, dann lies weiter bei **194**. Dort findest du ein kleines Bonusabenteuer.

532 Du triffst ihn mit der Faust am Kinn, und als der Ring seine Haut berührt, entspannt sich sein Körper und er sinkt zu Boden. Das dämonische Feuer in seinen Augen erstirbt.
»Dann hab ich es jetzt also hinter mich gebracht«, flüstert er. In seinen Blick tritt so etwas wie Schwermut. »Lass es mich selbst tun.«
Du weißt nicht, warum du ihm traust, doch etwas in seiner Haltung, seiner Stimme, ja seinem ganzen Wesen gibt dir das Gefühl, dass er keine Gefahr mehr darstellt. Seine Zeit als Schrammenschreck ist vorbei. Er ist jetzt nur noch der junge Mann, der er früher war, bevor das Wasservolk ihn zu dem machte, was er heute ist.
In der Nähe steht ein Tisch, auf dem einige Gegenstände liegen – ein Schlüssel, eine Taschenuhr, eine Pistole, ein paar Stichwaffen.
In einem kleinen Käfig unter dem Tisch sitzen schwarze Skorpione.
Du willst ihm ein Messer reichen, doch er schüttelt den Kopf und deutet auf ein Schwert, das neben dir auf dem Boden liegt: Es ist Cosmars Schwert.
Du reichst es ihm. Er nimmt es und richtet die Spitze auf seinen Bauch. Dann ein Ruck und das Schwert dringt tief in seinen Leib ein. Er fällt zur Seite, halb unter den Tisch. Du lässt den Sterbenden liegen.
Brennender Schmerz am Finger lässt dich zusammenzucken.
Dort, wo gerade noch der Ring war, ist jetzt eine schwarze Brandwunde. Der Ring ist verschwunden, doch wirkt es, als sei ein Teil davon in deine Haut eingebrannt. Du bist dir sicher, dass du mindestens eine Narbe behalten wirst.
Weiter bei SANDUHR, wenn dort etwas notiert ist.
Sonst notiere neben dem Codewort SANDUHR die Zahl 598 und lies weiter bei ALPHA.

533 Dein Ebenbild hatte genau diesen Moment beschrieben. Du umklammerst den Moment, falls er denn ein Traum war – und in genau diesem Moment lässt das Brennen an deinem Finger nach. Gleichzeitig hast du das Gefühl, als wäre eine Last von deinen Schultern genommen worden – oder von deiner Seele. Du warst verflucht, für die Ewigkeit als Wanderer in den Ebenen der Zwischenwelt zu wandeln, seit dem Moment, in dem du einen Teil der Hand gegessen hast. Und diesen Fluch hast du gerade gebrochen.
Ändere das Codewort SANDUHR zu 599.
Weiter bei ALPHA.

534 In der Nähe der Grabkapelle entdeckst du eine Bronzetafel mit folgender Aufschrift:

»Phlegethon, Fluss aus Flammen. Überfahrt mit Gustis Flugschiffen. Nur 200 Schritte flussabwärts.«

Am Himmel ziehen Hunderte Krähen ihre Kreise.
Was willst du tun?
Willst du flussabwärts gehen, um dich nach Gustis Flugschiffen zu erkundigen? (weiter bei **240**)
Oder gehst du flussaufwärts, in der Hoffnung, dass es dort eine Möglichkeit gibt, den Fluss zu überqueren? (weiter bei **108**)

535 Du schreckst hoch und rüttelst Sascha wach, die neben dir auf dem Steinboden liegt und schläft.
»Bei Ruben Picks fettem Arsch«, flüstert Sascha. »Wie soll man sich auf geheime Waffenkammern konzentrieren, den Läuterungsberg, fünf Flüsse, wenn man ständig einschläft? Und wie soll man merken, dass man schläft, während man diesen ganzen Mumpitz lesen muss? Und welcher Volldepp reißt da einfach Seiten raus?«
Sie schaut dich an und scheint sich ein wenig zu beruhigen. »Und all das soll unterhalb der Stadt existieren, in dieser … Zwischenwelt? Und was sind das für Wesen, von denen Cosmar schreibt? Was sollen

uns all diese Aufzeichnungen bringen, wenn wir keinen Schimmer haben, wie wir den Schrammenschreck besiegen können?«
»Zuvor müssen wir uns durch seine Armee monströser Kreaturen kämpfen, um ihn zu finden«, ergänzt du, was auch Sascha klar sein muss.
Trotzdem schaut sie dich wieder zorniger an: »Musst du das so betonen? Und müssen wir etwa das Bestimmungsbuch auswendig lernen, oder was?«
»Erst müssen wir die fehlenden Seiten finden.«
Du seufzt. Sascha seufzt.
Ändere das Codewort KNOCHENMANN zu 396.
Lies jetzt **Anleitung Teil 2** (Seite 433).
Wenn du diesen Teil der Anleitung schon kennst, kannst du auch gleich bei **396** weiterlesen.

536 Du fragst dich, wie es weitergehen soll, nachdem du weder bei Ruben Pick, noch bei Ewald und dem Wasservolk Erfolg hattest. Wer soll dir jetzt noch verraten, wo du Cosmar finden kannst?
Es ist frustrierend.
Plötzlich trifft dich etwas Hartes, Schweres an der Schulter. Du drehst dich um. Da ist niemand, doch neben deinen Füßen fällt ein Stein zu Boden. Er muss dich an der Schulter getroffen haben.
Der Stein ist mit Papier umwickelt, das beschrieben ist. Du löst das Papier von dem Stein.
‚*All-in-Heaven-Lager*‘, ist darauf geschrieben.
Es ist noch immer niemand zu sehen. Wer den Stein wohl geworfen hat? Du weißt es nicht.
Du weißt nur, dass das All in Heaven der Name des größten Casinos von Somorra in der Altstadt ist, direkt neben dem Grand Hotel Somorra, und es ist viel zu teuer für Menschen wie dich oder Ringo, die in der Küche eines Waisenhauses arbeiten. Und das ‚All-in-Heaven-Lager‘ ist dann möglicherweise das Lager des Casinos.

Wenn du es bei den Lagerhäusern des Hafenviertels suchen willst, dann lies weiter bei **496**.
Anderenfalls geht es weiter bei **212**.

537 »Tritt durch die Tür. Dort wartet schon Belphegor auf dich.«
Hinter der Tür erwartet dich ein Raum mit schmutzigen Waschbecken und einem halben Dutzend Toilettenkabinen. Erst denkst du, du bist allein, dann hörst du Geräusche aus einer der Kabinen – tatsächlich hört es sich so an, als würde jemand kräftig drücken. Kurz darauf: »Ah, gut«, dann die Toilettenspülung. Die Tür der hintersten Kabine springt auf und ein kleines, gehörntes Männlein mit spitzer Nase und langer, blauer Zunge tritt heraus.
»Du da!«, keift es. »Was machst du da?«
»Ich bin hier für eine … Prüfung?«
»Prüfung?«
Das Männchen geht zu einem der Waschbecken und spuckt hinein. Dann grinst es in einen der stumpfen Spiegel und prüft seine Zähne mit der Zunge.
»Trägheit, jaja, das ist es. Echt zum Lachen, wenn die Leute immer wollen, dass wir für sie arbeiten, was? Holzhacken, würg. Was ist denn herausgekommen? Hast dich doch nicht von der alten Vettel einspannen lassen, oder?«
Es dreht sich zu dir um und schaut dich an.
Weiter bei EPSILON.

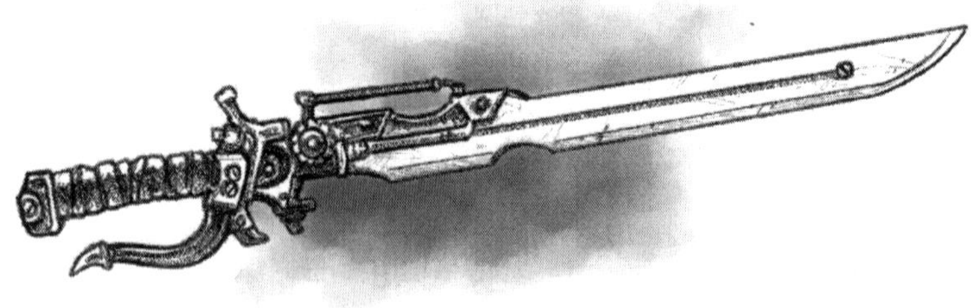

538 Der Weg schlängelt sich weiter den Hang hinauf, während sich der Himmel allmählich zuzieht, Wolke um Wolke. Linker Hand ragt eine Felswand in die Höhe. Du bist dir fast sicher, dass du sie erklimmen kannst - und so vielleicht abkürzen könntest. Wie geht es weiter?
Du folgst dem Weg. (weiter bei **508**)
Du erklimmst die Wand. (weiter bei **416**)

539 »Ist das eine Heilige Waffe da?« Charon deutet auf die Waffe in deiner Hand. »Zeig sie mir.«
Seine Mimik ist regungslos wie ein See, auf dessen Grund die Leichen vergangener Generationen auf Erlösung warten.
Hast du eine Heilige Waffe und willst du sie ihm geben? (weiter bei **478**)
Oder lehnst du ab und gehst weiter? (weiter bei **68**)

540 »Hervorragende Wahl!« Der Glatzköpfige beugt sich verschwörerisch zu dir vor. »Wonach steht denn der Sinn? Nach Frauen, nach Männern, nach beidem? Oder nach ganz anderer Unterhaltung?«
Was willst du antworten?
Nach Frauen: Weiter bei **251.**
Nach Männern: Weiter bei **8.**
Nach beidem: Weiter bei **205.**
Nach ganz anderer Unterhaltung: Weiter bei **139.**

541 »Ja. Er will seine übliche Menge.«
Der Mann kramt in seiner Tasche und streckt dir dann einen Papierbeutel hin, zieht ihn aber gleich wieder weg, als du danach greifen willst.
»Alter, Vorkasse ist das Gebot der Stunde. Hab ich Ringo schon gesagt. Lass was rüberwachsen. Leben und leben lassen, ohne Knete keine Fete, Alter.«

Du hast kein Geld bei dir, aber das weiß der Dealer nicht.
»Ja, warte, ich suche danach. Woher kennt ihr euch eigentlich?«
»Hehehe, Alter. Selten so was erlebt. Der war völlig sauber, gesund, kam zu mir und wollte sich Somorin spritzen. Einfach so. Wo jeder weiß, dass das die Birne vernebelt. Aber wo das Geld stimmt, da stimmt die Droge, sag ich immer.«
»Warum wollte er das denn?«
»Hast du jetzt das Geld, Alter? Der hat irgendwas von Träumen erzählt. Voll fies, mit Monstern und so Schrammendings. Und wollte wohl dir irgendwie helfen … he warte mal, warum weißt du das nicht selbst? Fragst du mich aus, oder was? Geld her!«
Er verstummt und hält dir die leere Hand entgegen. Du lächelst und zuckst mit den Schultern.
»Oh Mann, echt, Alter? Sag Ricky, dass ich morgen wieder hier bin, wenn er was will, ja? Und er soll ja nicht ohne Geld kommen, sonst kann er sich einen neuen Lieferanten suchen.«
»Sein Name war Ringo. Und er ist tot. Überdosis.«
Im Gesicht des Dealers zeichnet sich Schrecken ab. »Ey, scheiße. Sag das doch gleich! Wir haben uns nie gesehen, klar? Wie Sushi und Spaghetti. Oder wie Schuhcreme und … äh …«
Er springt auf und rennt weg.
Sascha sagt: »Wow. Echt fies. Der ist selbst sein bester Kunde, oder? Was hältst du von der Geschichte?«
»Ich habe keine Ahnung«, sagst du.
Weiter bei **592**.

542 Sie holt mit einer geübten Handbewegung eine große Flasche ohne Beschriftung unter dem Tresen hervor, greift ein schmutziges Schnapsglas aus der Spüle und gießt bis zum Rand einen schmutzigtrüben braunen Schnaps ein.
Wenn du trinken und dann deine Fragen stellen willst, gehe zu **103**. Anderenfalls bleibt dir nichts, als die Bar zu verlassen (weiter bei **287**).

543 Von der Luke führt eine Treppe hinunter. Soweit du erkennen kannst, ist sie aus Holz. Nach zwölf Stufen bist du unten. Schwärze umgibt dich, die so absolut ist, dass du auch nach ein paar Sekunden und auch nach einer Minute nichts erkennen kannst. Einzig die offene Luke über dir ist als dunkelgraues Rechteck zu sehen.

Ein Hauch, kalt wie das Grab, streift an dir vorüber. »Du hättest nicht in die Gruft steigen sollen«, flüstert der Hauch, oder war es der Totengeist, dem du gefolgt bist? Dann erstirbt der Hauch und du bist wieder allein, oder doch nicht? Eine Stimme, guttural und heiser, erhebt sich plötzlich hinter dir. »Mensch, der du bist, gefangen im Chaos deiner Welt, sei in dieser mein Diener für alle Zeiten.«

Seitlich von dir antwortet eine andere Stimme, heller, lispelnd. »Hihihi, was will er bloß, was will er bloß? Auf der Suche nach Gold und Silber, oder ist es Erlösung? Ob er die hier finden wird? Was hat er sich nur dabei gedacht, hihihi.«

Die erste Stimme spricht wieder, und du hast das Gefühl, als wäre sie jetzt näher, fast schon bei dir. »Doch ein Mensch wirst du nicht mehr sein. Wo es keinen Ausweg gibt, da gibt es auch keine Erlösung. Tritt jetzt ein ins Feld der Qual-erkorenen, zum Volke der Verlorenen, auf dass wir unsere Saat aussähen.«

»Hihihi, er ahnt es nicht, er ahnt es nicht!« Auch diese Stimme ist näher als noch zuvor. Als sich etwas schwer auf deine Schulter legt (ist es eine Hand, eine Pranke?), schreist du auf und machst einen Sprung zur Seite, weg von beiden Stimmen. Du musst dich schnell entscheiden, wie du den beiden Wesen gegenübertreten willst.

— Notizbuch ab hier ausgeschlossen —

Zweibeiniges Landlebewesen

Augen: unbekannt

Füße: unbekannt

Mund: unbekannt

Schatten: unbekannt

Sonstiges: unbekannt

Beinloses Wesen (schwebend)
Augen: unbekannt
Füße: unbekannt
Mund: unbekannt
Schatten: unbekannt
Sonstiges: unbekannt

Entscheide dich, ob du kämpfen willst bzw. wie du dich verteidigen willst (Sokrates' Meditation ODER Weihwasser UND/ODER eine Waffe).

Dann lies weiter bei **328**.

544 Luzifer grinst breit. »Willkommen in der Welt des Hochmuts. Du bist hier genau richtig. Wir müssen nicht jedem dahergelaufenen Bettler im Wald etwas schenken, oder was meinst du?« Er breitet seine Flügel aus und umarmt dich, und aus dieser Umarmung wirst du nie wieder entkommen. Der Hochmut in dir siegt, und er siegt über dich. Du wirst ihm für einige Zeit dienen, du wirst Luzifer für einige Zeit dienen, bis du irgendwann das Recht erhältst, zu sterben. Denn du hast die Prüfung nicht bestanden. Ungerecht? Das ist Somorra.

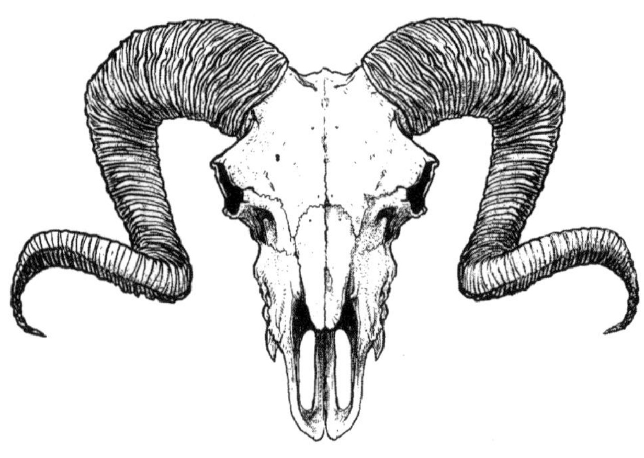

545 Du erzählst Ewald in knappen Worten, was euch widerfahren ist, seit ihr euch im Sanatorium begegnet seid. Als du vom Schrammenschreck berichtest und davon, wie er dich in deinen Träumen verfolgt, flüstert er mit Angst in den Augen »Bohoc« und greift nach deiner Hand. »Größte Gefahr! Ihr wisst nicht, mit wem ihr es zu tun habt. Auch meine Leute wurden einst von ihm heimgesucht. Nur Cosmar fand einen Weg, Bohoc zu bekämpfen … nur er kann euch helfen …«

»Wo steckt er?«, fragt Sascha.

»Nicht einfach, nicht einfach. Er lebt versteckt. Hat uns vor Bohoc gerettet und verließ uns dann … niemand weiß, warum … man sagt, er lebt heute unter der Stadt. Findet ihn, sonst macht er *galigoij* aus euch.«

»Gali… was?«, fragt Sascha.

Er zwinkert dir zu. »Blutwurst.«

»Wo müssen wir ihn suchen?«, fragst du.

Ewald schweigt einen Moment, ernst und mit gerunzelter Stirn, bevor er sagt: »Ich sage euch, wo ihr ihn finden könnt.«

Sascha lächelt. »Danke. Wo müssen wir …«

Ewald hebt die Hand und lächelt Sascha an. »Ein Feuer facht man nicht mit Furzen an, meine Liebe.«

»Was?« Sascha schaut dich hilfesuchend an.

»Wie gesagt«, sagt Ewald. »Ihr seid als unsere Freunde hergekommen und wir wollen euch gerne helfen. Aber was drei wissen, das wissen bald dreißig. Wenn ich euch verrate, wo ihr Cosmar findet, ist die Information in der Welt und ich kann damit nichts mehr verdienen. Ihr müsst mir etwas dafür geben.«

»Was denn? Wir haben nichts«, erwiderst du.

»Sicher? Ihr könntet uns helfen. Wir brennen ein bisschen Schnaps, drüben in einigen der Lagerhäuser, das ist alles streng geheim natürlich.« Er zwinkert euch zu. »Kürzlich ist eines der Lagerhäuser abgebrannt. Das waren wir. War nicht unsere beste Idee, beim Brennen zu rauchen. Der Lange Johann hat sich ordentlich die Haare

versengt.« Er lacht und fängt an, sich eine Zigarette zu drehen. »Jetzt ist Ruben Pick hinter uns her, der alte Saftsack. Wir müssen ihn mit irgendwas ablenken. Und da kommt ihr ins Spiel!«
»Was sollen wir denn tun?«, fragt Sascha.
»So ist es recht. In einem der hintersten Lagerhäuser lagert Ware, die er beschlagnahmt hat und nach und nach verkauft. Der Richter und der Schwarze Jakob bekommen ihren Teil davon ab. Wenn sie längere Zeit auf diese Einnahme verzichten müssten …« Ewald hebt zwei Mal die Augenbrauen und pfeift, bevor er sich die fertige Zigarette in den Mund steckt und mit einem Streichholz anzündet. Er lässt die Flamme an dem Streichholz noch brennen und hält es euch vor die Gesichter. »Feuer. Elegant und zerstörerisch. Wie schade wäre es doch, wenn der ganze Reichtum von Ruben Pick verbrennen würde.« Die Flamme flackert und frisst das Streichholz, bis sie fast Ewalds Finger erreicht hat. Ewald zeigt kein Anzeichen von Schmerz, sondern wartet, bis die Flamme das ganze Streichholz verbrannt hat und schließlich erstirbt. Er wirft den verkohlten Rest weg und malt mit den rußigen Fingern ein Haus an die Wand des Wohnwagens. »Zündet es an. Dann verrate ich euch, wo ihr Cosmar finden könnt.«
Weiter bei **49**.

546 Es gelingt dir nicht, in die Realität zurückzukehren. Du driftest in den Traum zurück, wo dich der Schrammenschreck mit offenen Armen erwartet. Doch bei ihm findest du keinen Schlaf. Du findest nur den Tod.
Ungerecht? Das ist Somorra.

547 Ändere das Codewort ERKENNTNIS zu 565.
Du gehst den Flur zurück, den du gekommen bist, passierst das Zimmer, in dem du gelegen hast und erreichst eine Art Rezeption, die nicht besetzt ist. An der Front der Rezeption ist ein Schriftzug angebracht: *Azrael-Sanatorium*, vermutlich der Name

dieser Anstalt. Links ist eine doppelflügelige Glastür, durch die du das Grün der Bäume und das Schwarz der Straße sehen kannst – sie führt nach draußen.

Doch sie ist verschlossen.

In diesem Augenblick kommt eine pausbäckige Blondine in einem weißen Kittel aus einem Zimmer hinter dem Empfangstresen, setzt sich und schaut dich an.

»Wer sind Sie denn?«

Ja, wer bist du eigentlich? Lies jetzt hinten den Teil »Spielersteckbrief« (Seite 421), um mehr über deine Figur zu erfahren. Wenn du den Spielersteckbrief schon kennst, kannst du auch gleich bei **565** weiterlesen.

548 In völliger Dunkelheit sind Albtraumwesen nicht von anderen zu unterscheiden. Anders jedoch bei Licht: denn Albtraumwesen werfen keine Schatten!

549 »Bitte, du kannst nicht ...«

Du entdeckst einen Anflug von Panik in seinen Augen.

»Gehen Sie jetzt, oder ich werfe Sie raus.«

Er erhebt sich und geht mit schleppenden Schritten zur Wohnungstür. Er dreht sich noch mal um. »Finde Cosmar, bei den Schaustellern im Hafenviertel. Sie nennen sich selbst Wasservolk. Und wenn du einschläfst: Versuche, wieder aufzuwachen! Beeil dich. Es geht um jede Minute. Viel Glück.«

Damit verlässt er dich. Und in dem Augenblick, als er die Wohnungstür hinter sich zuzieht, schlägt die Einsamkeit wie eine Monsterwelle über deinem Kopf zusammen. Der Verlust deines besten Freundes Ringo ist plötzlich wieder so präsent wie in dem Moment seiner Beerdigung.

Ringo war den Drogen verfallen. Seit einigen Wochen war er süchtig nach Somorin, der Somorra-Droge. Du hast keine Ahnung, wie er an das Zeug kam oder warum er es plötzlich nahm. Und vor ein

paar Tagen hat er sich eine Überdosis gespritzt. Ihr hattet einen Streit, wegen der Drogen. Du wolltest ihn überreden, dass er damit aufhört, nachdem du schon deine Mutter an Somorin verloren hast. Er wurde wahnsinnig wütend und stürmte aus deiner Wohnung. Und am nächsten Morgen war er tot. Er hätte sich mit absoluter Sicherheit keine Überdosis gesetzt, wenn du bei ihm gewesen wärst. Es war sonnenklar, dass du die Schuld an seinem Tod trägst.
Du hattest gehofft, in seinem Vermächtnis Antworten zu finden. Aber das wird jetzt warten müssen. Erst musst du einen Weg finden, dem Schrammenschreck zu entkommen. Es zählt jede Minute, das hatte der sonderbare Priester doch gesagt. Dir ist klar, dass du nur eine begrenzte Zeit ohne Schlaf aushalten wirst. Irgendwann wird sich dein Körper sein Recht holen, ganz gleich, ob der Schrammenschreck ohnehin versucht, dich zum Schlafen zu bringen. Da du keine andere Option siehst, solltest du vielleicht diesen Cosmar suchen, und das schnell, und dann hinter dich bringen, was auch immer erforderlich sein mag, um aus diesem Albtraum zu entkommen.
Du brichst sofort auf, um Cosmar zu suchen.
Ändere das Codewort VERWALTUNG zu 409 und das Codewort SCHLAMASSEL zu 185.
Lies jetzt **Anleitung Teil 1** (Seite 429), wenn du diese noch nicht kennst. Anderenfalls kannst du auch gleich bei **185** weiterlesen.

550 Du springst über die enge Stelle des Flusses und erreichst unbeschadet und trocken das andere Ufer des Eridanus. Dort ist eine Blumenwiese. In der Ferne kannst du weiter flussaufwärts eine Mauer erkennen, wie von einem alten Garten oder einem Friedhof. Doch bevor du auch nur einen Schritt weitergehen kannst, ändert sich wieder alles – der nächste Albtraum. Du liegst plötzlich in deinem Bett in deiner winzigen Wohnung im Hafenviertel, das Licht ist aus, so als wärst du gerade zu Bett gegangen. Für einen Moment bleibst du einfach liegen, starrst die schmutzige Decke an und wartest ab, was geschieht. Der Angriff eines Mons-

ters? Oder gar des Schrammenschrecks? Stürzt die Decke ein? Nichts geschieht.
In der Nähe kannst du die typischen Geräusche des Hafenviertels hören – Signalhörner, Möwen, Straßenlärm, alles etwas gedämpft, weil deine Wohnung an der Rückseite eines Gebäudekomplexes liegt. Aus deiner Wohnung hörst du keine Geräusche, nicht einmal den kleinen Kühlschrank, der normalerweise vor allem summt und kaum kühlt. *Ein Dämon haust in diesem Schrank, er hütet deinen Zaubertrank.* Das war ein Reim, den Ringo sich ausgedacht hatte, als ihr kurz vor seinem Selbstmord lauwarmes Dosenbier in deiner Wohnung getrunken habt.
Dann: ein neues Geräusch, nein: Stimmen. Dein Radiogerät, es ist angesprungen. Du ziehst die Vorhänge zurück, die dein Bett von der restlichen Wohnung abtrennen, und stehst auf. Tatsächlich, das Radio läuft, Nachrichten aus Somorra: Der Polizeipräsident wurde ermordet, verdächtigt wird eine junge Polizistin. Du schaust dich um. Du bist allein. Niemand ist in deiner Wohnung. Nur das Radio dudelt weiter vor sich hin (»… und deshalb sucht die Polizei nach der jungen Frau, die verdächtigt wird, Polizeipräsident Meinhardt ermordet zu haben, als er …«)
Du schaltest es aus.
Willst du schauen, was mit dem Kühlschrank ist? (weiter bei **221**)
Oder legst du dich zurück in dein Bett? (weiter bei **95**)

551 Als er gegangen ist, lässt du dich auf eine Bank vor dem Polizeipräsidium fallen. Du hast ein Vermögen auf einem Sparbuch, ein riesiges Grundstück mit einer verfallenen Kirche und bist am Leben. Willst du den Glauben zurück nach Somorra bringen? Willst du die Kirche wieder aufbauen? Oder hast du andere Pläne? Alles liegt in deiner Hand. Du kannst machen, was du willst.
Du beschließt, erst einmal Mittagessen für Ringo und Sascha zu kaufen. Wie es weitergeht, wirst du noch früh genug entscheiden.
Dieses Abenteuer hast du überstanden. Herzlichen Glückwunsch – du hast das bestmögliche Ende erreicht!
Notiere dir, dass deine Grundpunktzahl 100 beträgt. Wenn du willst, lies jetzt die Auswertung auf Seite 445.
Und wenn du noch Lust auf mehr hast: Konrad der Priester muss beerdigt werden. Wenn du das jetzt oder auch später tun willst, dann lies weiter bei **194**. Dort findest du ein kleines Bonusabenteuer.

552 Du reißt den Buchrücken auf und findest dort eine handschriftliche Notiz unterhalb des Einbands:
»Sieh mich an. Jetzt sitze ich da und warte auf den Tod. Stell dir vor, du würdest träumen, und dann kommt das böse Erwachen.«
Hinweis: Dieser Satz führt dich, richtig angewandt, zu einem bestimmten Abschnitt. Du weißt, dass du richtig bist, wenn er mit den folgenden Worten beginnt: »Nachdem du nicht ohne Waffen weitergehen willst, …«
Was willst du als Nächstes machen?
Den Raum gründlich durchsuchen? (weiter bei **510**)
Das Skelett noch einmal gründlich untersuchen? (weiter bei **44**)
Ohne Waffen weitergehen? (weiter bei **318**)

553 Du versuchst, zu erwachen. Klammere dich an die Realität. Wie heißt der Mann, in dessen Auftrag du hier bist?
Waldo? (weiter bei **529**)
Ewald? (weiter bei **561**)

554 Als du die Lagerhäuser fast erreicht hast, wirst du plötzlich von der Seite angerempelt. »Heda, aufpassen«, blafft ein schmächtiger Mann mit zerrissener Kleidung und schmutzigem Gesicht. Er stolpert fast über seinen schmutzig-schwarzen Hund und tritt ihm dann in die Seite. Der Hund jault auf und springt davon. »Nicht nur dein Weg!« Der Mann fuchtelt mit dem Zeigefinger vor deinem Gesicht herum. »Bin heute schon den ganzen Tag auf den Beinen. Kann so ′ne frechen Gören wie dich echt nicht ertragen.« Du versuchst, an ihm vorbeizugehen, aber er tritt dir wieder in den Weg. »So ′ne Sachen kannst du hier nicht machen, weißt du. Jetzt zeig ich dir mal …«
Seine Augen glühen rot auf. Er dreht sich kurz weg und bückt sich nach einem Kleiderbündel, das hinter ihm auf dem Boden liegt, wo er nach etwas wühlt. Plötzlich mementomori würgt er, als müsste er sich übergeben und krümmt sich. Schreckliche Geräusche kommen aus seinem Rachen, da beginnt er heiser zu lachen und richtet sich abrupt auf – er hat plötzlich ein anderes Gesicht, Bart, spitze Zähne: der Schrammenschreck. Er fällt über dich her und beendet dein Leben.
Ungerecht? Das ist Somorra.

555 Eine Vorratskammer wirst du hier nicht finden. Du sinkst zurück in den Traum, wo der Schrammenschreck schon wartet. Er tötet dich.
Ungerecht? Das ist Somorra.

556 Du erreichst den Ausgang der Höhle und schwimmst hindurch. Auf der anderen Seite ist das Wasser klar. Weit über dir kannst du verschwommen die Sonne sehen. Du schwimmst nach oben und kurz darauf brichst du durch die Wasseroberfläche. Das Ufer ist nicht mehr weit und du schwimmst an Land.
Weiter bei **228**.

557 »Beim Klabautermann, warum das denn? Oh, nun, das ist wirklich schade. Wohl doch kein so richtiger Profispieler.« Block kratzt sich am Kopf und schaut dann in einen kleinen Taschenkalender. »Wir sollten jetzt mal schauen, dass wir weiterkommen. Ich muss noch mit der Gräfin unter vier Augen sprechen, wenn es recht ist.« Er schiebt dich zur Tür hinaus und knallt sie hinter dir zu. Dort wartest du und hoffst, dass schon alles gut gehen werde. Leider geht nichts gut.
Weiter bei **5**.

558 Du kannst deinen Ekel nicht überwinden. Dein Leben mag davon abhängen – aber einen Finger dieser Hand zu essen erscheint dir schlimmer als der Tod.
»Bitte«, sagt der Priester. »Du wirst dem Schrammenschreck nicht entkommen. Ich flehe dich an, iss sie.«
Willst du sie doch essen? (weiter bei **456**)
Oder weigerst du dich weiterhin? In diesem Fall gibt es nichts mehr, was der Priester für dich tun kann und du verlässt das Lagerhaus. Vielleicht findest du doch noch jemanden, der dir hilft, ohne dass du Teile von alten Zombiehänden essen musst.
Weiter bei **212**.

559 Leider hast du kein solches Ei.
Da liegt dein Freund, friedlich schaut er aus, und du kannst nichts tun, um ihm zu helfen. Du versuchst, ihn wachzurütteln, doch er regt sich nicht. Es gibt für dich keinen Weg, ihn zu retten, zumindest nicht in diesem Leben.
In diesem Moment sagt der sterbende Schrammenschreck plötzlich etwas, das du nicht recht einordnen kannst: »Uhr dem Mann geben.« Du schaust in seine Richtung – da steht eine Frau und nimmt vom Schrammenschreck die Taschenuhr entgegen, die du vorher auf dem Tisch gesehen hast. Von einem Augenblick auf den nächsten verschwindet sie wieder und der Schrammenschreck bricht zusam-

men. Du gehst hin. Er ist tot. Sein Leichnam fängt Feuer, unglaublich heißes, rotgelbes Feuer, so heiß wie das Feuer der Hölle, und verbrennt. Er verbrennt so vollständig, so rückstandslos, dass nichts übrigbleibt. (Wenn du noch einen Beweis brauchst, dass du einen Dämon getötet hast: Hier findest du ihn nicht.)
Ändere das Codewort KÄFIG zu 10.
Weiter bei **183**.

560 Ändere das Codewort AUFTRAG zu 167.
Gegenüber der schwarzen Fassade des »Reich der Ran« befindet sich ein kleines, freistehendes Fachwerkhaus. Über der Eichentür hängt ein rostiges Schild, das ein Frauengesicht mit herausgestreckter Zunge zeigt. Hier ist der Verwaltungssitz von Ruben Pick. Du umrundest einmal das Gebäude und findest tatsächlich im hinteren Bereich ein offenes Fenster. Du vermutest, dass es in ein weiteres Zimmer führt, das hinter dem liegt, in das du durch die Vordertür gelangen würdest. So unauffällig wie möglich näherst du dich dem offenen Fenster und schaust in das Zimmer. Es ist ein unordentliches Büro. Du kannst nur einen kleinen Teil des Zimmers überblicken. Soweit du sehen kannst, hält sich dort niemand auf.
Willst du durch das offene Fenster einsteigen? (weiter bei **327**)
Oder willst du an die Tür klopfen und eine erfundene Geschichte erzählen? (weiter bei BLOCK)
Oder willst du einfach laut um Hilfe rufen? (weiter bei **143**)

561 Es gelingt dir, den Traum zu verlassen und du erwachst. Von dem Mann ist nichts mehr zu sehen.
Du schreitest die Lagerhäuser ab, die mit Firmen- und Produktnamen beschriftet sind (»All-In-Heaven-LAGER«, »Somorra Institute« oder »Zombiestoff-Brauerei«). Anhand Ewalds Beschreibung fällt es dir leicht, das richtige Lagerhaus ausfindig zu machen. Es ist das einzige, das keinerlei Beschriftung trägt, ein unscheinbares, flaches Metallhaus, das langgestreckt direkt am Ufer liegt.

Was willst du machen?
Herausfinden, ob das Gebäude leer ist? (weiter bei **225**)
Es von außen anzünden? (weiter bei **352**)
Versuchen, in das Innere vorzudringen, um es von innen anzuzünden? (weiter bei **82**)

562 Im Gesicht des Dealers zeichnet sich Schrecken ab. »Ey, scheiße, Alter. Stock und Stein. Wir haben uns nie gesehen, klar?«
Er springt auf und rennt weg.
Sascha sagt: »Wow. Echt fies. Was hältst du davon?«
»Ich habe keine Ahnung«, sagst du. »Lass uns weitergehen.«
Weiter bei **592**.

563 »Ist das so?«, fragt der Engel. »Nun gut. Lebe wohl.« Er erhebt sich und verschwindet in der Pforte. In dem Moment, in dem er hindurchgeschritten ist, verschwinden Pforte und Engel und du stehst nur noch auf der Wiese. Du wartest noch eine Weile, doch nichts geschieht mehr. Irgendwann fängst du an, den Rand der Wiese zu suchen, und irgendwann stellst du fest: Die Welt der Träume ist unendlich. Diese Wiese hat kein Ende, sie grenzt an nichts. Es gibt keinen Weg zurück. Irgendwann schläfst du erschöpft ein, und in deinen Träumen wartet schon der Schrammenschreck, um dich endlich zu holen. Dein Abenteuer endet hier.
Ungerecht? Das ist Somorra.

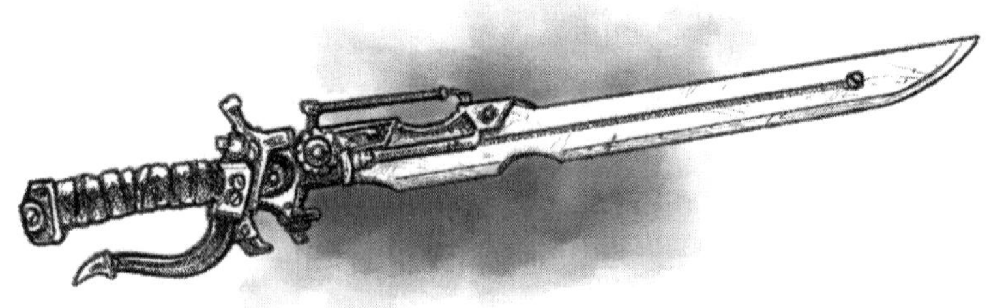

564 »Ach so«, antwortet Sascha und zuckt mit den Schultern. »Dachte, du bist wer anders. Egal.«
»Wer soll ich denn sein?«
»Weiß auch nicht.« Sie hebt kurz die Hand, als wollte sie winken, und überlegt es sich dann doch anders. »Mach's mal gut. Bis bald oder so.« Damit lässt sie dich stehen und geht ihrer Wege.
Weiter bei **386**.

565 »Ach ja, der Typ, wo sich selbst verletzt hat. Ihr Aufenthalt ist noch für zehn Tage bezahlt. Wir können Sie noch nicht gehen lassen«, sagt die Blondine. »Würden Sie bitte warten, ich lasse Jeff holen.«
»Wer ist denn Jeff?«
»Das ist der Pfleger, wo sich um Patienten kümmert, die selbst nicht wissen ... hallo?« Sie hat plötzlich einen Telefonhörer in der Hand. »Hallo? Ja, Jeff, kommst du? Der Typ mit den Wunden, die, wo er sich selbst gemacht hat ... du müsstest ihn ... ja, okay, bis gleich!«
Eines ist dir klar: Du wirst nicht warten, bis Jeff da ist.
Willst du versuchen, die Glastür aufzubrechen? (weiter bei **527**)
Oder stürmst du hinter den Tresen in der Hoffnung, dort einen Schlüssel oder etwas anderes zu finden, um die Tür zu öffnen? (weiter bei **576**)

566 Wer da eintritt, du traust deinen Augen kaum, bist du selbst.
Dein Abbild ist durchscheinend, als wäre es eine Projektion, oder ein Geist, wie zuvor Cosmar.
»Nun mach schon deinen Mund zu«, sagt dein Ebenbild.
Es hat sogar deine Stimme. Du schließt deinen Mund.
»Als du den Finger gegessen hast, bist du ein hohes Risiko eingegangen. Du hast dich auf ein Spiel eingelassen, das schlimm für dich enden kann. Du hast einen Teil deiner Seele geopfert, um die Schrammenwelt betreten zu können. Das hat dich zu einer Kreatur

dieser Welt gemacht, einem Wanderer. Und ich bin dieser Teil deiner Menschlichkeit, der von dir getrennt wurde. Du kannst diese Welt nicht mehr verlassen, es sei denn, du findest einen Weg, den Prozess rückgängig zu machen.«

»Was … was hat das mit dieser Barriere zu tun?«

»Du hast ein Unrecht gegen dich selbst verübt, gegen deine Seele, wenn du so willst. Mach dieses ungeschehen und du wirst dein Leben als Mensch zurückerhalten. Anderenfalls wirst du bis in Ewigkeit als Wanderer in der Zwischenwelt leben – bis dich der Schrammenschreck oder eines seiner Wesen erwischt.«

»Also gut. Was muss ich tun?«

»Diese Prüfung wird erst später stattfinden. Du darfst die Barriere passieren. Doch es wird der Moment kommen, in dem es scheinen mag, als hättest du das Schlimmste überstanden, als wären die Schrecken dieser Welt nicht länger bedrohlich, die Brandwunde die letzte aller Schrammen. Zugleich wird es scheinen, als seist du wieder in einem Traum. Es wird ein Traum sein, aus dem du nicht erwachen kannst. Doch wenn du dann weitergehst, wirst du ein Wanderer bleiben.«

»Für immer? Aber wie …«

Dein Ebenbild hebt die Hand.

»Nicht nur für immer. Für ewig. Ein Wanderer kann nicht sterben, außer durch die Hand des Schrammenschrecks. Du wärst ein Verdammter, gezwungen, auf ewig in den Ebenen der Zwischenwelt zu wandeln. Es gibt nur einen Weg, deine Seele zurückzugewinnen: Du musst dich genau andersherum verhalten. Statt zu erwachen, musst du den Traum umklammern, mit aller Gewalt. Versuche, noch fester zu schlafen, in genau dem Moment, den ich dir gerade geschildert habe. Verstehst du?«

Dein Ebenbild beginnt zu verblassen.

»Halt!«, rufst du. »Warte! Woher weiß ich, wann der richtige Moment gekommen ist? Und was genau muss ich ...«

»Du wirst es …«

Das waren die letzten Worte, dein Ebenbild ist verschwunden. Du bist wieder allein.
Die Tür schwingt nach hinten auf. Du darfst die Barriere passieren. Wenn du an der Stelle bist, wo du tun musst, was dein Ebenbild dir gesagt hat, musst du an einem anderen Abschnitt weiterlesen – und zwar sofort. Du erkennst, dass du am richtigen Abschnitt angekommen bist, wenn er mit dem Wort ‚Dein Ebenbild' beginnt. Notiere das. Verpasst du den Moment, wird es keine Gelegenheit mehr geben, deine Seele zurückzugewinnen.
Notiere dir neben dem Codewort SANDUHR die Zahl 585.
Weiter bei **51**.

567 Der Gegenstand aus Silber ist kaum im Wasser des Styx versunken, da leuchtet der Edelstein bunt auf. Einen Moment später liegt ein Gegenstand vor dir auf dem Boden.
Es ist ein zufälliger Gegenstand. Lies bei einem beliebigen der folgenden Abschnitte weiter, um herauszufinden, um welchen Gegenstand es sich handelt.
Abschnitt **94.**
Abschnitt **294.**
Abschnitt **430.**
Abschnitt **88.**
Abschnitt **131.**
Abschnitt **277.**
Abschnitt **572.**

568 Ihr erwacht, und von dem Mann ist nichts mehr zu sehen. Ihr schreitet die Lagerhäuser ab, die mit Firmen- und Produktnamen beschriftet sind (»All-In-Heaven-LAGER«, »Somorra Institute« oder »Zombiestoff-Brauerei«). Anhand Ewalds Beschreibung fällt es euch leicht, das richtige Lagerhaus ausfindig zu machen. Es ist das einzige, das keinerlei Beschriftung trägt, ein unscheinbares, flaches Metallhaus, das langgestreckt direkt am Ufer liegt.

»Woher wissen wir, dass niemand mehr im Haus ist?«, fragt Sascha.
Du zuckst mit den Schultern.
Was wollt ihr machen?
Herausfinden, ob das Gebäude leer ist? (weiter bei **71**)
Es von außen anzünden? (weiter bei **118**)
Versuchen, in das Innere vorzudringen, um es von innen anzuzünden? (weiter bei **429**)

569 »Passagier möchte aussteigen«, sagt da Gusti zu dem anderen Mann, der mit euch in dem Korb sitzt. Er ist kein anderer Gast, wie dir zu deinem Schrecken klar wird, sondern ein Sicherheitsmann. Er erhebt sich, packt dich – sein Griff ist eisern – und stößt dich aus dem Korb. Du fällst nicht sehr tief, doch landest du kopfüber im Flammenfluss. Binnen eines Lidschlags bist du verbrannt.
Ungerecht? Das ist Somorra.

570 Du trittst unter dem Torbogen durch. Es ist, wie du vermutet hast: Auch hier sind die Lichtverhältnisse einigermaßen gut.
Bevor du reagieren kannst, merkst du, dass du nicht allein bist. Hier kauert eine ganze Gruppe von Wesen, die lange Schatten an die hintere Wand werfen, obwohl du durch sie hindurchsehen kannst. Sie sind bewaffnet bis an die Zähne: Schwerter, Bögen, große Äxte, schwere Holzschilde. Du bist so unbedacht in den Raum gestolpert, dass du schnell entscheiden musst, ob sie eine Gefahr für dich darstellen.
Weiter bei **150**.

571 »Das ist eine hervorragende Frage. Der Schrammenschreck ist mächtig, sehr mächtig. Es gibt nicht viel, was er fürchten muss. Das eine ist Cosmar. Das andere bist du. Er hat lange nach dir gesucht.«

»Er fürchtet … mich? Warum sollte er?«`
»Es liegt an deiner Herkunft. Du …«
Plötzlich ist dir, als würde der Priester *flackern*, wie eine Kerzenflamme.
»Entschuldige, ich muss gehen. Wir werden uns wiedersehen.«
Damit lässt er dich stehen und verlässt deine Wohnung.
Nachdem der Priester gegangen ist, gibt es keinen Grund mehr, noch lange in der Wohnung auszuharren. Dir ist klar, dass du nur eine begrenzte Zeit ohne Schlaf aushalten wirst. Irgendwann wird sich dein Körper sein Recht holen, ganz gleich, ob der Schrammenschreck ohnehin versucht, dich zum Schlafen zu bringen. Es gilt also, diesen Cosmar schnell zu finden und dann hinter dich zu bringen, was auch immer erforderlich sein mag, um aus diesem Albtraum zu entkommen.
Du brichst sofort auf, um Cosmar zu suchen.
Ändere das Codewort VERWALTUNG zu 409.
Weiter bei **185**.

572 Vor dir liegt das Ei eines Phönix. Extrem selten, extrem geheimnisvoll. Pack es ein, vielleicht kannst du es nachher noch brauchen. Ändere das Codewort KÄFIG zu 331, wenn das dort nicht schon steht. Notiere den Fund auf deinem Abenteuerbogen.
Charon hebt die Augenbrauen. »Ja so etwas. Wie nützlich.«
Er gibt dir den Flegel zurück, setzt sein Boot wieder in Bewegung und steuert es über den Styx. Du setzt deinen Weg fort.
Weiter bei **106**.

573 Im Vorübergehen steckst du die Kette ein, danach verlässt du den Laden. Niemand hat etwas bemerkt.
Du machst dich auf den Weg zu Ruben Picks Amtssitz.
Weiter bei **176**.

574 Das Reich der Ran handelt mit jungen Frauen, Männern und allem anderen, das Lust bereiten kann. Es handelt nicht mit Waren in Lagerhäusern. Der Traum umfängt dich wieder und kurz darauf fällst du dem Schrammenschreck in die Hände.
Ungerecht? Das ist Somorra.

575 Du nippst vorsichtig an der klaren Flüssigkeit. Es ist ein starker, aber dennoch sehr mild schmeckender Schnaps, der einen angenehmen Nachgeschmack hinterlässt.

Verschwörerisch beugt sich die Bardame dir zu. »Ich bin Molly. Feiner Tropfen, oder? Den braue ich selbst, zusammen mit dem Langen Johann. Also, eigentlich braut ihn der Lange Johann, drüben in einem der Lagerhäuser. Bloß nichts dem Ruben Pick verraten! Die Einzigen, die davon wissen, sind außer uns noch Schwarzbart und der alte Finn. Und natürlich Kunden wie du, an irgendwen müssen wir den ja verkaufen.«

Du nickst und versuchst, das Gespräch wieder auf Ruben Pick und den Alten Hafen zu lenken.

»Ah, der Hafen, ja, der wird von Pick regiert. Hast du schon die Statue gesehen, die er aufgestellt hat? Er denkt, er ist ein König oder sowas. Aber ohne seine Billigung passiert hier gar nichts, das kannst du mir glauben. Wenn du hier mit deinem Schiff anlegst, musst du zu allererst ihn bezahlen, und das nicht zu knapp. Wer die Zeche nicht zahlt, dem schickt Pick seine Schlägermeute auf den Hals. Mein Chef, der Advokat Coppelius, sagt immer, dass Pick eines Tages an seiner Gier ersticken wird. Ich glaube eher, dass er ewig leben wird, der zähe alte Hund. Wenn er aber einmal stirbt, dann wird das richtig interessant, denn Söhne hat er keine, nur eine Tochter, über die man sich wilde Geschichten erzählt. Und sein Verwalter, dieser Block, hat nicht das Rückgrat, um den Hafen zu leiten. Der versteckt sich immer hinter seinen Büchern und Paragrafen. Der arbeitet nur, wenn man ihm zuerst Geld gibt, und dann aber auch nur, wenn es in seinem Hafengesetz vorgesehen ist.«

Einer der Gäste, der in der hintersten Ecke des Raumes sitzt, meldet sich lautstark zu Wort.

Molly stöhnt leise auf, packt die Flasche, aus der sie dir soeben eingeschenkt hat, und bringt sie dem Mann. Danach stellt sie sich wieder hinter ihren Tresen und wischt wie zuvor weiter. Euer Gespräch ist beendet.

Hier gibt es für dich nichts mehr zu holen. Du verlässt die Bar wieder.
Weiter bei **287**.

576 Die Blondine kreischt auf, als du dich hinter den Tresen schwingst und beginnst, die Schubladen zu durchwühlen. »Lassen Sie mich! Lassen Sie mich!« Sie deutet auf einen Schalter, der in Höhe ihres Sprunggelenks an einem Aktenbock angebracht ist. »Da! Das ist der Schalter, wo …«
Sie springt auf und flüchtet.
Du drückst den Schalter und die Glastür schwingt auf.
»Halt! Stehen bleiben!« Ein Pfleger kommt angerannt, wahrscheinlich Jeff. Du springst wieder über den Tresen und rennst durch die offene Tür.
Vor der Tür prallst du mit einem Mädchen zusammen – oder vielleicht ist es auch eine junge Frau? Du bist dir nicht sicher, aber du kennst sie. Es ist Sascha Lefevre, die ebenfalls an Albträumen zu leiden scheint, wie du sehen konntest. Ihr geht beide zu Boden.
»He, Schnuppernase, pass doch auf!«, ruft sie und lächelt kurz. »Sorry, muss weg! Mach's mal gut, ja?« Sie springt auf und rennt weiter. Du schaust ihr einen Moment hinterher, dann ist sie verschwunden.
Weiter bei **386**.

577 Du suchst Maurizios Wohnung auf. Er wohnt dort nicht mehr. Von einer Nachbarin mit Haaren wie eine Pusteblume erfährst du, dass er Somorra vor kurzem verlassen hat. Allerdings hat er ihr etwas für dich gegeben. Sie gibt dir einen aufgerissenen Briefumschlag.
Als die Pusteblumenfrau deinen Blick sieht, sagt sie: »Äh, ja, also, der war schon offen. Den hat bestimmt Maurizio geöffnet, kleiner Ganove der er war. Ist aber auch eh kein Geld drin. Hat sich nicht gelohnt, den aufzureißen.«

In dem Briefumschlag findest du ein Tape und ein Abspielgerät mit ein paar Batterien. Auf einer Parkbank legst du das Tape ein und drückst auf Wiedergabe.
Du hörst Ringos Stimme.
»Mein lieber Freund. Es tut mir so leid. Ich werde in meinen Träumen heimgesucht. Vielleicht werde ich wahnsinnig, vielleicht ist es ein Denkwürdiger, vielleicht ein weiteres Geheimnis von Somorra. Er hat mir verraten, dass du sein nächstes Opfer sein wirst. Ich bin ratlos. Meine letzte Hoffnung: Somorin. Man sagt, die Droge öffne den Weg zu ihm. Vielleicht lässt er uns dann endlich in Frieden, oder vielleicht finde ich sogar einen Weg, ihn zu bekämpfen. Ich weiß, du wirst es nicht verstehen und du wirst dir die Schuld geben. Aber sei versichert: Dich trifft keine Schuld. Leb dein Leben und vergiss mich nicht, denn wenn du dieses Tape erhalten hast, bin ich nicht mehr am Leben. Mach's gut, mein Freund.«
Danach kommt Musik, und da verstehst du: Ringo hat dir ein Mixtape zusammengestellt, eine Sammlung seiner liebsten Stücke. Musik aus dem Untergrund, Straßenmusiker, Überlebenskünstler, Randfiguren wie ihr.

Somorra. Stadt der Träume
Rote Augen, lange Krallen
Nachtgewand, dunkle Säume
Böse Träume, tiefes Fallen
Ich hol auch dich! Ich hol auch dich!
Hörst du's hallen, widerlich.

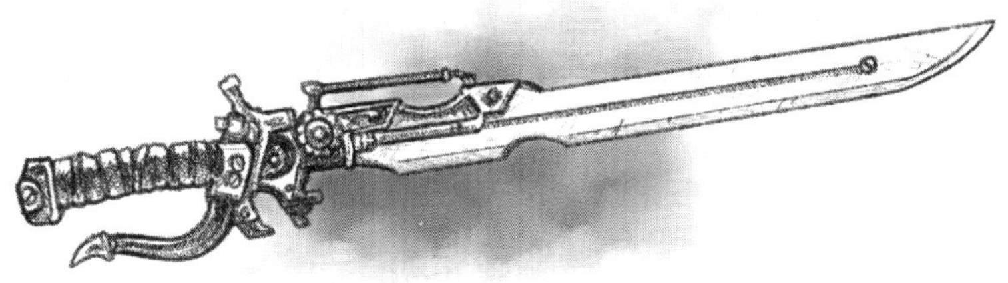

578 »Das hier ist eine Amtsstube, nicht die Börse. Guten Tag.« Damit verlässt er den Raum und zieht die Tür hinter sich zu. Block reicht dir noch einen Zettel, auf dem er deinen Termin vermerkt hat – der dir aber nichts mehr bringen wird – und begleitet dich dann zur Tür.

Du kannst heute nicht mehr hierher zurückkehren. Vor deinem Termin wird man dich nicht mehr einlassen.

Weiter bei **84**.

579 Die Tür der Hafenverwaltung ist verschlossen. Auf dein Klopfen hin öffnet sich eine kleine Klappe in Augenhöhe, dahinter siehst du die aufgequollene, rote Nase des Beamten Block.

»Ja?«

»Ich habe eine wichtige Ankündigung zu machen!«

»Aha. Haben Sie einen Termin?«

»Ich habe anzukündigen, dass die Gräfin Lichterheide in Kürze in Somorra eintreffen wird und Geschäfte mit Ruben Pick erledigen möchte. Als Beweis …«

»Was? Gräfin? Warten Sie mal … ich kenne Sie doch schon …«

Die Tür fliegt auf. Block mustert dich böse. »Was erzählen Sie mir denn hier von einer Gräfin? Wir haben hier noch mehr zu tun, als ständig belästigt zu werden! Kommen Sie mal rein!« Du wirst in einen wackeligen Stuhl gedrückt und wartest, als eine Tür an der Rückwand des Büros auffliegt und ein fetter Mann in das Büro von Block stürmt – Ruben Pick.

»Der Advokat Coppelius hat ihr einen Antrag gemacht! Da hol mich doch der Klabautermann! Wir müssen…« Sein Blick fällt auf dich. »Was macht der denn hier? Wir haben keine Zeit!«

»Äh, der ist ein Hausierer. Der klopft *die ganze Zeit* an meine Tür!«, antwortet Block und verschränkt die Arme.

Pick hält dir einen fleischigen Zeigefinger vor das Gesicht. »Hausieren verboten! Block, ruf die Bullen.«

Und so kommt es. Nur eine Minute später wirst du von zwei uniformierten Beamten abgeholt. Eine Gelegenheit zur Flucht ergibt sich nicht mehr, und auch von der Gräfin wollen Block und Pick nichts mehr hören. Die Polizisten bringen dich zum Schnellgericht von Somorra, wo du in dreiminütiger Verhandlung zu einem Monat Gefängnis wegen Hausfriedensbruchs, Hausiererei und Bettelei verurteilt wirst. Das Ende deiner Strafe wirst du jedoch nicht mehr erleben – der Schrammenschreck erwischt dich lange vorher. Ungerecht? Das ist Somorra.

TANZ DER TEUFEL

MIT: COSMAR PERLENA CHARON

UND DEN SIEBEN DÄMONEN DER TODSÜNDEN

2. Teil: Tanz der Teufel

580 In deinem Kopf hörst du, ganz leise, eine Melodie. Wer singt da? Von einem Kind, das brav sein und schlafen soll, sonst kommt der … du versuchst es zu verstehen, die Augen geschlossen.
Werd jetzt lieber nicht so keck, es holt dich sonst der Schrammenschr …
Du reißt die Augen auf. Der Geschmack auf deiner Zunge ist widerlich. Du kannst den Finger noch schmecken. Irgendwie musst du geschafft haben, einen ausreichenden Teil zu verspeisen.
Du liegst in einer Höhle mit feuchten Steinwänden. Es ist kalt und es ist dunkel, doch von weiter unten siehst du einen Lichtschimmer. Unten? Jetzt fällt dir auf, dass du auf einem Treppenabsatz liegst, nicht in einer Höhle. Stufen führen nach unten, und von dort kam auch die Stimme, die du gehört hast. Jetzt singt sie wieder, dieses Mal ein anderes Lied.
Das Lied der Geister bringt der Wind …
Du schleichst in Richtung des Lichts und des Gesangs, wohin auch sonst? Noch kannst du nicht sehen, wer da ist. Weiter vorne münden die Stufen in einen Raum oder einen anderen Gang.
Ei, tanz mit mir, und tanz geschwind …
Auf dem Steinboden ist etwas eingeritzt. »Erster Kreis der Hölle«, steht da. Endlich kannst du um die Ecke schauen.
Hinein ins fahle Geisterland …
Und da steht er, der die Jagd auf dich eröffnet hat: der Schrammenschreck. Und er tanzt mit einer jungen, hübschen Frau, die du nur von hinten sehen kannst. Er dreht sie einmal, dann noch mal, und ein drittes Mal, und plötzlich sind beide verschwunden und du bleibst allein an diesem Ort zurück.

Du weißt nicht, was du da gerade beobachtet hast, vielleicht einen Albtraum eines anderen Menschen? Du fühlst jedoch, dass es nichts mit deinem Abenteuer zu tun hat, und so folgst du einfach dem Gang. Du hoffst, Cosmar hier zu finden.
Gleichzeitig geht dir die Frage nicht aus dem Kopf, was der Verzehr des Fingers wohl bei dir bewirkt hat. Hat er dich einfach in diese Welt versetzt – oder hat er zusätzlich etwas in dir verändert? Vermutlich wirst du es irgendwann herausfinden.
Weiter bei **524**.

581 Du klopfst, doch nichts geschieht. Von draußen rufst du: »Feuer! Feuer! Ein Lagerhaus brennt!«
Die Klappe an der Tür wird aufgeschoben. »Hauen Sie endlich ab. Sie verschrecken ja die Kundschaft!«
Du beschließt, nun doch durch das offene Fenster einzusteigen.
Weiter bei **327**.

582 Du reißt die Augen auf und erwachst, stehend, das Buch noch immer in der Hand. Schon wieder ein Traum …
Dein Blick fällt auf das kopflose Skelett. Es sitzt da wie zuvor und macht keinen Mucks. Nach einer Weile gelingt es dir, den letzten Angriff des Schrammenschrecks zu vergessen und dich wieder auf dein Abenteuer zu konzentrieren, vor allem auf das, was du in dem mysteriösen Notizbuch des alten Schaustellers gelesen hast, von seiner Waffenkammer, dem Läuterungsberg, den fünf Flüssen. Und all das existiert unterhalb der Stadt, in dieser … Zwischenwelt? Wo bist du nur gelandet? Und was sind das für Wesen, von denen du in dem Bestimmungsbuch gelesen hast? Was sollen all diese Aufzeichnungen bringen, wenn sie dir nicht verraten, wie du den Schrammenschreck besiegen kannst? Und selbst wenn du wüsstest, wie du ihn besiegen kannst – musst du dich erst durch eine Armee monströser Kreaturen kämpfen, um ihn zu finden? Außerdem – wo sind die fehlenden Seiten des Bestimmungsbuchs? Und was hat es mit

den einheitlichen Kriterien der Wesen auf sich, die du ebenfalls erst noch finden musst? Du seufzt.
Lies jetzt **Anleitung Teil 2** (Seite 433).
Wenn du diesen Teil der Anleitung schon kennst, kannst du auch gleich bei KNOCHENMANN weiterlesen.

583 Plötzlich hörst du laute Stimmen in der Nähe – ein Pulk von Menschen nähert sich, darunter Polizeibeamte und Wachleute. Sie umringen einen dicken Mann – Ruben Pick, Chef der Hafenverwaltung.
»Der muss hier irgendwo sein, dieser Unruhestifter! Wenn ich den Dösbaddel erwische …« Er hat die Faust erhoben, sein Gesicht ist knallrot.
Du hast die merkwürdige Gewissheit, dass er dich sucht. Doch dieses eine Mal hast du Glück: Die Meute biegt in eine Straße ab und ist schon bald nicht mehr zu hören. Du atmest durch.
Endlich kannst du dich wieder der Statue zuwenden. Die lebensgroße Nachbildung des Verwalters steht auf einem Steinsockel. Auf den ersten Blick wird nicht offenbar, wo ein Schloss sein könnte, in das der Schlüssel passen würde.
Du beginnst mit der Suche nach dem Schloss. Es dauert fast eine Stunde, bis du entdeckst, dass im Mund der Statue ein kleines Loch ist. Du steckst den Schlüssel hinein. Er passt und lässt sich drehen. Eine Klappe im Steinsockel springt auf und gibt einen Einstieg frei. Treppen führen in die Dunkelheit hinab.
Bist du bereit, in die Dunkelheit hinabzusteigen, was auch immer dich dort erwarten mag?
Dann lies weiter bei **260**.
Du bist noch nicht bereit? Dann atme kräftig durch und sammle all deinen Mut. Denn wenn du nicht weitergehst, holt dich bald Ruben Pick – oder der Schrammenschreck.

584 Die Wirkung des Fischfasch lässt nach. Gerade warst du noch in der Lage, unter Wasser zu atmen, doch als du wieder Luft holen willst, strömt plötzlich Wasser in deine Lungen. Du hast keine Chance, noch aufzutauchen, sondern sinkst auf den Grund des Flusses und ertrinkst.
Ungerecht? Das ist Somorra.

585 Das Brennen an deinem Finger wird immer schlimmer und greift auf deine ganze Hand über, dann den Arm. Schreckliche Schmerzen jagen durch deinen Körper, als erst deine Schulter, dann die Brust, schließlich dein ganzer Körper in Flammen steht. Du verlierst die Besinnung.
Du kommst wieder zu dir und schlägst die Augen auf. Über dir steht ein Mann, den du schon einmal gesehen hast: Charon, der Fährmann. Du bist nicht länger in der Halle des Schrammenschrecks, sondern wieder in den Ebenen der Zwischenwelt.
»Na endlich. Ich dachte schon, das wird nicht mehr. Ich muss wieder.«
Er besteigt sein Boot und will ablegen.
»Warte, was …«
»Du bist jetzt einer von uns. Ein Wanderer, so wie Konrad. Viel Glück.«
Er legt ab.
Und du? Du bleibst allein am Ufer zurück, wo du bis ans Ende der Ewigkeit nach Antworten suchen wirst, obwohl du nicht mal alle Fragen kennst. Die einzige Erlösung, auf die du hoffen darfst, ist der Tod durch die Hand des Schrammenschrecks.
Ungerecht? Das ist Somorra.

586 Die Kiste ist nicht verschlossen.
Du findest darin eine der fehlenden Seiten aus Cosmars Notizbuch, und zwar die Seite, die sich mit Spinnenwesen beschäftigt. Du kannst sie dir jetzt unter *Fehlende Seiten Teil 3: VII Spinnen-*

artige Wesen ansehen (Seite 465). Kreuze an, dass du sie gefunden hast.
Willst du jetzt Charon für die Überfahrt bezahlen (sofern du einen Charonstaler hast)? (weiter bei **290**)
Willst du dich erkundigen, was du ihm stattdessen geben kannst? (weiter bei **105**)
Wenn du willst, kannst du auch erst noch der Uferlinie folgen. Vielleicht gibt es hier ja noch etwas zu entdecken. (weiter bei **395**)

587 Der Priester räuspert sich. »Es wird Zeit für mich. Viel Glück. Und: Finde deinen Glauben, du wirst ihn brauchen.«
»Aber ich habe noch so viele Fragen!«
»Meine Zeit läuft ab. Beeile dich. Für eine Frage könnte es noch reichen.«
»Woher wissen Sie, dass ich diese Träume hatte?« (weiter bei **426**)
»Wieso haben Sie Cosmar nicht schon selbst gesucht?« (weiter bei **259**)
»Warum will der Schrammenschreck gerade mich?« (weiter bei **571**)
»Was hat es mit dem gelben Zeug auf sich, das in meine Adern gesickert ist?« (weiter bei **414**)

588 Zum Vorschein kommt eine abgeschnittene, halbverrottete Hand, der vier Finger fehlen. Sie hat nur noch den Ringfinger.
Der Finger zuckt.
Der Priester holt ein Klappmesser hervor. »Dann ist jetzt wohl der Ringfinger dran, nicht?« Er schneidet ihn mit einem energischen Schnitt ab. Mit einem weiteren Schnitt teilt er ihn in zwei Teile. Sowohl Hand als auch die Teile des Fingers zucken weiter. Blut fließt nicht. Er kramt eine Pipette aus seiner Umhängetasche, nimmt einen Tropfen Wasser auf und lässt ihn auf einen halben Finger tropfen. Zischend frisst sich die Flüssigkeit durch das verfaulte Fleisch, wie

Säure. Dann kippt er einen größeren Teil des Wassers darüber. Erneut Zischen. Nach einem Augenblick hat sich der Fingerteil aufgelöst und ist verschwunden, von ein bisschen Asche abgesehen.
»Jetzt bist du an der Reihe.« Der Mann nimmt den Rest des Ringfingers und legt ihn in die Mitte des Tischs. Das übrige Weihwasser füllt er in eine der beiden leeren Phiolen und gießt dann frisches Wasser aus einer Trinkflasche in die Schale.
»Ich bin mir nicht mal sicher, ob ich an Gott glaube«, sagst du. »Ist das nicht erforderlich?«
Der Priester zuckt mit den Schultern. »Es hilft schon. Aber für den Moment dürfte es genügen, wenn du an den Schrammenschreck glaubst, an Untote, an all die bösen Wesen der Zwischenwelt. Silber hilft zusätzlich. Und dir ist sicher klar: Wo Schatten ist, gibt es immer auch Licht, nicht? Ich kann dir noch etwas geben, damit es leichter wird. Warte.« Er zieht einen goldenen Ring vom Finger, in den ein lilafarbener Stein gefasst ist. »Für dich. Ich werde ihn nicht mehr brauchen. Nimm ihn, er tut nicht weh.«
Er gibt dir den Ring und du schiebst ihn über deinen Ringfinger. Er passt perfekt. »Ist das ein Zauberring?«
»Ein Priesterring, aber vielleicht ist das ja so etwas Ähnliches. Probier es einfach mal aus. Hier.« Er holt eine weitere Silbermünze heraus und legt sie in das Wasser. »Sprich folgenden Satz: ‚*Im Namen der Engel verbanne ich alles Böse aus diesem Wasser.*‘ Also los!«
Du gibst dir einen Ruck, sprichst das Gebet (oder den Zauberspruch) über das Wasser und wartest. Die Münze verschwindet, wie vorher bei dem Priester.
»Und jetzt?«
»Na, über den Finger damit.«
Du nimmst das Wasser und schüttest es über den restlichen Ringfinger. Binnen Sekunden hat er sich aufgelöst. Am meisten erstaunt dich, dass die Reaktion kaum schwächer ausfällt als vorher mit dem Weihwasser, das der Priester hergestellt hatte. Du füllst das verbleibende Weihwasser in die zweite leere Phiole.

»Wann immer du Weihwasser benutzt hast, solltest du darauf achten, es rechtzeitig aufzufüllen. Nimm meine Flasche, sie enthält genügend Wasser. Silber musst du selbst finden.«

Du hast zwei gefüllte Phiolen. Du kannst ab sofort jederzeit, sofern du einen beliebigen Gegenstand aus Silber hast, deine Phiolen mit Weihwasser auffüllen. Du wirst jedoch nicht mehr separat darauf hingewiesen.

Es eignen sich grundsätzlich alle Gegenstände aus Silber, auch Munition.

Vermerke auf deinem Abenteuerbogen, dass du den Priesterring bekommen hast.

»Momentan brauche ich aber keine große Angst vor Untoten zu haben. Hier kommt niemand rein oder raus«, sagst du.

Der Priester schaut sich in dem Kellerraum um. Es gibt keinen Ausgang. »Stimmt. Vielleicht kann ich dir auch damit helfen. Komm mal mit.«

Er führt dich in eine dunkle Ecke des Raums, die du bisher nicht beachtet hast. Dort stehen schiefe Regale und eine Seekiste. Er scheint etwas zu suchen, dann bleibt er vor einem verrosteten Kühlschrank stehen, der neben den Waffen und unterhalb der Kammer, in der ein kopfloses Skelett sitzt, wie ein Fremdkörper wirkt. Magneten halten alte Schmierzettel an der Tür fest. Er summt so laut wie ein Schwarm Hornissen.

»Oh toll!«, sagst du. »Vielleicht gibt es hier Dosenbier?«

»Vielleicht liegt die Zeit mit dem Dosenbier und der Trauer um Vergangenes ja auch endlich hinter dir. Meinst du nicht, dass du in deinem Leben mehr erreichen kannst, als nur Küchenhelfer zu sein und Dosenbier zu trinken?«

Du kannst nicht verhindern, kurz die Augen zu verdrehen. Er hört sich an wie der Vater, den du nie hattest.

»Also kein Dosenbier. Was ist jetzt mit dem Kühlschrank?«

»Gleich. Eines noch: Priester sind die Verteidiger des Glaubens. Die schlimmsten Feinde sind Dämonen. Erweise dich würdig, einer von uns zu werden, indem du mindestens einen tötest. Wenn du überlebst, wird der Moment kommen, in dem wir uns wiedersehen. Ich werde dann einen Beweis brauchen, dass du dämonische Wesen getötet hast. Halte Ausschau nach ihnen. Töte sie, und dann bring einen Beweis mit. Versprich mir das.«

»Mir wäre es lieber, ich würde keine Dämonen treffen.«

»Bitte. Es ist wichtig.«

»Ich weiß ja noch nicht mal, ob ich einen töten kann, selbst wenn ich die richtige Waffe wählen sollte.«

»Mach dir darüber keine Gedanken. Es genügt, wenn du einen Dämon mit einer Heiligen Waffe berührst, ein Untoter nur einen Tropfen Weihwasser abbekommt oder ein Werwesen von einer Silberkugel oder einem Silberbolzen gestreift wird. Und du wirst feststellen, dass auch gewöhnliche Tiere leichter zu besiegen sind, wenn man sich ihnen nur entgegenstellt. Dies ist die Welt der Alpträume. Ihre Wesen sind absolut tödlich, aber sie sind es nicht gewohnt, dass ihre Opfer zurückschlagen. Wähle die richtige Waffe und ich bin mir sicher: Du wirst überleben. Also, wirst du mir einen Beweis bringen, dass du einen Dämon getötet hast?«

Schließlich nickst du.

»Danke.«

»Was eignet sich denn als Beweis?«

»Alles. Schneide eine Klaue, ein bisschen Fell, ein Stück vom Horn ab. Und jetzt präg dir die Worte des Segensgebets noch einmal gut ein.«

Er lässt es dich mehrmals wiederholen. Du schließt kurz die Augen, um dich besser konzentrieren zu können.

Hinweis: Es ist nicht erforderlich, dass du das Gebet auswendig lernst. Es wird ab sofort unterstellt, dass du es beherrschst.

Als du der Meinung bist, es zu kennen, fragst du: »Also, wie geht es weiter?«, und öffnest die Augen wieder.

Der Priester ist weg. Das Einzige, was daran erinnert, dass ihr euch gerade noch in diesem Keller unterhalten habt, sind das Weihwasser in deinem Rucksack, die verstümmelte, fingerlose Hand auf dem

Tisch und der Priesterring an deinem Finger. Du hast den restlichen Keller schnell durchsucht: nichts. Du prüfst sogar noch einmal den verschütteten Ausstieg in Cosmars Raum. Er ist weiterhin versperrt von Schutt und Geröll. Der alte Mann ist tatsächlich verschwunden, und zwar genauso geräuschlos wie er vorher hier aufgetaucht war. Du bist wieder allein.

Da du nicht viele Optionen hast, wendest du dich wieder dem Kühlschrank zu. Vielleicht gibt es ja doch wenigstens Dosenbier. Du öffnest die Tür. Zu deinem Erstaunen scheint die Innenbeleuchtung noch zu funktionieren. Er ist leer, doch auf den zweiten Blick merkst du, dass nicht die Beleuchtung des Kühlschranks die Lichtquelle ist, sondern diese von … ja, von *hinter* dem Kühlschrank zu kommen scheint. Du trittst hinter den Kühlschrank, doch da ist nichts, kein Licht. Du streckst den Kopf in das Innere des Kühlschranks und erkennst, dass du keine Rückwand sehen kannst, sondern dort eine Öffnung ist, die zu einer Art Feldweg führt. Du schaust noch einmal hinter den Kühlschrank, doch er steht nicht einmal ganz an der Wand. Dort ist kein Weg. Aber wie ist das möglich? Du beschließt, diese weitere Einschränkung der Logik zu akzeptieren und es darauf ankommen zu lassen, was sollst du auch anderes machen? In diesem Keller verschimmeln? Da fällt dein Blick auf einen Zettel, der neben dem Kühlschrank auf dem Boden liegt. Da steht etwas geschrieben in einer Handschrift, die du kennst. Es ist Cosmars Handschrift. Dort steht:

> *»Es gibt gemeinsame Merkmale für jede Art von düsteren Wesen dieser Welt, ich bin mir jetzt sicher. Bei ein paar weiß ich schon genau … wenn meine Vermutungen stimmen, dann. … ich muss nur noch meine Ergebnisse zusammenschreiben … wenn ich nur mehr Zeit hätte …«*

Sind das die einheitlichen Kriterien, über die Cosmar in seinem Notizbuch schreibt? Warum kann er nicht deutlicher erklären, was er herausgefunden hat? Und wo hat er seine Ergebnisse vermerkt – schließlich hast du sein Notizbuch doch schon gefunden?

Überlege dir noch, ob du die verstümmelte Hand einpacken willst, an der dir der Priester die Macht von Weihwasser demonstriert hat. Wenn du sie einpackst, dann ändere das Codewort ZOMBIEHAND zu 265. Die Hand selbst brauchst du nicht auf deinem Abenteuerbogen zu vermerken.
Willst du den Kellerraum noch einmal gründlich durchsuchen, also nach weiteren Notizzetteln, die dir vielleicht vorher nicht aufgefallen sind? Dann lies weiter bei **29**.
Andernfalls lies weiter bei **439**.

589

Du drückst nicht einmal besonders stark und schon schnappt die Falltür auf. Eine starke Feder sitzt unterhalb der Holzbretter, und erst jetzt bemerkst du, dass die Spitze des Pfostens, an dem das Holzschild befestigt ist, angespitzt ist.
Eine tödliche Falle.
Hättest du an dem Griff gezogen, wärst du jetzt möglicherweise tot oder schwer verletzt – wenn du nicht so viel Glück gehabt hättest, wie die Person, die an dieser Falle einen Teil ihres grün-rot gestreiften Oberteils verloren hat.
Unter der Falltür findet sich nur ein bisschen Matsch, kein geheimes Versteck, keine Treppe, kein Loch.
Nach einer Weile klappt die Vorrichtung wieder zurück, und plötzlich siehst du noch etwas: Zwischen den Brettern steckt etwas. Noch einmal drückst du gegen das Schild und lässt die Holzbretter aufschnellen, dann fischst du den Gegenstand heraus: eine kleine Plastiktüte, in die eine Seite aus einem Buch eingewickelt ist.
Es sind fehlenden Seiten aus Cosmars Notizbuch, und zwar die zwei Seiten, die sich mit zweibeinigen Landlebewesen beschäftigen. Du kannst sie dir jetzt unter *Fehlende Seiten Teil 2: IV Zweibeinige Landlebewesen* ansehen (Seite 463). Kreuze an, dass du sie gefunden hast.
Du fragst dich, ob Barkas der Vampir sie hier versteckt hat. Immerhin ist es die Stelle des Buches, an der er identifiziert werden kann.

Danach setzt du deinen Weg fort.
Etwa hundert Meter flussabwärts führt eine Brücke über den Eridanus. Etwa ebenso weit flussaufwärts ist eine Stelle, wo der Fluss kaum mehr als zwei Meter breit ist. Du bist dir sicher, dass du an dieser Stelle trockenen Fußes über den Fluss kommen könntest.
Willst du die Brücke nehmen? (weiter bei **170**)
Oder willst du über die schmale Stelle am Fluss springen? (weiter bei **550**)

590 Du entkommst dem Traum und erwachst. Die Matrone und ihr junger Begleiter interessieren sich nicht für dich, sondern mustern weiter die Auslage. Der Juwelier wartet hinter dem Tresen darauf, welcher seiner Kunden als Erster bedient werden möchte.
Willst du fragen, ob du etwas ausleihen kannst? (weiter bei **126**)
Oder stiehlst du etwas? (weiter bei **174**)
Oder sprichst du die dicke Frau an und bittest sie um Hilfe? (weiter bei **208**)

591 Der Schlaf ist stärker als du, der Schrammenschreck schon zu nah. Er erwischt dich. Dein Leben endet.
Ungerecht? Das ist Somorra.

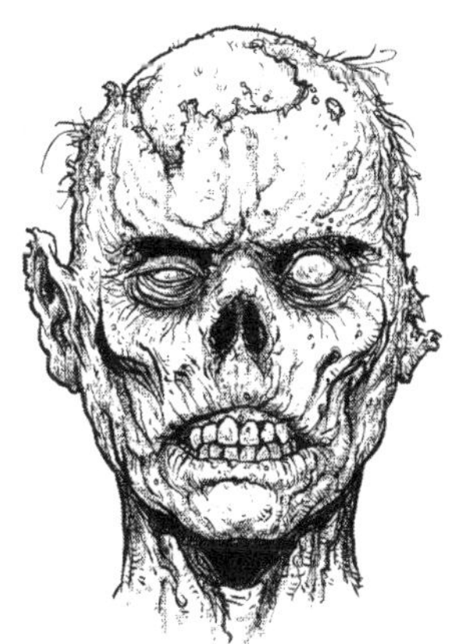

592 Plötzlich hört ihr laute Stimmen in der Nähe – ein Pulk von Menschen nähert sich euch, darunter Polizeibeamte und Wachleute. Sie umringen einen dicken Mann – Ruben Pick, Chef der Hafenverwaltung.

»Sie müssen hier irgendwo sein, diese Unruhestifter! Wenn ich diese Dösbaddel erwische …« Er hat die Faust erhoben, sein Gesicht ist knallrot.

Du hast die merkwürdige Gewissheit, dass er euch sucht. Doch dieses eine Mal habt ihr Glück: Die Meute biegt in eine Straße ab und ist schon bald nicht mehr zu hören.

Endlich könnt ihr euch wieder der Statue zuwenden. Die lebensgroße Nachbildung des Verwalters steht auf einem Steinsockel. Auf den ersten Blick wird nicht offenbar, wo ein Schloss sein könnte, in das der Schlüssel passen würde.

Ihr tastet die Statue ab, bis Sascha ein Loch im Mund der Statue endeckt. Du steckst den Schlüssel hinein. Er passt und lässt sich drehen. Im Sockel springt eine Klappe auf und gibt einen Treppenabgang frei, dunkel und feindselig.

Ihr schaut euch an. Bist du bereit, in die Dunkelheit hinabzusteigen, um die nächste Etappe dieses Abenteuers in Angriff zu nehmen?

Dann lies weiter bei **101**.

Du bist noch nicht bereit? Dann atme kräftig durch und sammle all deinen Mut. Denn wenn du nicht weitergehst, holt dich bald Ruben Pick – oder der Schrammenschreck.

593 Du musst machen, was dir dein Ebenbild gesagt hat, also bei 532 so tun, als wolltest du noch fester schlafen. Das machst du, indem du nicht einen Abschnitt weiter vorne weiterliest, sondern einen danach, also bei 533.

594 Hinter der Tür befindet sich ein Saal, und dort sind eine Vielzahl von Wesen versammelt: ein Greif, Antral der Teufel, der Nachtmahr, ein Cissar, eine Riesenspinne, ein paar Totengeister. Sie treten zur Seite, den Blick gesenkt, und lassen dich passieren. Es ist offensichtlich, dass sie Respekt vor dir haben, vielleicht sogar so etwas wie Angst.
Vorne stehen, auf einer Stufe, drei Stühle, groß, fast Throne. Drei Wesen befinden sich auf diesen Stühlen, und einem davon bist du bereits begegnet.
Satan, ein Wesen von unbestimmtem Alter mit silbernen Augen.
Mammon, ein alter Mann mit schmutzigen langen Fingernägeln.
Und Leviathan, eine riesige Schlange, die sich auf ihrem Stuhl zusammengerollt hat.
Satan richtet das Wort an dich. »Hast du, worum wir dich gebeten haben?«
Hast du die Münze von Weihbischof Peter gefunden, die Satan, Leviathan und Mammon zeigt? Dann gib sie Satan und lies weiter bei **597**.
Anderenfalls lies hier weiter.
Satan schüttelt den Kopf. Leviathan zischt verächtlich.
Mammon sagt: »Alles im Leben hat seinen Preis. Wir haben ihn dir vorher genannt. Du bist nicht würdig.«
Und wieder vergeht nur ein Lidschlag und du stehst erneut im Keller deiner Kirche. Die beiden Engel sind wieder Steinfiguren. Sie werden nie mehr zum Leben erwachen, jedenfalls nicht für dich.
Dieses Bonusabenteuer endet für dich, ohne dass du Konrad helfen konntest.

595 Hinter der Tür befindet sich ein Festsaal. Lange Tafeln biegen sich unter der Last riesiger Mengen Speisen und Getränke. Seitlich stehen große Betten, in denen junge Frauen und Männer liegen und dich stumm beobachten.

Auf drei großen Stühlen in der Mitte des Saals warten deine Richter, die du bisher nur zum Teil kennst.

Beelzebub, eine monströse Fliege, Asmodeus, ein fetter Dämon mit Rinderkopf, und Belphegor. Er ist ein kleines, gehörntes Männlein mit spitzer Nase und langer, blauer Zunge.

»He, hast du die Münze?«, ruft Beelzebub.

Hast du die Münze von Weihbischof Peter gefunden, auf der Asmodeus, Belphegor und Beelzebub abgebildet sind? Dann gib sie Beelzebub und lies weiter bei **597**.

Anderenfalls lies hier weiter.

Beelzebub flattert zu einer der Tafeln und macht sich über einen gebratenen Ochsen her. Asmodeus folgt ihm kichernd. »He du stinkende Fliege, vergreif dich nicht an meinem Bruder.«

Belphegor schnaubt. »Alles muss man selbst machen. Zisch ab. Du bist nicht würdig.«

Und wieder vergeht nur ein Lidschlag und du stehst erneut im Keller deiner Kirche. Die beiden Engel sind wieder Steinfiguren. Sie werden nie mehr zum Leben erwachen, jedenfalls nicht für dich.

Dieses Bonusabenteuer endet für dich, ohne dass du Konrad helfen konntest.

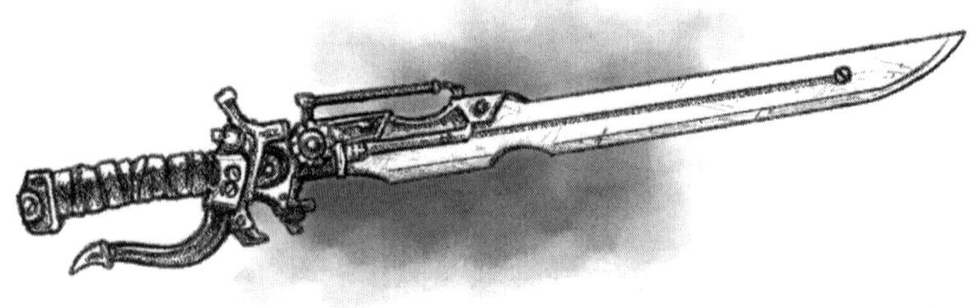

596 Hinter der Tür liegt eine helle Halle, die an mehreren Seiten offen ist und die du bereits kennst. Hinten führt eine Treppe nach oben. Die Decke, mindestens zehn Meter über dir, ist mit Gemälden verziert, ein Mond, Sterne, unzählige Sterne. An der Wand hängen Bilder von alten Männern, die Grimassen schneiden. Du befindest dich wieder in dem Tempel, den du auf deiner Reise zum Läuterungsberg durchquert hast.

Und in der Mitte steht ein geflügeltes Wesen, das vollkommen schwarz ist: Luzifer, der Morgenstern. Er hält eine Münze in der Hand, auf der nur er zu sehen ist. Er wirft sie einmal in die Luft und fängt sie wieder auf. Jetzt liegt ein Bild von Weihbischof Peter obenauf.

»Willkommen. Hier sehen wir uns also wieder. Kannst du mir die beiden fehlenden Münzen geben?«

Wenn du sie beide gefunden hast, dann gibst du sie Luzifer und lies weiter bei **597**.

Anderenfalls lies hier weiter.

»Das habe ich auch nicht erwartet«, sagt Luzifer.

Und wieder vergeht nur ein Lidschlag und du stehst erneut im Keller deiner Kirche. Die beiden Engel sind wieder Steinfiguren. Sie werden nie mehr zum Leben erwachen, jedenfalls nicht für dich.

Dieses Bonusabenteuer endet für dich, ohne dass du Konrad helfen konntest.

597 Wieder nur ein Blinzeln und du stehst erneut in dem Kellerraum unterhalb der Kirche. Die beiden Engel warten dort auf dich.

Samael lächelt. »Du hast es geschafft. Wir lassen dich jetzt passieren.« Im selben Moment geschehen unterschiedliche Dinge: Beide Engel werden wieder zu Stein. Die Wand hinter den beiden Engeln bekommt Risse und stürzt ein. Und plötzlich steht jemand neben dir, den du schon kennst. Priestersoutane, weiße Haare, friedliche Ausstrahlung. Konrad, der Priester. Dein Vater.

»Hallo Junge. Folge mir.«
Er führt dich dorthin, wo gerade die Wand eingestürzt ist. Der feuchte Geruch von Verwesung und Verrottung schlägt dir entgegen. Dahinter ist ein größerer Raum, der fast leer ist. Auf einem Stuhl in einer Ecke sitzt ein menschliches Skelett. Es erinnert dich erst an das Skelett von Cosmar, doch ist dieses viel älter, halb verwest, die Knochen dunkel. In der Hand hält es ein rostiges Schwert, die Spitze auf dem Boden, in der anderen ein paar Seiten, halb verrottet. Dir ist klar, wessen Leichnam das ist.
»Beerdige mich, sei so gut. Ich bin hier gefangen, so viele Jahre schon.«
»Wie ist das möglich? Was sind Sie … bist du … Was bist du?«
»Hast du mich nicht identifiziert? Das, wozu ich geworden bin, findest du auch in dem Bestimmungsbuch. Mein Leib ist schon seit fast zwanzig Jahren tot. Der Weg, meinen Geist am Leben zu halten, war kein sehr angenehmer.«
Weiter bei SANDUHR.

598 »Erinnerst du dich an die Hand? Die Hand eines Untoten, als ich dich die Herstellung von Weihwasser lehrte?«
Du nickst. Du kannst dich gut erinnern, wie sie auf den Kontakt mit dem Wasser reagiert hat.
»Sie war mein Weg in die Zwischenwelt. Als ich ahnte, dass es zu Ende geht … dass der Schrammenschreck mich fast hat, da bat ich Perlena um einen letzten Gefallen. Dann schloss ich mich hier ein und wartete. In alten Aufzeichnungen hatte ich einen Weg gefunden, zu einem Wesen seiner Welt zu werden, ich benötigte dazu nur das Körperteil eines Untoten, das ich in mich aufnehmen musste. Cosmar hatte einen Zombie erschlagen und schenkte mir die Hand.
Dann kam der Schrammenschreck, um mich zu töten, und ich aß den ersten Finger. Mein Leib starb, doch ich nahm die unheilige Lebenskraft des Untoten in mich auf.
So wurde ich zu einem Wanderer.

Als Wesen der Zwischenwelt konnte ich mich fortan frei in der Zwischenwelt bewegen – für eine gewisse Zeit. Denn dann passierte etwas, was ich nicht bedacht hatte. Perlena hatte mir versprochen, diesen Ort mit einem Zauber zu belegen, der den Schrammenschreck fernhalten würde. Doch so, wie er außerhalb des versteckten Raums gehalten wurde, war ich darin gefangen. Ein Dilemma – ich brauchte Schutz vor ihm, denn auch als Wanderer war ich nicht sicher. Und zugleich machte es diesen Ort zu meinem Gefängnis.
Allerdings hatte ich etwas Ungewöhnliches herausgefunden: Nachdem ich den Finger gegessen hatte, legte Perlena mit Hilfe der Dämonen der sieben Todsünden den Zauber über diesen Ort. Es verging dennoch etwa eine Stunde, bis ich tatsächlich hier gefangen war. So lange dauerte es, bis die Wirkung des Fingers nachgelassen hatte. Ich blieb ein Wanderer, doch ich konnte diesen Raum nicht mehr verlassen. Ich aß noch einen Finger – und wieder konnte ich diesen Ort für eine Stunde verlassen. Ja, mehr noch: Ich konnte sogar Somorra betreten!
Und daher beschloss ich, zu warten, meine einzigen Gefährten zwei versteinerte Engel auf der anderen Seite der Wand, die nur sehr selten zum Leben erwachen. Zeige- und Mittelfinger hatte ich bereits gegessen. Es blieben drei Finger übrig. Wie du weißt, stand ich in geschäftlicher Beziehung mit dem Uhrmacher. Ich gab ihm bei meinem letzten Ausflug nach Somorra den Auftrag, an diesen Ort zu kommen und laut zu verkünden, dass du im Sanatorium eingeliefert worden bist. Außerdem sollte er Informationen hinterlegen, wo ich dich finden könnte. Er wusste natürlich nicht, warum ich ihn darum bat, aber das störte ihn nicht. Er erfüllte seinen Auftrag. Und ich wartete eine Stunde, aß noch einen Finger und setzte mich in deine Wohnung. Wie du weißt, hatte ich Glück, dich tatsächlich zu treffen, bevor die Wirkung nachließ. Nun ja, und den Rest kennst du.«
»Warum konnten Sie, also, konntest du mir nicht gleich sagen, dass ich dein Sohn bin?«
»Nun, ich wollte nichts mehr als es dir sofort zu sagen. Allein, ich fürchtete, dich von deiner Mission abzulenken. Die Zeit war knapp,

die schlechten Nachrichten prasselten auf dich ein. Ich wollte dich nicht mit etwas belasten, das nicht zwingend erforderlich war, um zu überleben.«

»Was hat es denn mit diesen Blättern auf sich, die dein Skelett in der Hand hält?«

Konrad lächelt. »Auch ich habe Seiten aus Cosmars Notizbuch gefunden. Es ist der Teil, der sich mit Eiswesen und sonstigen Bewohnern der Schrammenwelt beschäftigt. Zunächst dachte ich, ich müsste sie dir geben. Aber wie du weißt, hatte ich viel Zeit nachzudenken. Ich kam zu dem Schluss, dass du sie nicht brauchen würdest. Dein Weg führte dich nicht in eisige Gegenden der Schrammenwelt. Auch sie hätten dich nur abgelenkt.«

Falls sie dich doch noch interessieren: Du findest sie ebenfalls hinten unter *Fehlende Seiten Teil 4: VIII Eiswesen* und *IX Sonstige Wesen.*

»Was geschieht jetzt?«

»Ich bitte dich, meinen Leichnam zu bestatten. Ich glaube, dies könnte meinen Fluch beenden und mir die ewige Ruhe ermöglichen.«

»Das bedeutet, wir sehen uns nicht wieder?«

»Wenn ich beerdigt bin: nein. Doch es wird wohl ein paar Tage dauern, bis du alle Vorbereitungen getroffen hast. So lange werde ich noch hier sein. Ich freue mich, wenn du mir gelegentlich eine Stunde Gesellschaft leistest. Vielleicht hast du noch Fragen, zu deinem Abenteuer, oder auch nur Fragen vom Sohn an den Vater.

Jetzt könnte ich mich frei bewegen, allein es lüstet mich nicht danach. Meine Zeit ist schon lange abgelaufen. Ich habe meinen Frieden gemacht. Es war ein Geschenk des Himmels, meinen einzigen Sohn noch sehen zu dürfen, zu sehen, welch prachtvoller Mensch er geworden ist. Aber jetzt will ich ruhen.«

Du nickst. Auch du freust dich über das Geschenk, deinem Vater noch begegnet zu sein.

Damit ist auch dieses Bonusabenteuer beendet. Wenn du willst, darfst du deine Endpunktzahl noch um 5 erhöhen (um 10, wenn du Luzifer begegnet bist).

599 »Natürlich die Zombiehand, oder?« Dir graust bei der Erinnerung an den Finger.

Er nickt.

»Sie war mein Weg in die Zwischenwelt. Als ich ahnte, dass es zu Ende geht … dass der Schrammenschreck mich fast hat, da bat ich Perlena um einen letzten Gefallen. Dann schloss ich mich hier ein und wartete. In alten Aufzeichnungen hatte ich einen Weg gefunden, zu einem Wesen seiner Welt zu werden, ich benötigte dazu nur das Körperteil eines Untoten, den ich in mich aufnehmen musste. Cosmar hatte einen Zombie erschlagen und schenkte mir die Hand. Dann kam der Schrammenschreck, um mich zu töten, und ich aß den ersten Finger. Mein Leib starb, doch ich nahm die unheilige Lebenskraft des Untoten in mich auf.

So wurde ich zu einem Wanderer.

Als Wesen der Zwischenwelt konnte ich mich fortan frei in der Zwischenwelt bewegen – für eine gewisse Zeit. Denn dann passierte etwas, was ich nicht bedacht hatte. Perlena hatte mir versprochen, diesen Ort mit einem Zauber zu belegen, der den Schrammenschreck fernhalten würde. Doch so, wie er außerhalb des versteckten Raums gehalten wurde, war ich darin gefangen. Ein Dilemma – ich brauchte Schutz vor ihm, denn auch als Wanderer war ich nicht sicher. Und zugleich machte es diesen Ort zu meinem Gefängnis.

Allerdings hatte ich etwas Ungewöhnliches herausgefunden: Nachdem ich den Finger gegessen hatte, legte Perlena mit Hilfe der Dämonen der sieben Todsünden den Zauber über diesen Ort. Es verging dennoch etwa eine Stunde, bis ich hier gefangen war. So lange dauerte es, bis die Wirkung des Fingers nachgelassen hatte. Ich blieb ein Wanderer, doch ich konnte diesen Raum nicht mehr verlassen. Ich aß noch einen Finger – und wieder konnte ich diesen Ort für eine Stunde verlassen. Ja, mehr noch: Ich konnte sogar Somorra betreten!

Und daher beschloss ich, zu warten, meine einzigen Gefährten zwei versteinerte Engel auf der anderen Seite der Wand, die nur sehr selten zum Leben erwachen. Zeige- und Mittelfinger hatte ich bereits gegessen. Es blieben drei Finger übrig. Wie du weißt, stand ich in geschäftlicher Beziehung mit dem Uhrmacher. Ich gab ihm bei meinem letzten Ausflug nach Somorra den Auftrag, an diesen Ort zu kommen und laut zu verkünden, dass du im Sanatorium eingeliefert worden bist. Außerdem sollte er Informationen hinterlegen, wo ich dich finden könnte. Er wusste natürlich nicht, warum ich ihn darum bat, aber das störte ihn nicht. Er erfüllte seinen Auftrag. Und ich wartete eine Stunde, aß noch einen Finger und setzte mich in deine Wohnung. Wie du weißt, hatte ich Glück, dich tatsächlich zu treffen, bevor die Wirkung nachließ. Nun ja, und den Rest kennst du.«

»Warum konnten Sie, also, konntest du mir nicht gleich sagen, dass ich dein Sohn bin?«

»Nun, ich wollte nichts mehr als es dir sofort zu sagen. Allein, ich fürchtete, dich von deiner Mission abzulenken. Die Zeit war knapp, die schlechten Nachrichten prasselten auf dich ein. Ich wollte dich nicht mit etwas belasten, das nicht zwingend erforderlich war, um zu überleben.«

»Hatte die Hand denn überhaupt genügend Finger?«

»Nun, das war ein Problem. Ich musste dir helfen, weil du den Zugang zu Cosmars Versteck nicht finden konntest. Ich beschloss, es mit halben Portionen zu versuchen. Wie du ja weißt, hatte auch ich keine Erfahrungen damit. Es reichte, und so konnte ich dich im Hafen treffen und danach auch noch in Cosmars Waffenkammer. Auch du hast tatsächlich nur einen halben Finger gegessen, bevor die Wirkung einsetzte und du ebenfalls zum Wanderer wurdest.«

»Was hat es denn mit diesen Blättern auf sich, die dein Skelett in der Hand hält?«

Konrad lächelt. »Auch ich habe Seiten aus Cosmars Notizbuch gefunden. Es ist der Teil, der sich mit Eiswesen und sonstigen Bewohnern der Schrammenwelt beschäftigt. Zunächst dachte ich, ich müsste sie dir geben. Aber wie du weißt, hatte ich viel Zeit nachzu-

denken. Ich kam zu dem Schluss, dass du sie nicht brauchen würdest. Dein Weg führte dich nicht in eisige Gegenden der Schrammenwelt. Auch sie hätten dich nur abgelenkt.«

Falls sie dich doch noch interessieren: Du findest sie ebenfalls hinten unter *Fehlende Seiten Teil 4: VIII Eiswesen* und *IX Sonstige Wesen.*

»Was geschieht jetzt?«

»Ich bitte dich, meinen Leichnam zu bestatten. Ich glaube, dies könnte meinen Fluch beenden und mir die ewige Ruhe ermöglichen.«

»Das bedeutet, wir sehen uns nicht wieder?«

»Wenn ich beerdigt bin: nein. Doch es wird wohl ein paar Tage dauern, bis du alle Vorbereitungen getroffen hast. So lange werde ich noch hier sein. Ich freue mich, wenn du mir gelegentlich eine Stunde Gesellschaft leistest. Vielleicht hast du noch Fragen, zu deinem Abenteuer, oder auch nur Fragen vom Sohn an den Vater.

Jetzt könnte ich mich frei bewegen, allein es lüstet mich nicht danach. Meine Zeit ist schon lange abgelaufen. Ich habe meinen Frieden gemacht. Es war ein Geschenk des Himmels, meinen einzigen Sohn noch sehen zu dürfen, zu sehen, welch prachtvoller Mensch er geworden ist. Aber jetzt will ich ruhen.«

Du nickst. Auch du freust dich über das Geschenk, deinem Vater noch begegnet zu sein.

Damit ist auch dieses Bonusabenteuer beendet. Wenn du willst, darfst du deine Endpunktzahl noch um 5 erhöhen (um 10, wenn du Luzifer begegnet bist).

600 Schummeltabelle.

Abschnitt	weiter bei	Abschnitt	weiter bei	Abschnitt	weiter bei
3	62	192	380/31***	424	232
5	351	198	197	431	75
8	7	212	536	437	141
14	372	216	215	438	232
21	272	230	508	442	102
24	218	234	132	444	390
39	38	235	272	445	330
46	389	242	395	447	446
48	61	251	250	450	449
55	289	261	175	465	134
69	168	273	363/543****	470	469
73	175	286	BARRIERE	477	175
76	75	288	492******	479	536
77	416	291	232	481	162
92	28	298	297	482	560
103	102	301	175	499	471
112	174	303	302	503	197
128	492******	304	347	518	517
135	134	310	309	519	215
136	84	318	552/179***	522	517
139	138	320	358	527	565
141	140	337	218	529	553
144	236	339	1*	544	175
149	106	340	84	546	309
152	378	350	36	554	552
155	154	355	429	555	391
158	157	385	154	563	104
163	162	388	524	569	16/454*****
169	521	392	391	574	446
172	560/54**	398	175	579	59
173	218	408	407	584	500
178	203	415	42	585	532/593***
188	256	419	402	591	297
191	175	420	306		

Trage hier ein, wie oft du schummeln musst:

1	2	3	4	5	6	7	8	9	10	11	12	13	14	15

* Kein Eintrag auf der Schummelleiste erforderlich. Fang am besten mit einem neuen Abenteuerbogen von vorne an.

** Wenn du mit Sascha unterwegs bist (oder sie gerade einen lästigen Verwaltungsbeamten ablenkt), geht es weiter bei 54, sonst bei 560.

*** Du bist unabhängig von dem Rätsel gestorben und willst es noch mal versuchen: weiter bei der ersten Zahl / du kommst an dieser Stelle nicht weiter, weil du das Rätsel nicht lösen kannst: weiter bei der zweiten Zahl, hier findest du die Lösung; mach ein zusätzliches Kreuz auf der Schummelleiste.

**** Du hast eine Kerze angezündet: weiter bei der ersten Zahl/du hast keine Kerze angezündet: weiter bei der zweiten Zahl.

***** Du warst zuvor in deiner Wohnung: weiter bei der ersten Zahl/du warst zuvor in einem Kellergewölbe unterhalb eines Hotels: weiter bei der zweiten Zahl.

****** Kommst du nicht weiter, weil du den Preis einfach nicht zahlen kannst? Du kannst noch am Ufer versuchen, etwas zu finden. Wenn das nicht reicht oder du nichts findest, dann ist dein Abenteuer leider beendet.

Wenn das Abenteuer aus Ressourcenmangel endet (zu wenig Silber, Weihwasser etc.), bleibt dir nichts übrig, als noch einmal von vorne zu beginnen.

Wenn du bei deinem Tod etwas verbraucht hattest (etwa in einem Kampf), darfst du dir diesen Verbrauch wieder gutschreiben.

Wenn du an einer Stelle nicht weiterkommst, weil du bestimmte Gegenstände nicht hast und du auch mit Schummeln keinen anderen Weg findest, bleibt dir nichts anderes übrig, als von vorne anzufangen.

ANHANG

SPIELERSTECKBRIEF

Du spielst einen jungen Mann im Alter von 19 Jahren. Überlege dir einen passenden Namen für deine Figur.
Von deinem Vater weißt du nichts. Deine Mutter starb, als du noch ein Säugling warst, an einer Überdosis Somorin, der Somorra-Droge. Du bist in einem Waisenhaus im Hafenviertel von Somorra aufgewachsen. Mit 14 musstest du dein Bett im Waisenhaus räumen. Immerhin hast du einen Job in der Großküche des Waisenhauses bekommen. Seitdem schälst du hauptsächlich Kartoffeln. Dein Einkommen reicht gerade aus, dir eine winzige Ein-Zimmer-Wohnung im Hafenviertel zu leisten – nicht schön, aber deine; nichts Besonderes, aber mehr als viele andere in dieser Stadt haben.
Die meiste Zeit hast du mit deinem besten Freund Ringo verbracht. Auch er war Küchenhelfer im Waisenhaus – bis auch er, wie schon deine Mutter, der Somorra-Droge Somorin verfiel und sich vor ein paar Tagen eine Überdosis setzte. Seitdem bist du die meiste Zeit einsam und versuchst, deinen Frust in möglichst vielen Dosen billigen Biers zu ertränken. Es gab keine Beerdigung für Ringo – zu teuer – und es gab niemanden, der in der Lage gewesen wäre, die Kosten zu übernehmen. Du hättest Ringo gerne diesen letzten Dienst erwiesen, allein: Dein Gehalt als Küchenhelfer reicht bei weitem nicht aus. Und in einer Stadt wie Somorra landen solche Leichen im städtischen Krematorium, wo sie verbrannt werden, ohne dass es Gelegenheit für eine Trauerfeier oder auch nur einen Abschied

gibt. Du hast nicht einmal Gewissheit, ob seine Leiche tatsächlich verbrannt wurde.

Was dir geblieben ist, waren Einsamkeit, Dosenbier und ein schlechtes Gewissen. Und dann kam der Brief von einem Mann namens Maurizio. Darin hieß es, dass er dir ein Vermächtnis von Ringo auszuhändigen habe. In dir keimte die Hoffnung, es möge etwas sein, das dir helfen könnte zu verstehen, warum er dich verlassen hat. Doch auf dem Weg dorthin verschwamm alles in Dunkelheit und du wurdest erst wieder vom Tropfen eines Wasserhahns in einer seltsamen Einrichtung geweckt, dem Azrael-Sanatorium.

Wenn du mehr über Somorra erfahren willst, die Stadt, in der du lebst, dann lies jetzt noch – oder später - auf der nächsten Seite weiter. Kehre dann hierher zurück.

Wenn du aus dem Abenteuer hier hergeleitet wurdest, kannst du jetzt bei ERKENNTNIS weiterlesen.

ANHANG

STADTBESCHREIBUNGEN

SOMORRA [soʻmɔrɑ]
[1] Familienname. Bekannte Mitglieder der Familie S.: *Juri*, 72 v. S. – 2 v. S.: Industrieller; *Karla*, 69 v. S. – 2 v. S.: Gattin von Juri, Hausfrau; *Esau*, 45 v. S. – ?: Sohn von Juri und Karla, Rechtsgelehrter, Unternehmer; *Jakob*, 45 v. S. – ? : Sohn von Juri und Karla, Ingenieur, Religionskritiker, Autor.
[2] Stadt. ~ besteht aus vier Vierteln: Hafen, Justizviertel, Quan-Chi-Stadt und Altstadt.

Somorra, deine Heimatstadt. Es ist das Jahr 158 n. S.
Hier aufzuwachsen bedeutet, schon früh zu lernen, dass Hoffnungen und Wünsche ein Luxus sind, den du dir nicht leisten kannst.
Wer hier ein eigenes Zimmer hat, ist reich, wer frisches Gemüse kauft, verschwenderisch, und wer einen eigenen Telefonanschluss hat, dem traut man jedes Verbrechen zu.
Wer jedoch kurzfristige Ablenkung von der Tristesse seines Schicksals sucht, der wird in Somorra alles finden, was sein Herz begehrt – und noch mehr, wenn er nur das nötige Kleingeld hat. Was auch immer du in Somorra machst, bleibt in Somorra, und Somorra sackt deine Seele gleich mit ein.
Über Leben oder Untergang in Somorra entscheiden zwei Männer. Einer wird »Der Richter« genannt. Er sitzt wie ein dicker Krake im

Justizviertel. Der andere ist unter dem Namen »Schwarzer Jakob« bekannt. Er kontrolliert vor allem die Altstadt.
Die beiden Viertel, die im Westen und im Osten liegen – der Hafen und Quan-Chi-Stadt – sind vor allem sich selbst überlassen.
Doch bei aller Not der breiten Masse – jeder Einzelne ist dankbar, dass er nicht zu einer dritten Bevölkerungsgruppe gehört, die nur die *Denkwürdigen* genannt werden, Menschen zwar, aber viele auf skurrile oder grauenhafte Art verändert. *Denkwürdige* stammen von gewöhnlichen Menschen ab, und was für die Veränderungen verantwortlich ist, weiß man nicht. Man erzählt sich aber, dass man vor etwa 150 Jahren plötzlich die ersten gesehen hat. Bei manchen fällt der Unterschied kaum auf – ungewöhnliche Augenfarben, Fell statt Haut oder ein kurzer Schwanz. Andere sind stärker verändert, aber letztlich versuchen sie wie alle anderen Menschen in Somorra, ihr Leben zu leben. Die *Denkwürdigen* sind ein Teil von Somorra wie der Schwarze Jakob und bewaffnete Sicherheitsleute an jeder Straßenecke.
Der tägliche Überlebenskampf für die Armen, das tägliche Streben nach Erfüllung aller Sehnsüchte für die Reichen – das ist Somorra.

Hafen

Der Hafen ist der Ort, an dem jeden Tag Dutzende, manchmal Hunderte von Schiffen anlegen und die Stadt mit Waren aller Art versorgen – zum täglichen Überleben, und noch so vieles mehr.
Von hier nach Osten verläuft, breit und stinkend, die Kali: die Hauptschlagader des Hafenviertels. Bei Tag betriebsame Göttin des Handels, so lockt die Kali bei Nacht als dunkle Königin der Verheißung.
Wenige Meter die Straße hinab befindet sich die Hafenleitung, wo Ruben Pick seinen Amtssitz hat und mit den scharfen Sinnen des Händlers über Wohl und Wehe des Hafens wacht. »Leg dich nicht mit Ruben Pick an. Er hat das Gedächtnis eines Klabautermanns«, so sagt man in Somorra.

Der Hafenleitung gegenüber ist ein großes Gebäude: »Reich der Ran«, nächtliches Zentrum der Kali. Am Ende der Kali befindet sich die berühmte Statue des Hafenviertels. Früher einmal soll dort ein Meeresgott gestanden haben, doch schon seit langem steht dort eine Statue von Ruben Pick.

Über das Hafenviertel wird die Stadt mit zahllosen Waren versorgt, die aus aller Welt eintreffen. Neben der Altstadt ist es aber auch ein weiteres Vergnügungsviertel. Zahllose Bordelle, Bars und Kneipen locken, und das berühmteste von allen: das Reich der Ran. Allerdings vergeht kaum ein Tag, an dem nicht jemand ermordet wird oder einfach spurlos verschwindet – wobei das eigentlich für alle Viertel Somorras gilt.

Altstadt

Wie beschreibt man ein Stadtviertel, in dem sich die Skrupellosigkeit der Vergangenheit mit der Korruption der Gegenwart zur strahlenden Zukunft des Verbrechens vereinen? Wie beschreibt man ein Stadtviertel, in dem der Mörtel der Wände mit Blut angerührt, die Wände der Häuser mit Gold tapeziert und die Häuser mit Schindeln aus Wahnsinn gedeckt sind? Wie auch immer.

Der zentrale Platz des Viertels ist der Bahnhofsplatz, wo auch die U-Bahn von Somorra fährt. Auf der anderen Seite einer vierspurig befahrenen Straße steht ein protziges Gebäude aus altem Stein und Eisen, ein Jugendstilbauwerk ganz in weiß, das an beiden Seiten von kleinen Türmchen begrenzt wird – das Grand Hotel Somorra. Jedes Kind in Somorra weiß, dass in der obersten Etage des Grand Hotel auch das größte Casino der Stadt beherbergt ist, mit eigenem Eingang über einen Aufzug von einer Seitenstraße, als würde sich das vornehme Hotel für die Geldgier der Glücksritter schämen – wohlwissend, dass ein großer Teil der Gäste gerade wegen des Casinos in der Altstadt ist.

Ein Stück die Straße entlang kann der aufmerksame Beobachter hinter der Häuserfront einen halb eingestürzten Kirchturm em-

porragen sehen – jedes Mal wieder eine Überraschung, dass es in Somorra noch Kirchen gibt, wenn auch niemand mehr irgendeine Religion ausübt.
Ein Wegweiser weist den Ortsunkundigen in Richtung von »Somorra Trusts«, der größten Bank der Stadt.

Justizviertel

Das Justizviertel Somorras, Heimat der Institutionen, die Garant von Ordnung und Sicherheit der Stadt sind – jedenfalls, wenn man der Propaganda der Behörden Glauben schenken und von Korruption, Bestechlichkeit und organisierter Kriminalität im Namen Justitias absehen wollte. Polizeipräsidium, das Hohe Gericht von Somorra und das Gefängnis sind hier zu finden.

Quan-Chi-Stadt **(in diesem Band nicht relevant)**

In den Zeiten, als Somorra noch eine kleine, aufstrebende Siedlung war, kamen Arbeiter von überall her in Scharen. Es entstanden einfache Baracken- und Zeltdörfer, die ohne Konzept wild wucherten. Viele verschwanden nach kurzer Zeit wieder oder wichen größeren Gebäuden. Nur das Viertel, das von Chinesen bewohnt wird, war von Bestand. Heute Heimat von Hunderttausenden Menschen und so verwinkelt, dass sich niemand, der dort nicht geboren ist, zurechtfindet.

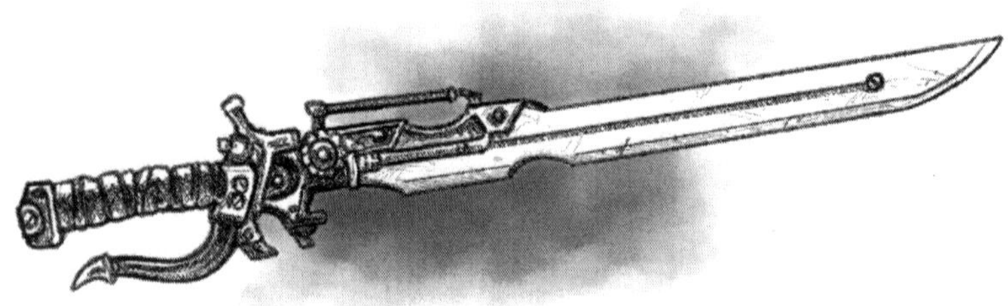

ANHANG

VIER ZENTRALE FIGUREN

Ringo

Dein bester und einziger Freund. Ihr seid zusammen im Waisenhaus von Somorra aufgewachsen. Vor ein paar Tagen an einer Überdosis Somorin gestorben.

Der Priester

Alternder Mann des Glaubens. Hilft dir zu überleben. Motivation und Herkunft unklar.

Sascha Lefevre

Junge Frau, die zu Beginn ebenfalls im Azrael-Sanatorium untergebracht ist. Wird ebenfalls von tödlichen Träumen heimgesucht.

Ruben Pick

Chef der Hafenverwaltung. Duldet keine Unruhestifter in seinem Viertel und vergisst nie.

ANLEITUNG 1

SCHLAFEN

Der Schrammenschreck hat dich als eines seiner nächsten Opfer ausgewählt. Er macht Jagd auf dich in deinen Träumen, und er wird immer wieder dafür sorgen, dass du einschläfst. Der Schlaf und die Träume werden ohne Vorbereitung kommen, einfach so, ohne dass du vorher etwas vom Einschlafen merkst.

1. Versuche zu erkennen, wann du dich in einem Traum des Schrammenschrecks befindest. Schlafabschnitte kannst du zumeist schon daran erkennen, dass die **Realität verzerrt** abgebildet ist – die Farbe eines Zauns stimmt plötzlich nicht mehr, du fliegst, die Tageszeit ist verändert etc. Es gibt darüber hinaus eine weitere Möglichkeit, einen Traum zu erkennen, in dem der Schrammenschreck lauert: **schwarze Tiere**. In jedem Traum des Schrammenschrecks gibt es sie, schwarze Katzen, Raben, schwarze Insekten. All solche Merkmale können Indizien für einen Traum sein.

Ein **Beispiel** für einen Traumabschnitt:

520 *Du marschierst durch ein Feld lilafarbener Blumen mit gelben Punkten. Als starker Wind aufkommt, breitest du deine Flügel aus und erhebst dich in die Lüfte. Eine Weile fliegst du zwischen einer Schar von Amseln.*

Die Verzerrung der Realität wird jedoch nicht immer so drastisch sein wie im obigen Beispiel. Beides – Verzerrungen der Realität und schwarze Tiere – sind zugleich keine sicheren Zeichen für einen Traum. Du wirst im Laufe deines Abenteuers an Orte kommen, die so sonderbar sind, dass du dir nicht sicher sein kannst, ob du tatsächlich träumst, auch wenn die Realität verzerrt erscheinen mag oder du schwarze Tiere siehst. An anderen Stellen wird es Träume geben, die ganz normal wirken und nur am Auftauchen schwarzer Tiere erkannt werden können.

2. Du kannst Schlafabschnitte allerdings **jederzeit verlassen**. Um dies zu tun, lies in dem Abschnitt nach, der unmittelbar VOR dem aktuellen Schlafabschnitt steht, um aufzuwachen (bist du gerade in Abschnitt 520, weckst du dich auf, indem du bei Abschnitt 519 weiterliest). Dadurch erfährst du auch, ob du tatsächlich gerade in einem Traum warst. Der aktuelle Abschnitt ist ein Traumabschnitt, wenn der vorhergehende mit den Worten beginnt:
   »**Du versuchst, zu erwachen.**«
   Beginnt er mit anderen Worten, befindest du dich gerade **nicht** in einem Schlafabschnitt.

3. Um dann auch tatsächlich zu erwachen, musst du dich in Gedanken an die **Realität klammern**, sie visualisieren. Manchmal wird dir dies ohne Probleme gelingen und du wirst sofort erwachen. Es kann jedoch auch eine Abfrage geben, um zu prüfen, ob du erfolgreich in die Realität zurückkehren kannst. Diese wird oft nicht sehr schwer sein, kann aber im Laufe des Abenteuers herausfordernder werden.

Beispiel:
Ist in der Realität das Feld mit lilafarbenen Blumen mit gelben Punkten bestückt oder haben die Blumen eine andere Farbe?

4. **Wichtig:** Alles, was du liest, passiert auch tatsächlich. **Verpasst du es, einen Schlafabschnitt zu verlassen, bevor der Schrammenschreck dich tötet, stirbst du und das Abenteuer ist zu Ende**. Jeder Abschnitt hat eine Stelle, ab der es zu spät ist, dich noch durch Erwachen zu retten. Diese Stelle wird durch die Buchstabenfolge
»**mementomori** «
(memento mori: lateinisch für »denk an den Tod« oder »sei dir der Sterblichkeit bewusst«) gekennzeichnet, die sich mitten im Text finden wird.
Merke dir die Buchstabenfolge »mementomori«.

Beispiel:
Der Schrammenschreck springt mementomori dich an und tötet dich.

Sobald du »mementomori« gelesen hast, **musst du im aktuellen Abschnitt bleiben** und weiterlesen. Pass also gut auf!

Zusammenfassung: »Du versuchst, zu erwachen« kennzeichnet, dass der nachfolgende Abschnitt ein Traumabschnitt ist, und »mementomori« kennzeichnet, dass du in einem Traum bist, aus dem du ab dieser Stelle nicht mehr erwachen kannst.
Wenn du aus dem Abenteuer hierher geleitet wurdest, dann lies jetzt bei SCHLAMASSEL weiter.

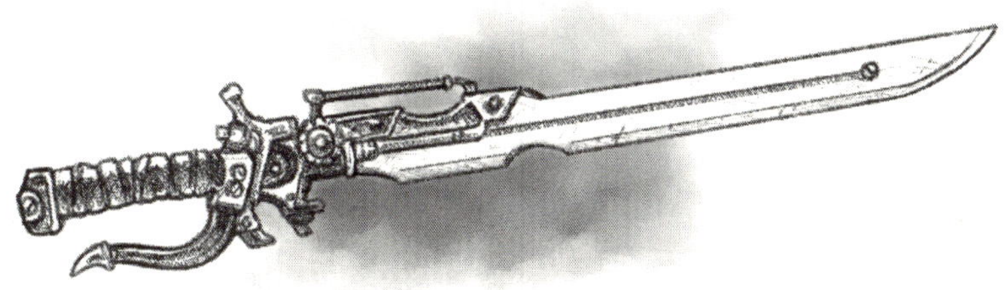

ANLEITUNG 2

DIE HANDHABUNG VON COSMARS NOTIZBUCH

Um zu überleben, musst du den Schrammenschreck in der Zwischenwelt, der Welt der Albträume Somorras, stellen und ihn töten. Nur dort kann er besiegt werden. Bekommt er dich in einem deiner Träume in die Hände, kann ihn keine Macht der Welt besiegen und du wirst sterben.

- Das *Bestimmungsbuch* verrät dir, wie du die Monster der Zwischenwelt identifizieren kannst – auch den Schrammenschreck. Die fehlenden Seiten des Bestimmungsbuchs sind irgendwo in der Zwischenwelt versteckt. Um alle Wesen identifizieren zu können, musst du diese Seiten ebenfalls erst noch finden.

- Suche nach den *weiteren Aufzeichnungen zur Systematik*, die Cosmar in seinem Buch erwähnt, und entschlüssele sie. Damit wird es deutlich leichter, ein Wesen zu bestimmen. **Wichtig: Jede Art von Wesen (außer Tiere und harmlose Wesen) verfügt über ein Merkmal, mit dem es eindeutig identifiziert werden kann. Finde dieses heraus. Die schon genannten Aufzeichnungen von Cosmar in Kombination mit dem Bestimmungsbuch werden dir dabei helfen. Du musst die weiteren Aufzeichnungen nur noch finden – und du kannst**

sie auch finden, bevor du auf den ersten Gegner der jeweiligen Art triffst.

- Grundsätzlich gilt dabei Folgendes: Du kannst das Notizbuch jederzeit konsultieren, es sei denn, du liest folgenden Text: *»Notizbuch ab hier ausgeschlossen«*
  Diesen Satz lies du immer dann, wenn du einem Wesen der Zwischenwelt begegnest. Du darfst nach diesem Satz erst dann wieder in das Notizbuch schauen, wenn du darauf hingewiesen wirst, normalerweise direkt nach der Begegnung. Dies ist gekennzeichnet durch den Text:
  »Notizbuch wieder erlaubt«.

- Waffen musst du erst noch finden. Erst dann bist du in der Lage, die Kreaturen der Zwischenwelt auch zu bekämpfen. Auch Albtraumwesen solltest du noch aus dem Weg gehen – Sokrates' Meditation musst du ebenfalls erst noch lernen. Wie die Handhabung von Waffen vor sich geht und ein Kampf im Einzelnen abläuft, wird dir später noch mitgeteilt.
  Wenn du aus dem Abenteuer hierhergeleitet wurdest, dann lies jetzt weiter bei KNOCHENMANN.

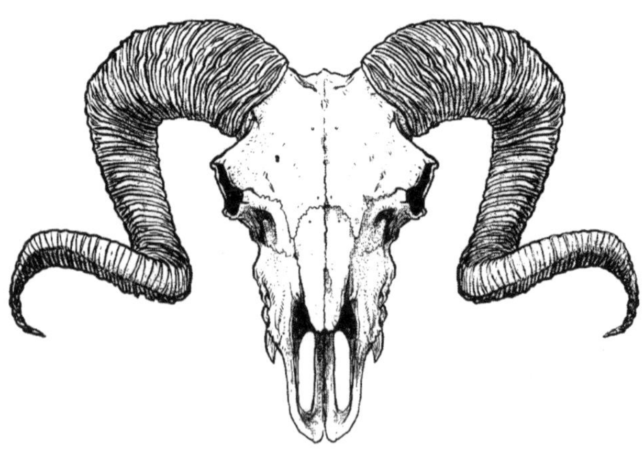

ANLEITUNG 3

DER KAMPF

Kommt es zu einem Kampf mit einem Wesen, musst du lediglich die richtige Waffe wählen. Wählst du richtig, gewinnst du den Kampf in der Regel automatisch.

Ein Kampf läuft wie folgt ab:

1. Entscheide, ob du **überhaupt kämpfen** willst. Manche Wesen sind harmlos oder können dir sogar helfen. Willst du kämpfen, lies weiter bei Ziff. 2.

2. Entscheide, ob du **Sokrates' Meditation** einsetzen willst (weiter bei Ziff. 5.) (zu Beginn noch nicht möglich). Willst du das nicht, geht es weiter bei Ziff. 3.

3. Entscheide, ob du zu Beginn des Kampfes mit der freien Hand eine **Portion Weihwasser** auf deinen Gegner schleudern willst. Vermerke den Verbrauch auf dem Abenteuerblatt.

4. Entscheide, **welche Waffe** du in die Hand nehmen willst (Heilige Waffe, Waffe mit Silbermunition oder normale Waffe). Ziff. 3 und 4 gehen nur, wenn du dich nicht in Sokrates' Meditation versetzt hast. Vermerke den Verbrauch einer Kugel oder eines Bolzens, wenn du eine Silberwaffe einsetzt.

5. Erfahre, ob du siegreich bleibst.

Dazu noch ein paar Hinweise:

- Der **Einsatz von Weihwasser** gegen Untote bewirkt, dass sie für einen Augenblick verwundbar durch normale Waffen sind. Du kannst sie dann also töten. Jede Verwendung von Weihwasser kostet den vollen Inhalt einer Phiole. Die Phiole ist danach leer und kann wieder befüllt werden. Denke aber daran, dass du zur Herstellung einer Portion Weihwasser einen Gegenstand aus Silber benötigst. Wasser hast du ausreichend bei dir. Du kannst also stets Weihwasser herstellen, sofern du einen Gegenstand aus Silber opferst. Auch Silberpatronen und -bolzen sind dafür geeignet, sind danach aber natürlich verbraucht.

- **Silberwaffen** wirken auch gegen tierische Gegner und auch gegen Untote, die zuvor von Weihwasser getroffen wurden. Dasselbe gilt für **Heilige Waffen**; im Einzelfall kann ihre Wirksamkeit aber eingeschränkt sein (Vertreiben statt Töten) oder sogar völlig wegfallen. Es macht eben einen Unterschied, ob du einem wilden Tier mit einem Schwert oder einem Opferdolch gegenübertrittst.

- Die unterschiedlichen Arten von Wesen werden durch Symbole gekennzeichnet:

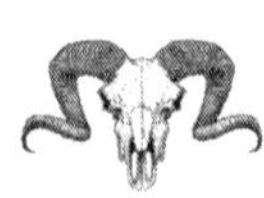     

Dämonisch | Untot | Werwesen | Albtraumwesen | Tierisch | Harmlos

- Vermerke auf dem Abenteuerbogen im Feld »Wesen getötet«, wenn du Wesen im Kampf besiegst. Das ist am Ende wichtig für die Gesamtwertung. Es genügt je Kategorie, wenn du die ersten zwei vermerkst.

Beispiel:

17 *Du triffst auf einen Gegner, der dich sofort angreift.*
— Notizbuch ab hier ausgeschlossen —

Eiswesen
Augen: unbekannt
Füße: keine
Mund: unbekannt
Schatten: ja
Sonstiges: geschuppt

Entscheide dich, ob du kämpfen willst bzw. wie du dich verteidigen willst (Sokrates' Meditation ODER Weihwasser UND/ODER eine Waffe).
Lies dann weiter bei ***82****.*

82 *Eisschlange (dämonisch)*
Falls du Weihwasser geworfen hast, zeigt es keine Wirkung.

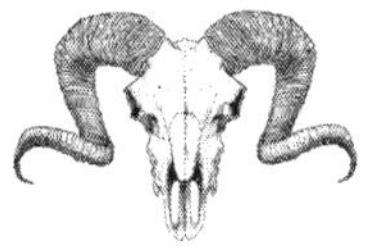

Wenn du dich in Sokrates' Meditation befindest, lies weiter bei ***93****. Anderenfalls lies hier weiter.*
Welche Waffe hältst du in der Hand?
Heilige Waffe? (weiter bei ***123****)*
Silberwaffe, normale Waffe oder keine Waffe? (weiter bei ***145****)*

93 *Das Wesen scheint fast ein wenig verdutzt, als du dich vor ihm hinsetzt und die Augen schließt – was es jedoch nicht davon abhält, dich mit Haut und Haaren zu verschlingen.*
Ungerecht? Das ist Somorra.

123 *Du bleibst siegreich und tötest die Eisschlange mit einer Berührung deiner Waffe.*

145 *Die Eisschlange lässt sich von deinen Verteidigungsversuchen nicht beeindrucken und zerfetzt dich mit Haut und Haar …*

Noch eine **Erinnerung**: Weihwasser kannst du jederzeit herstellen, wenn du einen silbernen Gegenstand opferst. Kurz formuliert: Du »tauschst« einen Silbergegenstand gegen eine Portion Weihwasser.

Wenn du aus dem Abenteuer hierher geleitet wurdest, dann lies weiter bei **61**, um deinen ersten Kampf auszutragen.

ANLEITUNG 4

UNTER WASSER

Du kannst die Pflanze Fischfasch jederzeit zu dir nehmen, um länger tauchen zu können. Ohne die Pflanze kannst du, wenn du unter Wasser bist, nur einen vollständigen Abschnitt lesen, also den Abschnitt, bei dem du untertauchst und den Folgeabschnitt. Danach musst du auftauchen und Luft holen oder die Pflanze zu dir nehmen. Anderenfalls wirst du ertrinken. Du wirst darauf hingewiesen, wenn du die Pflanze verwenden solltest, um nicht zu ertrinken.

Nimmst du die Pflanze zu dir, kannst du **fünf vollständige Abschnitte** unter Wasser bleiben und atmen, bevor du auftauchen musst. **Du musst also spätestens beim sechsten Abschnitt auftauchen.** Die Pflanze, die du in der Kiste gefunden hast, reicht nur für eine Anwendung.

Verstreichen die fünf Abschnitte, ohne dass du spätestens beim sechsten Abschnitt auftauchen kannst, lies sofort weiter bei SEEGRAB.

Weiter bei **425**, wenn du aus dem Abenteuer hierhergeleitet wurdest.

ANHANG

AUFZEICHNUNGEN VON COSMAR ZUR SYSTEMATIK

Die folgenden Notizen darfst du nur verwenden, wenn du sie auch tatsächlich gefunden hast!

Wenn du nicht alle Rätsel jetzt lösen kannst, ist das natürlich auch später noch möglich. Beachte, dass du diese Notizen auch nur dann ansehen darfst, wenn du gerade das Notizbuch verwenden darfst. Im Kampf darfst du sie also nicht nutzen!

Dick und dunkel fließt er
Draußen lauert, kalt und düster
Ein Vampyr!
In den Adern fließt er
In den Augen steht er
Dem Vampyr!
Wo Hoffnung ist vergebens:
Der Saft des Lebens
(Lukan, Priester von Somorra, 108-114)

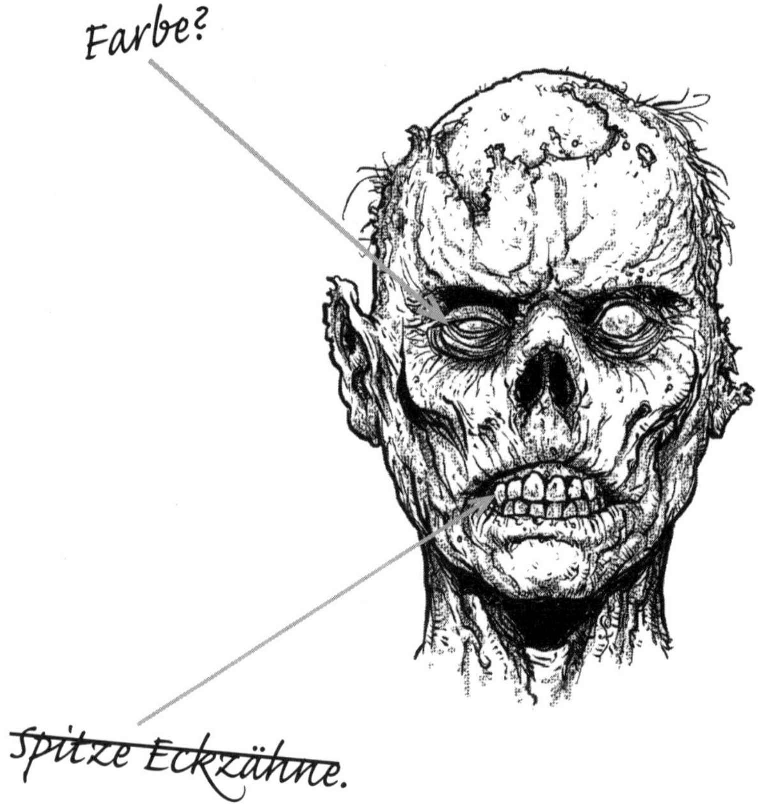

Farbe?

~~Spitze Eckzähne~~.

<u>Schnauze</u> Hörner Augen,
Sieben wollen saugen:
Leben und auch Kraft!
Doch nicht des Lebens Saft.
Verbrenn dich nicht!
Du kleiner Wicht,
Verbrenn dich nicht!
(Perperus, Priester von Somorra 85-98)

Wer gewinnt im
Kampf der Dämonen?
Satan besiegt Beelzebub
und Belphegor
Luzifer besiegt Asmodeus
und Leviathan
Mammon besiegt Luzifer
und Satan

Die Lösung besteht aus einer dreistelligen Zahl. Schlag bei dem entsprechenden Abschnitt nach. Wenn dieser mit folgenden Worten beginnt: »Dämonen sind Wesen aus den Tiefen des letzten Höllenkreises …«, dann hast du die richtige Lösung gefunden.

Schon droht die Nacht.
Die Schatten wachsen.
Das Kindlein sieht schon bleiche Fratzen.
Wer ist's, der lauert? Wer, der kauert?
In dieser grabesdunklen Nacht
In dunklem Winkel, dunklem Schacht
Der Nachtalb sich bereit gemacht.
Und dann, vom Nachttisch her erglimmt
Noch leicht gedimmt, im Zimmer Licht
Durchbricht die Dunkelheit, das stimmt
Jedoch: den █████ sieht man nicht.
Der Nachtalb hockt sich auf die Brust
Des Kindleins, das da leise wimmert
Verfällt dem Wahnsinn dann für immer
Und dann, am nächsten Morgen schon
Erhält der Nachtalb seinen Lohn.
(Lukan, Priester von Somorra)

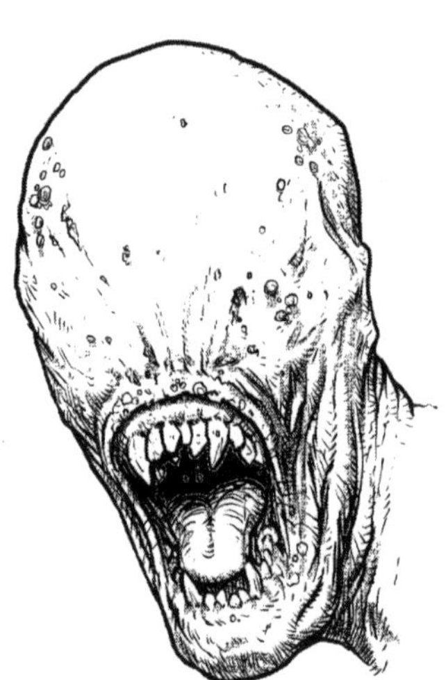

Welches Wort fehlt?
Die richtige Antwort ist ein Codewort in der Liste auf Seite 447. Schlag unter dem Abschnitt nach, auf den dich das Codewort verweist. Dort erfährst du, wie Albtraumwesen identifiziert werden können. Die richtige Antwort erkennst du daran, dass der Abschnitt, auf den verwiesen wird, mit den Worten beginnt: »In völliger Dunkelheit …«

AUSWERTUNG

So ermittelst du deine Endpunktzahl:

1) Dir wurde eine Grundpunktzahl mitgeteilt.
2) Ziehe von der Grundpunktzahl für jedes Kreuz auf der Schummelleiste 10 Punkte ab.
3) Zähle nun für deine Erfolge Punkte dazu nach folgendem Schema:

Wesen außer dem Schrammenschreck: Ankreuzen, wenn getötet oder vertrieben:

Erfolg	Bonus	Beschreibung	Erreicht?
Untotenjäger	+ 5	min. zwei Untote besiegt	
Werwesenjäger	+ 5	min. zwei Werwesen besiegt	
Albtraumwesenjäger	+ 5	min. zwei Albtraumwesen besiegt	
Dämonenjäger	+ 5	min. zwei Dämonen besiegt	
Teufelsjäger	+10	min. eines aus jeder Kategorie besiegt	

4) Das Ergebnis ist deine Endpunktzahl.

Auswertung: Grundpunktzahl + Bonuspunkte für Erfolge - 10 Punkte je Kreuz auf der Schummelleiste

Endpunktzahl	Wertung
Über 130:	Gottgleicher Spielbuchheld
130:	Erzengel der Träume
120:	Engelsgestalt im Talar
110:	Apostel des Guten
100:	Herr der Träume
90:	Traumfänger
80:	Wiedergänger
70:	Sandmann
60:	Landhorror
50:	Nachtmahr
40:	Schattenkrieger
30:	Totengeist
20:	Wanderer
10:	Schlafwandler
0:	Tagträumer
Unter 0:	Bettnässer

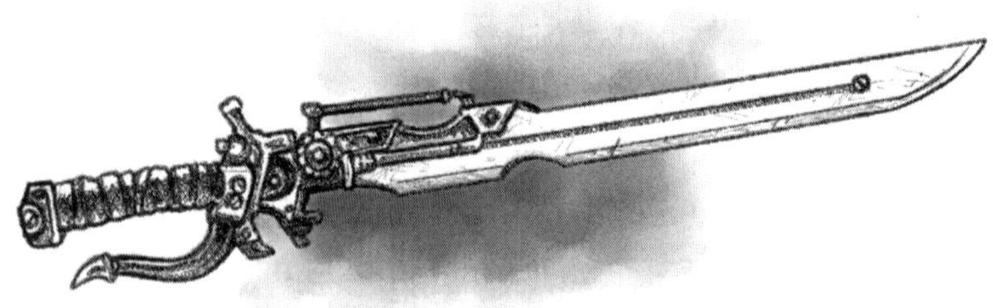

ALPHA *434*	OMEGA *301*
ALPHA ...	PICK *254*
AUFTRAG *62*	RAN *284*
BECKY	SANDUHR
BLOCK *214*	SCHATTEN *548*
BARRIERE	SCHATULLE *122*
DÄMON *10*	SCHLAMASSEL *587*
DELTA *477*	SEEGRAB *584*
DSCHINN	SIGMA *544*
EPSILON *73*	TAKELAGE *167*
ERKENNTNIS *428*	THETA *191*
ETA *261*	TRAUMPALAST *329*
FREUDENHAUS *349*	TROPFEN *463*
GAMMA *368*	TUCH *588*
KÄFIG *559*	UHRMACHER
KALI *247*	VERWALTUNG *336*
KAPITÄN	WASSER *171*
KLAUEN *463*	ZETA *398*
KNOCHENMANN *45*	ZOMBIEHAND *452*
NACHTALB *2*	ZWISCHENWELT *135*

Wesen	**Erkennungsmerkmal?**	**Erforderliche Waffe**
Dämonen		Heilige Waffe
Untote		Weihwasser
Werwesen		Waffe mit Silbergeschoss
Albtraumwesen		(Sokrates‘ Meditation)
Tierische		Cosmars Schwert

Gegenstände	Menge

Gegenstände	
Weihwasser (max. 2)	
Cosmars Schwert	❑
Heilige Waffe, welche?	❑
Silberwaffe, welche?	❑

Erfolge: besiegte Wesen	**1.**	**2.**
Untote		
Werwesen		
Albtraumwesen		
Dämonen		

COSMARS NOTIZBUCH

DOWNLOAD UNTER WWW.ZWEIDRILLINGE.DE

Über den Schrammenschreck

Ich weiß nicht, wer oder was er ist, daher habe ich mein Leben der Erforschung der Zwischenwelt unterhalb der Oberfläche Somorras gewidmet, die manche auch Albtraumwelt oder Schrammenwelt nennen. Ich hoffe, so möglicherweise einen Weg zu finden, wie er getötet werden kann. Meine Familie hat dafür schon lange den Preis gezahlt. Es muss endlich aufhören. Wer auch immer meine Notizen liest: Ich hoffe, dir mag mehr Tapferkeit und Glück beschieden sein als mir. Ich fühle, dass er mich bald finden wird. Meine Zeit läuft ab. Ich fürchte daher, meine Mission nicht beenden zu können. Wenn er mich in seine Klauenhände bekommt, bevor ich weiß, wer oder was er ist, wird er mich töten. Mir bleibt nur ein Trost: Seit ich den Weg in diese Zwischenwelt gefunden habe, hat er von meinen Leuten abgelassen und jagt nur noch mich. Doch wird er sie auch in Frieden lassen, wenn ich nicht mehr bin? Er hat mir schon meine älteste Tochter genommen, meine hübsche Denisa. Ich fürchte, dass er auch noch meine zweite Tochter holen wird.

Dieses Buch ist mit einem Schutzzauber belegt, eine alte Kunst meiner Familie. Es ist für den Schrammenschreck unsichtbar.
Ich habe begonnen, die Wesen der Zwischenwelt zu kategorisieren. Es gibt hier fürchterliche, unvorstellbare Wesen. Sie lauern in den Schatten.

In die folgenden sechs Kategorien lassen sich alle Wesen einteilen:

1) Dämonische Wesen

Seit den frühen Tagen der Welt das Gegenstück zu Engeln. Nur mit Heiligen Waffen zu besiegen.

2) Untote Wesen

Es gibt in der Unterwelt Somorras Wesen, gegen die hilft dir keine Waffe. Untote Wesen; sie können nur mit Weihwasser bekämpft werden. Seit es in Somorra keine Kirchen und keinen Glauben mehr gibt, seit dem Tod Konrads, ist es schwer geworden, an Weihwasser zu kommen. Meine eigenen Vorräte sind schon fast aufgebraucht.

3) Werwesen

Gestaltwandler, die Menschen- oder Tierform haben und sich unter bestimmten Rahmenbedingungen in entartete Versionen von Tieren verwandeln. Nur durch Silberwaffen verwundbar.

4) Albtraumwesen

Auch gegen Albtraumwesen hilft keine Waffe dieser Welt. Sie dringen in deine Gedanken und Träume ein und führen zu Wahnsinn und Selbstmord. Die einzige Rettung ist eine Meditationstechnik, die ich in einem alten Buch über attische Philosophie entdeckt habe und die wohl auf Sokrates selbst zurückgeht. So verhinderst du, dass sie in deine Gedanken eindringen können.

5) Tierische Wesen

Genauso gefährlich wie viele andere Wesen, aber mit gewöhnlichen Waffen zu besiegen. Mein Schwert ist der beste Schutz.

6) Harmlose Wesen

Auch in der Zwischenwelt und der Albtraumwelt unterhalb von Somorra gibt es Kreaturen, die völlig ungefährlich sind, ja mehr noch: Manche sind sogar ausgesprochen hilfsbereit.

Ich habe begonnen, eine Systematik zu entwickeln, mit der man bestimmen kann, zu welcher der sechs Kategorien ein Wesen gehört. Du findest sie weiter hinten in diesem Buch. Allein – Bohoc, den Schrammenschreck, konnte ich noch nicht zuordnen. Wie er zu besiegen ist, wissen nur er selbst und der liebe Gott. Ich bin mir allerdings sicher, dass mein Buch alle Wesen der Zwischenwelt enthält – es müsste möglich sein, ihn zu identifizieren, wenn man nur sein Erscheinungsbild genauer kennen würde. Doch wage ich es nicht, zu lange in seinen Zauberträumen zu verweilen, um zu bestimmen, welches Gebiss er hat, welche Augenfarbe, welche sonstigen Merkmale. Wenn du mehr Mut hast als ich – das könnte die einzige Möglichkeit sein. Aber verweile nicht zu lange in den Träumen des Schrammenschrecks und sei aufmerksam! Suche meine Waffenkammer. Dort wirst du alles finden, was du brauchst. Du kannst sie von diesem Raum aus erreichen. Ich musste sie verstecken, damit er nicht seine Krallenhände danach ausstreckt. Bisher ist er nicht hinter das Geheimnis gekommen – hoffentlich bist du schlauer.

Sokrates' Meditation, die dir gegen Albtraumwesen helfen wird, kannst du bei den Mönchen auf dem Läuterungsberg erlernen. Den Läuterungsberg wirst du zu Beginn deiner weiteren Reise finden. Überquere dann die fünf Flüsse. Hinter dem letzten Fluss wirst du auf Bohoc stoßen, wenn er nicht gerade in den Träumen der Menschen von Somorra herumgeistert.

Töte ihn!

Möge dir, der du meine Aufzeichnungen findest, mehr Glück als mir beschieden sein. Finde heraus, was er ist, und dann erlöse uns von dem Bösen. Und: Achte auf die Schatten!

Cosmar

Nachträgliche Ergänzung:

Mein Bestimmungsbuch kann ein nützliches Hilfsmittel sein – doch ich habe festgestellt, dass es im Kampf zu kompliziert ist. Für manche der Wesen gibt es einheitliche Kriterien. Ich habe einige identifiziert, mit Hilfe alter Dokumente und Aufzeichnungen. Hoffentlich reicht die Zeit, noch alles auszuformulieren!

Kratzen an meiner Tür. Er hat mich fast …

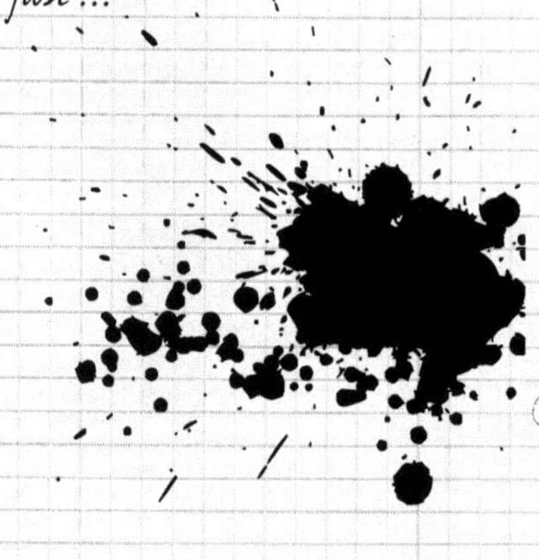

Bestimmungsbuch

Mit diesem Bestimmungsbuch kann man anhand der äußeren Merkmale (Augenfarbe, Zahl der Beine etc.) feststellen, zu welcher der sechs Kategorien ein Wesen gehört, und so ermitteln, wie es besiegt werden kann.

Übersicht aller erfassten Wesen:

I) Geflügelte Vierbeiner (Ziff. 1,2)

II) Geflügelte Zweibeiner (Ziff. 3-7)

III) Vierbeinige Landlebewesen (Ziff. 8-11) - fehlt -

IV) Zweibeinige Landlebewesen (Ziff. 12-17) - fehlt -

V) Beinlose Wesen (schwebend) (Ziff. 18-21)

VI) Wasserlebewesen (Ziff. 22-24)

VII) Spinnenartige (Ziff. 25,26) - fehlt -

VIII) Eiswesen (Ziff. 27,28) - fehlt -

IX) Sonstige Wesen (Ziff. 29-31) - fehlt -

I Geflügelte: Vierbeiner

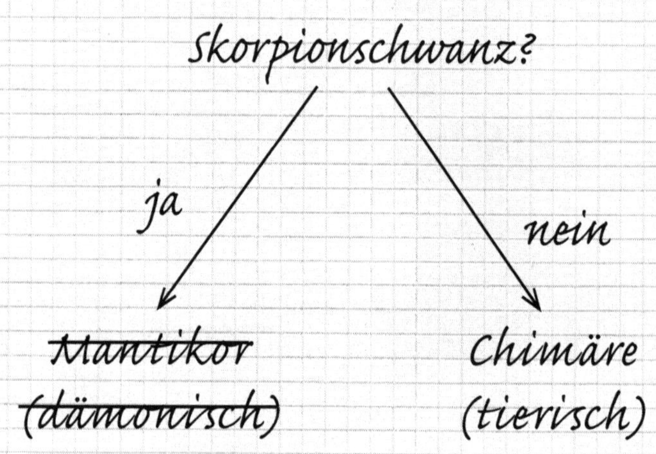

~~1. Mantikor (dämonisch)~~

Fürchterliches Ungetüm, geflügelter Löwe mit Giftschwanz. Hätte mich fast erwischt, als ich den Flammenfluss Phlegethon überqueren wollte. Habe ihm einen Pfeil mit Salomons Stachel genau zwischen die Augen verpasst. - ~~getötet~~ -

2. Chimäre (tierisch)

Sonderbare Wesen, die aus mehreren Tieren zusammengesetzt zu sein scheinen oder einen Menschenkopf haben. Dachte lange, sie seien dämonisch. Nun deutet alles darauf hin, dass sie wie jedes andere Tier zu bekämpfen sind; unterschiedliche Ausprägungen, z.B. als Greif (Löwenkörper, Raubvogelkopf).

II Geflügelte: Zweibeiner

Hat einen Schatten?

ja → Ist vogelartig?

nein → 7. Nachtmahr Albtraumwesen

Ist vogelartig?

ja → Hat einen feuerroten Flammenschweif?

nein → Hat Hufe?

Hat einen feuerroten Flammenschweif?

ja → 3. Alter Phönix dämonisch

nein → 4. Junger Phönix heilig · harmlos

Hat Hufe?

ja → 5. Antral dämonisch

nein → 6. Samael dämonisch

3. Alter Phönix (dämonisch)
Der Phönix, was für ein wunderbares Lebewesen, der den ganzen Zyklus von Entstehen und Vergehen, Gut und Böse, Himmel und Hölle in sich vereint. In heiligem Feuer neu geboren, ist der

alte Phönix ein dämonisches Lebewesen, bis der Lebensfunke erlischt.

4. Junger Phönix (heilig – harmlos)
Der Funke des Lebens, in diesem Wesen entzündet er sich stets neu.

5. Antral, einfacher Teufel (dämonisch)
Haust irgendwo in den Katakomben unter der Stadt. Bin ihm nur einmal begegnet. Hoffe, dabei bleibt es.

6. Samael, gefangener Engel (dämonisch)
Ein gefallener Engel aus der Urzeit Somorras. Als es noch Religion gab, war er einer der Propheten Gottes und fuhr nach seinem Leben in den Himmel auf. War verantwortlich für die Taten der Menschen und wurde als Strafe in die Unterwelt verbannt. Habe lange nichts mehr von ihm gehört.
- verschwunden? -

7. Nachtmahr (Albtraumwesen)
Hätte ihn fast mit Antral, Ziff. 5, verwechselt. Ähnliche Statur, ähnlicher Habitus. Hatte den Pfeil schon aufgelegt, da fiel mir der Unterschied auf.

(Hier fehlen Seiten)

V Beinlose Wesen (schwebend)

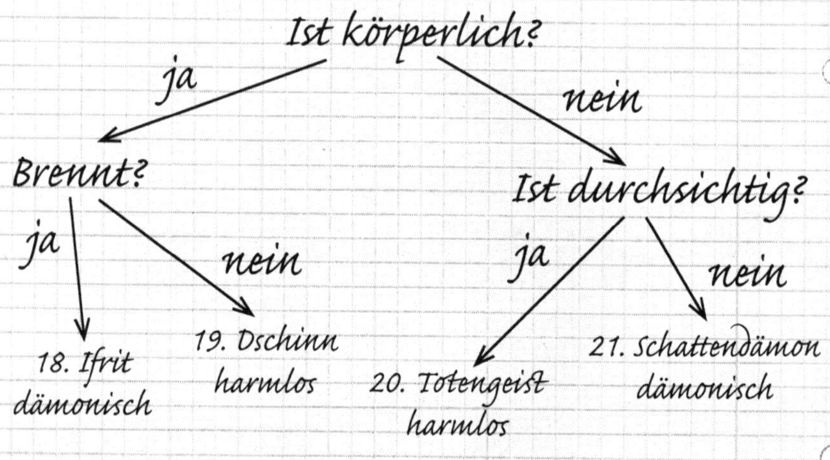

18. Ifrit (dämonisch)
Aus Feuer geschaffenes Wesen unbekannter Magie. Tödlich und hinterlistig.

19. Dschinn (harmlos)
Magiewesen. Erfüllen Wünsche (?)

20. Totengeist (harmlos)
Geister verstorbener Menschen. Unklar, warum sie sichtbar sind. Harmlos. Möglicherweise nehmen sie uns nicht mal wahr.

21. Schattendämon (dämonisch)
Ein Dämon, der in den Schatten haust. Körperlos, lauert im Verborgenen, und doch so existent und tödlich wie das Gift auf der Pfeilspitze.

VI Wasserlebewesen

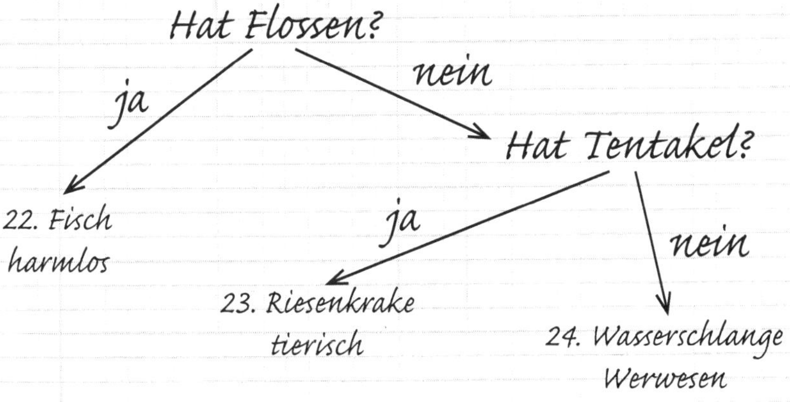

22. Fisch (div. Arten, in der Regel harmlos)
Um den Acheron zu überqueren, gibt es nur den Weg durch den Durchgang unterhalb der Wasseroberfläche. Vielfältige Lebewesen leben dort. Die Fische sind in der Regel harmlos.

23. Riesenkrake (tierisch)
Haust in einer Höhle am Grund des Durchgangs. Habe mich stets ferngehalten.

24. Wasserschlange (Werwesen)
Die meisten Werwesen fürchten Wasser – nicht dieses. Vermutlich eine Seeschlange, die sich in ein Werwesen verwandelt. Das einzige Wesen im Wasser, vor dem man sich wirklich hüten muss. Heimtückischer Jäger. Liebt es, seine Beute zu überraschen.

(Hier
fehlen
Seiten)

- Ende des Notizbuchs -

FEHLENDE SEITEN DES NOTIZBUCHS

DOWNLOAD UNTER WWW.ZWEIDRILLINGE.DE

Die fehlenden Seiten des Notizbuchs darfst du erst lesen, wenn du sie tatsächlich findest – und zwar jeweils nur den Teil, den du auch tatsächlich findest.

- Fehlende Seiten Teil 1 - ☐ gefunden

III Vierbeinige Landlebewesen

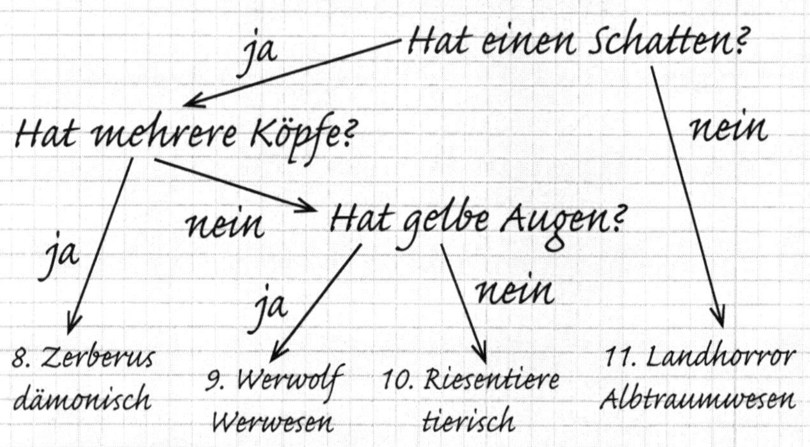

8. Zerberus (dämonisch)
Der dreiköpfige Höllenhund. Haust in der Nähe.

9. Werwolf (Werwesen)
Bin ihm nie begegnet, habe aber schreckliche Geschichten gehört. Friedemann der Jäger hat begonnen, Werwesen zu erforschen. Werde ihn suchen müssen für weitere Erkenntnisse.

10. Riesentiere (tierisch)
Riesenkröte, Riesenratte, Riesenmull: Alles, was in der Albtraumwelt kreucht und fleucht. Siehe auch oben ‡ Ziff. 2 Chimäre und unten ‡ Ziff. 26 Riesenspinne.

11. Landhorror (Albtraumwesen)
Sieht aus wie ein Wolf, dem das Fell abgezogen wurde.

- Fehlende Seiten Teil 2 - ❑ gefunden

IV Zweibeinige Landlebewesen

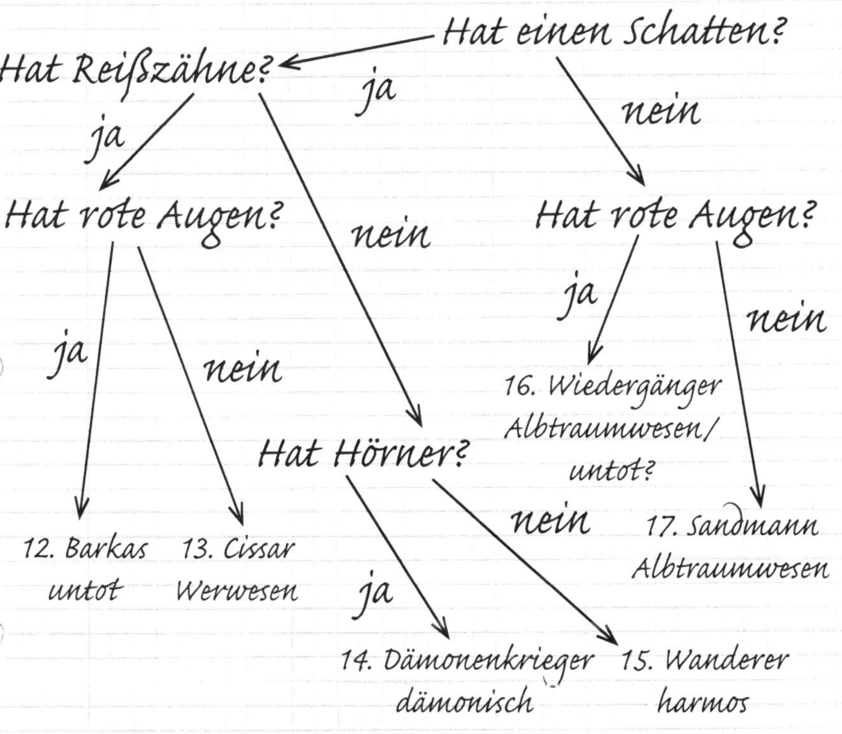

12. Barkas, der Vampir (untot)
Blutsauger. Besonders bösartig und verschlagen.

13. Cissar (Werwesen)
Aufrecht gehendes Wesen minderer Intelligenz. Soweit ersichtlich keine Verwandlung in einen Menschen mehr möglich. Vermutlich Wesen, das im Stadium der Verwandlung steckengeblieben ist (halb Mensch, halb Wolf).

14. Dämonenkrieger (dämonisch)
Ein besessener Krieger. Vor Hunderten von Jahren als Kreuzfahrer zu Ruhm und Ehren gelangt, nahm in Antiochia ein Dämon von ihm Besitz, der ihn seither zwingt, andere Lebewesen zu ermorden.

15. Wanderer (harmlos)
Wahrscheinlich keine menschlichen Wesen, die zwischen den Welten wechseln. Bedeutung unklar.

16. Wiedergänger (Albtraumwesen/untot)
~~Untot. Albtraumwesen.~~ Entgegen meiner ersten Einschätzungen ist der Wiedergänger vermutlich beides: Albtraumwesen und Untoter. Zum Bekämpfen werden beide Gegenmittel erforderlich sein. Reihenfolge unklar.

17. Sandmann (Albtraumwesen)
Horrorgestalt, die sich in die Träume ihrer Opfer schleicht. Genau wie der Wiedergänger treibt er seine Opfer in den Wahnsinn.

- Fehlende Seiten Teil 3 - ❑ gefunden

VII Spinnenartige Wesen

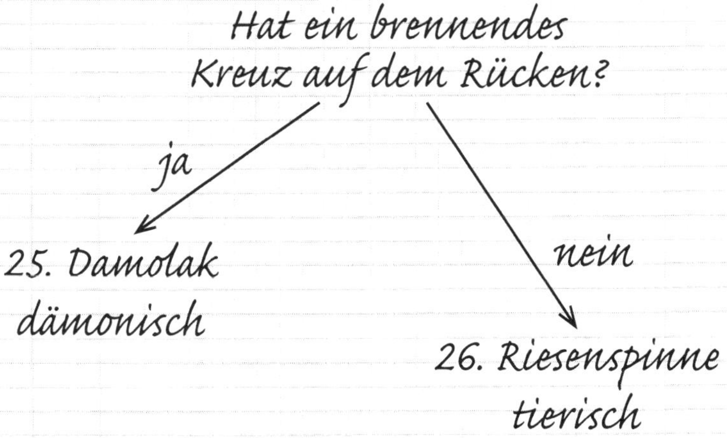

Hat ein brennendes
Kreuz auf dem Rücken?

ja → 25. Damolak
dämonisch

nein → 26. Riesenspinne
tierisch

25. Damolak (dämonisch)

Damolak der Ungeheure. Der erste Angriff muss sitzen. Nur ein Stich in eines der acht Augen tötet ihn. Im Übrigen schützt ihn ein Panzer aus einem unbekannten, undurchdringlichen Material.

26. Riesenspinne (tierisch)

Groß, eklig, leicht zu besiegen.

- Fehlende Seiten Teil 4 -

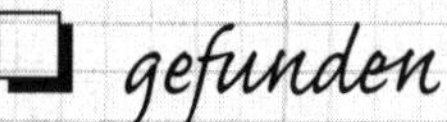

VIII Eiswesen

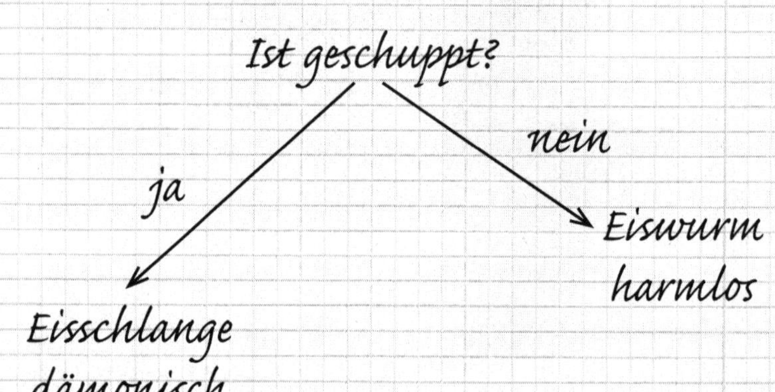

27. Eisschlange (dämonisch)
Bin ihr auf meinen Reisen in die vereisten Täler dieser Welt begegnet.

28. Eiswurm (harmlos)
Seltsame Wesen. So riesig und friedfertig wie Wale.

IX Sonstige Wesen

29. Perlena (harmlos)
Vorsteherin des Tempels auf dem Läuterungsberg. Einziges Wesen, das die Meditation lehren kann.

30. Abariel (harmlos)
Engel und Perlenas Beschützer

31. Charon (harmlos)
Fährmann.

32. Cato (harmlos)
Mönch auf dem Läuterungsberg

33. Gusti (harmlos)
Halunke, aber ebenfalls harmlos, so lange man seinen Preis zahlen kann.

34. Cosmar (harmlos)(Geist)
Hüter der Barriere, die der Schrammenschreck nicht leibhaftig überwinden kann.

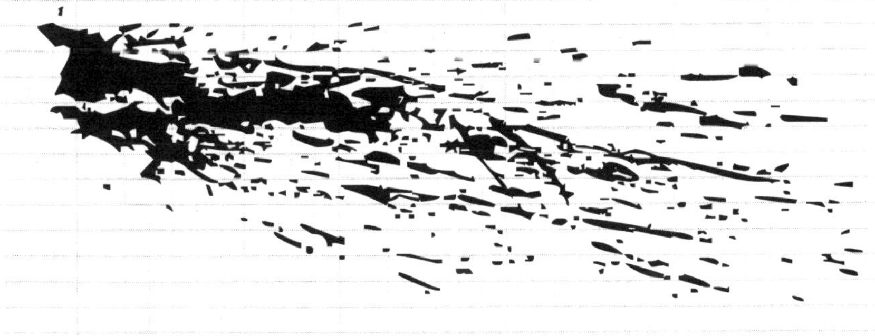